KB061359

# 팔레스타인 1936

# 팔레스타인 1936

오늘의 중동분쟁을 만든 결정적 순간

오렌 케슬러
Oren Kessler

정영은 옮김

The Great Revolt
and the Roots of the Middle East Conflict

위즈덤하우스

**일러두기**

- 본문의 각주는 모두 옮긴이의 주고, 미주는 모두 저자의 주다.
- 등장인물의 국적이 파악되는 경우는 최대한 국적별 외래어 표기에 맞추고, 그 외의 경우 영어식 표기에 맞췄다.
- 지명은 모두 현재 쓰이는 지명을 기준으로 표기했으나 성경적 배경에서 언급된 경우는《성경》의 지명을 따랐다.

• 차례 •

# •등장인물•

- **무사 알라미**Musa Alami 예루살렘에서 태어나고 케임브리지대학교에서 공부한 변호사이자 공무원으로, 아랍민족주의 활동가.

- **조지 안토니우스**George Antonius 작가이자 지식인으로, 레바논에서 나고 이집트에서 자라 예루살렘에서 오랫동안 활동했다. 1938년 큰 반향을 일으킨 저서 《아랍의 각성*The Arab Awakening*》을 내놓았다.

- **다비드 벤구리온**David Ben-Gurion 폴란드에서 태어난 시온주의 지도자로, 1906년부터 예루살렘에서 활동했다. 1921년부터는 히스타드루트Histadrut를, 1930년부터는 마파이당Mapai Party을, 1935년부터는 유대인기구Jewish Agency를 이끌었다. 1948년에는 이스라엘 초대 총리로 취임했다.

- **블랑쉬 더그데일**Blanche Dugdale '배피Baffy'라는 애칭으로 불렸다. 작가이자 시온주의 활동가로, 삼촌인 아서 밸푸어의 자서전을 썼다. 밸푸어는 1917년 영국 정부가 팔레스타인에 유대인의 민족적 고향 건설을 지지한다고 발표한 '밸푸어 선언'으로 잘 알려져 있다.

- **앤서니 이든**Anthony Eden 1935년에서 1938년까지 영국의 외무장관이었다. 이후 두 차례 더 외무장관을 역임하고 1955년부터 1957년까지 총리로 재직했다.

- **압델 라힘 알 하지 무함마드**Abdel-Rahim al-Hajj Muhammad 툴카렘 태생의 상인 출신 투사다. 반군 지휘관 가운데 가장 중요한 인물로, 영국군은 그를 포함한 주요 지휘관 세 명을 '3인방'이라고 불렀다.

- **핼리팩스 자작, 에드워드 우드** The Viscount Halifax, Edward Wood 1938년부터 1940년까지 영국의 외무장관으로 재직했다. 네빌 체임벌린 내각이 추진한 유화정책을 초기에 지지했다.

- **유수프 한나** Yusuf Hanna 이집트 태생이며 야파에서 발행된 신문 《필라스틴 Filastin》의 편집장으로 1931년부터 1948년까지 일했다. 《뉴욕 타임스》의 팔레스타인 담당 기자 조지프 레비 Joseph Levy와 정기적으로 연락을 주고받았다.

- **하지 아민 알 후세이니** Hajj Amin al-Husseini 예루살렘의 대大무프티였으며, 1920년부터 1930년대 대부분 기간을 무슬림최고위원회 Supreme Muslim Council 의장으로 있었다. 대봉기 때 아랍고등위원회 Arab Higher Committee를 창설하고 이끌었다.

- **자말 후세이니** Jamal Husseini 후세이니 가문이 지배하는 팔레스타인아랍당 Palestine Arab Party의 설립자 겸 의장. 하지 아민의 사촌이자 심복, 대변인이었으며, 무사 알라미의 매형이었다.

- **블라디미르 제에브 자보틴스키** Vladimir Ze'ev Jabotinsky 오데사 태생의 작가이자 활동가. 1930년 팔레스타인에 입국 금지됐으며, 우익 수정시온주의 운동을 창설했다. 입국 금지로 인해 실제 활동에는 한계가 있었지만 명목상 무장단체 이르군 Irgun의 지휘관이기도 했다.

- **맬컴 맥도널드** Malcolm MacDonald 1938년부터 1940년까지 영국 식민장관을 지냈다. 노동당이 배출한 최초의 총리인 램지 맥도널드의 아들이다.

- **해럴드 맥마이클 경** Sir Harold MacMichael 1938년부터 1944년까지 팔레스타인 고등판무관을 지냈다. 식민지 행정가이자 아랍주의자로서 시온주의자들의 목표에 대체로 회의적이었다.

- **윌리엄 옴스비 고어** William Ormsby-Gore 1936년부터 1938년까지 식민장관을 지냈다. 시온주의 운동과 오랜 기간 관련 있었으며 우호적이었다. 팔레

스타인 정책을 둘러싼 외무부와의 충돌 이후 장관직을 사임했다.

- **모셰 셰르토크**Moshe Shertoke 러시아 태생의 시온주의 운동가. 추후 샤레트Sharett로 개명했다. 아랍어를 구사했으며, 유대인기구 정치분과 공동국장 역할을 하며 이인자로 활약했다. 이후 이스라엘의 초대 외무장관과 2대 총리를 지냈다.

- **아서 워코프 경** Sir Arthur Wauchope 1931년에서 1938년까지 팔레스타인 고등판무관으로 재임했다. 그의 재임 기간에 유대인 이민과 투자, 토지 매입은 전성기를 맞았다. 팔레스타인 아랍 대봉기 진압에 무력을 적절히 투입하지 않았다는 비난 속에 사임했다.

- **하임 바이츠만**Chaim Weizmann 러시아 태생의 시온주의 지도자이자 화학자로 영국에서 오랫동안 활동했다. 밸푸어 선언 협상에서 핵심 역할을 했으며, 제1차 세계대전과 제2차 세계대전 사이 대부분의 시간 동안 세계시온주의자기구World Zionist Organization를 이끌었다. 말년에는 이스라엘 초대 대통령이 됐다.

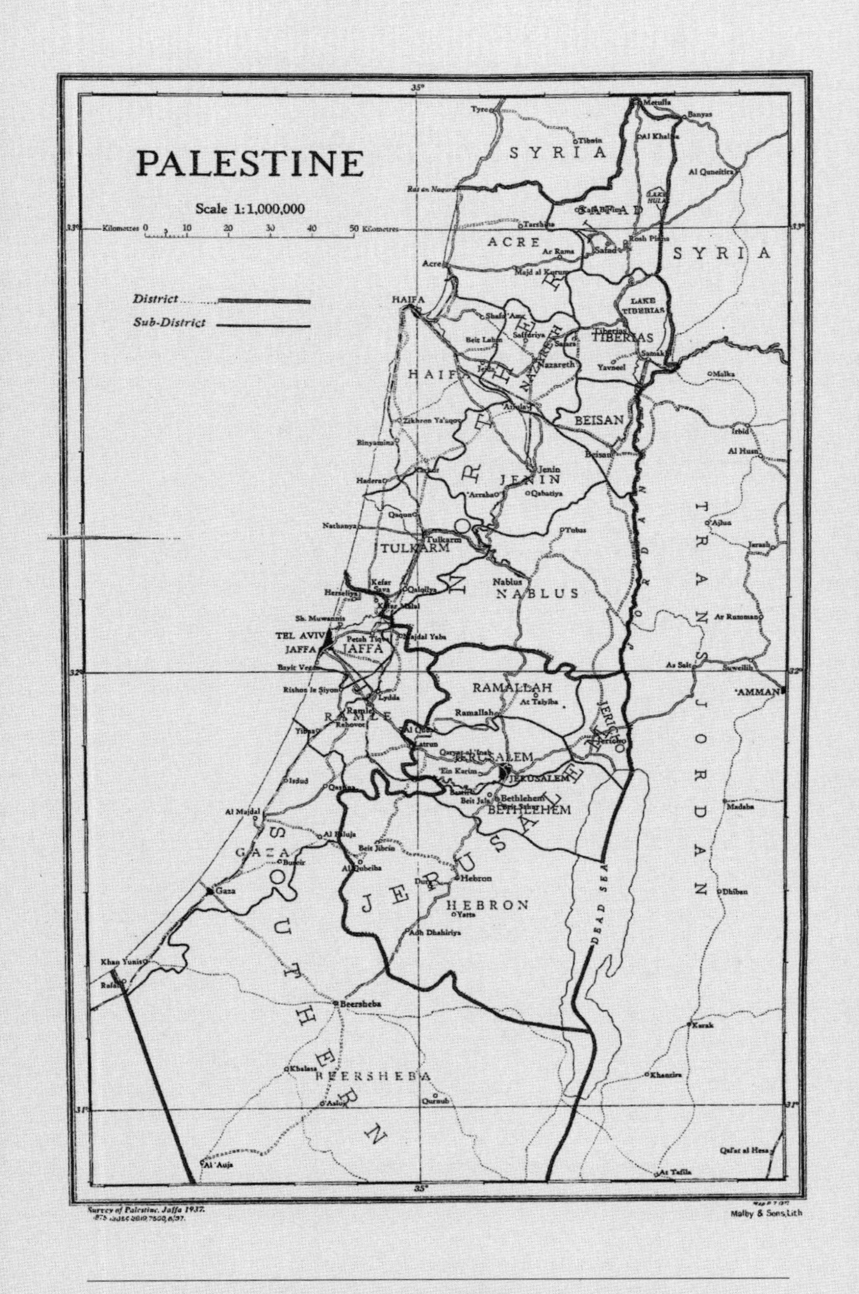


팔레스타인 위임통치령 지구들, 1937년 〈필 위원회 보고서〉(Cmd. 5479).

○들어가는 글○

# 역사에서 사라진 팔레스타인 대봉기



성지聖地 팔레스타인에서 들려오는 보도는 늘 암울하고도 익숙한 패턴을 따른다.

국가 건설의 희망을 좌절당한 팔레스타인 아랍인은 시위와 불매운동, 공공시설 파괴, 폭력 행위를 벌인다. 이들 주변으로는 유대인 정착촌이 거침없이 확장되고 있다. 이슬람 강경파는 평화회담을 방해하고 부역자와 온건파를 지목해 처형한다. 이스라엘 점령군은 가옥을 철거하고 분리 장벽을 세우는 등 공격적인 진압으로 인권 침해라는 비난을 받는다. 전쟁을 벌이는 양측에 영향을 미칠 수 있는 세계 강대국들은 분할안의 실현 가능성에 의구심을 가지면서도 어쨌든 제안한다. 유대계 파벌들은 분열한다. 한쪽은 평화를 위해 이스라엘 땅 일부를 내어주자 하고, 다른 쪽은 필요하다면 무력을 동원해서라도 고대 조상의 땅 전체를 차지해야 한다고 주장한다. 유혈사태는 앞으로도 불가피해 보인다.[1]

오늘 아침에 뜬 뉴스라고 해도, 2000년대 초반 벌어진 제2차 인티파다•나 그 이전 제1차 인티파다 관련 뉴스라고 해도 전혀 이상하지 않다. 사실 1948년 이스라엘 탄생 이후 4분의 3세기에 걸쳐 벌어진 수많은 충돌 가운데 그 어떤 것에 대한 보도라고 해도 전혀 위화감이 없다.

그러나 이것은 그보다 앞서 벌어진 사건에 대한 이야기다. 이 책은 이스라엘이 건국되기 약 10년 전, 3년에 걸쳐 진행되며 이후 이어질 유대-아랍 관계의 틀을 만들어낸 팔레스타인의 첫 아랍인 봉기를 다룬다.

이 봉기로 유대인 500명이 목숨을 잃었다. 21세기에 이르기 전까지는 어디서도 본 적 없는 대규모 민간인 희생이었다. 영국의 군인과 경찰 또한 수백 명이 사망했다. 그러나 봉기를 일으킨 주체인 아랍인은 사망자 수를 비롯한 모든 면에서 훨씬 더 무거운 대가를 치러야 했다.

팔레스타인의 정체성은 1936년부터 1939년까지 진행된 이 '대봉기Great Revolt'라는 혹독한 시련을 통해 하나로 빚어졌다. 경쟁관계에 있던 가문들, 도시와 농촌, 부유층과 빈곤층은 공동의 적에 맞서기 위해 하나로 뭉쳤다. 그 적은 바로 시온주의라는 유대 국가 건설 사업과 그 산파 역할을 한 영英제국이었다.•• 팔레스타인 아랍인은 장장 6개월간 총파업을 강행했다. 현대 역사상 가

• '봉기', '반란'이라는 의미의 아랍어로, 팔레스타인 아랍인이 점령 종식과 독립을 요구하며 벌인 반이스라엘 대중 시위를 뜻한다.

•• 원문에 Great Empire로 나온 부분을 제외하고 British Empire은 대영제국이 아닌 영제국으로 번역했다.

장 길었던 이 파업을 보며 전 세계의 아랍인과 무슬림은 팔레스타인의 대의에 동참했다.[2]

그러나 봉기는 결국 내부를 향하며 약해졌다. 내분과 보복은 아랍인 공동체를 갈기갈기 찢어놓았다. 실용주의자는 극단주의자에 의해 밀려났고, 첫 번째 대규모 난민 행렬이 팔레스타인을 빠져나갔다. 나머지는 영국군이 마무리했다. 영국군은 반군의 무기를 압수하고 도시를 점령했다. 영국의 진압 활동으로 수천 명이 죽고 수만 명이 다쳤다. 아랍 팔레스타인의 전투력은 무력화됐고, 경제는 초토화됐으며, 정치 지도자들은 추방됐다.

시온주의 종식을 목표로 시작된 대봉기는 오히려 아랍 팔레스타인을 망가뜨렸고, 아랍인은 10년 후 실제 진행된 유대 국가 건설에 맞설 수 없는 상태가 됐다. 그러나 대봉기는 팔레스타인인이 승리에 가장 가깝게 다가간 순간이었고, 많은 사람이 아직 그 순간에서 헤어나지 못했다.[3]

한편 대봉기는 유대인에게 아랍인과는 아주 다른 유산을 남겼다. 시온주의 지도자들은 대봉기를 계기로 아랍인이 유대 국가 건설 사업을 묵인해줄 거라는 환상을 버렸다. 그리고 주권국의 꿈을 이루기 위해서는 앞으로도 영원히 무력에 기대야 할지도 모른다는 불편한 진실을 받아들이기 시작했다.[4]

대봉기를 계기로 수천 명의 유대인이 당대 최고의 군사 강국이었던 영국에 의해 훈련을 받고 무기를 지급받았다. 어설펐던 경비대는 특수부대와 장교단까지 갖춘 강력한 유대인 군대의 씨앗으로 거듭났다.

유럽의 파시즘과 팔레스타인의 유혈사태에 직면한 가운데 소극적 방어는 민족적 자살이나 다름없다는 주장이 등장한 것도, 유대인의 테러 공격이 처음 등장한 것도 대봉기 시기였다.

그러므로 이 책은 아랍과 유대, 두 민족주의를 말하는 책이자 그 둘 사이에서 일어난 최초의 거대한 폭발을 다룬 책이다. 처음 봉기를 일으킨 쪽은 아랍인이었다. 그리고 그에 대한 반응으로 이번에는 유대인 쪽에서 저항이 일어났다. 시온주의 진영은 그 저항 속에서 군사적·경제적·심리적 변화를 겪었다. 이 변화는 팔레스타인이 이스라엘이 되기까지의 연대기에서 핵심 역할을 했지만 많은 경우 간과되어 왔다.

팔레스타인 유대인이 국가를 세우기 위한 인구적·지리적·정치적 기반을 공고히 한 것은 1948년이 아닌 바로 이 시기다. '분할'이나 '유대 국가' 같은 과감한 개념이 국제 외교 의제로 처음 등장한 것도 이때다.

궁극적으로 아랍인의 봉기는 영국에 깨달음을 주었다. 20년에 걸쳐 진행해온 시온주의 실험의 인적·재정적 대가가 너무 컸다는 점, 그로 인해 영제국 전역에서 민심을 잃고 있다는 점이었다. 히틀러와의 전쟁이 다가오자 체임벌린 정부는 사실상 유대인에게 거의 유일하게 열려 있었던 팔레스타인의 문을 닫을 때가 됐다는 판단을 내렸다. 이는 20세기에 내려진 결정 가운데 가장 큰 파장을 불러일으킨 것이 되었다.

독자들은 이 정도로 중요한 사건이니 이미 충분한 연구가 이뤄졌으리라 생각할 것이다. 게다가 이 분쟁은 현재 진행 중인 세계의 분쟁 가운데 가장 많이 언급되는, 중동 분쟁의 대명사가 아니던가? 그러나 더 많은 내용을 알고자 하는 마음에 관련 도서를 찾아보면 그 공백에 놀라게 된다. 책을 찾아봐도 대봉기 이야기는 팔레스타인 역사에서 겨우 몇 줄, 많아 봤자 한 챕터 정도만 언급된다.[5]

현재의 팔레스타인을 형성하는 데 큰 역할을 한, 이 잊힌 봉기를 이야기하는 대중서는 놀랍게도 단 한 권도 존재하지 않는다.

대봉기를 주제로 한 책이 몇 권 있기는 하지만 거의 학계에 국한되어 있다. 그나마 영어로 된 첫 책은 1990년대 중반에 이르러서야 출간됐다. 저자인 테드 스웨덴버그Ted Swedenburg는 그 책에서 "이스라엘과 서구 주류 역사기록학에서 무시 또는 폄하되어 온 이 중대한 봉기에 대한 정보의 부족"이 충격적이었다고 토로했다.[6]

히브리어 쪽을 찾아봐도 현재까지 팔레스타인 봉기를 주제로 한 본격적인 연구서는 단 한 권에 그친다.[7]

사실 이러한 공백은 일견 이해할 만하기도 하다. 시온주의 옹호자들은 시온주의를 유대인 자결권을 위한 투쟁으로만 볼 뿐 타인의 자결권을 부정하는 행위로 보지 않았기 때문이다. 이스라엘의 전통적인 건국 이야기는 초기의 이민 물결, 밸푸어 선언, 1920년대에서 1930년대의 국가 건설 준비, 홀로코스트로 인한 고난, 그리고 마침내 이루어진 건국 순으로 전개된다. 전진하는 서사를 거스르는 대규모의 조직적인 봉기는 기승전결의 흐름을 방해하는 달갑지 않은 방해물로 여겨진다.

아랍어권 서적이 전무에 가까운 것 또한 나름의 이유가 있다. 이스라엘 오픈대학교의 역사학자 무스타파 카브하Mustafa Kabha는 1936년 대봉기는 팔레스타인 아랍인의 집단기억에서 "1947년에서 1948년 나크바(Nakba, 대재앙)•에 완전히 가려져" 소외되고 심지어 침묵당한 측면이 있다고 안타까워했다. 그러면서 사실 카브하는 팔레스타인 아랍인이 나크바에만 집중하는 것이 당연한 현상이라고 말했다. 나크바가 "워낙 큰 재앙이기도 했지만, 나크바에만 집중하면 비난의 화살을 대부분 시온주의자나 주변 아랍 국가들, 영국을 비롯한 다른 행위자에게 돌릴 수 있었기 때문"이다. 그러나 "1936년에서 1939년 사이에 벌어진 사건을 다루기 위해서는 더 진지한 자아성찰이 필요"하다.[8]

이 명백한 정보의 결핍을 마주한 나는 아랍-이스라엘 문제를 다룬 수많은 책이 아직 건드리지 않은 주제를 발견했다고 확신하며 이 책을 쓰기 위한 작업에 착수했다. 그렇게 5년에 걸쳐 세 개의 언어로 세 개의 대륙을 연구하는 프로젝트가 시작됐다.

그러나 작가가 혼자 걷는 법은 없다는 업계의 정설은 이번에도 사실로 드러났다. 내가 연구를 시작한 이후 대봉기를 다룬 새로운 책이 두 권 출간됐다. 매슈 휴스Matthew Hughes의 《영국의 팔레스타인 진압*Britain's Pacification of Palestine*》과 매슈 크레이그 켈리Matthew Kraig Kelly의 《민족주의의 범죄*The Crime of Nationalism*》다. 휴스의 책은 영국이 팔레스타인 봉기를 진압하며 동원한 각종 법적·군사적 수단에 대한 주의 깊은 고찰이고, 후자는 범죄성과 민족주의를 바라보는 제국의 인식에 대한 연구다.[9]

그러나 내 책은 종류가 조금 다르다. 나는 학자가 아닌 저널

• 1948년 이스라엘 건국을 전후로 팔레스타인에서 대량 난민이 발생한 사건을 말한다.

리스트이자 싱크탱크 연구원, 작가로서 주로 중동 이슈에 관련한 글을 써왔다. 내 목표는 대봉기의 역사에 대해 심도 있는 연구를 바탕으로 하면서도 일반 독자를 대상으로 하는 첫 책을 쓰는 것이었다. 봉기 그 자체는 물론이고 그것이 팔레스타인의 유대인과 아랍민족주의에 끼친 영향, 봉기가 초래한 지정학적 움직임 그리고 오늘날까지도 지속되고 있는 유산에 관한 책을 쓰고자 했다.

이 책은 서술식 역사서로, 아랍인·유대인·영국인 등 여러 등장인물을 통해 이야기가 전개된다. 대부분은 책 앞부분의 등장인물에 소개되어 있으며, 그 외의 인물에 대해서는 본문에서 간략한 설명을 곁들였다.

이 주제를 접해본 독자라면 주요 유대인 등장인물은 어느 정도 익숙할 것이다. 여기에는 제1차 세계대전과 제2차 세계대전 사이 전간기에 해외에서 시온주의의 얼굴이자 행동대장 역할을 한 하임 바이츠만, 1930년대 중반부터 팔레스타인 유대인의 독보적인 지도자 역할을 한 다비드 벤구리온 그리고 실질적인 외무장관 역할을 한 모셰 셰르토크(추후 샤레트로 개명)가 있다. 이들은 10년 안에 각각 이스라엘의 초대 대통령, 총리, 외무장관이 되었다. 블라디미르 자보틴스키가 창설한 수정시온주의는 현재 베냐민 네타냐후Benjamin Netanyahu 총리가 이끄는 리쿠드Likud당을 비롯한 우파 시온주의의 전신이 됐다.

영국 측의 주요 인물은 대봉기 시기에 재임한 팔레스타인 고등판무관(아서 워코프, 해럴드 맥마이클)과 식민장관(윌리엄 옴스비 고어와 맬컴 맥도널드)이다. 작가이자 아서 밸푸어의 조카인 블랑쉬 '배피' 더그데일은 관련 인물 대부분이 남성이었던 당시에 여성으로서, 영국과 시온주의 엘리트 사이에서 넓은 인맥을 자랑하는 수완가로서 독특한 위치를 점한다.

아랍 측의 가장 핵심적인 등장인물은 대大무프티Mufti 하지 아민 알 후세이니다. 그는 팔레스타인 아랍인의 정치적 지도자이자 지역 무슬림의 영적 지주였다. 그 외 내가 택한 인물은 무사 알라미와 조지 안토니우스다. 이 두 아랍 인사는 특히 영어권 독자에게 매우 흥미롭고 복합적이면서도 접근성 있게 느껴질 만한 인물이다.

그동안 큰 관심을 받지 못했던 무사는 특히 발굴하기 좋은 인물이었다. 케임브리지대학교에서 공부한 그는 아랍인과 영국인·유대인 할 것 없이 거의 모든 이의 애정과 존경을 받은 특별한 인물이다. 무사에게는 권력과 영향력의 정점 가까이에서도 정신적 독립성을 지켜내는 특별한 능력이 있었다. 그는 온건파로 널리 알려져 있지만 대무프티를 비롯한 강경파와도 유대를 다졌다. 그런가 하면 서구의 지지자들이 알면 깜짝 놀랐을 비밀스러운 작전에 관여하기도 했다.

무사보다 조금 젊었던 안토니우스 또한 케임브리지대학교 출신이었다. 작가이자 지식인이었던 그의 굴곡 많았던 삶은 아랍 문화와 서양 문화 사이에서 갈등하는 문화적 주변인의 고뇌를 전형적으로 보여준다. 그러나 그를 괴롭히던 정체성의 분열에도 나름의 쓸모가 있었다. 안토니우스는 1938년에 내놓은 저서《아랍의 각성》을 통해 서구에 아랍민족주의 운동을 소개했고, 팔레스타인 문제의 해결책을 제시하려는 영국과 다른 나라들의 시도에 지속적인 영향을 주었다.

분쟁의 모든 측면이 그러하듯 용어 또한 논쟁적인 영역이다. 나는 가능한 한 연대에 맞지 않는 표현은 피하려고 했다. 우선 우리가 성지라 부르는 그 땅은 과거에도 지금도 보편적이고 공식적으로 통용되는 영어 명칭 '팔레스타인'으로 지칭했다. 오늘날 우리가 팔레스타인인이라고 부르는 사람들은 '팔레스타인 아랍인'이라는 다소 거추장스러운 용어로 등장한다. 기본적으로 당시 그들의 대변인을 포함한 거의 모든 팔레스타인인이 그 명칭을 사용했기 때문이다. 국가 수립 이전 팔레스타인의 유대인 공동체였던 이슈브Yishuv의 구성원을 이스라엘인으로 지칭하지 않은 이유는 굳이 설명하지 않아도 알 것이다. 이들이 이스라엘인이 된 것은 건국 후인, 그로부터 약 10년 후였다.

역사를 현재의 위치에서 과거로 읽으려는 유혹 또한 뿌리치기 위해 애썼다. 이어지는 주요 챕터에는 (정치적 의미에서의) '이스라엘'이라는 단어가 등장하지 않는다. 이 책의 배경이 되는 시대에는 유대인·아랍인·영국인을 막론하고 그 누구도 자신이 '이스라엘 건국 이전' 시대를 살고 있다는 생각을 하지 않았다. 사실 뭔가의 이전 시대라는 인식은 누구에게도 없었다. 유럽의 유대인은 자신이 힘겹고 불안한 시대를 살고 있다는 사실을 인식했지만 홀로코스트 이전의 마지막 장면에 속해 있다는 것은 알지 못했다. 팔레스타인에 사는 많은 아랍인은 투쟁이 결정적 단계에 이르렀다고 느꼈다. 그러나 자신들이 속한 시대가 훗날 뿔뿔이 흩어져 망명 생활을 하며 아쉬움 속에 돌아보게 될 시대인지는 몰랐다.[10]

무엇보다 나는 독자를 이 책의 시간과 공간으로 초대하려 노력했다.

그러나 이 책은 과거를 담은 단순한 사진이나 타임캡슐이 아니다. 대봉기는 80여 년간 이어지고 있는 아랍 세계와 이스라엘의 대립에 여전히 그림자를 드리우고 있다. 하마스의 무장 조직에는 순교로 대봉기를 촉발한 설교자 겸 전사의 이름이 붙여졌다. 오늘날의 이스라엘 제품 불매운동은 1936년 대봉기 때 등장한 총파업이 그 원조다. 현재 이스라엘 군대가 시행하는 행정 구금, 검문소 설치, 가옥 철거는 영국군에게 그대로 물려받은 전술이다. 미국이 추진하는 두 국가 해법은 1937년 〈필 위원회 보고서〉를 떠올리게 한다. 필 위원회의 제안은 1947년 국제연합 분할안, 클린턴 대통령의 클린턴 초안, 트럼프 대통령이 말한 "세기의 거래" 그리고 바이든 정부의 공식 정책에 이르기까지 모든 제안의 원전 격이다.

어느 소설가의 말처럼 과거는 결코 죽지 않았다. 사실 대봉기는 과거의 일도 아니다.[11]

이스라엘인과 팔레스타인 아랍인에게 대봉기는 여전히 진행 중인 사건이다.

# 1장

# 평온한<br>사막의 지배자들

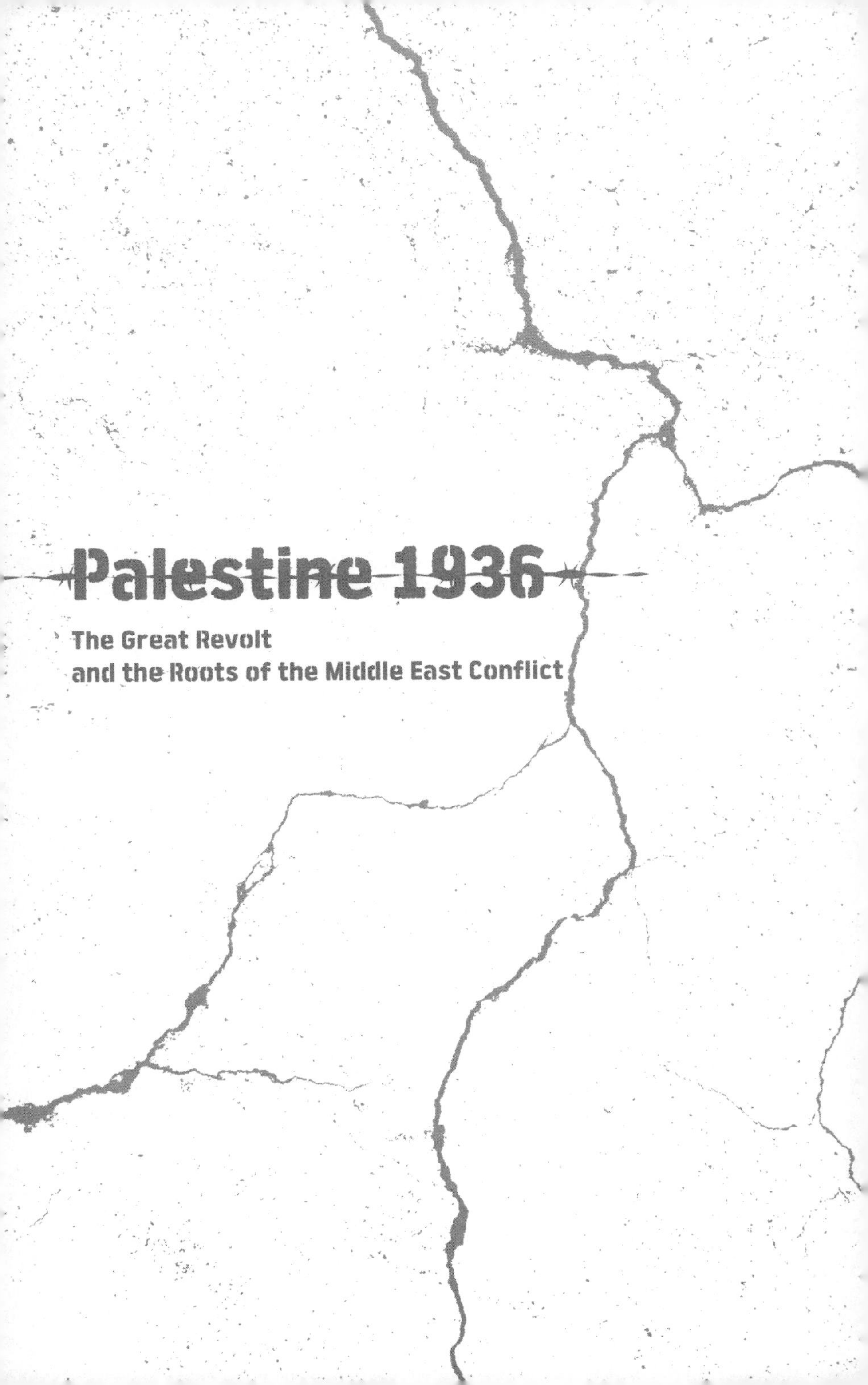
Palestine 1936
The Great Revolt
and the Roots of the Middle East Conflict

예루살렘은 수 세기 동안 소수의 명문가가 이끌어왔다. 오스만인은 이들을 에펜디effendi라고 불렀고, 아랍인은 아얀ayan, 영국인은 명망가notables라 칭했다. 각각의 가문은 특정 분야를 특권적으로 관장했다. 할리디Khalidi 가문은 주로 민사법원과 샤리아법원의 재판관을 배출했다. 다자니Dajani 가문은 시온산에 있는 다윗의 무덤을 관리했고, 누세이베Nusseibeh 가문은 성묘교회의 열쇠를 관리했다. 나샤시비Nashashibi 가문은 술탄의 부하를 위한 활과 화살을 만들었으며, 후세이니Husseini 가문은 선지자 무함마드의 후손 아슈라프ashraf들의 수장인 나키브 알 아슈라프naqib al-ashraf 역할을 맡았다. 알라미Alami 가문은 오스만제국 초 몇 세기 동안 예루살렘의 최고 종교 권위자인 무프티mufti로 일했다. 무프티는 이슬람법을 바탕으로 파트와fatwa라고 불리는 구체적인 해석을 내놓는 역할을 했다.[1]

알라미가家는 무함마드의 손자 하산의 혈통을 이어받은 가문으로, 후세이니 가문과 마찬가지로 아슈라프에 속했다. 이슬람 정복의 첫 번째 물결이 일던 시절 알라미 가문의 조상 가운데 한 명이 모로코로 떠나며 아라비아 지역 북부에 위치한 알람산의 이름을 따 가문의 이름으로 삼았다. 12세기 살라딘Saladin이 십자군에 맞설 군사를 모집할 때, 지역 족장이자 수피교 셰이크sheikh• 였던 알라미 가문 사람이 그 부름에 응했다. 그는 성지에서 용감히 싸운 끝에 예루살렘의 올리브산 일대를 포함한 광대한 영지를 하사받았다.《신약성경》에 예수가 승천했다고 기록된 곳이자, 히브리족 선지자들이 신께서 죽은 자들을 부활시킬 것이라고 예언한 곳이었다.

오스만제국이 예루살렘에 시장을 두기로 결정한 것은 1860년 대였다. 이후 시장 자리는 늘 여섯 개의 유력 가문에서 맡아왔고, 알라미 가문은 네 명의 시장을 배출했다.[2]

1906년 오스만 술탄은 파이달라 알라미Faydallah Alami를 시장으로 임명했다. 몇 년 전 그의 아버지인 무사 파이디 알 알라미Musa Faidi al-Alami가 역임한 자리였다. 그 무렵 알라미 가문은 예루살렘의 복작거리는 무슬림 지구를 떠나 무스라라로 이주했다. 구시가지에 인접한 곳으로, 중세 성벽 외부 최초의 아랍 공동체 가운데 하나였다. 여름에는 베들레헴으로 가는 길목에 있는 샤라파트라는 마을의 새집에서 지냈고, 겨울에는 건조한 요르단 계곡의 예리코에서 지냈다.

파이달라의 임기는 평온했다. 제1차 세계대전, 밸푸어 선언, 4세기에 걸쳐 예루살렘을 지배한 오스만제국의 몰락과 그 뒤를

• 공동체의 지도자나 종교 지도자, 존경받는 학자 등을 높여 부르는 말.

잇는 또 다른 제국의 등장 등 격동의 10여 년은 그의 임기 이후에 왔다. 파이달라는 경전에 바탕을 둔 교육을 받았다(1904년 그가 편찬한《쿠란》색인집은 현재까지 사용되고 있다). 그러나 그는 국제적인 인물이었다. 친구들에게 파이디Faidi라고 불렸던 그는 주변 사람들과 달리 유럽을 널리 여행했고, 집에 초대한 손님들에게 몇 시간이고 유럽 이야기를 들려주곤 했다. 특히 그는 오스트리아에서 접한 유럽의 놀라운 신문물, 바로 '승강기'에 대한 이야기를 즐겨 했다.

시장의 아들 무사 알라미는 1897년 봄에 태어났다. 테오도르 헤르츨Theodor Herzl이 바젤에서 제1차 시온주의자총회Zionist Congress를 개최하기 4개월 전이었다. 소년은 외부로부터 격리된 채 자랐다. 여덟 살까지 집에서 교육받으며 사냥을 비롯한 귀족 취미를 익혔지만 또래 친구는 거의 만나지 못했다. 무함마드의 후손이자 오스만제국 칼리프의 신하였던 무사의 아버지는 자신의 실수를 깨닫고 아들을 예루살렘의 성공회 선교사 학교에 보냈다. 선교사 학교의 레이놀즈 교장은 시장의 아들을 반겼지만, 얼마 지나지 않아 아이가 학교 교육을 전혀 따라오지 못하는 것 같다며 시장에게 목공 견습 교육을 대안으로 제시했다.

무사는 시카고 출신의 부유한 장로교파 변호사가 이끄는 종교 자선 공동체 아메리칸 콜로니American Colony에서 목공을 배우기 시작했다. 그로부터 6개월 후, 무사의 표현을 따르자면 "완전히 교육 불가는 아니라는" 가능성을 보인 그는 목공 수업을 서서히 줄이고 변호사의 자녀들과 같은 반에서 교육받기 시작했다. 나중에 전기 작가에게 이야기한 바에 따르면 사실 레이놀즈 교장이 시장을 기쁘게 하려고 무사를 높은 학년에 넣는 바람에 한 마디도 이해할 수 없었던 것이었다. 무사가 그러한 사정을 알게 된 것은 몇 년 후였다.[3]

그다음에는 엄격한 명문학교 콜레주 데 프레르Collège des Frères에 진학했다. 학교에서 보내는 모든 순간을 싫어했지만 성적은 뛰어났고, 특히 역사와 문학·철학에서 두각을 나타냈다. 성공회와 장로교 학교에서 영어를 배운 무사는 이제 가톨릭계 학교에서 프랑스어를 배웠다.

무사는 유대인과도 가깝게 지냈다. 제1차 세계대전 발발 직전 팔레스타인 인구 80만 명 가운데 약 7퍼센트가 유대인이었다. 대부분 예루살렘에 사는 종교적 유대인으로, 수 세기 전부터 거주해온 세파르디 유대인•의 후손이었다. 이들은 아랍인과 같은 언어를 쓰고 같은 옷을 입었으며, 같은 음악을 즐기고 같은 음식을 먹었다. 무사의 부모님이 가장 친하게 지냈던 친구 중에도 유대인 부부가 있었다. 이들은 알레포 출신으로, 거의 매일 밤 무사의 집을 방문할 정도로 가까웠다.

당시에는 같은 지역에서 비슷한 시기에 두 어머니가 아들을 낳으면 조산사가 둘을 연결해 서로 젖을 나눠 먹이는 풍습이 있었다. 이렇게 자란 아이들은 평생 서로를 수양 형제로 여겼고, 가족끼리도 종교나 계급에 상관없이 친하게 지냈다. 무사의 수양 형제는 근처에서 식료품점을 하는 유대인 가족의 아들이었다. 두 가족은 30년간 서로를 방문하며 명절에 선물을 주고받았고, 때

• 이베리아반도에 살던 스페인·포르투갈계 유대인.

때로 축하와 애도를 나누기도 했다.[4]

20세기 초 시온주의는 소수 이상주의적인 유대인의 전유물이었다. 시장으로 재직하던 시절 파이달라는 베를린에서 온 시온주의 지도자를 만난 적이 있었다. 파이달라는 방문객에게 이렇게 말했다.

> 우리가 유대인 이주에 반대한다는 것은 사실이 아닙니다. 오히려 원하고 있죠. 유대인은 주변을 자극하고 활기를 불어넣는 진보적인 힘을 지녔으니까요. 문제는 숫자입니다. 유대인은 빵에 들어가는 소금과 같아요. 소량은 반드시 필요하지만 너무 많이 넣으면 안 넣느니만 못 하다는 거죠.

그 말을 들은 방문객이 말했다.

> 틀렸어요. 저희는 소금이 될 생각이 없습니다. 빵이 되려는 거지요.[5]

## 신실한 소년

무스라라에서 구시가지의 북쪽 벽을 따라가다 보면 다마스쿠스문 위쪽으로 셰이크 자라 지역이 나왔다. 무사가 태어난 무렵 이곳에서는 또 다른 예루살렘 명문가 후세이니 가문의 아이가 태어났다.

알라미 가문이 하산의 혈통이라면, 후세이니 가문은 하산의 동생 후세인의 후손이었다. 알라미와 마찬가지로 후세이니 가문이 예루살렘에 온 것도 12세기경이었다. 전해지는 바에 따르면 이들은 모로코가 아닌 아라비아에서 왔고, 알라미와 마찬가지로 살라딘과 함께 십자군에 맞서 싸웠다. 후세이니 가문도 꽤 많은 시장과 무프티를 배출했다. 중세에는 알라미 가문이 무프티 자리를 독점하다시피 했지만, 18세기 후반 이후에는 거의 후세이니 가문에 돌아갔다.

타헤르 후세이니Taher Husseini는 1869년에 무프티로 임명됐다. 예루살렘에는 이미 유대인이 상당수 존재했다. 1880년대가 되자 유럽에서 건너온 대규모 종교 이민자에 힘입어 유대인은 도시의 과반수를 차지하게 됐다. 오스만제국은 1897년에 위원회를 구성해 타헤르로 하여금 예루살렘 내 유대인 토지 매입을 줄일 방안을 찾도록 했다.[6]

위원회는 일부분 성과를 내기도 했지만 근본적으로는 소용없는 일이었다. 사실 타헤르 자신이 다른 아랍 명망가들과 마찬가지로 예루살렘 안팎의 유대인 토지 매매에 관여하고 있었기 때문이다.[7]

같은 해 타헤르의 조용하고 독실한 둘째 부인 제이납Zeinab이 아들을 낳았다. 아들의 이름은 '신뢰할 수 있는', '신실한'이라는 의미의 아민Amin으로 정했다.

1908년 타헤르가 사망하며 큰아들 카밀Kamil이 무프티 자리를 물려받았다. 터울이 큰 이복형 카밀의 옆에 서면, 불그스름한 머리칼에 흰 피부, 파란 눈을 지닌 아민의 존재감은 그야말로 희미해졌다. 어린 아민은 키가 작고 허약했으며, 혀짤배기소리 때문에 늘 주눅 든 모습이었다. 가족은 소년에게 특별한 기대를 하지 않았다. 아민은 여느 명문가 자제답게 이슬람 학교인 쿠탑kuttab에 다니며 집에서도 종교 수업을 들었다. 이후에는 알라미 가문과 마찬가지로 콜레주 데 프레르에 진학해 프랑스어를 공부했고, 다마스쿠스 출신의 비非시온주의 유대인 교육자가 운영하는 예루살렘의 알리앙스 이스라엘리테 위니베르셀Alliance Israélite Universelle에서 수학했다.

카밀은 아민이 열일곱 살이 되자 알아즈하르대학교Al-Azhar University로 유학을 보냈다. 카이로에 위치한 이곳은 천년 전통의 수니파 학문의 본산이었다. 1년 후 아민은 어머니와 함께 메카로 성지 순례를 떠났다. 아민은 순례를 마치고 얻은 하지hajj 칭호만을 평생 사용했다. 알아즈하르에서 수학한 몇 년으로는 셰이크 칭호를 얻기에는 부족했기 때문이다•8

카이로에 간 하지 아민은 라시드 리다Rashid Rida 밑에서 수학했다. 살라프Salaf파 초기 학자 라시드 리다는 근대주의자이자 근본주의자였다. 그는 이슬람 세계가 기술적·경제적·지정학적으로 서구에 뒤처졌음을 인식하고 이러한 분야의 지식을 기독교 세계에서 구해야 한다고 강조했다. 라시드 리다는 이슬람 세계가 선지자 무함마드와 추종자의 모범에서 벗어난 것을 그 격차의 원인으로 보았다. 그런 이유로 라시드 리다는 과거, 즉 순수한 이슬

• '하지'는 이슬람 성지순례를 의미한다. 이슬람교에서는 메카 순례를 마친 사람에게 '순례자'라는 의미의 하지 칭호를 부여한다. 셰이크 칭호는 장로, 원로 학자, 연장자, 왕족 등에게 부여한다.

람 원칙으로 회귀하는 것만이 무슬림의 미래를 확보하는 유일한 방법이라고 주장했다.

라시드 리다는 아랍민족주의자의 원형이었다. 그는 오스만제국이 1908년 청년튀르크혁명 이후 범이슬람주의를 버리고 세속적인 튀르크 중심적 방향으로 나가는 모습을 보고 오스만을 버렸다. 그는 당시 이슬람 사상가로서는 드물게 오스만제국보다는 영제국을 선호했고, 제자들에게도 그러한 경향을 전수했다.

한편 영국 또한 아랍인에게서 오스만제국이라는 적을 떼어놓는 데 열중하고 있었다. 제1차 세계대전 초, 영국의 이집트 고등판무관 헨리 맥마흔Henry McMahon은 당시 메카를 통치 중이던 하심 왕조의 셰리프sherif* 후세인과 서신을 교환하기 시작했다. 맥마흔은 서신을 통해 오스만 술탄에 대항해 봉기하면 영국이 아랍인의 독립을 지지하겠다고 약속했다.

둘은 9개월에 걸쳐 10통의 서신을 주고받았다. 가장 중요한 1915년 10월 24일 자 서한에서 맥마흔은 아랍 독립에 대한 영국의 인정을 약속하되 "다마스쿠스·홈스·하마·알레포의 서쪽에 위치한 시리아 일부 지역"은 제외한다고 밝혔다. 이들 지역은 순수 아랍인 거주 지역이 아닐뿐더러 영국의 동맹인 프랑스가 역사적·전략적으로 특권을 지닌 지역이었기 때문이다. 영국은 이라크에 대한 "확립된 지위와 이해" 또한 고려해야 했다. 그러나 어쨌든 계획대로만 된다면 아라비아와 시리아 사이에 위치한 넓은 지역은 장장 4세기에 걸친 오스만제국의 지배에서 벗어나 마침

* '군주', '지배자'라는 의미로, 메카의 총독을 지칭하던 말.

내 영국의 지지와 함께 자치권을 누리게 된다는 의미였다.

몇 년 후 서한의 정확한 의미를 두고 논란이 벌어졌다. 논란의 핵심은 다마스쿠스의 남서쪽에 위치한 팔레스타인이 서한에서 이야기한 "시리아 일부 지역"에 포함되는지 여부였다.[9]

그러나 당시 후세인은 영국의 보장이 충분하다고 여겼다. 그는 오스만에 대항하는 봉기를 일으켰고, 둘째 아들 파이살Faisal을 지휘관으로 앉혔다. 후세인은 단 몇 주 만에 성스러운 도시 메카에서 튀르크인을 몰아내는 놀라운 성과를 거뒀다.

당시 하지 아민은 열아홉 살이었다. 오스만 군대에 장교로 징집됐으나 별다른 활동에 투입되지 않았던 그는 봉기 소식을 듣고 파이살이 통치하는 아랍 대大시리아를 꿈꾸게 됐다. 하지 아민은 맡고 있던 직책을 사임하고 예루살렘으로 돌아갔다. 그러고는 영국을 도와 이 대의에 참여할 아랍인 2000여 명을 모집했다.

전보를 통해 후세인의 봉기 소식을 접할 당시 무사는 예루살렘에서 군 검열관으로 복무하고 있었다. 억지로 복무 중이던 그는 압제적인 오스만의 지배를 벗어나 아랍이 독립을 이룰 수도 있다는 꿈에 부풀었다. 무사 또한 검열관을 그만두고 다마스쿠스로 가서 어릴 적 가정교사였던 할릴 사카키니Khalil Sakakini의 집에서 지냈다. 할릴은 예루살렘 출신의 기독교 작가이자 아랍민족주의자였다. 무사도 다마스쿠스나 콘스탄티노플의 카페에 젊은 아랍민족주의자들이 드나든다는 이야기는 들어본 적이 있었지만 직접 만나본 적은 없는 상태였다. 할릴의 집은 그런 전복적 관념이 모여드는 거점이었다.[10]

한편 1916년 봄에는 영국의 마크 사이크스Mark Sykes와 프랑스의 프랑수아 조르주 피코Francois Georges-Picot가 오스만 철수 이후 레반트 지역의 영토 분할을 위한 비밀 협정을 맺었다. 영국은 요르단강과 메소포타미아 사이의 영토를, 프랑스는 시리아와 마운트 레바논 지역을 각각 차지하기로 했다. 팔레스타인은 추후 결정될 국제 공동구역으로 두고 두 나라가 함께 통치하기로 잠정 결정했다.

그러다가 사이크스는 팔레스타인이 다른 나라와 나누기에는 너무 중요한 곳이라는 생각을 하게 됐다. 무엇보다 팔레스타인은 영제국이 인도와 동방으로 향할 때 반드시 통과해야 하는 수에즈운하를 지키는 천연의 방벽이었다. 1917년 사이크스는 시온주의 지도자들을 여러 차례 만났다. 시온주의자들은 정의와 자유, 《구약성경》을 바탕으로 세워진 나라 영국에 대한 경의를 거듭 표했다. 사이크스는 외무장관이었던 아서 밸푸어 경, 총리였던 데이비드 로이드 조지David Lloyd George와 더불어 영국과 시온주의자들의 이익이 일치한다고 확신하게 되었다.[11]

1917년 11월, 영국군과 영연방군은 예루살렘을 목표로 시나이와 팔레스타인 남부로 진격했다. 당시 밸푸어는 월터 로스차일드Walter Rothschild 남작에게 다음과 같은 말로 시작하는 서한을 보냈다.

> 국왕 폐하의 정부는 팔레스타인에 유대인을 위한 민족적 고향을 건설하는 것에 대해 긍정적 견해를 지니고 있습니다.

## 위임통치령의 탄생

역사학자들이 밸푸어 선언이라고 부르는 이 서한은 이질적이고도 복잡한 동기들이 모여 탄생했다.[12]

영제국의 입장에서는 우선 팔레스타인의 유용성이 크게 작용했다. 제1차 세계대전 중 미국과 러시아를 비롯한 연합국의 입장에서는 유대인의 지원이 주는 가치가 컸다. 여기에 영국 관료 집단의 윤리적·종교적 성향 등 다양한 요인이 서한에 복합적으로 작용했다.[13]

그러나 하임 바이츠만이 없었다면 그 모든 일은 아마 일어나지 않았을 것이다. 러시아 태생의 바이츠만은 영국에서 화학자로 활동했다. 그의 아세톤 생산 공정은 연합군의 폭발물 산업에 꼭 필요한 요소였다. 그러나 그에게는 또 하나의 역할이 있었다. 바로 세계 시온주의 운동의 지도자였다. 바이츠만은 화려한 언변과 매력, 포기를 모르는 끈기로 영국 관청에 수시로 드나들며 설득을 벌였다.

영국의 한 식민지 행정관은 유대인을 두고 "따로따로 봤을 때는 영리하고 부지런하지만 집단으로 봤을 때는 지독하게 어리석다"고 평했다. 그는 대부분의 유대인 지도자가 참을성이 없고 수완이 부족해 일을 그르친다고 토로했다. 그러나 바이츠만은 "탁월한 화학자이자 훌륭한 인물"이라는 평가를 받았다. 유대인 지도자 가운데 유일하게 "킨키나투스Cincinnatus•의 지혜를 품고 기다

• 로마 시대 정치인으로, 주로 권력에 연연하지 않는 현인의 대명사로 언급된다.

릴 줄 아는 사람"이라는 평가도 있었다.

한 관리의 회고에 따르면 웅변가로서 바이츠만은 "무서울 정도로 설득력 있는" 사람이었다. 바이츠만은 "슬라브인이 사랑을 할 때 발휘하는, 유대인이 사업을 할 때 발휘하는 역동적인 설득력으로 오직 시온의 성취를 위해 지지를 모으고 양성하고 집중" 했다.[14]

선언이 발표되고 5주 후 영국은 예루살렘을 점령했다. 그렇게 군정이 시작됐지만 문제가 하나 있었다. 바로 영국이 무슬림 인구가 압도적으로 많은 지역을 점령한 기독교 제국이라는 점이었다. 게다가 얼마 전까지 칼리프와 술탄의 지배를 받았던 그 무슬림 인구는 자신들의 땅에 유대인의 민족적 고향을 건설하겠다는 이야기를 막 전해 들은 참이었다. 영국은 주민과 소통할 이슬람 당국을 강화하기 위해 발 빠르게 움직였다. 그 일환으로 우선 이집트에서 빌려온 칭호를 사용해 카밀 알 후세이니를 무프티에서 '대大무프티'로 격상시켰다. 대무프티는 곧바로 영국은 명예로운 제국이므로 새로운 백성을 공정하게 대할 것이라고 대중을 안심시키며 영예에 보답했다.

그러나 설득은 쉽지 않았다. 막 생겨나고 있던 팔레스타인의 아랍 언론을 통해 밸푸어 선언의 내용이 전파되고 있었다. 밸푸어 선언이 발표되고 1년째 되던 날 예루살렘의 새로운 시장이자 대무프티의 숙부인 무사 카짐 후세이니Musa Kazim Husseini는 아랍 고위 인사 100명을 대표해 영국 군정에 서한을 보냈다.

우리 아랍인은 무슬림과 기독교인을 막론하고 모두가 타국에서 박해받는 유대인의 고난을 언제나 깊이 동정해왔습니다. 그러나 이러한 동정심과 그 민족의 지배를 받아들이는 것 사이에는 큰 차이가 있습니다.[15]

9일 후 제1차 세계대전이 끝났다. 무사는 콘스탄티노플로 가는 배에 올랐다. 그의 아버지는 예루살렘을 대표해 오스만 의회에 진출했지만, 이제 자신이 대표하던 지역이 사라진 상태였다. 가족과 함께 팔레스타인으로 돌아오는 길에 "언제나처럼 딴생각에 빠져 있던" 무사는 석탄 운반 장치에 빠져 갈비뼈를 다치고 말았다. 배에 있던 유일한 의사가 그를 치료했다. 아랍어를 구사하는 예루살렘 출신의 유대인 수의사였다.

이 여정에서 무사는 새로운 종류의 유대인, 즉 유럽 출신의 시온주의 유대인을 처음 조우했다. 이들 유대인은 난간 너머로 별과 작대기가 그려진 유대민족주의 깃발을 흔들며 시온주의 운동의 찬가 〈하티크바Hatikvah〉를 우렁차게 부르고 있었다. 무사는 그들에게서 경멸의 기색을 느꼈다. 경멸은 아랍인뿐 아니라 자신의 갈비뼈를 고쳐준 동방 유대인에게도 향하고 있는 듯했다.[16]

1919년 1월, 바이츠만은 아랍 봉기의 영웅 파이살을 만나기 위해 요르단강을 건너서 그의 사막 주둔지로 갔다. 여기서 둘은 T. E. 로렌스(T. E. Lawrence, 그 유명한 '아라비아의 로렌스')의 중재로 협정을 맺었다. 파이살은 협정에서 유대인의 대규모 팔레스타인 이주를 장려하는 밸푸어 선언을 사실상 지지하고 추후 레반트 나머지 지역에 건설될 아랍 국가와 팔레스타인은 별도로 유지하기로 합의했다.

파이살과 바이츠만은 공동 성명에서 "아랍인과 유대인 사이에 존재하는 인종적 연대감과 오랜 유대감을 염두에 둘 때, 각자의 자연적인 열망을 달성하는 가장 확실한 방법은 아랍 국가와 팔레스타인의 발전을 위해 긴밀히 협력하는 것"이라고 밝혔다. 그러나 파이살은 다가오는 파리강화회의에서 더 넓은 독립에 대한 아랍의 꿈을 실현시켜줄 것을 협정의 조건으로 걸었다. 그는 이 조건이 충족되지 않는다면 협정의 내용 가운데 "단 한 단어"에도 구속되지 않겠다고 경고했다.[17]

미국 또한 밸푸어 선언에 찬성했다. 선언이 발표되기 전, 이미 그 내용을 승인했던 우드로 윌슨 대통령은 선언에 대한 지지를 재차 밝혔다.

> 나는 연합국이 우리 정부와 국민의 전적인 의견 일치를 바탕으로 팔레스타인에 유대인 연방의 기초를 놓는 데 동의한다고 확신한다.[18]

이듬해 이탈리아 리비에라의 산레모에 모인 연합국은 레반트 지역의 분할을 공식화했다. 옛 오스만제국의 예루살렘 지구와 베이루트, 다마스쿠스의 일부 지역이 모여 '팔레스타인'이 됐고, 새롭게 창설된 국제연맹은 영국에 위임통치권을 부여했다.

유대인은 이미 팔레스타인에서 원생적인 임시 정부를 발 빠르게 구축하고 있었다. 추후 '유대인기구'로 명칭을 변경한 팔레스타인 시온주의자집행부Palestine Zionist Executive는 이민에서 정착, 농업, 교육, 재정에 이르기까지 모든 일을 처리했다. 집행부는 헤르츨이 설립하고 런던의 바이츠만이 이끌고 있던 상위기관 시온주의자기구Zionist Organization•의 지시를 받았다.[19]

바이츠만의 성향은 자유주의, 심지어 자본주의에 가까웠다. 그러나 이슈브, 즉 팔레스타인의 유대인 공동체는 노동계 시온주의자가 장악하고 있었고, 이들은 자신과 유사한 사회주의 성향 유대인의 이민을 선호했다. 노동주의자들이 운영하는 강력한 노동조합연맹 히스타드루트에는 팔레스타인에서 일하는 유대인 가운데 4분의 3이 가입되어 있었다. 히스타드루트는 오직 유대인 노동자의 권리를 위해 여러 로비를 펼쳤다. 이들은 또한 토지를 사들이고 늪지를 메우고 숲을 조성하는 유대민족기금Jewish National Fund을 장악하고 있었다.

아랍인에게는 이에 대응할 만한 조직이 거의 없었다. 팔레스타인에는 제1차 세계대전 종전 후에야 무슬림기독교인협회Muslim-Christian Associations라는 최초의 아랍 시민사회 단체가 나타났다. 처음에 이들의 눈길이 향한 곳은 예루살렘이 아닌 시리아의 다마스쿠스였다. 팔레스타인 아랍인은 주변 지역 아랍인과 마찬가지로 가능하면 이라크와 헤자즈까지 넓게 연합하는 대시리아 건국을 꿈꿨다. 휴전 몇 달 후, 하지 아민은 그러한 왕국의 군주로 파이살을 언급하며 짧은 기간 존재하고 사라진 예루살렘의 《남시리아Suriya Al-Janubiya》라는 신문에 그러한 취지의 글을 기고하기도 했다.

1919년 초, 예루살렘의 저명인사들이 모여 제국주의와 시온주의를 규탄하며 첫 팔레스타인아랍총회Palestine Arab Congress를 개

• 추후 세계시온주의자기구(World Zionist Organization)로 변경.

최했다. 이들은 팔레스타인의 시리아 편입을 요구했다. 몇 달 후 다마스쿠스에 모인 아랍 지도자들은 "팔레스타인이라는 이름으로 알려진 시리아 남부"가 대시리아 독립국의 일부가 되어야 함을 재차 강조했다.[20]

한편 이 시기 무사는 케임브리지대학교에 재학 중이었다. 아마도 팔레스타인 아랍인으로서는 처음이었을 가능성이 크다. 그는 또래에 비해 성숙했고, 남들과 거리를 두는 모습을 보이기도 했다. 무사는 동료 학생보다 주로 교수들과 친하게 지냈다. 전공은 법학이었지만 다양한 분야, 특히 철학 분야의 책을 많이 읽었다. 시온주의 역사를 다룬 나훔 소콜로프Nahum Sokolow의 책을 읽기도 했다. 이 책의 서문은 밸푸어가 썼으며, 소콜로프는 나중에 시온주의자총회의 회장이 됐다.

한번은 무사가 유대인 학생의 집에 초대를 받았다. 예루살렘에 사는 가족 친구의 친척이었다. 자리에 있던 손님들은 팔레스타인 출신의 케임브리지대학교 법대생이라면 당연히 유대인이리라 생각하고 히브리어로 "샬롬Shalom"이라고 인사했다. 그러고는 무사를 형제라고 부르며 "더러운 아랍 놈들과 어서 관계를 끊어야 하지 않겠냐"고 말했다.[21]

## 팔레스타인의 잔혹한 봄

아랍주의자였던 한 식민지 행정관은 팔레스타인의 봄 풍경을 다음과 같이 묘사했다.

들판과 언덕이 온통 흰색과 자주색·분홍색의 시클라멘과 진홍색 아네모네로 뒤덮인다. 농지는 어린 밀과 보리로 녹색이 되고, 돌이 울퉁불퉁한 강가는 협죽도 꽃으로 분홍빛이 된다. 이 광경을 직접 본 사람만이 팔레스타인의 봄이 가져오는 솔로몬의 영광을 이해할 것이다.[22]

팔레스타인의 봄은 네비 무사Nebi Musa, 즉 선지자 모세를 기리는 축제가 열리는 계절이기도 했다. 매년 네비 무사 축제 때는 예루살렘에서 모세의 무덤이 있다고 여겨지는 사해 근처의 사원까지 이슬람교도들의 행렬이 이어졌다. 1920년에는 인근 지역은 물론 전국에서 많은 사람이 깃발을 들고 몰려왔다. 심지어 무기를 든 이들도 있었다. 군중의 규모는 전쟁 때보다 훨씬 많은 6만여 명이었다. "이스티클랄Istiqlal!"이라는 외침이 울려 퍼졌다. '독립'이라는 의미였다.[23]

"우리는 칼로써 이 땅을 쟁취했다!" 1000여 년 전의 아랍 정복을 이야기하며 군중이 외쳤다. "우리는 칼로써 이 땅을 지킬 것이다!" 스물다섯 살의 하지 아민은 파이살의 초상화를 들고 "이분이 우리의 왕이다!"라고 외쳤다. 무사 카짐 후세이니 시장은 아랍인들에게 팔레스타인을 위해 "피를 흘리자"고 호소했다.

구시가의 군중은 유대인을 공격하고 유대교 회당과 상점을 파괴하기 시작했다. 무사의 가정교사였던 할릴은 한 남자가 유대인 구두닦이 소년의 상자를 빼앗아 아이가 피 흘리며 도망칠 때까지 때리는 장면을 목격했다. 일부 유대인은 칼을 들고 거리로 나왔다. 할릴은 시립 정원 쪽으로 걸어가며 "인간의 광기에 영혼이 메스껍고 우울해지는 것"을 느꼈다.

영국은 임시 계엄령을 선포했지만 질서가 회복되기까지는 사흘이 걸렸다. 그때까지 유대인 다섯 명이 사망하고 200명이 넘게 부상을 당했다. 아랍인 사망자는 네 명이었다. 그중에는 잘못 날아온 총탄에 관자놀이를 맞고 창문에서 떨어져 숨진 소녀도 있었다.

로이터통신은 "유대인을 향한 아랍인의 격렬한 감정을 영국은 깨닫지 못하는 것으로 보인다"고 무미건조하게 보도했다.

경찰은 200명 이상을 체포했다. 그중 4분의 1가량은 유대인이었다. 제1차 세계대전 당시 영국의 유대인 여단을 함께 설립한 시온주의 운동가 블라디미르 자보틴스키의 예루살렘 자택에서는 소총과 권총 몇 자루, 탄약 250발이 발견됐다. 자보틴스키에게는 15년의 징역형이 선고됐다.[24]

시장이었던 무사 카짐 후세이니는 선동죄로 해임됐고, 그 조카인 하지 아민은 10년 형을 받았으나 트랜스요르단으로 피신했다. 후세이니 가문의 숙적이었던 나샤시비 가문의 수장 라게브 나샤시비Ragheb Nashashibi가 새로운 시장으로 임명됐다.

한편 그해 초 다마스쿠스에서는 파이살이 스스로를 시리아 국왕으로 선포했다. 연합군은 시리아 위임통치령을 프랑스에 넘기려 했지만, 파이살은 이를 거부했다. 프랑스는 단 네 시간의 전투로 파이살의 군대를 궤멸시키고 시리아 위임통치를 시작했다.

이렇게 되자 팔레스타인의 아랍인은 목표를 바꿀 수밖에 없었다. 무사 카짐 후세이니는 동료들에게 이렇게 말했다.

우리의 계획을 변경할 수밖에 없습니다. 팔레스타인의 남부 시리아 편입은 이제 불가능합니다. 우리는 팔레스타인을 지켜야 합니다.[25]

영국은 군정 체제에서 민정 체제로 전환하고 고등판무관을 임명하며 성난 민심을 가라앉히려 했다. 그러나 이 임명은 유대인의 민족적 고향 건설에 대한 영국의 지지를 오히려 강조할 뿐이었다. 고등판무관으로 임명된 허버트 새뮤얼Herbert Samuel은 영국 내각에 입성한 최초의 유대계 영국인이었고, 일찍부터 시온주의의 비전을 열정적으로 지지한 인물이었기 때문이다.[26]

유대인은 빠르게 움직였다. 1920년 폭동 이후 노동계 시온주의자들은 정착촌을 지키기 위해 무장단체 하가나(Haganah, '방어'라는 의미)를 창설했다. 공식적으로는 불법 단체였지만, 활동을 방어에만 국한한다는 조건으로 영국은 이를 눈감아줬다.

영국은 여전히 파이살을 도왔다. 영국의 중동 지역 관료들은 1921년 카이로에 모여 짧은 기간 시리아를 통치했던 파이살을 이라크의 국왕으로 옹립했다. 한편 영국은 팔레스타인과 느슨하게 연결된 '트랜스요르단'이라는 새로운 국가를 설립해 파이살의 형 압둘라를 에미르Emir•로 앉혔다. 시온주의자, 그중에서도 특히 자보틴스키의 강경파 추종자들은 유대인 몫의 땅을 빼앗긴 것으로 보고 영국에 분노했다. 식민장관 윈스턴 처칠은 이라크와 요르단 동쪽을 아랍인에게 보장함으로써 유대 민족 고향 건설에

• '수장', '군주'라는 의미이며 왕보다는 낮은 칭호.

대한 아랍인의 분노가 잦아들기를 바랐다.[27]

그러나 이는 통하지 않았다.

## 무프티 중의 무프티

1921년 노동절을 맞은 야파에는 유대인이 조직한 두 개의 집회가 계획되어 있었다. 그중 노동계 시온주의자들의 집회는 허가를 받았고, 팔레스타인에 소비에트연방을 수립하고자 했던 마르크스주의자들의 집회는 허가를 받지 않았다. 두 시위 행렬이 마주치자 주먹이 난무하며 충돌이 일어났다. 그러자 아랍인들이 합류했다. 아랍인들은 유대인 대부분이 사유재산과 결혼, 종교를 부정하는 볼셰비키주의자라고 생각했다. 충돌은 곧 집단적인 습격으로 비화됐다. 유대인은 자기 집과 상점에서 폭행을 당했다. 여성과 어린이, 심지어 노인들까지도 몰려나와 약탈에 동참했다.[28]

그러다 군중은 팔레스타인에 도착한 이민자들의 첫 목적지인 이민자 숙소로 몰려갔다. 아랍인 경찰이 왔지만, 이들 역시 총을 쏘며 폭도들의 정문 통과를 도왔다. 다른 유대인들은 건물 밖에서 둔기에 맞아 죽었다. 몇 시간 후 군대가 도착했지만, 그날 유대인 27명이 죽고 100여 명이 다쳤다.[29]

하가나는 보복을 금하고 있었지만, 모든 구성원이 이 원칙을 따르지는 않았다. 한 하가나 대원은 오렌지 과수원에서 곱사등이 아랍인과 그의 아이들을 죽였다. 그런가 하면 어떤 대원은 자원자를 모아 아랍인 가정집에 침입해 아이들만 남겨두고 모든 것을 파괴했다. 이 대원은 "좋은 성과"였다고 회상했다. 또 다른 대원은 아랍인을 쇠막대로 폭행하는 유대인을 막기 위해 총을 겨누기도 했다. 텔아비브의 한 고등학생은 "유대인들이 끔찍한 짓을 저지르고 있다"고 말했다.[30]

폭동은 몇몇 유대인 마을로 번졌고, 영국은 일주일이 지나서야 사태를 진정시킬 수 있었다. 이 폭동으로 총 100명이 사망했다. 유대인과 아랍인의 사망자 수는 같았다. 부상자 수는 유대인이 150명, 아랍인이 75명이었다.

1921년 폭동은 영국 통치하의 팔레스타인에서 발생한 첫 번째 대규모 인명 피해 사건이었다. 그러나 당국은 이를 1920년 참사와 마찬가지로 특정 시간과 공간에만 한정된 개별적인 사건으로 보았다. 한 영국 장교는 이런 사태를 네게브 사막에 가끔 나타나는 "돌발성 홍수"에 비유했다.[31]

사건 조사를 위한 위원회가 꾸려졌다. 위원회는 아랍인의 분노가 유대인의 인구적·경제적·정치적 지배에 대한 두려움에서 기인한다는 결론을 내렸다. 시온주의 지도부가 아랍 측의 두려움을 진정시키지 못하고 오히려 증폭시킨 점을 지적하며 팔레스타인에 대한 향후 계획을 명확히 하고 공개적으로 밝힐 것을 영국에 권고했다.

계획은 1922년 백서의 형태로 공개됐다. 후대에는 '처칠 백서Churchill White Paper'라고 알려졌지만, 사실 내용의 대부분은 당시 고등판무관이었던 새뮤얼이 작성했다. 백서는 팔레스타인 안에 유대인의 민족적 고향을 건설한다는 밸푸어 선언의 비전을 재확인했으나 "영국인으로 채워진 영국처럼, 유대인으로만 채워진"

팔레스타인을 건설하려는 게 아니라고 밝혔다. 백서는 그러한 계획은 실현 가능성이 없을뿐더러 영국의 목표도 아니라고 강조했다. 또한 궁극적으로 이민이 계속될 것임을 확고히 하면서도 현지의 "경제적 흡수 능력 내에서만 새로운 이민을 허용"하겠다고 밝혔다.[32]

1921년 폭동 직후 새뮤얼 고등판무관은 민심을 달래기 위해 유대인 지도자 한 명과 아랍인 지도자 한 명을 사면했다. 이에 따라 아크레의 중세 감옥에 갇혀 있던 자보틴스키가 풀려났고, 트랜스요르단에 망명 중이던 하지 아민이 돌아왔다.

이 시기 자보틴스키는 이미 어느 정도 인정받는 사상가였다. 그는 《하레츠Haaretz》 등의 매체에 정기적으로 글을 기고하고 있었다. 오데사의 수재였던 그는 유럽 주요 언어는 물론이고 그리스어·라틴어·에스페란토어를 독학으로 익혔다. 감옥에서는 단테의 작품들을 번역하기도 했다. 원하기만 했다면 아마 러시아 문학계의 거물이 될 수도 있었을 것이다. 그러나 그는 문학이 아닌 시온주의, 그중에서도 자기방어와 자기결정권이 하나님의 뜻이나 노동자의 형제애라는 개념보다 우선하는 강경한 시온주의에 투신했다.[33]

반면 하지 아민은 평범한 신학적 소양만을 갖춘 크게 눈에 띄지 않는 학자였다. 새뮤얼의 개입이 아니었다면 하지 아민은 아마 역사에 별다른 이름을 남기지 못했을 가능성이 크다. 하지 아민을 귀환시킨 새뮤얼은 한 걸음 더 나아갔다. 사망한 지 얼마 안 되는 그의 형의 자리, 즉 대무프티 자리를 하지 아민에게 물려준 것이다. 그렇게 종신직 대무프티 자리에 오른 하지 아민은 팔레스타인 무슬림의 실질적인 지도자가 됐다. 이는 밸푸어 선언에 이어 팔레스타인의 운명을 크게 바꿔놓은 영국의 또 다른 결정이었다. 이 결정은 당시로서는 누구도 상상하지 못했던 심각한 결과를 불러왔다.[34]

그로부터 얼마 후 새뮤얼은 또 다른 이슬람 기관을 설치했다. 샤리아법원과 모스크, 종교학교를 관리하는 무슬림최고위원회Supreme Muslim Council였다. 위원회는 부유한 기부자들이 후세를 위해 자신의 이름으로 공탁한 토지나 사원을 비롯한 '와크프waqf'라는 일종의 자선 신탁기금을 관리했다. 한마디로 오스만제국의 이슬람 당국이 담당했던 모든 업무를 맡았다. 역사는 하지 아민을 대무프티로 기억하지만, 실질적으로 그는 무슬림최고위원회 의장으로서 가장 큰 실권을 누렸다.[35]

위임통치령 문서의 정확한 문구를 둘러싼 협상은 파리강화회의 전부터 시작되어 3년여간 계속됐다. 국제연맹은 1922년 여름 마침내 밸푸어 선언의 내용을 채택해 최종 문안을 확정했다. 위임통치령이 비유대인의 시민적·종교적 권리를 침해하지 않는 것을 조건으로 팔레스타인 내에 유대인의 민족적 고향을 건설한다는 내용이었다.

이 문서에 담긴 이중의 의무는 영국에 두고두고 골칫거리가 됐다. 그러나 시온주의자에게 위임통치령 문서의 비준은 두말할 것 없는 승리였다. 밸푸어 선언이 발표되고 5년 만에 유대 민족의 국가 건설 사업이 국제적으로 공인된 것이다.

그래서였을까. 고등판무관 새뮤얼이 유대인기구에 대한 대응 조직으로 아랍인기구Arab Agency를 만들려 하자 아랍 측은 저항했다. 아랍인은 이 제안이 유대인의 민족적 고향 건설에 동의하게 만들기 위한 술책이라고 여겼다. 어차피 유대인기구를 인정할 의향이 없으니 대응 조직도 필요치 않다고 생각한 것이다. 유대인과 아랍인이 모두 참여하는 숙의 기관을 만들려는 새뮤얼의 시도는 실패로 돌아갔다. 유대인은 소수였음에도 동등한 대표성을 원했고 아랍인은 그런 말도 안 되는 셈법에 응할 이유가 없다는 입장이었기 때문이다.

1924년 무사가 팔레스타인으로 돌아왔다. 케임브리지대학교를 우등으로 졸업한 그는 영국 이너템플법학원에 진학해 변호사가 됐다. 같은 해 그는 사디야 자브리Sa'adiya Jabri라는 여성과 결혼했다. 무사와 마찬가지로 아랍 귀족이었던 사디야는 고상하면서도 기민한 여성으로 알레포 출신의 저명한 범아랍주의 지식인의 딸이었다.[36]

새신랑이 된 무사에게는 일자리가 필요했다.

한편 새뮤얼은 팔레스타인 법무부에 아랍인을 고용할 필요가 있다는 판단을 내렸다. 그는 식민장관 레오 애머리Leo Amery에게 서한을 보내 무사를 추천했다. 새뮤얼과 애머리는 둘 다 유대인으로, 밸푸어 선언 초안을 함께 작성한 바 있었다. 애머리 장관은 변호사로서의 실무 경험이 부족하다며 무사의 채용에 반대했지만 새뮤얼은 다음과 같은 말로 그를 다시 한번 설득했다.

> 저는 그가 훌륭한 지적 능력과 인격을 지닌 젊은이라는 점에 만족합니다. 게다가 그는 팔레스타인 무슬림 가운데 유일하게 영국식 법률 교육을 받은 사람입니다.

애머리는 이 말에 의견을 굽혔고, 무사는 1925년 여름 초급 법률자문관으로 팔레스타인 행정부에 합류했다.

무사는 법무부에서 유대계 영국인 법무장관 노먼 벤트위치Norman Bentwich를 위한 사건 조사와 준비를 담당했다. 때로는 검사 역할을 대신하거나, 이슬람 종교법 또는 아랍 관련 문제에 대한 자문을 제공하기도 했다.[37]

일 자체는 흥미로웠지만 갈수록 힘들고 부담스러웠다. 무사는 마치 세 방향에서 마구 잡아당기는 것 같은 압박을 느꼈다. 그가 보기에 영국인은 일부 아랍인 지식인(주로 기독교인)과 재능 있는 유럽계 유대인을 제외한 평범한 국민에게는 관심이 없었다. 무사가 속한 아랍 사회 또한 점점 자기중심적이고 방어적인 모습으로 변해가며 행정부의 호의를 얻기 위해 경쟁 파벌을 짓밟고 있었다.

유대인 또한 폐쇄적인 모습을 보였다. 1920년대 들어 인구수와 영향력이 확대되면서 마치 이제 아랍인은 필요 없다는 듯 교류도 점차 줄어들었다. 어린 시절부터 알아온 무사의 유대인 수양 형제조차 길에서 마주치면 눈을 피하기 시작했다.[38]

## 평온한 나날들

1920년대 초 소요사태를 거치면서도 영국은 팔레스타인에 대한 근본적인 정책 방향을 재검토하지 않았다. 영국은 유대인의 민족적 고향 건설을 지원하는 동시에 아랍인 개개인의 삶과 자유를 보호하겠다는 원칙을 고수했다. 영국 행정부의 지지, 유대인의 자본과 에너지가 결합하면 민족적 고향이 건설되는 것은 시간문제였다. 영국은 미래 어느 시점엔가 팔레스타인 주민의 자치권을 확대하겠다고 말하기는 했지만 그 정확한 형태에 대해서는 밝히지 않았다.

폭력사태가 잠잠해진 가운데 유대인 지도부는 아랍 관련 문제에 별로 신경을 쓰지 않았다. 1920년대 중반 경제 침체가 있긴 했어도 인프라가 확충되고 개발이 이루어지면서 영제국 시장과의 연결성도 커지던 시기였다. 해외에서 온 유대인은 위임통치 첫 10년간 최소 4000만 파운드를 팔레스타인으로 끌어들였고, 농업 정착촌은 두 배 증가해 100여 곳이 되었다. 1925년에는 스코푸스산에 히브리대학교가 개교했다. 개교식 행사에서는 아서 밸푸어가 연설했고, 이사회에는 알베르트 아인슈타인과 지그문트 프로이트가 참여했다.

1920년대 유대인의 토지 매입은 65만 두남dunam에서 120만 두남으로 약 두 배 증가했다. 두남은 소 한 쌍이 하루에 갈 수 있는 면적을 뜻하는 오스만식 단위로 약 1000제곱미터 정도다. 겉으로는 유대인 토지 매입에 격하게 반대하면서 정작 뒤에서는 자기 땅을 파는 아랍인 지주도 많았다. 팔레스타인아랍총회 집행부에 속한 이들 가운데 적어도 4분의 1이 유대인에게 땅을 팔았다. 그중에는 총회의 회장이자 예루살렘의 전 시장인 무사 카짐 후세이니와 야파 시장, 가자 시장도 있었다.

1920년대 후반은 팔레스타인 위임통치령이 가장 평온했던 시기였다. 이 시기에 팔레스타인에 새롭게 이주한 유대인은 8만 명으로, 그 전 20년 동안 들어온 이민자 수를 모두 합한 것과 거의 비슷했다. 일부는 초기 이민자들과 마찬가지로 시온주의 정신에 감명받아 온 사람들이었다. 그런가 하면 제1차 세계대전 이후 폴란드와 헝가리를 비롯한 유럽 여러 나라에서 민족주의가 싹트며 쫓겨온 사람도 많았다. 미국이 1924년 이민법으로 유대인 이민 허용 인원을 대폭 삭감하지만 않았더라면 아마 다수가 미국으로 향했을 것이다. 1920년대 말이 되자 팔레스타인 전체 인구 100만 명 가운데 유대인 인구가 16만 명을 넘었다.[39]

시온주의의 우익을 맡고 있던 자보틴스키는 그 평온함이 지속 불가하다는 사실을 알고 있었다. 그는 1923년에 쓴 〈철벽The Iron Wall〉이라는 소론에서 팔레스타인 아랍인은 유대인 정치체를 단순히 거부하는 것을 넘어 적극적으로 파괴하려 할 것이며, 그 존재의 돌이킬 수 없음을 확실히 인지한 후에야 파괴 시도를 멈출 것이라고 주장했다. 그는 유대인에게 이제 야망을 숨기지 말고 확실히 드러내야 한다고 강조했다. 유대인이 원하는 것은 민족적 고향이나 자치권이 아닌 '국가'였다. 바이츠만이 이 주장에 반발하자 자보틴스키는 바이츠만이 이끌던 세계시온주의자기구를 탈퇴하고 1925년 봄 수정시온주의Revisionist Zionism라는 새로운 운동을 창설했다.

자보틴스키는 힘으로 영토를 점령한 민족이 그 영토를 영원히 소유하는 것은 정의가 아니며, 수천 년 전 강제로 영토에서 쫓겨난 민족이 계속 집 없이 살아가는 것도 정의가 아니라고 주장했다. 그는 자결권이란 영토의 "수정revision"을 의미한다며, "토지를 지나치게 많이 지닌 민족은 그중 일부를 토지가 부족하거나 아예 없는 민족에게 주어 그들이 자결권을 행사할 공간을 가질 수 있도록 해야 한다"고 주장했다.

그의 메시지는 큰 인기를 끌지 못했다. 두 민족 간 협력이 조만간 이루어질 것이라는, 유혈사태는 어디까지나 예외적인 사건이었다는 유대인 주류와 영국 왕실의 확신을 부정하는 주장이었기 때문이다. 자보틴스키는 소론에 이렇게 썼다.

> 비극은 두 진실이 충돌한다는 사실에 있다. 그러나 우리의 정의가 더 위대하다.

그는 다음과 같은 주장을 펴기도 했다.

> 아랍인은 문화적으로 후진적이지만 그 본능적 애국심은 우리의 애국심만큼이나 순수하고 고귀하다. 그것은 돈으로는 살 수 없으며 오직 압도적인 힘으로만 억제할 수 있다.[40]



## 고통의 나날들

예루살렘에 온 무사는 자주 앓았다. 1925년 작성된 한 진단서에는 대장염이, 또 다른 진단서에는 위염이 언급되어 있다. 1926년에는 발진으로 고생했고, 1927년에는 기관지염과 열병, 급성 감기를 앓았다. 그다음 해에 의사는 초기 폐결핵 진단을 내리고 시리아에 가서 치료받을 것을 권했다. 무사는 3개월간 병가를 낸

후 다시 6개월을 연장했다.

건강 상태가 좋지는 않았지만 벤트위치와 돈독한 관계를 유지했다. 서한을 쓸 때는 늘 "친애하는 나의 검사장님"이라는 말로 시작했다(당시 법무장관은 검사장을 겸했다). 벤트위치는 "친애하는 무사"라는 표현으로 적절한 거리를 유지했다. 벤트위치는 고등판무관에게 서한을 보내 직접 무사의 승진을 건의하기도 했다. 서한에는 무사가 "상당한 경험과 역량을 쌓았다"며 "뛰어난 법적 자격을 갖춘 팔레스타인 무슬림 관리"를 잃는 것은 애석한 일이 될 것이라고 강조했다.[41]

벤트위치가 무사의 승진을 건의한 이 시기는 1920년대 대부분의 기간에 유지됐던 평온이 점점 깨지기 시작하던 시기였다. 문제의 발단은 서벽Western Wall•이었다.

20세기 초 수십 년 동안 서벽에 대한 유대인의 권리는 엄격히 제한됐다. 이 벽은 이슬람 와크프에 속했으며, 알 아크사Al-Aqsa 모스크가 위치한 그 뒤쪽의 광장도 마찬가지였다. 모스크가 세워진 이 광장을 유대인은 성전산이라 부르고, 무슬림은 하람 알 샤리프(Haram al-Sharif, 고귀한 성소)라고 불렀다. 이슬람교에서 서벽은 무함마드가 하늘로 승천하기 전 날개 달린 말 부라크Buraq를 묶어두었던 곳으로 여겨졌다.

서벽과 아랍인 주택가 사이의 골목은 그 폭이 약 3.6미터로 좁았고, 길에는 주민이 버린 쓰레기나 당나귀 배설물이 굴러다녔

• 유대인에게는 '통곡의 벽'이라고 불리며, 로마군이 파괴한 유대교 성전의 마지막 남은 벽이자 신성한 기도 장소.

다. 당시 원칙적으로 유대인은 서벽에서 소리를 내거나 기도하는 것이 금지되어 있었지만 당국은 조용한 예배는 일반적으로 눈감아주었다. 대제일大祭日•에는 예배를 위한 의자를 놓는 것이 허용됐고, 숫양 뿔로 만든 나팔 쇼파르shofar를 쓰거나 남녀를 구분하는 가림막을 설치할 수 있었다.

1928년 욤키푸르(Yom Kippur, 속죄일) 전날 한 아시케나지 유대인•• 회당지기가 예배를 준비하기 위해 깔개와 등불, 가림막과 함께 평소보다 조금 큰 토라 성궤를 가져왔다. 경찰은 성궤를 치우려 했으나 회당지기는 이를 놓지 않았고, 한 순경이 구시가지 바깥 약 6미터 아래 절벽으로 성궤를 던지면서 회당지기도 함께 선인장투성이 들판으로 굴러떨어지고 말았다.

이 사건은 유혈사태로 번지지는 않았다. 영국은 재빨리 백서를 통해 서벽이 이슬람 측 와크프에 속한다는 기존 입장을 재차 확실히 했다.

대무프티 하지 아민은 이 발표에 대체로 만족했지만 탐탁지 않은 부분도 있었다. 시온주의 계열 신문들은 서벽의 "구원"을 촉구했다. 한 신문은 팸플릿에 이슬람 성소인 황금돔 바위사원 위에 유대교의 상징인 다윗의 별이 뜬 그림을 싣기도 했다. 하지 아민은 서벽과 광장에 대한 이슬람 측의 소유권을 더욱 확고히 하기 위해 '부라크 운동'이라는 홍보와 건축 활동을 시작했다. 그는 정부에 "우리 무슬림은 쓰라린 경험을 통해 유대인의 무한한 탐



• 유대교의 신년제와 속죄일.

•• 독일과 프랑스를 중심으로 중유럽과 동유럽에 퍼져 살던 유대인.

욕과 욕망을 깨달았다"며 "그들은 알 아크사 모스크의 결코 분리할 수 없는 일부인 서벽을 시작으로 그곳이 자신들의 성전이라는 헛된 주장을 하며 모스크를 점진적으로 점령하려 한다"고 주장했다.

대무프티 하지 아민은 고귀한부라크수호위원회Committee for the Defense of the Noble Buraq와 알아크사모스크수호협회Society for the Defense of Al-Aqsa Mosque를 설립했다. 또한 서벽 뒤 하람 알 샤리프의 아랍 여인들을 인근에 사는 남성의 시선에서 보호한다는 명목으로 벽을 약 120센티미터 높이는 공사를 허가했다. 유대인은 부당하다며 항의했다. 새로운 건축 행위는 현상 유지 조항 위반이며, 공사 중 아래에 있는 유대교 신자들에게 벽돌이 떨어질 위험이 있다는 게 이유였다. 시온주의자들은 한발 더 나아가 벽 자체에 대한 매입 운동을 벌였지만 실패로 돌아갔다.

심상치 않은 바람이 불어오고 있었다. 1929년 6월 아랍 청년들이 서벽의 불운한 회당지기를 폭행하는 사건이 발생했다. 그다음 달 금요일 밤에는 최근 부활한 수피교 의식의 일부로 하람 알 샤리프의 무슬림들이 북과 징, 심벌즈를 울려댔다. 지구판무관이 중단하라고 요구하자 대무프티는 그 근처의 집 위에 소형 모스크의 일종인 자위야zawiya를 짓고는 그 안에 기도 시간을 알리는 사람인 무엣진muezzin을 두었다. 하루 다섯 번 기도 시간을 알리는 무엣진의 부름 소리는 유대인의 귀에 매주 점점 더 커지는 것 같았다.[42]

1929년 8월 15일은 유대인이 히브리 달력에서 1년 가운데 가장 애통한 날로 꼽는 아브월 9일의 하루 전날이었다.• 기원전 586년 이날 바빌론 군대가 예루살렘의 제1성전을 파괴했고, 서기 70년에는 로마군이 제2성전을 파괴했다. 서기 135년 같은 날에는 로마가 바르-코크바Bar-Kochba의 난을 진압했고, 고대 유대Judea에 남아 있던 마지막 유대인들이 추방당했다. 이후 유대는 가자 지역과 그 근방에 살던 필리스티아인Philistines의 이름을 따 팔레스티나Palestina라고 불리게 됐다. 13세기에는 영국이, 14세기에는 프랑스가, 15세기에는 스페인이 아브월 9일에 유대인을 추방했다.

1929년의 아브월 9일, 일부 유대인은 그동안의 역사에 버금갈 만한 재앙이 다가오고 있음을 직감했다. 영국은 서벽이 이슬람 측 재산이므로 유대인은 가림막이나 예배 의자를 비롯한 그 어떤 물건의 설치도 허가할 수 없다고 못 박았다. 대제일에 쇼파르를 부는 것은 무슬림 주민에 대한 모욕으로 여겨졌다. 아브월 9일, 텔아비브에서는 6000명의 유대인이 운집했다. 서벽 앞에 모인 유대인 3000명은 "성스러운 소유물과 민족적·종교적 감정에 대한 심대한 모욕"을 규탄했다.

금요일인 다음 날 아침 자보틴스키의 수정시온주의 운동 측 청년 300명이 서벽으로 행진했다. 그들은 벽 앞에서 2분간 묵념

• 유대 종교력의 다섯 번째 달인 아브월(月)의 아홉 번째 날로, 티샤 베아브(Tisha B'Av)라고도 부른다.

하고는 시온주의 깃발을 흔들며 〈하티크바〉를 부르고 "벽은 우리의 것이다!"라고 외쳤다.[43]

이날은 선지자 무함마드의 탄신일이기도 했다. 같은 날 아침 무슬림최고위원회에서도 행진을 기획했다. 알 아크사 모스크의 이맘••들이 이끄는 행진에는 2000명가량이 참가했다. 유대교 회당의 회당지기는 다시 한번 폭행당했고, 그의 책상은 뒤집어졌다. 행진의 일부 참가자는 유대교 경전을 불태우고 그 잔해를 돌로 된 벽 틈에 끼워두기도 했다.[44]

다음 날, 예루살렘 외곽에 있는 리프타라는 마을에서 열일곱 살 유대인 소년이 토마토밭으로 굴러들어 간 축구공을 가지러 갔다가 폭행당하는 사건이 발생했다. 이에 격분한 유대인 군중은 아랍인 소년에게 칼을 휘둘렀다. 아랍인 소년은 살아남았지만, 유대인 소년은 죽고 말았다. 나흘 후 열린 소년의 장례식에서는 복수를 부르짖는 외침이 터져 나왔다. 그 후 72시간 동안 유대인의 아랍인 공격은 최소 12건, 아랍인의 유대인 공격은 최소 7건 발생했다.[45]

다음 날인 금요일, 동도 트기 전 인근 마을에서 수천 명의 남자가 예루살렘으로 몰려들었다. 늦은 아침이 되자 1만 2000명에 달하는 무슬림이 하람 알 샤리프를 채웠다. 알 아크사의 이맘은 모인 이들에게 손을 들고 목숨을 바쳐 성소를 지키겠다는 맹세를 하게 했다. "이제 가십시오." 이맘이 말했다. "적에게 달려들어 죽임으로써 낙원을 얻을 것입니다."

•• 모스크의 예배 인도자 겸 운영 책임자.

감정이 격해졌다. 당시 상황을 목격한 예루살렘 지역 주지사는 많은 사람이 더 이상 기도만 하고 있을 수는 없다고 느끼며 모스크 밖으로 달려 나왔다고 회상했다. 단검과 긴 칼을 지닌 사람도 있었고, 권총이나 소총을 들고 나온 사람도 있었다. 이들은 야파 문을 통해 구시가지를 빠져나와 유대인 두 명을 살해했다. 그러고는 야파 로드를 따라 달려가며 행인을 공격하고 상점에 불을 질렀다.[46]

예루살렘에서 남서쪽으로 약 48킬로미터 떨어진 곳에 헤브론이라는 도시가 있었다. 아브라함이 아내 사라의 묘를 쓰기 위해 매장지를 산 곳으로, 《성경》에 등장하는 최초의 토지 매매이자 최초의 매장이었다. 아브라함 또한 사망 후 두 아들 이삭과 이스마엘에 의해 이곳에 묻혔는데, 이삭은 유대인의 조상이 되고 이스마엘은 무슬림의 조상이 됐다.

1929년 헤브론에는 아랍인 2만 4000명과 유대인 700명이 살고 있었다. 대부분은 지역에 오래 거주해온 세파르디 유대인이었지만, 최근 유럽에서 옮겨온 유명한 예시바yeshiva•에 다니기 위해 미국이나 리투아니아에서 온 아시케나지 유대인 학생도 있었다.

영국이 통치를 시작한 지 10여 년이 지난 시점이었지만 팔레스타인 경찰은 부실하기 짝이 없었다. 영국인 간부 175명이 이끄는 경찰 1500명이 팔레스타인 전체의 치안을 책임졌으며, 대부분은 아랍인이었다. 헤브론의 경우 상황은 더 심각했다. 레이먼드 카페라타Raymond Cafferata라는 이름의 영국인 경정과 순경 33명

• 유대인의 전통적인 학습 기관.

이 전부였는데, 그중 32명이 아랍인이었고 절반은 나이가 지긋했으며 유대인은 한 명뿐이었다. 예루살렘과 마찬가지로 헤브론에서도 토착 경찰은 총기를 소지할 수 없었다. 위임통치령 전체가 경찰력 부족에 시달리는 가운데, 카페라타 경정의 긴급한 지원 요청은 거절당했다.

폭동이 예루살렘을 휩쓸던 금요일, 한 남자가 오토바이를 타고 헤브론에 도착했다. 그는 유대인이 아랍인 수백 명을 죽였다며 헤브론 주민들에게 복수를 호소했다. 분노한 군중이 예시바로 몰려가 학생에게 린치를 가했다. 현장에 있던 유일한 다른 사람이었던 예시바의 교장은 우물에 몸을 숨겨 가까스로 목숨을 구했다.

카페라타 경정은 유대인 지도자들과 면담을 하고 주민들을 집 몇 곳에 모으라고 조언했다. 위험한 제안인 것 같았지만, 그들은 영국과 아랍의 인사들, 무엇보다 전능한 신을 믿기로 했다. 유대인 지도자들은 무장 대원을 열 명가량 보내겠다는 하가나의 제안도 거절했다. 카페라타는 지역 내 아랍 마을의 장로인 무크타르mukhtar들과도 면담을 했다. 그들은 대무프티가 함께 싸울 것을 요구하고 있다며, 벌금 부과로 협박하고 있다고 호소했다. 카페라타는 이제 도시가 다시 평온해졌다고 안심시키며 그들을 집으로 돌려보냈다.

유대교 안식일이었던 다음 날 아침, 팔레스타인에서는 전례 없는 참극이 벌어졌다.

장애인이었던 유대인 약사와 그의 아내가 살해당하고, 열세 살이었던 딸 또한 집단강간 후 살해당한 것이다. 폭도들과 마주친 어느 부부는 바닥에 흐른 피를 몸에 묻히고 죽은 척 숨죽여 목숨을 건졌다. 폭도들에게 잡힌 사람들은 산 채로 팔다리와 고환이 잘리고 눈이 뽑혔으며, 노인이나 어린아이도 예외가 아니었다. 총에 맞아 죽은 사람은 한 명뿐이었고, 나머지는 훨씬 더 거친 방법으로 살해됐다.

단 하루 만에 67명이 죽고 50명 이상이 부상을 입었다.[47]

그러나 참극 속에도 영웅들의 이야기는 존재했다.

은퇴 후 텔아비브로 이주해 헤브론에서 여름을 나고 있었던 아런 번즈위그Aharon Bernzweig라는 미국인은 자신이 겪은 일을 회상하며 "축복의 하나님이 크신 자비로 우리에게 뒷집의 아랍인을 보내주셨다"고 기록했다. 그를 구한 아랍인의 이름은 아부 마무드 알 쿠르디야Abu Mahmoud al-Kurdiya였다. 쿠르디야 부부는 유대인을 자기 집에 숨기고 문 앞에 서서 폭도들에게 근처에 유대인이 없다고 말했다. 부부는 유대인 이웃을 숨긴 집 안에 열 살배기 아들을 함께 두고 안심시켰다. 집 안에 있던 아들은 부부가 알려준 대로 "여기는 유대인이 없어요. 다들 도망쳤어요!"라고 외쳤다.

아랍인 가정 수십 곳이 문을 열어 최소 250명의 유대인을 구했다. 카페라타는 이러한 아랍인이 없었다면 헤브론에는 유대인이 한 명도 남지 않았을 것이라고 말했다.[48]

이어지는 며칠간, 폭동은 텔아비브와 하이파 사이의 해안 지역, 제즈릴 계곡, 갈릴리 등 팔레스타인의 20여 개 유대인 거주 지역으로 번졌다. 중세 유대교 신비주의의 중심지였던 언덕 도시 사페드에서는 유혈이 낭자했던 헤브론의 참극이 반복됐다.

끔찍했던 엿새 동안 133명의 유대인이 사망했다. 아랍인 사망자의 수도 비슷했지만, 대부분 영국군에 의해 죽은 것이었다. 유대인에 의한 사망은 일곱 명으로 추정됐다. 300명이 넘는 유대인과 200명이 넘는 아랍인이 부상을 당했다.[49]

폭동은 전 세계의 헤드라인을 장식했다. 《뉴욕 타임스》는 첫 네 면을 거의 이 사건에 할애했다. 매디슨스퀘어가든에 2만 5000명의 군중이 모여든 가운데 집회 사회자가 허버트 후버Herbert Hoover 대통령의 담화를 낭독했다. 후버 대통령은 시온주의 계획에 대해 미국 국민이 지닌 "심심한 동정과 공감"을 강조했다. 1000명에 달하는 뉴욕 시민이 팔레스타인 유대인을 지키는 활동에 이름을 올렸다.[50]

이집트의 《알 아흐람Al-Ahram》 신문은 영국 정부가 유대인에게 팔레스타인이 아랍의 땅임을 분명히 밝힐 때까지 평화는 오지 않을 것이라고 주장했다. 신문은 "아랍인은 자신의 이익을 지키기 위해 싸울 것"이라며 "정부가 침묵 정책을 편다면 침묵 속에 타오르던 불꽃이 어느 날 갑자기 터져 나올 것"이라고 경고했다.

일부 영국 신문은 팔레스타인에 그만한 가치가 있는지 의문을 제기하기도 했다. 《이브닝 뉴스》는 시온주의 실험의 "분별없는 어리석음"을 비판했고, 《이브닝 스타》는 제1차 세계대전 이후 영국이 벌인 가장 정신 나간 모험이라고 비꼬기도 했다. 일부 언론은 인내심을 가지라고 조언했다. 《더 타임스》는 팔레스타인에서의 우유부단함이 영제국 내 다른 지역의 소요를 야기할 수도 있다고 경고했다. 《데일리 뉴스》는 "내키지 않는 일이라도 계속해나갈 수밖에 없다"며 "여기서 그만두면 문명 세계에 대한 조롱에 굴복하는 것과 마찬가지"라고 강조했다.[51]

영국은 으레 해왔듯 조사위원회를 꾸렸다. 위원장은 실론과 싱가포르에서 대법관을 지낸 월터 쇼Walter Shaw 경이 맡았다. 위원회는 두 달간 60회에 걸쳐 140명의 증언을 청취했다.

대무프티 하지 아민 또한 증인으로 위원회에 참석했다. 사흘 연속으로 참석해 증언한 그는 위원회에 좋지 못한 인상을 남겼다. 그는 자신을 "로마의 위임통치" 시기에 유대인의 손에 통탄할 만한 불의를 겪은 예수에 비유했다. 이슬람 성지에 대한 시온주의적 계략의 증거라며 〈시온 장로 의정서Protocols of the Learned Elders of Zion〉라는 문서를 내보이기도 했다. 해당 문서가 제정 러시아 시대에 허위로 작성된 위서임을 아는지 위원회가 묻자 그는 무뚝뚝한 말투로 짧게 모른다고 답했다.[52]

자보틴스키 또한 위원회에서 증언했다. 원래는 증인 목록에 없었지만, 다른 증언에서 그의 이름이 반복적으로 언급되자 위원회는 그를 마지막 증인으로 소환했다. 당시 런던을 여행 중이던 자보틴스키는 1930년 1월 영국에서 조사단과 만났다.

자보틴스키는 바로 본론으로 들어갔다. 그는 유럽이 "치유 불가능한 반유대주의"에 감염되었고, 그로 인해 유럽 유대인이 재앙에 직면했음을 주장했다. 어느 국가도 유대인을 받아주려 하지 않았다. 미국조차도 1924년 이민법으로 동유럽 이민자에게 문을 닫은 상황이었다. 그는 매년 적어도 유대인 3만 명이 팔레스타인으로 이주해야 한다고 주장했다. 그의 목표는 유대인의 다수 차지 그리고 유대 국가 건설이었다. 그러한 정치체가 처음부터 완전한 주권을 누릴 필요는 없지만, 적어도 "네브라스카주"와 비슷한 수준의 자치권은 누릴 수 있어야 한다는 게 그의 주장이었다.

그는 자신의 주장이 극단적으로 보일 수는 있지만 궁극적으로는 바이츠만이나 노동계 시온주의자의 목표와 다를 바 없다고 말했다. 유일한 차이는 솔직함이라는 것이었다.

그러나 이는 영국이 용인할 수 없는 수준의 주장이었다. 며칠 후 자보틴스키는 팔레스타인으로 돌아갈 수 없다는 통보를 받았다. 그는 그 후 다시는 팔레스타인에 발을 들여놓지 못했다.[53]

쇼 위원회 보고서는 1930년 봄에 발표됐다. 보고서는 부라크 운동 기간에 이루어진 대무프티의 도발을 지적하고, 폭동 발생까지 이어진 몇 주 동안 그가 민심을 적절히 달래지 못한 것에 대해서는 아쉬움을 표했지만 학살에 대한 전반적인 책임은 없는 것으로 보았다. 보고서는 또한 서벽을 향한 수정시온주의자의 행진을 소요사태의 주요 요인으로 보았다. 그러면서도 유대인 측이 먼저 유혈사태를 냈다는 아랍 측의 주장은 받아들이지 않았다. 보고서는 "8월 23일 예루살렘에서 발생한 소요사태는 처음부터 아랍인이 유대인을 공격한 것이었다. 유대인의 폭력 행위는 물론 변명의 여지가 없지만 대부분의 경우 이미 저질러진 폭력에 대한 보복이었다"고 밝혔다.

쇼 위원회는 위임통치령의 실행 가능성 자체를 검토하기도 했다. 위원회의 보고서는 "처음부터 두 종족에게는 공통의 이해가 없었다"며 그들이 "언어, 종교, 관점" 등 모든 면에서 달랐음을 지적했다. 보고서는 또 "유대인 이민과 사업이 팔레스타인에 큰 도움이 되기는 했지만 아랍인 개개인에게 돌아간 직접적인 혜택은 매우 적거나 거의 없었다"고도 지적했다. 팔레스타인의 감당 범위를 벗어난 유대인 이민자 유입을 문제로 본 것이다.[54]

쇼 위원회가 유혈사태의 원인 조사를 마치자 영국은 대책 마련을 위해 또 다른 대표단을 파견했다. 1930년 10월에 발표된 이른바 〈호프 심프슨 보고서Hope Simpson Report〉는 아랍인도 새로운 경제로 인한 혜택을 보고 있다는 유대인기구와 히스타드루트 노동조합연맹의 주장을 반박했다. 보고서는 이제 유대인이 매입할 수 있는 토지가 거의 남아 있지 않다며, 아랍 농부들의 경작기술에 혁신이 일어나지 않는 이상 유대인의 추가적인 토지 매입이 심각한 토지 부족 사태를 초래할 수 있다고 경고했다.[55]

보고서가 발표되던 날 영국 정부는 또 다른 백서를 통해 앞으로 유대인 이민 허용치를 결정할 때 아랍인 실업률을 고려하겠다고 밝혔다. 그때까지 유대인 실업률만을 고려했으나 달라지겠다는 것이었다. 백서에는 대규모 토지 매매를 제한한다는 내용도 담겼다. 아랍인 입장에서는 대단한 성취였고, 유대인 입장에서는 심각한 타격이었다. 바이츠만은 세계시온주의자기구 의장직을 사임했다. 바르샤바에서는 백서의 내용에 항의하며 5만 명이 모여 행진을 벌였다.

그러나 아랍인이 누린 승리는 짧았다. 영국은 위임통치 기간 내내 그러했듯 또다시 말을 뒤집었다. 이러한 행보는 영국에 제대로 된 팔레스타인 정책이라는 것이 존재하기는 하는지에 대한 의구심을 불러일으켰다.

시온주의 측은 홍보와 로비에 총력전을 펼쳤다. 그들은 식민지장관 처칠, 고등판무관 새뮤얼, 총리였던 로이드 조지 등 영향력 있는 인사들을 동원해 당시 정치적 입지가 약했던 첫 노동당 출신 총리 램지 맥도널드에 대한 압박을 높였다. 결국 작전은 성공했다. 총리는 바이츠만에게 〈호프 심프슨 보고서〉와 관련 백서의 내용을 사실상 무효화한다는 내용을 담은 서한을 보냈다.[56]

총리는 1931년 2월 의회에서 이 서한을 낭독했다. 그는 추가적인 토지 판매를 금지할 의도가 없으며 대규모 이민 또한 계속될 것임을 밝혔다. 또한 위임통치령의 공약은 "엄숙한 국제적 의무"이며 유대인 정착은 통치령의 "주된 목적"이라고 강조했다.[57]

아랍인은 이 서한을 "검은 편지Black Letter"라고 불렀다.

## 히틀러와 뜻을 같이하다

1930년 3월 아서 밸푸어가 사망했다. 조카인 블랑쉬 밸푸어 더그데일은 "삼촌이 생을 마무리할 무렵 삶을 돌아보며 유대인을 위해 한 일을 가장 가치 있었던 일로 회고했다"고 말했다. '배피'라는 이름으로 널리 알려진 그녀는 아서 밸푸어와 마찬가지로 독실한 기독교인이었으며, 시온주의자이기도 했다.

아서 밸푸어가 죽고 여섯 달 후 배피는 총선이 한창인 독일에 체류 중이었다. 당시 독일 총선에서는 군소 정당에 불과했던 국가사회당이 열 배 가까이 의석수를 늘리며 국회 내에서 제2당으로 도약했다. 배피의 남편인 에드거 더그데일Edgar Dougdale은 독일어 번역가였다.

배피는 남편에게 편지를 보냈다.

이번 주에 외국 신문들을 좀 읽어보니 히틀러가 일종의 자서전 같은 것을 썼다는 것 같아요. 아직 번역이 진행되지 않았다면 지금쯤 고려 중인 출판사가 있을 거라는 생각이 들어요. (…) 이 사안에 대해 아는 건 이게 다예요.[58]

히틀러가 《나의 투쟁》을 내놓은 것은 5년 전이었다. 그러나 영국과 미국에서는 별 관심을 끌지 못했고, 영어 번역본에 대한 의뢰도 없는 상태였다. 700페이지에 걸쳐 장광설을 늘어놓는 이 책은 독일에서도 판매가 부진했고, 대량 학살에 대한 히틀러의 망상은 거의 읽히지 않았다.

히틀러는 "마르크스 신조의 도움으로 유대인이 이 세상의 국가들을 정복한다면, 유대인의 왕관은 인류의 장례 화환이 될 것"이라고 주장했다. 그는 "유대인을 쫓아냄으로써 나는 주님의 과업을 위해 싸우는 것"이라고 주장하기도 했다.

책의 마지막 장에서는 다음과 같은 주장을 늘어놓았다.

전쟁이 시작되던 시기 또는 전쟁이 진행 중이던 때에 이 부패한 히브리 민족 가운데 1만 2000명에서 1만 5000명만 독가스 공격에 당했다면, 전장에서 계층과 직업을 막론한 독일 최고 노동자 수십만 명을 괴롭혔던 그 독가스 공격에 당했다면, 전선에서 희생된 수백만 명의 목숨이 헛되지 않았을 것이다.[59]

1932년 선거에서 국가사회당, 즉 나치당은 제1당이 됐고, 1933년 1월 30일 히틀러는 총리 자리에 올랐다. 히틀러는 놀라운 속도로 독일이라는 공화국을 독재 국가로 개편해 나갔다. 3월에는 다하우에 최초의 강제수용소가 만들어졌다. 정치범을 가두기 위한 목적이었다. 이틀 후에는 입법부의 동의 없이도 법을 제정할 수 있는 법안을 통과시켰다.

예루살렘 독일 영사관에는 나치 문양 깃발이 걸렸다. 수정시온주의파 청년들이 수차례 제거를 시도했지만 깃발은 내려가지 않았다. 히틀러 취임 두 달째인 1933년 3월 31일, 대무프티 하지 아민은 독일 총영사와 만났다.

하지 아민과의 면담 후 총영사는 베를린에 다음과 같은 전보를 보냈다.

> 오늘 대무프티가 팔레스타인 안팎의 무슬림이 독일의 새 정권을 환영한다는 점과 파시스트적이고 반민주적인 국가 권력이 다른 땅으로도 전파되기를 희망한다는 점을 밝힘.

하지 아민은 나치가 주도하는 모든 유대인 불매운동을 적극적으로 도울 준비가 되어 있었다.[60]

바로 다음 날 독일에서는 유대인 소유 상점에 대한 일일 불매운동이 처음으로 진행됐다. 그다음 주에는 유대인이 공무원이나 교사, 교수로 일하는 것이 금지됐고, 얼마 지나지 않아 변호사, 의사, 회계사, 심지어 음악가로 일하는 것까지 금지됐다. 그다음 달부터는 유대인 작가가 쓴 모든 책을 불태우기 시작했다.

몇 주 후 총영사는 대무프티를 비롯한 아랍 인사들과 다시 만났다. 만남 장소는 네비 무사의 사막 사원이었다. 아랍 인사들은 새로운 독일을 환영하고 히틀러의 반유대주의 조치에 대한 지지와 공감을 밝혔다. 이들의 요구사항은 단 하나, 팔레스타인 유대인을 막기 위해 독일 정부가 최선을 다해달라는 것이었다.[61]

그야말로 아이러니가 아닐 수 없었다. 히틀러의 부상이야말로 팔레스타인 이주 유대인이 기록적으로 증가하는 주된 원인이었기 때문이다.

에드거 더그데일은 1933년 《더 타임스》에 《나의 투쟁》의 영문판 발췌본을 처음으로 발표하고, 그 후 영국과 미국에서 요약본 형태로 번역한 책을 출간했다. 그러나 이번에도 큰 관심을 끌지 못했다. 출간 후 3년 동안 책은 겨우 7000부가량밖에 팔리지 않았다.[62]

한편 히틀러와 시온주의자 사이에도 한 가지 공통의 목표가 있었다. 바로 유럽이 더 이상 세계 유대인의 중심지가 되지 않게 하는 것이었다. 히틀러가 당선되고 몇 달 후 시온주의 지도부는 베를린으로 건너가 하바라(Haavara, 히브리어로 '이전'이라는 의미) 협정을 맺었다. 협정의 내용은 다음과 같았다. 독일을 떠나는 이민자들은 시온주의 단체가 운영하는 은행 신탁에 최소 1000파운드를 예치한다. 은행은 이 돈으로 독일에서 생산된 제품들을 구매해 팔레스타인에 수출한다. 자본은 추후 팔레스타인의 은행을 통해 그곳에 도착한 새로운 이민자들에게 돌아간다.

이슈브 내에서는 하바라협정을 두고 격한 논쟁이 벌어졌다. 노동계 시온주의자들은 이것이 궁지에 몰린 독일 유대인을 구할 실질적인 방법일 뿐 아니라 이슈브 경제에도 도움이 될 방안이라며 찬성했다. 그러나 유럽에 망명 중이던 자보틴스키는 "저열하고 수치스러우며 경멸스러운" 협정이라며 비난했다. 이 협정을 고안한 하임 알로소로프Haim Arlosoroff는 1933년 6월 텔아비브의 해변에서 암살당했다. 자보틴스키의 측근들이 용의선상에 올랐지만, 사건은 결국 미제로 남았다. 결과적으로 하바라협정을 통해 수만 명의 유대인과 3500만 달러 규모의 자본이 팔레스타인에 유입됐다.[63]

히틀러에게 있어 독일 내 유대인을 밖으로 옮기는 것은 첫 단계에 불과했다. 시온주의는 그의 유대인 문제에 대해 영구적인 해답을 제공할 수 없었다. 히틀러는 《나의 투쟁》에서 유대인을 두고 "그들이 팔레스타인에 유대 국가를 건설하려는 것은 그곳에 살고 싶어서가 아니라 전 세계를 기만할 사기의 중심 조직을 세우고 싶어서"라며, 그러한 국가는 그저 "죄지은 악당의 은신처이자 미래의 범죄자를 양성하는 고등 교육기관 역할을 하게 될 것"이라고 주장했다.[64]



## 무사 얘기는 다르던데?

아서 그렌펠 워코프Arthur Grenfell Wauchope 경은 19세기 후반과 20세기 전반 영제국의 지배를 받던 영토의 상당 부분을 관장한 영국 상류층 식민지 행정가였다. 보어전쟁에서는 심각한 부상을 입은 적도 있었다. 인도에서 10년간 복무한 후 제1차 세계대전 중에는 프랑스와 메소포타미아에서 보병 대대를 지휘했다. 1931년 말에는 팔레스타인 고등판무관으로 임명됐다.

당대 분위기와 그의 신분을 고려할 때 매우 이례적으로 워코프에게는 유대인에 대한 편견이 없었고, 심지어 좋아하는 것처럼 보였다. 그가 고등판무관으로 재임한 기간 시온주의 운동은 그야말로 약진을 이뤘다.[65]

그는 밸푸어 선언을 구속력 있는 공약으로 여겼고, 유대인의 민족적 고향 건설을 위임통치령의 근본 과제로 삼았다. 《필라스틴》의 편집장 유수프 한나는 《뉴욕 타임스》 기자 조지프 레비(미국에서 태어나 예루살렘에서 자라고 베이루트에서 공부한 반시온주의 유대인)에게 워코프는 "시온주의자보다 더 심한 시온주의자"라고 불평했다.[66]

그러나 워코프는 위임통치령이 지닌 이중의 의무 또한 진지하게 생각했다. 예루살렘에 도착한 그는 곧 아랍인 조언자가 필요하다는 결론을 내렸다. 워코프는 기민하면서도 신중하고 특정 대상에 대한 충성심에 휘둘리지 않는 인재를 물색했다. 물색 끝에 무사를 찾은 워코프는 1933년 첫날에 무사를 아랍 관련 문제 개인 비서관으로 임명했다.[67]

벤트위치 밑에서 공직 생활을 처음 시작한 무사 입장에서는 유대인의 민족적 고향 건설에 전념하는 영국 고위 관리를 위해 일하는 것이 벌써 두 번째인 셈이었다.

워코프는 급여 따위는 필요 없는 부유한 독신남이었다. 무사가 보기에는 버는 돈보다 쓰는 돈이 훨씬 많은 것 같았다. 귀족이자 인문주의자였던 워코프는 음악과 공연, 책, 무엇보다 《성경》에 열정을 쏟았다. 무사의 말에 따르면 워코프는 팔레스타인 관련 문서의 문자 하나하나를 꿰고 있었다고 한다.[68]

그는 아마도 마지막 경력이 될 팔레스타인 고등판문관이라는 직책을 지적이고 인류학적인, 심지어 영적인 과업으로 여기는 것 같았다.

워코프는 키부츠kibbutz•에 감탄했지만, 아랍의 농부인 펠라fellah의 농지를 개선하는 데도 열정적이었다. 그는 마을을 지나다 갑자기 차를 세우고 농부들의 의견을 구하거나 필요한 것이 있는지 물어 부하직원을 당황시키곤 했다. 이에 관해 무사는 이렇게 말했다.

> 농부들이 걱정거리를 말하거나 부당한 일을 당했다고 호소하면 그의 눈에는 금세 눈물이 차오르곤 했다. 얘기를 들은 후에는 슬쩍 박시시(backshish, 일종의 팁이나 뇌물)를 쥐여줬다. 50피아스터 동전 한 닢으로 지지자 한 명을 얻은 거라고 굳게 믿는 눈치였다.

머지않아 워코프의 자문관들은 아랍 문제에 대한 보고를 진행할 때마다 "무사 얘기는 다르던데?"라는 핀잔을 들어야 했다.[69]

유대인 이민은 급증하고 있었다. 이슈브의 경제적 안정, 워코프의 고등판무관 취임, 히틀러 집권의 결과였다. 1931년 팔레스타인에 도착한 유대인 이민자는 4000명에 불과했다. 그런데 1932년에는 1만 명으로 증가했다. 1933년에는 그 수가 3만 명을 웃돌았으며, 불법적인 경로로 입국한 유대인도 최소 2만 2000명에 달했다.[70]

1933년 10월 아랍 인사들은 예루살렘에서 "팔레스타인 아랍

• 유대인 집단 농업 공동체.

민족의 분노"를 보여주기 위한 집회와 파업을 벌이자고 제안했다. 팔레스타인 역사상 최초의 총파업이었던 이 파업은 일주일간 지속됐다. 1920년, 1921년, 1929년의 폭동과 달라진 점이라면, 시위대가 유대인이 아닌 영국 측에 대한 분노만 표출했다는 점이다.[71]

야파에서는 시위대가 경찰의 저지선을 뚫고 나가 몽둥이를 휘두르고 돌을 던졌다. 시위대 일부는 도시 내에 있는 정부 건물로 돌진했고, 경찰은 이들을 향해 발포했다. 이어지는 며칠 사이에 나블루스와 하이파, 아크레에서 26명이 사망하고 200명가량이 다쳤다.[72]

부상자 중에는 대무프티의 숙부이자 예루살렘의 전 시장인 무사 카짐 후세이니도 있었다. 경찰의 곤봉에 맞아서 다친 그는 아마도 그 부상의 여파인 듯 몇 달 후 사망했다. 시온주의 지도자들은 1929년 폭동과 마찬가지로 이번 폭동의 배후에도 하지 아민이 있을 것이라 주장했다.

한 영국 경관은 이렇게 회상했다.

> 정말 끔찍한 날이었다. 하지만 그땐 그 후 몇 년간 벌어질 일에 대해서 아무도 알지 못했다.[73]

무사는 런던의 정부 당국에 서한을 보냈다. 그는 서한에서 팔레스타인 아랍 청년들이 정부에 협력해도 그다지 얻을 게 없다는 결론에 빠르게 도달하고 있다고 경고했다.

현재의 정책에서 기대할 수 있는 것이 오직 느린 죽음뿐이라면 길고 지연된 종말로 고통받느니 적으로부터의 해방을 시도하다 죽음을 맞는 편이 낫지 않겠습니까?[74]

한편 무사의 건강이야말로 장기간에 걸친 악화를 겪고 있었다. 처음에는 독감에 걸리더니 편도선염과 기관지염이 찾아왔다. 그는 예리코에 있는 가족의 겨울용 집에서 다음과 같은 짧은 전보를 사무실로 보냈다.

침대에서 자리보전 중. 오늘 출근 불가로 송구함.

다음 날에는 "여전히 좋지 않음. 항소 사건 누군가 맡아주기 바람"이라고 보냈다. 의사들은 심리적 요인 또한 무사의 건강이 악화되는 원인으로 보았다. 어느 의사는 "전신권태를 동반한 발열"이라는 진단을 내렸고, 또 다른 의사는 "위염과 정신적 소모"라고 진단했다.[75]

한편 무사가 눈치채지 못하는 가운데 유대인기구는 그를 팔레스타인 정부에서 밀어내기 위한 작전을 전개하고 있었다. 런던을 방문한 시온주의 특사들은 무사를 영향력이 지나치게 크고 테러에 관대한 인물로 몰아갔다. 그들은 무사를 워코프라는 "술탄"의 귀에 속삭이는 "재상"으로 그렸다.[76]

시온주의를 지지하는 의원들은 무사를 워코프의 비서관 자리에서 해임하라고 정부에 촉구했다. 1933년 말 무사는 다시 법무부로 돌아갔다. 고등판무관의 귀가 되지는 못했지만, 무사는 여전히 영향력 있는 인물로 남았다. 그는 팔레스타인 법무 행정계에서 고위직에 임명된 최초의 비영국인이 되었다.[77]

벤구리온은 '연맹' 또는 '히스타드루트'라고 불리던 히브리인노동조합연맹Federation of Hebrew Workers의 사무총장이었다. 또한 팔레스타인의 유력한 유대 정치 세력인 '이스라엘 땅의 노동자당Workers' Party of the Land of Israel의 당수기도 했다. 노동자당은 히브리어 당명의 약자인 '마파이당'이라는 이름으로 더 잘 알려져 있었다. 벤구리온은 유대인기구의 외무부 역할을 했던 정치분과에서 공동국장을 맡고 있었고, 추후 이 기구의 의장이 되기도 했다.

러시아 지배하의 폴란드에서 다비트 그륀Dawid Grün이라는 이름으로 태어난 그는 1906년 스무 살의 나이에 팔레스타인에 처음 도착했다. 무사가 배에서 처음으로 시온주의 유대인을 만났듯 벤구리온 또한 팔레스타인으로 향하는 배 안에서 미래의 적들과 처음으로 조우했다. 그는 아버지에게 보낸 편지에서 아랍인을 다음과 같이 묘사했다.

> 배에서 아랍인 몇 명을 만났는데, 다들 여행 내내 저희 일행에게 달라붙어 있다시피 했습니다. 노래를 불러주기도 하고, 되도록 즐겁게 해주려고 하는 것 같았어요. (…) 대부분 선량한 것 같고 저희를 대할 때도 스스럼없이 친근하게 대합니다. 덩치 큰 어린아이들 같기도 해요.

야파 도착 후 상륙 과정은 꽤 거칠게 느껴졌는지 다음과 같이 언급했다.

항구가 갑자기 작은 배들로 가득 차더니 아랍인들이 저희가 탄 선박으로 기어 올라오기 시작했어요. 갑자기 막 밀치면서 소리를 질러대서 끔찍했습니다.

당시에는 선박이 도착하면 아랍 짐꾼들이 작은 배를 타고 나가 승객과 짐을 번쩍 들어 옮겨 싣고 항구로 이동해 육지에 내려놓는 것이 일반적이었다. 문자 그대로 "아랍인들"이 벤구리온을 이스라엘 땅으로 실어 나른 것이다. 꽤나 아이러니한 일이었지만 생각이 거기까지 미치지는 않았는지 일기에 따로 기록하지는 않았다. 벤구리온에게 야파는 지루하고 먼지만 많은 실망스러운 곳이었고, 그는 야파에서 최소한의 시간만을 보냈다(인근의 텔아비브는 생겨나기 아직 3년 전이었다).

히브리어 이름인 다비드 벤구리온으로 개명한 그는 새로운 이민자로서 농업 정착촌에서 일하며 지역 시온주의 정치활동에 참여했다(그가 이름을 따온 요셉 벤구리온은 로마에 맞선 유대인 반군 지도자였다). 벤구리온은 오스만튀르크어를 배우기 위해 오스만 치하의 그리스 도시 테살로니키에서 1년을 보내기도 했다. 오스만 제국이 '약속의 땅'을 통치하고 있던 시기였고, 벤구리온은 자신 같은 시온주의자들이 통치자의 언어를 익힐 필요성이 있다고 확신했다. 언어 시험을 통과한 벤구리온은 이스탄불대학교에서 법학을 전공했다. 여느 튀르크 사람들처럼 콧수염을 기르고 페즈 모자를 쓰기도 했다.[78]

벤구리온은 법대 졸업 후 팔레스타인으로 돌아왔으나, 그곳에서 활동하며 오스만의 협력을 구하려던 그의 계획은 실패했다.

제1차 세계대전이 발발하자 오스만이 그를 포함한 러시아 국민 수천 명을 자국에서 추방한 것이다. 벤구리온은 제1차 세계대전이 진행되던 내내 뉴욕에서 활동하며 시온주의 운동과 기금 모금에 주력했다. 러시아 출신의 파울라Paula라는 여성을 만나 결혼을 하기도 했다. 밸푸어 선언이 발표된 직후 영국군 소속의 유대인 여단에 자원 입대했지만 이질에 걸려 카이로의 한 병원에 입원했고, 영국군이 팔레스타인을 정복하는 동안 병상에 누워 있어야 했다.

언어에 소질이 있었던 벤구리온은 이디시어·히브리어·러시아어·폴란드어·영어를 유창히 구사했고, 독일어와 프랑스어 지식 또한 어느 정도 갖추고 있었다. 나중에는 플라톤의 글을 읽기 위해 고대 그리스어를 공부했고, 스페인어를 배우기도 했다. 아랍 문자와 어휘를 섞어 사용하는 오스만튀르크어 또한 빠르게 익혔다. 그러나 갈릴리 농업 정착촌과 테살로니키 시절 잠깐 공부한 것을 제외하고 아랍어를 배우려는 시도는 하지 않았고, 아랍어의 기본을 익히지 못했다.

노동계 시온주의자로 활동하며 지위를 쌓아가던 1920년대 내내 벤구리온은 아랍인과 거의 교류하지 않았다. 그러다 1929년 폭동을 계기로 그는 시온주의의 성공을 위해서는 지배 제국에 대한 설득뿐 아니라 현재 팔레스타인에 살고 있는 다른 주민들의 이해도 중요하다는 생각을 처음으로 하게 됐다. 벤구리온은 다수의 유대인을 끌어들이기 위해서는 시온주의 운동이 평화로운 10년을 확보해야 한다고 믿었다. 이는 팔레스타인 지역에 평화가 필요하다는 의미기도 했다.[79]

후에 벤구리온은 다음과 같이 회고했다.

> 나는 민족주의자로서 명성이 높고 돈이나 직책으로 매수할 수 없는, 그리고 유대인을 증오하지 않는 한 아랍인과 만나기로 결심했다. 매우 명석하고 신중하며 신뢰할 수 있는 그 인물의 이름은 무사 알라미였다.[80]

1934년 3월, 벤구리온은 유대인기구 정치분과의 공동국장이었던 셰르토크의 예루살렘 집에서 무사를 처음 만났다. 러시아에서 태어나 어린 시절 팔레스타인으로 이주한 셰르토크는 라말라 인근의 아랍인 마을에 한동안 거주한 적이 있었다. 제1차 세계대전 당시 오스만제국의 통역관으로도 복무한 셰르토크는 시온주의 조직의 고위 간부 가운데 유일하게 아랍어를 구사하는 인물이었다.[81]

그는 스스로를 일종의 아랍주의자로 여기기도 했다.

셰르토크는 팔레스타인을 "좀 붐비기는 하지만 언제든 더 많은 사람을 수용할 수 있는 거대한 공간"에 비유하며 유대인이 아랍인에게 전혀 해를 끼치지 않고 함께 생활할 수 있고, 오히려 유대인의 자본과 열정이 팔레스타인에도 도움이 될 것이라는 장황하고도 익숙한 담론으로 부드럽게 대화를 시작했다.

그러나 천성이 무뚝뚝한 벤구리온은 셰르토크의 말을 중간에 끊었다. 그는 유대인에게는 팔레스타인 말고 갈 곳이 없는데 아랍인에게는 아직 개발되지 않은 광활한 땅이 있지 않냐며 일종의 거래가 가능한지 물었다. 벤구리온은 유대인의 무제한 이주

허용을 원한다며, 궁극적으로는 팔레스타인 지역의 다수가 되려 한다는 목표 또한 밝혔다. 그러고는 아랍인이 이러한 목표를 받아들일 가능성이 있는지 물었다.

무사는 그러한 조건으로 협상할 이유가 없다고 답했다.[82]

그러자 벤구리온이 다시 말을 이었다.

> 시온주의자들이 팔레스타인이 포함된 아랍 연방의 창설을 지원한다면 어떻습니까?

무사는 잠시 생각에 잠기더니 그것은 고려할 만한 가치가 있는 조건이라고 답했다. 무사는 입법의회에서 유대인과 아랍인이 동수의 대표를 갖는 것은 거부했지만, 영국이 독점하는 위임통치령의 행정 권한을 동등하게 나누자는 제안은 배제하지 않았다.

이제 무사가 발언할 차례였다. 무사는 팔레스타인의 아랍인이 한계에 다다랐다고 말문을 열었다. 좋은 땅은 대부분 유대인의 소유였고, 혜택을 누리는 아랍인은 소수였다. 팔레스타인전기공사, 사해탄산칼륨공장 등 주요 산업의 사업권 또한 모두 유대인 소유였다. 팔레스타인 아랍인은 이웃 국가의 형제들보다 더 많은 세금을 내야 했고, 아랍권 경제 전체가 흔들리고 있었다.

시온주의와 유대인 이민이 아랍인에게 도움을 줄 수 있다는 셰르토크의 주장에 대한 답으로 무사는 100년이 걸리더라도 아랍인이 스스로 나라를 발전시킬 수 있을 때까지 가난하고 황폐한 상태로 있는 편을 택하겠다고 말했다.[83]

추후 회상에서 밝힌 바에 따르면 벤구리온은 이 만남이 있기 전까지 시온주의가 팔레스타인 아랍인에게는 일종의 축복이 될 것이라 여겼고, 그러므로 아랍인이 시온주의에 반대할 이유가 없다고 믿고 있었다. 그는 무사와의 첫 만남에 대해 다음과 같이 기록했다.

> 그와의 첫 대화에서 나의 가정은 산산조각 났다.

이렇게 벤구리온은 "진지하고 솔직하며 합리적인, 진정한 아랍 애국자"에게 처음으로 아랍인의 불만을 명료하게 듣게 됐다.

그래도 벤구리온은 만족스러운 마음으로 회의를 마쳤다. 아랍 연방 내의 유대 국가 건설과 행정적 권한의 동등한 분배라는 두 가지 주요 제안이 단번에 거부되지는 않았고,[84] 무사는 약속을 지킬 인물로 보였기 때문이다. 무사 역시 벤구리온의 허심탄회한 태도에 깊은 인상을 받았고, 둘은 우호적인 분위기로 대화를 마쳤다.

무사에게 벤구리온과의 만남은 시온주의 운동의 진의를 파악하는 마지막 단계였다. 이 만남 이후 무사는 시온주의의 목표에 대해 그동안 자신이 지녀온 태도가 "지나치게 순진했다"고 토로했다. 무사는 당시의 경험을 추후 자신의 전기 작가에게 이렇게 말했다.

> 그때까지 시온주의에 대한 내 감정은 케냐 농부들이 코끼리에 대해 지니는 감정과 비슷했습니다. 언제든 내 목숨을 위협하고 재산을 파괴할 수 있지만 정부가 잘 통제해주리라 믿는, 그러므로 개인

적인 적개심은 느끼지 않아도 되는 존재로 보았던 것입니다.

벤구리온과의 만남 이전까지 무사는 시온주의자들이 위임통치령이 정하는 한도 내에서 팔레스타인 지역 내 '어딘가에' 유대인의 보금자리를 마련하려는 것이라 생각했다. 그러나 주류 시온주의 조직의 의사결정권자 두 명을 만나본 결과 그들의 의도는 명확했다. 시온주의자들의 목표는 유대 국가 건설이었고, 그들은 가능한 한 넓은 영토를 원하고 있었다.[85]

6개월 후 벤구리온이 다시 연락을 해왔다. 무사는 그와의 만남이 "더할 나위 없는 기쁨"이지만 몸이 좋지 않다며 다음과 같은 답을 보냈다.



친애하는 벤구리온 선생

오늘 보내주신 편지 감사합니다. 더 빨리 답신을 드리지 못해 송구스럽습니다만 몸이 좋지 않았습니다. 저는 아직 마을에 머물고 있습니다. 괜찮으시다면 내일 오후 편하신 시간에 오셔서 차 한잔 함께해주시면 기쁘겠습니다.

그럼 내일 뵙겠습니다. 오르브와Au Revoir.[86]

벤구리온은 베들레헴으로 가는 길목에 있는 무사의 마을로 찾아갔다. 둘은 마당에 있는 참나무 아래에서 만났다. 무사의 말에 따르면 팔레스타인에서 가장 크고 오래된 참나무였다. 무사는 경제 이야기를 나누고 싶어 했다. 그는 시온주의 노동운동 측이 유대인 노동자만 고용하는 이유를 물었다. 벤구리온은 그동안 유대인이 타국 생활을 하며 토지와 단절된 생활을 할 수밖에 없었고, 다른 이들의 노동에 기대 먹고산다는 비난에 시달렸기 때문이라고 답했다. 그는 유대인이 이스라엘 땅에서 장원의 영주가 될 생각이 전혀 없다는 이야기도 했다. 그러면서 팔레스타인을 고향이라고 부르기 위해서는 숙련과 비숙련, 쉬운 일과 어려운 일, 공장일과 농장일을 떠나 무엇이 됐든 스스로 일을 할 수밖에 없다고 덧붙였다.

무사는 타협을 배제하지 않았다. 그는 텔아비브 인근에 아랍 연방의 일부로서 영국의 후견을 받는 일종의 유대 자치지구를 건설하는 것은 어떤지 제안했다. 무사는 이 또한 위임통치령이 언급한 유대인의 민족적 고향에 부합한다고 보았다. 그는 아랍 연방이 수립된 이후라는 전제하에 벤구리온의 유대인 무제한 이민 또한 기꺼이 고려해볼 의향이 있다고 답했다.

벤구리온과 무사는 그달에 두 차례 더 만났다. 두 번째 만남에서는 벤구리온이 추천한 의사를 만나기 위해 예루살렘에 들른 무사가 벤구리온을 직접 집까지 태워주기도 했다. 무사는 둘의 회동에 대해 대무프티에게 보고했다고 벤구리온에게 알렸다. 무사는 하지 아민이 이 소식을 "폭발적으로" 반겼다며, 아랍인과 진심으로 협의를 바라는 유대인이 있으리라고는 상상도 못 했다는 대무프티의 말을 전했다. 대무프티는 둘의 회동이 계속되는 데에 이의가 없다고 밝히며, 시온주의 지도자인 벤구리온에게 유대인의 향후 계획에 대한 아랍인의 불안을 잠재우기 위한 공개 선언을 해줄 것을 요청했다. 벤구리온은 이 요청에 긍정적으로 반응했다. 둘은 다시 우호적인 분위기에서 헤어졌다.

벤구리온은 무사와 논의한 합의안의 윤곽을 개략적으로 정리한 문서를 동료들에게 서둘러 보냈다. 문서의 내용을 요약하면 다음과 같았다. 유대인 민족 공동체에 대한 열망은 더 큰 범위의 아랍 민족 공동체의 열망과 충돌하지 않고 상호 보완적이며, 팔레스타인 문제는 유대인과 아랍인 전체가 함께 해결해야 할 문제다. 팔레스타인 아랍인은 현재 살고 있는 곳에 그대로 머물면서 보건과 금융, 과학 등의 측면에서 지원을 받을 수 있게 된다. 유대인은 아무런 제한 없이 팔레스타인에 정착할 수 있게 된다. 결과적으로 유대인 다수의 팔레스타인이 생겨나겠지만 이는 아랍 연방과 연계되기 때문에 전체 지역 차원에서는 아랍인이 다수를 지킬 수 있을 것이다. 유대인은 아랍 영토의 발전과 통일을 돕게 된다.

무사는 텔아비브에 있는 벤구리온에게 전화를 걸어 대무프티와의 개인 면담을 제안했다. 무사와 하지 아민은 아랍의 전망에 대해서는 정반대의 시각을 지니고 있었지만, 둘은 가족 관계로 연결되어 있었다. 무사의 누나는 대무프티의 사촌이자 정치적 동맹인 자말 후세이니의 아내였다.

무사는 또 다른 가족과 벤구리온의 만남을 주선했다. 바로 자신의 장인이었다. 무사의 장인 이산 자브리Ihsan Jabri는 제네바에 거주하면서 드루즈Druze교 지식인 샤키브 아르슬란Shakib Arslan과 함께 1930년대 유력한 아랍민족주의 신문인《라 나시옹 아라브La Nation Arabe》를 공동 편집하고 있었다. 벤구리온은 곧 하지 아민과 진지한 협상이 이루어질 것이라 자신하고 있었지만, 그러기 위해서는 제네바를 거쳐야 한다고 믿었다. 벤구리온과 무사는 벤구리온이 스위스에서 돌아오는 대로 하지 아민과 회동하기로 합의했다.[87]

제네바 회동은 세 시간가량 진행됐다. 벤구리온은 800만 명 정도의 이민자를 수용할 만한 유대 정치체를 구상하고 있다고 말했다. 샤키브는 그의 말을 막으며 유대인이 영국의 총검 뒤에 숨어 민족적 고향 건설을 시도할 수는 있지만 아랍인은 그러한 일에 절대 동의할 수 없다고 잘라 말했다. 그는 아랍 연방에 포함된다고 하더라도 유대인 다수 국가는 허황된 꿈이라며, 유대인이 독립을 얻더라도 아랍인은 이를 절대 인정하지 않을 것이라고 말했다. 무사의 장인 이산은 좀 더 유화적인 태도로 말했지만, 본질적인 내용은 같았다.

이산과 샤키브는 벤구리온이 자리를 뜨자마자 일종의 비밀 회동이었던 이 만남의 내용을 신문에 발표했다. 그들은 벤구리온의 "유치하고 비논리적인 제안"이 너무나도 "터무니없어서" 진지하게 듣는 척하는 게 곤욕이었다고 비꼬았다. 기사에서는 벤구리온과의 회동이 단지 적의 의중을 파악하기 위한 작전이었던 것으로 묘사됐다.[88]

벤구리온은 배신감을 느꼈다. 무사와의 만남으로 피어올랐던 낙관적 전망은 꺼져버리고 말았다. 소식을 전해 들은 무사는 "당황스럽고 부끄럽다"고 말했다. 벤구리온과 무사는 그 후 10년이 넘게 지나서야 다시 만났다. 하지 아민과 벤구리온의 회동 계획은 무산됐다. 벤구리온은 그로부터 1년 반이 넘도록 아랍게 인사

와 전혀 만나지 않았다. 훗날 벤구리온은 이 모든 시도를 "실패한 실험"으로 회고했다.[89]

# 2장

# 피로 물든 야파

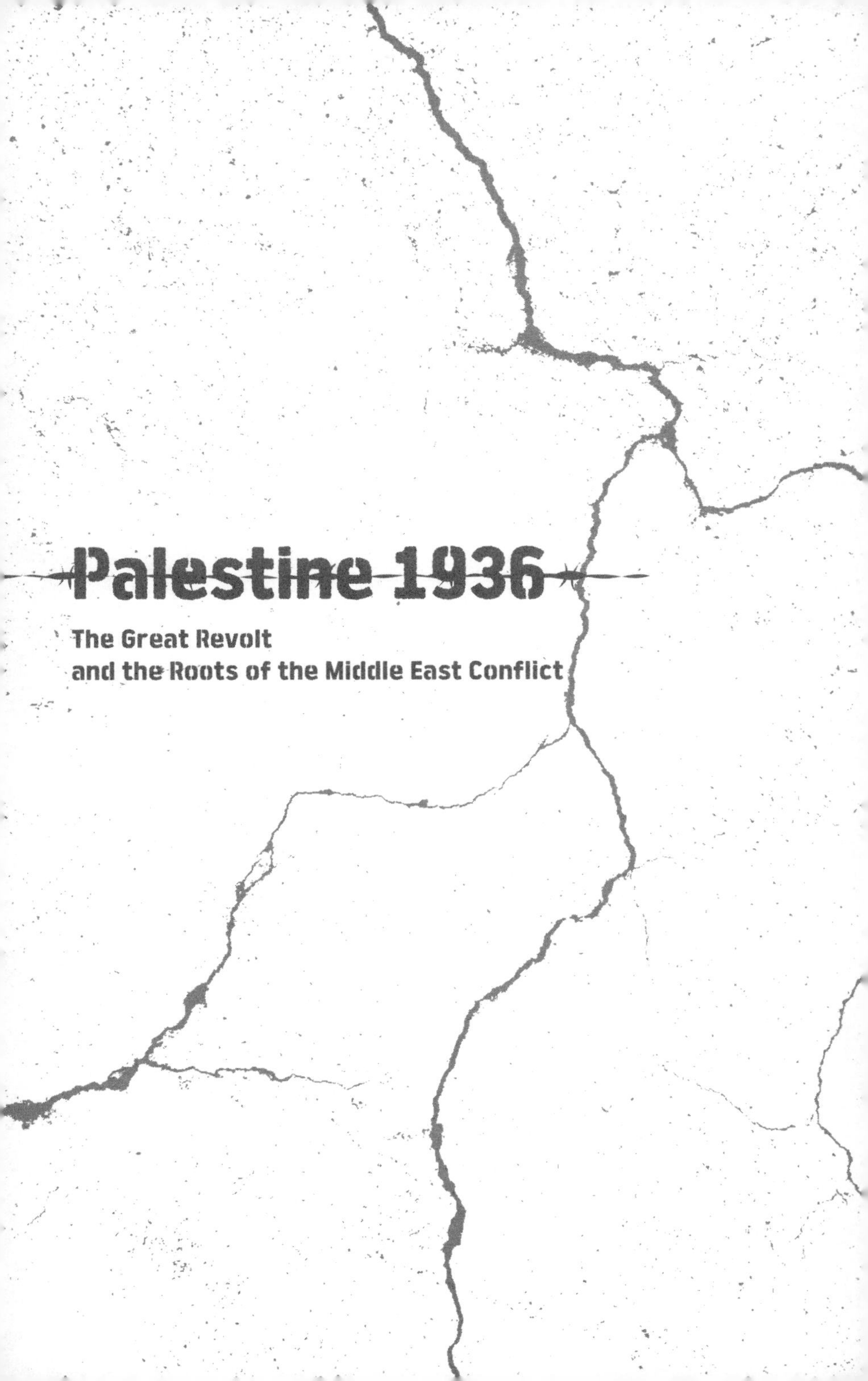

Palestine 1936
The Great Revolt
and the Roots of the Middle East Conflict

이즈 알 딘 알 카삼Izz al-Din al-Qassam은 1882년 시리아 라타키아 인근에서 태어났다. 그의 아버지는 지역 수피 교단을 이끄는 《쿠란》 교육자였다. 이즈 또한 하지 아민과 마찬가지로 카이로의 알 아즈하르대학교에서 수학하고 살라프파 사상가 라시드 리다와 그의 스승인 무함마드 압두Muhammad Abduh의 영향을 받았다. 이들은 낡고 무익한 이슬람 체제로 인해 무슬림이 기술적·경제적·정치적으로 뒤처지고 있음을 개탄했다. 살라프파는 선지자 무함마드 시대를 모범으로 삼아 회귀하는 동시에 현대 과학과 이성을 장려함으로써 근대의 벽에 부딪친 이슬람 세계에 활력을 불어넣을 수 있다고 믿었다.[1]

이즈는 이러한 사상을 품고 시리아로 돌아와 마을 모스크에서 설교하며 신도들에게 도박과 음주를 멀리하고 라마단 금식을 철저히 지킬 것을 강조했다. 그는 또한 선지자 무함마드의 언행록인 《하디스hadith》의 내용을 설명하며 기도하는 자와 기도하지 않는 자의 차이는 산 사람과 송장의 차이만큼 크다고 이야기했다. 그는 이 내용을 강조하고자 제자들에게 불경스러운 주민 한 명을 잡아오게 해서 관에 넣고 온 마을을 돌기도 했다.[2]

이즈에게 지하드jihad•는 개인과 정치가 결합된 개념이었다. 그는 무슬림의 영적 투쟁을 현세의 전투와 분리할 수 없다고 보았다. 이즈는 이탈리아 침공을 막기 위해 리비아로 가려다가 실패했다. 그는 제1차 세계대전 중 오스만군에서 사제로 복무했고, 시리아에 돌아와서는 프랑스에 대항해 봉기를 일으킨 파이살 측을 지지하는 여러 민병대에서 활동했다. 매일 부하들에게 《쿠란》 구절을 가르치고, 지하드의 맥락에서 그 의미를 설명했다. 이즈와 부하들은 자발 사흐윤Jabla Sahyun이라 불리는 해안 산악지대의 작은 요새에서 몇 달 동안이나 프랑스군을 괴롭혔다. 한때 십자군이 점령했던 자발 사흐윤은 흥미롭게도 '시온산'이라는 의미였다.[3]

프랑스가 사형을 예고하자 이즈는 남쪽의 하이파로 피신했다.

하지 아민은 무슬림최고위원회가 하이파에 새롭게 건립한 모스크의 이맘으로 이즈를 임명했다. 이즈는 카리스마 있는 설교와 알아즈하르대학교 출신이라는 배경, 자유 전사로서의 활약상 덕에 금세 충성스러운 지지자들을 확보했다. 야간 학교를 열어 읽기와 쓰기를 가르치고, 방황하는 젊은 무슬림들의 범죄 예방을 위해 애썼다. 때로는 손에 칼이나 총을 든 채 설교하기도 했다. 한번은 젊은 구두닦이 청년에게 구두 닦는 솔 대신 총을 들라며, 의자에 앉는 첫 영국인을 쏴버리라고 말하기도 했다.[4]



• 본래 '노력', '투쟁'을 의미하는 단어. 주로 '성전(聖戰)'으로 번역되지만 물리적인 전쟁 외에 정신적인 수양과 종교를 위한 헌신도 지하드에 포함된다.

1929년 하이파의 샤리아법원이 이즈를 혼인등록관으로 임명했고, 그는 팔레스타인 북부의 소읍과 마을로 출장을 다니게 됐다. 1929년 폭동과 1931년 검은 편지 사건을 경험한 이즈는 행동에 나설 때가 왔다고 확신했다. 그는 마샤예크(mashayekh, 장로들)라는 이름으로 더 잘 알려진 무장단체 '검은 손Black Hand'을 설립했다. 이즈의 초기 설교에서 악당은 늘 영국인이었지만 이제 적은 유대인이었다. 1931년 4월, 하이파 인근의 야구르 키부츠의 구성원 세 명이 정문에서 습격당했다. 이듬해에는 갈릴리의 농업 정착촌에서 네 명이 살해당했다. 그중에는 집에서 터진 폭탄에 숨진 나할랄 마을의 아버지와 아들도 포함되어 있었다.[5]

1930년대 초에는 하이파에 변화가 찾아왔다. 정부는 1933년 하이파에 팔레스타인 최초의 현대식 항구를 건설했다. 이듬해에는 최초의 국제공항이 세워졌고, 이라크와 연결된 송유관의 종착지 또한 하이파에 만들어졌다. 팔레스타인철도 본사와 러시아 출신의 유대인 사업가가 소유한 팔레스타인 최대 기업 네셰르시멘트의 본사도 이곳에 들어섰다. 유대인이 쏟아져 들어오며 하이파의 건설 경기는 호황을 맞았다. 교외 지역에는 정원 주택가가 조성됐다. 1930년대 중반이 되자 유대인은 하이파에서 다수를 차지하게 됐다.[6]

아랍 남성들 또한 일자리를 찾아 하이파로 몰려들었다. 인근 마을은 물론이고, 멀리는 시리아의 하우란 지역에서부터 찾아오는 이들도 있었다. 그러나 하이파에 도착하는 순간 이들이 받는 대접은 유대인 노동자들과 현저히 달랐다. 유대인 노동자는 히스타드루트, 즉 노동조합연맹의 보호를 받았다. 히스타드루트는 이들에게 현대식 주거 공간을 제공했고, 생활 수준이 더 높다는 핑계로 정부에 아랍인 노동자보다 50퍼센트 높은 임금을 요구했다. 반면 아랍 노동자들은 대표할 단체가 없었고, 도시 외곽의 판자촌에서 생활해야 했다.[7]

이즈는 항만 인부, 철도원, 건설노동자 같은 하이파의 새로운 도시 임금노동자들과 함께 생활하며 이들에게 설교했다. 일부는 유대인 지주가 들어오며 농사를 포기하게 된 소작농 출신이었으며 대부분 문맹이었다. 이즈의 제자로 설교를 들은 한 노동자는 그에 대해 "어린아이처럼 웃고, 아이처럼 단순하게 말할 줄 아는 사람"이라고 회고했다.

이즈는《하디스》에 나온 순교 관련 내용을 술술 외워 인용했다. 새로운 추종자들은《쿠란》옆에 권총이나 단검을 두고 충성을 맹세했고, 맹세 후에는 늘 총과 칼을 지니고 다녔다. 이즈는 신병에게 기본적인 군사훈련과 극기훈련을 받게 했다. 이즈와 함께하기 위해서는 맨발로 걷고, 물과 음식 없이 버티고, 추운 날씨 속에 야외에서 취침하는 훈련을 통과해야 했다.[8]

이 시기 팔레스타인 아랍인의 민족 국가 건설 계획은 치명적인 위협을 마주한 것으로 보인다. 영국은 1933년 3만 명 규모의 유대인 이민을 허가했고, 그 숫자는 1934년에 4만 2000명, 1935년에는 기록적 규모인 6만 2000명으로 증가했다. 불법적인 경로로 입국하는 유대인 수만 명은 이 숫자에 포함되지도 않았다. 이제 팔레스타인의 유대인 인구는 40만 명에 가까웠다. 4년 만에 두 배 증가한 유대인 인구는 전체 인구의 30퍼센트에 육박하고 있었다. 텔아비브 인구 또한 같은 기간 세 배 증가했다. 1933년 유대인의 토지 취득은 총 650건으로, 매매 면적은 약 36제곱킬로미터였다. 1935년이 되자 매매 건수와 면적은 모두 두 배 증가했다. 전 세계가 불황의 늪에서 허우적대는 동안에도 유대인이 지배하는 은행업과 산업, 건설업 부문은 번창했다.[9]

1934년 여름, 독일에서는 히틀러가 스스로 퓌러Führer, 즉 총통의 자리에 올랐다. 이듬해 겨울에는 베르사유조약을 어기고 공군을 재창설했다. 1935년 봄에는 무솔리니의 군대가 에티오피아를 침공해 파시스트 정권의 이탈리아제국에 병합했다. 사실 에티오피아는 영국의 식민지로 둘러싸여 있었고, 영국 입장에서는 에티오피아를 적에게 내주면 수에즈운하에도 위협이 될 수 있었다. 이렇듯 동아프리카는 전략적으로 중요한 지역이었지만 영국은 이탈리아의 침공을 묵인했다. 팔레스타인 아랍인은 도처로 뻗어나가는 파시스트 세력을 보며 서구의 민주주의가 쇠퇴하고 있는 것은 아닌지 의구심을 품기 시작했다. 또한 그들은 팔레스타인에서 영국과 유대인을 영원히 없애줄 또 다른 세계대전이 다가오고 있다는 일종의 희망을 품게 됐다.[10]

친親후세이니 성향의 야파 신문《알 디파Al-Difa》는 다음과 같은 내용의 기사를 실었다.

> 중동 지역 전체는 전쟁만이 아랍인의 국가 건설 열망을 실현하고 시온주의의 위협을 종식시킬 유일한 수단이라는 믿음으로 그 기회를 기다리고 있으며, 이를 앞당기기 위해 최선을 다하고 있다.[11]

10월 중순, 야파 항구의 아랍 인부들이 한 유대인 앞으로 발송된 유럽발 시멘트 화물 내부에 숨겨져 있던 무기를 발견했다. 아랍 여론이 들끓었고 곧 전국적인 시위가 일어났다. 이즈는 이를 기회로 삼아 움직이기 시작했다.[12]

11월 6일, 이즈와 20여 명의 동료는 (아내들의 보석을 포함한) 재산을 팔아 무기를 구입했다. 이즈의 무리는 아랍어로는 파쿠아, 히브리어로는 길보아라고 부르던 언덕의 동굴 근처에서 유대인 경사 한 명과 아랍인 순경 두 명을 마주쳤다. 경찰들은 근처 키부츠의 자몽 농장에 침입한 좀도둑을 찾는 중이었다. 이즈는 유대인 경사 모셰 로젠펠트Moshe Rosenfeld를 죽이고 나머지 두 명은 풀어주었다.[13]

이즈의 일당은 쫓기는 신세가 됐다. 하이파를 떠나고 2주 후 그들은 예닌 근처의 숲에서 포위되고 말았다. 경찰은 투항을 권했지만 이즈는 저항을 계속했다. 네 시간에 걸친 전투 끝에 이즈와 그의 동료 세 명이 사망했다.[14]

그는 나셰르시멘트 공장 근처의 발라드 알셰이크 마을에 하이파만이 내려다보이는 자리에 묻혔다.

이즈는 하루아침에 엄청난 숭배를 받는 영웅이 됐다. 《알 디파》는 1면에 실은 기사에서 그를 "종교와 신념, 원칙을 위해 스러진 순교자, 셰이크 이즈 알 딘 알 카삼 에펜디"라고 칭송했다. 야파의 《필라스틴》은 그를 "순교자 이즈 알 딘 알 카삼 각하"라고 불렀다. 또한 "그에게 신의 자비가 있기를. 그는 진정한 무슬림이었다"고 추모했다.[15]

벤구리온은 사태의 심각성을 즉시 감지했다. 이번 사태는 무프티와 그 경쟁자의 알력 다툼이나 후세인 가문과 나샤시비 가문의 습관성 논쟁과는 달랐다. 권력이나 돈이 아닌 오직 이념에 따라 움직인 인물이 등장한 것이다. 이즈에 대한 평가는 갈릴 수 있었지만 그의 이념 자체는 깊고 순수했다. 이즈의 죽음은 아랍인에게 그때까지는 부족했던 '도덕적 동력'을 부여했다. 그의 행동은 다른 아랍인에게도 영감을 불어넣을 것이 뻔했다. 그렇게 되면 세계인의 마음속에 팔레스타인은 성장과 재건의 땅이 아닌 공포의 땅으로 각인되고, 시온주의 계획 자체가 무너질 수도 있었다.

벤구리온은 이를 두고 다음과 같이 말했다.

> 이번 사건에서 아랍인은 한 인간이 신념을 위해 목숨을 바치는 모습을 처음으로 목격했다. 이제 그와 같은 사람이 수십, 수백, 수천 명 나타날 것이다.[16]



## 장작 패고 물 긷는 노예

> 고결하고 당당한 신사라면 유대인 대부분이 실제로는 팔레스타인 전체를 영토로 원하고 있다는, 그게 아니면 기존에 거주하던 인구를 《성경》에 나오는 '장작 패고 물 긷는' 헷 족속의 처지로 끌어내리고 싶어 한다는 저의 의견에 이의를 제기하지 않을 것입니다.

영국 의회에서 보수당 평의원 앤서니 크로슬리Anthony Crossley가 발언했다.

기브온 사람들이겠죠.

귀족 출신의 무임소 장관 유스터스 퍼시Eustace Percy가 투덜거리듯 지적했다.

1936년 3월 말, 영국 하원에서는 워코프 고등판무관이 제안한 팔레스타인 입법의회에 대해 논의하고 있었다. 워코프의 제안대로 입법의회가 설치되면 다수인 아랍인이 팔레스타인 행정에 훨씬 큰 발언권을 가지게 될 것이었다.

기브온이었던가요?

크로슬리는 개의치 않고 발언을 이어갔다. 그는 어쨌든 영국의 팔레스타인 정책은 실수이자 모순이었다고 지적했다. 전 세계에 흩어져 살던 수백만 명의 민족적 고향을 작은 땅에 만들면서 기존 주민의 권리를 침해하지 않을 방법은 없었다. 크로슬리는 지금 같은 추세라면 아랍 사회가 과도한 세금과 채무, 급격한 농지 감소로 무너질 수 있다며, 팔레스타인을 스위스처럼 여러 주州로 나눠야 한다고 주장했다. 또한 "아랍 농부들은 게으르지도 무지하지도 않다"며 단지 공정한 기회가 필요한 것이라고 강조했다.

보수당 동료인 더글러스 클리프턴 브라운Douglas Clifton Brown 또한 동의했다.

물론 유대인이 겪고 있는 고통에 대해서는 우리 모두 매우 유감스럽게 생각합니다.

6개월 전 히틀러가 뉘른베르크법을 공포해 독일 유대인의 시민권을 박탈한 상황이었다. 브라운은 유대인에 대한 안타까움을 표하면서도 "유대인의 침략에 대해 아랍인이 느끼는 두려움"이 얼마나 깊은지 합리적으로 이해할 수 있다고 말했다. 고등판무관의 시도가 실패하면 팔레스타인과 인근 지역 전체에 이전과는 비교할 수 없는 커다란 혼란이 도래할 것이라는 경고도 덧붙였다.

중동에는 변화가 일어나고 있었다. 1932년 영국은 (자국의 군사적 특권은 유지한 채) 파이살을 국왕으로 세워 이라크의 독립을 승인했다. 1936년 초에는 시리아인들이 50일에 걸친 총파업 끝에 프랑스 철수를 논의하는 협상을 시작했다. 이집트 또한 영국과 비슷한 협상을 앞두고 있었다. 오직 팔레스타인에서만 아랍인의 독립 열망이 그저 좌절된 것으로 모자라 심각한 위협에 처해 있었다.

그러나 워코프의 계획에 찬성 의견을 밝힌 것은 크로슬리와 브라운뿐이었다. 여당 연합 측에서도 야당에서도 10여 명의 의원이 인구 비율에 기반한 입법의회 구성 시도를 비판했다. 그들은 그렇게 되면 아랍인이 유대 민족 고향의 성장에 거부권을 가지게 될 것이라고 경고했다. 의원들은 한 명씩 돌아가며 시온주의의 업적을 찬양하기 시작했다.

보수당의 헨리 프록터Henry Procter는 "전 세계에서 지금까지 진행된 것 가운데 가장 위대한 실험"이라고 표현했고, 노동당 출신의 의원 두 명은 "현대의 기적"이라고 평가했다. 조사이아 웨지우드Josiah Wedgwood는 영국의 통치가 아랍 농민에게는 "구원"이었다며, "문명을 잘 활용하면 원주민을 파괴하지 않고 오히려 도울 수 있다"는 점을 입증한다고 주장했다. 자유당 총수 아치볼드 싱클레어Archibald Sinclair는 "막대한 규모의 유대 자본이 팔레스타인으로 유입되며 세수가 증가하고 토양이 비옥해졌으며 유대인과 아랍인 양측 모두 인구가 증가했다"는 점을 강조했다.

한편 7년이나 내각에서 배제됐던 처칠은 히틀러에 맞서기 위한 성전을 막 시작한 참이었다(처칠은 정부 주요 직책에서 소외됐던 그 시기를 《성경》의 표현을 빌려 "광야의 시기"라고 불렀다). 처칠 또한 팔레스타인의 자치권을 확대하려는 모든 시도는 독일 유대인을 제3제국, 즉 나치 독일에 가두는 처사나 다름없다며 결사반대했다. 그는 하원에서 다음과 같이 발언했다.

> 50만의 영혼이 가장 끔찍하고 냉혹하며 과학적인 박해, 잔혹한 박해의 대상이 됐습니다. (…) 그들은 저주받은 더러운 피를 지닌 인종으로 선포되었습니다. 인간이 지닌 모든 형태의 집중적인 사악함이 압도적인 힘과 비열한 폭정으로 이들을 덮쳤습니다. (…) 이러한 상황에서 하원이 이들에게 열린 하나의 문, 현재 상황에서 약간의 구제와 탈출을 허용하는 그 문을 매정하게 닫아버리지는 않을 것이라 확신합니다.

상원의원들도 처칠과 유사하게 유대인에 대한 지지 입장을 밝혔다. 팔레스타인 입법의회 설치에 찬성 의사를 밝힌 의원은 한 명뿐이었다. 몇몇은 팔레스타인 위임통치령의 근본적인 목적이 유대인을 위한 민족적 고향 건설이라는 점을 강조했다. 한 의

원은 이렇게까지 전원의 의견이 일치한 경우는 처음 본다고 놀라워하기도 했다.[17]

런던에서, 세계 곳곳에서, 그리고 팔레스타인에서 유대인 지도자들을 환호했다.[18]

다가오는 재앙은 그 누구도 예상하지 못하고 있었다.

## 테살로니키에서 온 남자

이스라엘 하잔Israel Hazan은 팔레스타인에 온 지 얼마 안 된 유대인 이민자로, 야파와 텔아비브 사이에 있는 플로렌틴에 살았다. 플로렌틴에는 하잔처럼 그리스 테살로니키에서 온 유대인이 주로 거주했다. 일흔이 다 된 그는 원래 팔레스타인으로 건너온 후에는 은퇴할 생각이었지만 아들이 나무를 다루다 손가락 절단 사고를 당하면서 다시 노동 현장에 뛰어들었다. 그는 그리스에서 했던 가금류 유통 일을 다시 시작했다. 나블루스 근처의 아랍 농부들에게서 닭을 사들인 후 플로렌틴에서 도축하고 판매하는 일이었다.

1936년 4월 15일 아침, 하잔은 트럭에 빈 닭장을 가득 싣고 길을 나섰다. 운전은 하가나 단원이자 텔아비브 설립자의 손자인 젊은 이웃 즈비 다넨버그Zvi Dannenberg가 맡았다.[19]

둘은 종일 아랍인 마을을 돌아다니며 트럭에 닭을 실었다.

날이 어둑해질 무렵 하잔과 다넨버그는 다시 플로렌틴으로 향했다. 그런데 나블루스와 툴카렘 사이의 언덕길에 바리케이드가 설치된 것이 보였다. 자세히 보니 케피예keffiyeh•로 얼굴을 가린 아랍 남성 몇 명이 무기를 든 채 길목을 지키고 있었다. 당시에는 돈이나 물건을 강탈하려는 노상 도적이 흔하긴 했지만, 이들의 목적은 달랐다. 이들은 지나가는 차를 세우고 이즈의 원수를 갚기 위해 무기를 사야 하니 돈을 내놓으라고 하고 있었다.[20]

하잔과 다넨버그의 차례가 돌아왔다. 아랍 남성들은 두 유대인에게 전조등을 끄고 돈을 내놓으라고 했다.

또 다른 차량이 도착했다. 차에는 유대인 운전사와 텔아비브 근처 템플러 정착지에 사는 독일인 승객이 타고 있었다. 아랍 남성들은 독일인 승객에게는 자리에 그대로 있으라고 말하고, 운전사에게는 돈을 내놓은 후 트럭 쪽의 두 유대인과 함께 앉아 있으라고 했다.

하잔은 혼잣말로 중얼거렸다. "이제 우리는 어떻게 될 것인가." 차가 몇 대 더 지나갔다. 운전자는 모두 아랍인이었고, 남성들은 이들에게 기부금을 요구했다. 남성들은 붙잡아둔 유대인들에게 돌아와 다넨버그에게 돈을 더 내놓으라고 했지만 그는 돈이 하나도 없다고 답했다. 하잔은 자비를 구했지만, 남성들은 그 자리에서 세 명 모두를 총으로 쐈다.[21]

두 명이 심각한 부상을 입었다. 하잔은 훗날 알타우라 알아라비야 알쿠브라al-Thawra al-Arabiya al-Kubra, 즉 '아랍 대봉기'라고 명명된 사건의 첫 사망자가 됐다.

유대인 신문은 발칵 뒤집혔다. 《하레츠》는 논설을 통해 "이

• 아랍 지역의 전통 스카프로 주로 남성들이 머리에 착용한다.

땅에서의 경험은 우리로 하여금 특정 인구의 문화적 수준에 대해 일말의 착각도 없이 명백히 파악하게 해주고 있다"고 말했다. 《하레츠》는 독일에서 백화점을 소유했던 자유주의 유대인 쇼켄Schocken 가문이 최근 인수한 상태였다.[22]

시온주의 신문 《팔레스타인 포스트》 또한 바이츠만의 연설을 인용해 비슷한 논조의 글을 1면에 실었다.

> 한쪽에서는 파괴의 세력, 사막의 세력이 일어났지만, 다른 쪽에는 문명과 건설의 세력이 굳건히 서 있다.

신문은 사건이 정치적 동기에서 비롯됐을 가능성을 부인하고 범인들을 노상강도와 산적에 빗댔다.

한 히브리어 신문은 "도적들이 어울리지도 않는 '민족주의' 구호를 외쳤다"는 조소 섞인 헤드라인을 걸었다.[23]

다음 날 밤, 카키색 반바지를 입은 무장 유대인 두 명이 페타티크바 인근 아펠바움의 바나나 농장에 들어가 노동자 숙소 문을 두드렸다. 농장에서 과일을 수확하는 하산 아부 라스Hassan Abu Rass가 문을 열었고, 유대인 두 명은 권총을 열한 번 발사했다. 하산은 그 자리에서 사망했고, 숙소를 함께 쓰던 동료 살림 알 마스리Salim al-Masri는 부상을 입은 후 곧 사망했다. 둘은 아랍 대봉기의 첫 아랍인 사망자가 됐다.[24]

다음 날 아침 플로렌틴에서 열린 하잔의 장례식에는 수백 명이 참석했다. 하잔의 관은 그가 평소 기도를 드리던 레빈스키 거리의 그리스인 유대교 회당으로 옮겨졌다. 행렬이 도시의 주요 상점가인 알렌비 지구에 도착할 무렵 인파는 1500명으로 불어났다. 몰려든 인파에 상점과 작업장, 공장 들은 몇 시간 동안 문을 닫아야 했다. 팔레스타인에서 일찍이 본 적 없는 규모의 유대인 시위였다.

시위에 모인 군중은 관을 운구차에 실으려는 유족을 막아서며 어깨에 메고 가겠다고 했다. 하잔의 트럭을 운전했던 다넨버그마저 사망했다는 소문이 퍼졌다. 아마도 자보틴스키의 수정시온주의 추종자였을 일부 군중이 복수를 부르짖으며 아랍인이 많은 야파로 가자고 외쳤다.[25]

하잔은 금요일 아침 텔아비브 트럼펠도르 거리에 있는 오래된 공동묘지에 묻혔다. 매장 의식이 끝나자 100명가량의 유대인이 남쪽을 향해 걷기 시작했다. 군중이 야파로 향할 것을 우려한 경찰은 곤봉을 들고 이들을 막아섰고, 행진 중이던 일부 유대인은 돌을 던지며 대항했다.[26]

금요일부터 토요일 저녁에 이르는 안식일 동안 텔아비브를 오가며 장사하는 아랍인들이 경찰에 폭행과 괴롭힘을 신고했다. 예멘 지구에서는 아랍인 세금징수원이 구타당했고, 아랍 버스는 돌팔매질을 당했다. 알리 샤우키Ali Shauki의 청과물 상점에는 누군가 침입해 가게를 엉망으로 만들었다. 구두닦이 소년, 빵 노점상, 얼음 배달부가 폭행을 당하고 물건은 내동댕이쳐졌다.

유대인 청년들이 아랍 마부가 몰던 마차택시의 등불을 깨버리기도 했다. 이들은 근처 과수원의 소유주였던 유대인 승객에게 "유대인이 피를 흘리는데 어떻게 아랍인의 마차를 타느냐"고 따졌다. 청년들은 히틀러를 피해 팔레스타인으로 이주한 독일 유대인이었고, 독일어를 사용했다. 이들은 서툰 아랍어로 마부에게 야파로 꺼지지 않으면 죽여버리겠다고 협박했다. 정부를 비난하거나 자보틴스키의 청년운동 단체 베타르Betar의 구호를 외치는 이들도 있었다.

피와 불로 무너진 유대, 피와 불로 다시 세우리라!

유대인 지도자들은 이 사건을 수정시온주의에 경도된 "거리의 불량배"들이 저지른 비행으로 일축했다. 토요일 저녁 즈음이 되었을 땐 도시에 다시 평화가 돌아왔다. 아랍인도 유대인도 다시 시작될 한 주의 아침을 준비하러 집으로 돌아갔다.[27]

다음 날인 4월 19일 아침이 밝았다. 야파의 아랍인 사이에서는 하산의 트럭을 몰던 운전사도 사망했다는 소문과 함께 유대인이 지난번 장례식 집회에 버금가는 거칠고 폭력적인 장례식 집회를 계획하고 있다는 소문이 돌았다. 그 외에도 세 가지 소문이 동시에 퍼졌다. 유대인이 텔아비브에서 아랍인 두 명을 죽였다는 소문, 야파에서는 네 명을 죽였다는 소문 그리고 마을 밖 오렌지 과수원에서 세 명을 죽였다는 소문이었다. 소문 속 희생자의 시신을 두 눈으로 보겠다며 군중이 몰려들었다. 야파 지구의 크로스비 청장과 도시에서 가장 큰 마무디야 모스크의 담당 이맘이 소문을 부인했으나 아무 소용이 없었다.[28]

하산 베크 모스크를 중심에 둔 만시야는 야파에서 텔아비브에 가장 가까운 지역이었다. 음료수 공장 사장인 엘리에저 비처스키Eliezer Bichutsky는 이곳에서 볼일을 보고 있었다. 제1차 세계대전이 끝난 후 비처스키는 우크라이나에서 유대인 학살자들과 맞서 싸운 경험이 있었지만, 이제 40대에 접어들어 무거워진 몸은 예전 같지 않았다. 카페에서 한 무리의 남자들이 의자와 몽둥이, 쇠막대와 칼을 휘두르며 밖으로 나왔다. 거리에 있던 유대인 마부가 심상찮은 분위기를 감지하고 도망치려 했다. 비처스키는 마차에 급히 올라타며 이디시어로 "저도 유대인입니다. 좀 태워주세요. 은혜는 잊지 않겠습니다!"라고 사정했다. 그러나 겁에 질린 말이 갑자기 질주하는 바람에 그는 마차에서 떨어지고 말았다. 폭도들이 다가와 머리에 몽둥이를 휘둘렀다. 그는 모스크 앞 모래 바닥에 얼굴을 묻고 쓰러졌다.

유대인은 오스만 시계탑 근처의 정부 건물에서 폭력사태가 가라앉기를 기다렸다. 밖을 보며 기회를 살피던 세 명(젊은 남성 두 명과 여성 한 명)이 탈출을 시도했다. 100여 명에 달하는 군중이 이들을 쫓았다. 군중을 이끄는 남성은 깔끔한 유럽식 차림을 하고 있었다. 탈출자 가운데 여성과 남성 한 명은 그들을 피했지만, 법률 사무원이었던 나머지 남성 한 명은 붙잡히고 말았다. 그들은 칼과 망치, 돌로 남성을 공격했다. 한 목격자는 "남성의 비명이 들렸다"고 증언하며 주변의 사람들이 박수를 치고 있었다고 말했다. 누군가 피투성이가 된 남자의 주머니를 뒤지더니 조용히 자리를 떠났다. 공격당한 남자는 어느 집으로 옮겨졌지만 도움은 45분 후에야 도착했다. 하임 파시고다Haim Pashigoda라는 이름의 이 남자는 스무 살이었다.[29]

파시고다는 결국 숨을 거뒀다. 야파의 중앙 경찰서에서 고작 몇백 미터 떨어진 곳에서였다. 버스 차고에서 일하던 이츠하크 프렌켈Yitzhak Frenkel 또한 나무 몽둥이 또는 쇠막대에 맞아 쓰러진 후 돌과 벽돌에 맞아 숨졌다. 목격자들은 주동자가 유럽식 의복에 빨간 페즈 모자 차림이었다고 증언했다. 목격자들은 수십 명의 아랍인 그리고 곤봉으로만 무장한 영국 경찰이 살인 현장을 지켜보고만 있었다고 말했다.

희생자 가운데 총에 맞은 사람은 없었다. 모두가 파이프나 긴 막대, 돌, 벽돌, 의자, 주먹, 발 등 둔기에 맞거나 주머니칼, 단검 같은 예리한 무기에 찔려서 죽었다. 사망자 중에는 여든이 다 된 노인도 있었다.

러시아 시를 좋아했던 한 전기 기술자는 살레히 거리에 있는 마흐무드 하무드Mahmoud Hamoud의 카페에서 배선을 수리하는 중이었다. 그런데 갑자기 남성 10여 명이 들어오더니 사다리 위에 있던 그를 끌어내리고는 칼로 등을 찔렀다.

콘펠트Kornfeld와 쿠페르민츠Kupermintz라는 이름의 미장공 두 명은 킹파이살 거리에 있는 어느 아랍인 저택에서 일하는 중이었다. 둘 다 노동운동에 적극적이었고, 빈에서 교사 생활을 했던 콘펠트는 아랍어를 배우고 있었다. 한 무리가 작업 중인 이들을 발견하고 다가왔다. 발코니에서 그 모습을 본 아랍인 집주인이 그만두라고 외쳤지만 소용없었다. 얼마 지나지 않아 두 남자는 움직임을 멈췄다. 이들은 한 시간 후 경찰이 나타날 때까지 페를린의 목재 창고 옆에 누운 채 죽어갔다.[30]

다행히 인류애를 발휘한 사람도 많았다. 항구에서 일하던 아랍인 하역 인부들은 유대인 동료들을 배에 태워 안전한 곳으로 피신시켰다. 아랍인 저택의 여성들은 살해된 미장공 두 명과 함께 일하던 동료를 집 안에 숨겨주었다. 강경파 신문《알 자미아 알 이슬라미야Al-Jamia al-Islamiya》의 경영자는 유대인들을 텔아비브까지 데려다주었다. 이사Issa라는 이름의 한 이맘은 운전수를 시켜 처음 보는 유대인들을 텔아비브에 태워다주고 자신은 걸어서 돌아왔다. 어느 마차꾼은 유대인 마차꾼이 버리고 도망간 마차를 챙기고 노새에게 먹이를 주었다. 이츠하크 프렌켈이 일하던 버스 차고의 경비원은 칼을 휘두르며 공격자들을 쫓아냈다. 순식간에 범죄 현장으로 변해버린 카페의 주인 마흐무드는 나머지 전기 기술자 한 명에게 웨이터의 재킷을 입혀 데리고 나간 후 경찰에게 절도죄로 거짓 신고해 그를 잡아가게 했다.[31]

유대인도 당하고만 있지는 않았다. 아침에는 유대인 몇 명이 아랍인 소유의 닭장과 채소 수레들을 쓰러뜨리며 다녔고, 어떤 이들은 운전자가 분명 아랍인일 것이라며 야파로 향하는 자동차에 돌을 던지기도 했다. 운전자들의 뼈가 부러지고 자동차 유리가 깨진 모습은 야파의 긴장감을 한계점까지 끌어올렸다.[32]

공격은 이른 오후까지 계속됐다. 시리아 하우란 지역에서 온 노동자들이 텔아비브의 예멘인 지구에 불을 질렀다. 나무 오두막이 늘어선 판자촌은 잿더미가 됐다.[33]

집을 잃은 주민들은 야파와 인근 지역에서 온 1만 2000명의 유대인 피난민들과 함께 텔아비브의 유대교 회당과 공장, 남의 집에서 생활해야 했다.[34]

폭동이 시작되고 다섯 시간이 흐른 오후 2시 즈음 경찰과 군대가 마침내 사태를 진정시켰다. 유대인은 아홉 명이 사망하고 60명 넘게 부상을 당했다. 아랍인은 경찰에 의해 두 명이 사망하

고 30명 남짓이 부상을 입었다.[35]

가금류 업자 하잔이 묻힌 오래된 공동묘지에 새로운 무덤이 줄지어 나타났다. 당시 희생자 가운데 세 명은 신원 확인이 불가능했다. 추후에 한 명은 은행 지점장으로 밝혀졌다. 또 다른 한 명은 이스두드라는 아랍인 마을 인근에 있는 베에르 투비아 정착촌 출신의 우유 트럭 운전사였다. 포그롬pogrom•으로 부모를 모두 잃은 그는 팔레스타인 유대인의 최남단 정착촌에서 생활하고 있었다.[36]

시온주의 신문들은 또다시 들끓었다. 히스타드루트 노동조합 연맹의 기관지인 텔아비브의 《다바르Davar》는 "야파 피의 날"이라는 표제를 1면에 대문짝만 하게 실었다. 《팔레스타인 포스트》는 사설을 통해 "이번 폭동에서 가장 극명하게 드러난 것은 인간의 생명에 대한 경시"라며 "그러한 경시가 야파의 일부 인간쓰레기들 사이에서만 드러난 것이기를 바랄 뿐"이라고 적었다.[37]

야파의 아랍 언론이 전하는 소식은 사뭇 달랐다. 그들은 유대인 사망자 수를 축소해 발표하고 경찰의 손에 죽은 두 아랍인 무함마드 아부 제이드Muhammad Abu Zeid와 아베드 알리Abed Ali 관련 소식을 강조했다. 무엇보다 이들은 팔레스타인을 이 지경으로 만든 불성실한 앨비언Albion••과 세계 유대인에 대해 분노했다.

《알 디파》는 1면 기사에서 "야파가 한순간에 변해버렸다"고 말했다. 《알 자미아 알 이슬라미야》는 무장한 유대인들이 무방비

• 러시아와 동유럽 지역에서 발생한 크고 작은 유대인 학살.

•• 영국을 가리키는 옛 이름.

상태의 아랍인을 무자비하게 사냥했다는 이야기로 독자들을 공포에 떨게 했다. 《필라스틴》은 저주받은 밸푸어 선언을 내놓은 영국을 비난하는 한편 불화와 부패에서 벗어나지 못하는 아랍 지도부에도 비판의 화살을 돌렸다.[38]

정부는 의심스러운 건물에 대한 수색과 점거, 통행금지, 서신과 언론 검열, 영장 없는 체포, 심지어는 폭동 참여자의 국외 추방까지 가능케 하는 비상조치를 서둘러 마련했다. 야파에는 군대를 파견해 경찰을 지원했다. 인근 지역의 주민들이 예루살렘에 집결할 것이라는 소문이 돌자 시 당국은 택시와 버스를 징발해 움직임을 막았다. 1929년 폭동의 기억이 생생한 헤브론의 소수 유대인과 베르셰바의 유대인 주민들은 예루살렘으로 이동했다. 경찰은 야파에서 폭력, 폭동, 선동 혐의로 아랍인 수십 명을 체포했다. 무기 소지 혐의로 잡혀간 유대인도 최소 50명이었다.[39]

뉴욕의 진보 매체 《더 네이션》은 다음과 같은 내용의 기사를 실었다.

> 팔레스타인 문제는 결코 쉽지 않다. 두 개의 강력한 세력이 충돌하고 있으며, 유혈사태는 피할 수 없다. 피는 과거에도 흘렀고, 지금도 흐르고 있으며, 어느 한쪽이 승리하지 않는 한 미래에도 계속 흐를 것이다.[40]

예견대로 피는 멈추지 않았다. 다음 날 아침 텔아비브 샤피라 지구 주민들의 피난을 돕던 셀리그 레빈슨Selig Levinson과 슐로모 마르숨Shlomo Marsum이 과수원에서 총을 맞고 사망했다. 바르샤바에서 갓 이주한 한 유대인은 야파에서, 부다페스트에서 온 다른 한 명은 이웃한 아부 카비르 마을 입구에서 살해당했다.[41]

일흔일곱 살의 아프가니스탄 출신 랍비는 자택에서 칼에 찔려 다음 날 사망했다. 스물여덟 살의 예멘인 마루공도 같은 운명을 맞이했다. 영국인과 유대인은 '킹조지 거리'라고 부르고, 아랍인은 여전히 '자말파샤 거리'라고 부르던 곳에서였다. 도움을 주려고 야파로 급히 달려간 스물한 살의 전기 기술자는 자정 직전에 헤르츨 거리에서 칼에 찔려 쓰러졌다.[42]

트럭 운전사 즈비 다넨버그는 입원 5일째에 사망했다. 시온주의 언론은 그를 트럭 한쪽을 한 손으로 거뜬히 들어 올리던 "철의 사나이"로 묘사했다.[43]

모두가 텔아비브의 공동묘지에 안장됐다. 1921년과 1929년의 희생자들이 묻힌 곳과 멀지 않았다.

이틀에 걸친 학살로 21명이 죽었다. 아랍인에게 죽은 유대인이 16명이었고, 경찰의 손에 죽은 아랍인은 다섯 명이었다. 부상자 수는 150명으로, 유대인과 아랍인의 비율은 엇비슷했다.[44]

## 굉장한 도덕적 힘

조지 안토니우스는 아마도 아랍 팔레스타인에서 가장 빼어난 인물이자 가장 고뇌하는 인물이었을 것이다.

레바논 산악 지대의 그리스정교 집안에서 태어난 안토니우스는 이집트 알렉산드리아에서 자랐다. 알렉산드리아는 전체 인구

가운데 10분의 1이 외국 태생인 다민족의 중심지였다. 도시에는 그리스인·이탈리아인·영국인·아시케나지 유대인과 세파르디 유대인, 그리고 안토니우스 같은 레반트 아랍인이 모여 살았다. 안토니우스의 아버지는 부유한 면화 상인이었고, 어머니는 언제나 손님이 끊이지 않는 문학 모임을 운영하는 독특하고 자유분방한 보헤미안이었다.

안토니우스는 세계 최고 수준의 교육을 받았다. 알렉산드리아에서는 영국이 운영하는 빅토리아칼리지에 다녔고, 이후에는 절친한 친구 무사처럼 케임브리지대학교에서 공부했다. 그는 이제 막 생겨나고 있던 아랍민족주의에 매료되었다. 그중에서도 특히 그의 관심을 끈 것은 1911년 파리에서 결성된 반反오스만 비밀결사 '알 파타트(Al-Fatat, 청년)'였다. 대학 졸업 후 파리로 이주했던 안토니우스는 아랍 해방이라는 대의에 투신하기 위해 1년 후 알렉산드리아로 돌아왔다.

그때 제1차 세계대전이 터졌다. 오랜 시간 아랍을 조여온 오스만의 올가미를 벗어날 가능성이 보이는 것 같았다. 평생 영국을 좋아했던 안토니우스는 영국군 검열관으로 일했다. 가장 즐기는 취미는 독서였다. 그는 양심적 병역 거부로 이집트 적십자에서 복무 중이던 영국 작가 E. M. 포스터와 친구가 됐다.

이 젊은 아랍인 애국자는 그때도 늘 고뇌에 찬 모습이었다. 포스터는 밸푸어 선언이 발표되기 전인 1917년 초에 보낸 편지에서 이렇게 제안했다.

친애하는 안토니우스, 혹시 자네의 모든 고민을 단 한 사람에게 털어놓는 것을 고려해본 적이 있는가? 내가 보기에 자네를 괴롭히는 고통의 근원은 적어도 네 가지는 된다네. 자네 마음속의 혼란과 피로가 정말 끔찍할 것 같아.

안토니우스는 침울한 매력을 지닌 인물이었다. 신중함이 깃든 그의 말 속에는 늘 날카롭고 생생한 재치가 숨어 있었다. 키는 크지 않았지만 갈색 눈동자에는 언제나 감성이 넘쳤다. 코는 우뚝하고 이마가 넓었으며, 검은 머리칼은 늘 깔끔하게 빗어 넘긴 모습이었다.

휴전 후 안토니우스는 예루살렘에 정착해 팔레스타인 시민권을 취득하고 이제 막 설치된 위임통치령의 교육부에 들어갔다. 팔레스타인 전역을 돌며 아랍 학교 교육의 개혁 필요성을 설파하고 농부들을 만나 문해력과 학습이 자결권 증진에 주는 도움을 설명했다. 그는 정부에 분권화된 지역 중심의 관리 시스템을 제안했지만 받아들여지지 않았다. 직업적 자주성을 가지고 아랍인의 민족적 자주성 강화를 위한 제안을 내놓았지만, 영국은 식민지의 '토박이' 공무원에게 그런 역할을 기대하지 않았다. 그는 무려 케임브리지대학교 출신이었지만 아무런 소용이 없었다.

답답해진 안토니우스는 사표를 내고 새로 설립된 워싱턴의 세계시사연구소Institute for Current World Affairs에 합류했다. 시카고 지역에서 배관 사업을 물려받은 찰스 크레인Charles Crane이라는 부유한 괴짜가 파이프와 밸브만 가득한 자신의 세계에 지쳐 설립한 단체였다. 민주당의 주요 기부자였던 크레인은 전후 파리강화회의에 초대도 없이 찾아가 우드로 윌슨 대통령의 눈에 띄었다. 대통령은 그를 미국 진상조사대표단의 공동 의장으로 임명하고 오스만 패망 후의 팔레스타인을 돌아다니며 현지 주민들의 민심을 알아보게 했다.

두 달에 걸친 조사 끝에 나온 결론은 확고했다. 레반트 지역 아랍인은 영국이 아닌 미국의 위임통치를 바라고 있었다. 대표성이 인구에 비례해야 한다는 윌슨 대통령의 이상 때문이었다. 진상조사대표단은 그러한 조건이라면 유대 국가 설립 가능성이 아예 차단된다는 결론을 내렸다. 팔레스타인 아랍인이 유대 국가 설립을 일치단결해 반대하고 있었고, 비유대인의 권리 보호를 위해 밸푸어 선언의 공약 역시 무효화할 것이 뻔했기 때문이다.

대표단의 보고서는 공식적으로 발표되지 않았고, 영국의 위임통치령이 들어선 몇 년 후에야 세상에 알려졌다. 안토니우스를 통해 연구를 계속할 수 있겠다 싶었던 크레인은 그에게 10년을 계약 기간으로 하는 후한 조건의 연구직을 제안했다. 정기적으로 지역 현안 보고서를 작성해 워싱턴 본원에 제출하는 일이었다. 이렇게 재정적 지원을 받은 안토니우스와 그 아내 케이티Katy는 예루살렘의 셰이크 자라 지구에 있는 석조 저택으로 이사했다. 하지 아민 소유의 이 저택은 '카름 알 무프티(Karm al-Mufti, 무프티의 포도밭)'라는 이름으로 알려져 있었다.[45]

1930년대 내내 안토니우스는 연구와 집필에 집중했다. 그의 목표는 아랍민족주의에 대한 영향력 있는 책을 영어로 집필하는 것이었다. 당시에는 아랍민족주의라는 개념 자체가 서구사회에 거의 알려지지 않았다. 안토니우스는 아랍의 민족주의가 이전 세기의 최초 아랍어 문학계까지 거슬러 올라가는 뿌리 깊은 전통을 지니고 있다는 점을 알리고 싶었다. 그는 전쟁 중에 영국이 메카의 셰리프에게 팔레스타인을 포함한 아랍의 독립을 약조했음을 입증하고자 했다. 또한 아랍민족주의가 엘리트 계층뿐 아니라 팔레스타인을 비롯한 아랍어권 전역의 수백만 주민에게 지지받고 있다는 점을 증명하고 싶어 했다.[46]

야파에서 유혈사태가 있기 이틀 전, 안토니우스는 자신의 집에서 비밀리에 벤구리온을 만났다.

안토니우스는 유대인이 영국과 세계 여론을 움직여 입법의회 수립 계획을 무산시켰다고 한탄했다. 그는 아랍인과 유대인이 서로 이해해야 하는 것은 맞지만, 공격을 시작한 유대 측이 먼저 손을 내밀어야 한다고 주장했다. 벤구리온의 기록에 따르면 안토니우스는 둘의 만남에서 이렇게 말했다.

> 유대인이 주장하는 바를 모두 이해합니다. 그러나 그 열망이 완전히 실현된다면 아랍인과의 화해는 절대 불가능해질 것입니다.

안토니우스는 어느 쪽의 야망도 완전히 실현될 수는 없다고 말했다. 그는 아랍인이 팔레스타인에 유대인이 존재한다는 사실은 받아들여야겠지만 시온주의가 주장하는 유대인 다수화는 용납하기 어렵다는 점 또한 밝혔다. 그 말을 들은 벤구리온은 경제적 이유를 제외한 다른 이유로 유대인 이민을 제한하는 것은 불가능하다며 그로 인해 폭력사태가 발생해도 어쩔 수 없다고 말했다. 유대인 학살은 폴란드와 독일에서도 이미 벌어지고 있었다. 학살에 맞설 곳을 골라야 한다면 이스라엘 땅에서 맞서는 편을 택하겠다는 얘기였다.

안토니우스와 벤구리온은 야파 유혈사태 이후에도 두 번 더 만났다. 안토니우스는 벤구리온에게 작가 아하드 하암Ahad Ha'am이 추구한 "영적 중심지"가 아닌 정치적 시온주의를 고집하는 이유를 물었다. 벤구리온은 깜짝 놀라며 아랍 전문가인 안토니우스가 생각하기에 "아랍 환경"에서 유대인의 영적 중심지가 살아남을 수 있으리라 생각하는 것이냐고 반문했다. 벤구리온은 유대인이 "동방의 사람들이었지만 이미 유럽화되었고, 팔레스타인에 돌아오려 하는 것은 지리적 의미 때문"이라고 답했다.

벤구리온에 따르면 안토니우스는 갑작스럽게 유대인과 아랍인의 협력에 대해 열정적인 웅변을 쏟아냈다. 안토니우스는 두 민족이 힘을 합치면 "세계 여론, 특히 그중에서도 떠오르는 강대국인 미국의 여론을 좌우할 수 있는 막강한 도덕적 힘"을 가질 수 있다고 주장했다. 그러면서 힘을 합쳐 시리아에서 프랑스를 몰아내면 팔레스타인이 대시리아로 편입될 수 있다고 말했다. 그의 제안은 그렇게 대시리아로 편입된 팔레스타인 안에 유대인 자치 지역이나 일종의 "공동체"를 설립하자는 것이었다. 그는 각 지역에 자치권이 주어지는 미국이나 스위스 형태의 연방제를 구상했으며, 유대인 자치 지역의 행정에는 영국이 일정 부분 개입하게 될 것이라고 말했다. 그러면서 유대인의 에너지와 높은 교육 수준, 풍부한 자금이 지중해 동부 전체를 개발하는 데 도움이 될 것이라고 덧붙였다.

안토니우스는 그 "공동체"의 이름으로 '에레츠 이스라엘(Eretz Israel, 이스라엘 땅)'을 제안했다. 공식 언어는 히브리어가 될 것이고,

인구 대다수는 유대인으로 구성될 것이다. 에레츠 이스라엘의 영토는 남북으로는 가자에서 하이파까지, 동쪽으로는 제즈릴 계곡까지가 될 것이다. 그 옆으로는 헤브론산맥에서 네블루스까지를 중심으로 팔레스타인이라는 이름의 아랍 국가가 자리 잡는다. 안토니우스의 제안은 성지 팔레스타인을 반으로 쪼개는 것과 다름없는, 그야말로 전례 없는 제안이었다. 그러나 벤구리온은 이 제안을 단칼에 거절했다. 시리아 연방으로의 편입이라는 것 자체가 너무 큰 양보였고, 《성경》 속 "이스라엘 땅"의 일부만을 수락하는 것 또한 그로서는 받아들이기 힘든 제안이었다.

어쨌든 대화는 조금씩 진전되는 것처럼 보였다. 안토니우스와 벤구리온은 까다로운 이민 문제는 일단 미뤄두고 각자의 동료들과 제안 사항을 논의한 후 다시 만나기로 했다.[47]

그런데 며칠 후 안토니우스는 잠시 튀르키예에 다녀온다며 떠났고, 벤구리온은 그를 다시 만나지 못했다. 정확한 이유는 알 수 없다. 아마 시리아 자치 정부에 대한 회담이 이미 추진되고 있었기 때문일 수도 있다. 프랑스는 몇 달 내로 시리아의 독립을 인정하고 군대의 단계적 철수를 개시할 참이었다. 책에 몰두해 잊은 것일 수도, 건강이 악화됐던 것일 수도, 그것도 아니면 아내의 변덕스러운 마음 때문이었을 수도 있다.

어떤 사정이 됐든, 안토니우스가 그렇게 사라지자 벤구리온은 가까운 장래에 아랍인과 합의를 논하겠다는 생각을 접어버렸다. 벤구리온은 그 후로 40여 년을 더 살았지만 저명한 아랍인과의 회담은 그때가 거의 마지막이었다.[48]

## 파업과 반격

야파 유혈사태 다음 날인 1936년 4월 20일, 나블루스의 아랍 인사들이 아랍국가위원회Arab National Committee 설립을 선언하고 노동자들에게 파업을 촉구했다. 곧이어 팔레스타인 곳곳의 아랍 도시와 마을에서 지역위원회가 설립되며 시민들에게 세금 납부 중단을 호소했다. 사실 아랍 지도자들의 입장에서 전날 발생한 대중의 폭발적 분노는 전혀 예상치 못한 사태였다. 그들은 어디로 향할지 모르는 분노한 도시 젊은이들의 선두에 서기 위해 뒤늦게나마 발 빠르게 움직였다.

4월 25일, 대무프티 하지 아민은 자신을 의장으로 하는 전국 규모의 지도자 위원회인 아랍고등위원회 창설을 발표했다. 위원회는 영국이 팔레스타인 정책을 대폭 수정할 때까지 총파업을 강행하겠다고 발표했다. 요구 사항은 세 가지, 유대인 이민 중단, 토지 매매 금지 그리고 팔레스타인의 아랍인 다수를 반영하는 대의 정부 설치였다.

5월 초, 아랍고등위원회는 이즈의 묘소 참배를 시작으로 전국을 돌며 총파업 지지를 호소했다. 그렇게 하지 아민은 자신을 지금의 자리에 앉혀준 영국 당국과 노골적이고 공개적인 대립에 들어갔다.[49]

고등판무관 워코프는 식민장관 윌리엄 옴스비 고어에게 비밀 전보를 보내 왕립위원회 소집을 건의했다. 왕립위원회는 영제국에 존재하는 가장 상위의 공적 조사체였다. 왕립위원회가 소집되면 위원들은 소요사태의 원인 조사뿐 아니라 향후 유사한 사태의 재발을 막기 위한 폭넓은 권한을 부여받게 될 것이었다. 내각은 위원회 소집에 동의했지만 폭력에 대한 굴복으로 인식되는 것을 막기 위해 그 시점은 질서 회복 이후로 정했다.[50]

전국적으로 아랍인 상점들이 문을 닫고, 대중교통은 멈췄으며, 아이들도 학교에 가지 않았다. 예루살렘의 한 상인이 상점 문 닫기를 거부하자 국가위원회가 아이들을 보내 상인의 머리에 오물을 끼얹었다. 국가위원회는 아랍 남성들에게 타르부시tarboush, 즉 오스만식 페즈 모자가 아닌 흰색과 검은색 체크무늬의 케피예를 착용하게 했고, 여성들에게는 얼굴을 가리라고 지시했다. 아르메니아인을 비롯한 기독교 아랍인도 예외는 없었다. 이들은 태어나서 처음으로 무슬림 농민 복장을 했다(일부는 당혹스러워하는 기색이 역력했다).

대무프티 하지 아민에게는 최고의 시간이었다. 처음으로 모든 주요 팔레스타인 아랍 부문이 아랍고등위원회의 파업 요구에 동참하면서 하지 아민은 사실상 무소불위의 권력을 가지게 됐다. 짧은 순간 바이츠만과 벤구리온이 이끄는 시온주의 지도부에 비견할 만한 단결력으로 보이기도 했다.

일부는 총파업의 흐름을 거슬러보려 애쓰기도 했다. 농부들은 작물을 돌보지 못하고 내버려둬야 한다는 사실에 힘들어했다. 정부에 고용된 이들은 결근 기간이 길어지자 일자리를 잃을 지도 모른다는 생각에 불안해했다.

하이파의 하산 슈크리Hassan Shukri 시장은 위임통치령 초기부터 유대인 이민의 가치를 설파해온 인물이었다. 그는 시 관련 사업에 유대인 입찰을 허용하는가 하면 히브리어를 시 문서의 공식 언어로 채택하기도 했다. 5월 11일, 하산 시장이 아랍인 지역을 떠나야 했던 유대인에 대한 연대를 표명한 후 그의 자택 옆에서 폭탄이 터졌다. 그 후로도 시장의 목숨을 노린 시도는 여러 차례 이어졌다.[51]

단합에 대한 압박은 점점 강해졌다. 파업이 길어질수록 아랍인과 유대인은 서로를 분리하고 더 멀리했다.

벤구리온은 여기서 기회를 감지했다. 그가 보기에 이것은 값싼 아랍인 노동에 기대지 않고 자체적인 유대인 농업과 산업을 성장시켜 자급자족을 실현할 기회였다. 이미 몇 년째 자급자족의 필요성을 설파해온 벤구리온은 야파 항구의 아랍 인부들이 파업에 들어가자 영국 정부에 텔아비브 북쪽 끝에 경쟁 항구 건설을 허가해달라고 청원했다.

영국 정부는 몇 주 망설인 끝에 한 가지 조건을 달아 허가했다. 새로운 항구 건설을 위한 자금은 유대인이 직접 마련하라는 것이었다. 허가가 떨어지자 유고슬라비아 깃발을 단 선박 한 척이 시멘트를 가득 싣고 급조된 부두로 들어왔다. 텔아비브 시장은 해변에서 기념식을 거행했다. 항만 노동자는 대부분 하잔의 고향 테살로니키에서 온 유대인 이민자들이었다.[52]

항구 건설은 유대인에게 이중의 승리였다. 우선 신항구 건설로 팔레스타인이 자랑하는 최대 수출품 감귤류를 유럽으로 원활하게 수출할 수 있었다(첫 수출은 짧은 기간 영국을 통치했던 에드워드 8세에게 보낸 야파산 오렌지 한 상자였다). 감귤류 수출 산업 또한 유대인이 다수를 차지하고 있었다. 그러나 수출 자체보다 더 중요한 것은 새로운 항구가 지닌 상징성이었다. 이제 유대인도 외부 세계로 통하는 자신들만의 관문을 가지게 된 것이다. 한 시인은 히브리어로 다음과 같은 축시를 쓰기도 했다.

나의 항구
민족의 항구
그 경이로움을 보라!
바다도 놀란
모험을 보라
갓난아이처럼 새롭네
놀란 민족에
태어난 항구여[53]

벤구리온은 텔아비브 항구를 제2의 밸푸어 선언이라고 격찬했다. 새로운 항구는 벤구리온이 품어온 히브리인의 노동과 유대인의 정치·문화·경제적 자립의 꿈을 보여주는 완벽한 예시였다. 벤구리온은 자신의 일기에 "지금 같은 혼란의 시기에 이슈브의 뛰어난 수완을 이보다 잘 보여주는 예시는 없을 것"이라고 적었다. 그러고는 괄호 안에 "아니, 전쟁의 시기인가?"라고 덧붙였다.[54]

한편 시온주의 지도자들은 작금의 상황이 1920년대에 하루 또는 일주일 정도씩 돌발적으로 나타났던 "홍수"보다는 훨씬 심각하다는 증거를 속속 맞닥뜨리고 있었다. 그러나 지도부는 유대인에게 인내를 당부했다. 야파 유혈사태 첫째 날 새로운 공격 소식이 쌓여가는 상황에서도 지도부는 "히브리 대중의 자기통제와 하블라가(havlagah, 자제)가 그 어느 때보다 절실"하다고 강조했다. 이후 지도부는 폭력에 대응하는 인내와 관용의 정책을 이야기할 때 '하블라가'라는 표현을 사용했다.

벤구리온의 계산은 간단했다. 유대인은 소수였고, 그들의 이민과 정착은 영국의 선의에 기대고 있었다. 영국은 강했다. 벤구리온은 영국이 유대인을 신뢰할 수 있는 동맹으로 여기기를 바랐다. 그렇게만 된다면 영국이 그저 친시온주의적인 입장을 견지하는 것을 넘어 언젠가는 스스로 정착촌을 지킬 수 있도록 무기를 주고, 또 어쩌면 영국과 함께 싸우게 해줄지도 모르는 일이었다.[55]

그러나 한 주 한 주 시간이 흐를수록 하블라가를 유지하자고 설득하기가 점점 어려워졌다. 봉기가 일어난 첫 달에 유대인 21명이 죽었고, 둘째 달에는 열 명이 더 죽었다. 5월 하반기에는 예루살렘에서만 세 건의 총격 사건이 일어나 세 명의 유대인이 사망했다. 이에 더해 유대인으로 오인받은 오스트리아 기독교인 한 명, 구시가지에서 영국 경찰 한 명, 에디슨 극장에서 나오던 유대인 세 명이 죽었다.

그중 마지막 사건은 유대인 공동체에 특히 큰 충격을 안겼다. 하가나 지휘관들이 벤구리온의 집무실로 몰려가 보복을 요구했지만 그는 거부했다.

그런데 후에 에디슨 극장 사건의 범인인 열아홉 살의 영어 교사 사미 알 안사리Sami al-Ansari가 무사의 사촌으로 밝혀졌다.

무사의 가정교사였던 할릴은 그 사건에 대해 이렇게 말했다.

연약하고 작고 가냘프고 온화한 팔레스타인이 이런 일을 저지를 수 있으리라고 누가 상상했겠는가? 나는 혁명가도 아니고 폭력이나 힘을 동원해 문제를 해결하려는 이들을 가장 싫어하지만, 이 모든 것은 불의의 결과이며 결국은 뿌린 대로 거두는 법이다. 오직 신께 좋은 결과를 구할 뿐이다.[56]

며칠 후 무사는 셰르토크의 전화를 받았다. 둘은 무사의 집에서 만났지만, 무사는 어쩐지 의기소침한 모습이었다. 무사는 유대인이 협상에 진정으로 관심이 있는지 알고 싶어 했다. 그가 보기에 유대인은 위협을 느낄 때만 아랍인의 존재를 기억했다가 상황이 호전되면 빠르게 잊는 것 같았기 때문이다.

무사는 또 다른 불만도 토로했다. 유대인이 대무프티를 비방하고 고등판무관실과 영국 의회에도 비난을 퍼뜨린다는 불만이었다. 그는 어떤 합의든 필연적으로 대무프티를 거쳐야 한다는 사실을 알고 있지 않느냐며 유대인은 정말 대무프티가 그렇게 사악하다고 믿는 것인지 물었다. 그는 하지 아민이 지난 몇 년간 큰 변화를 겪었고, 이제는 더 관용적인 태도를 지니게 됐다고도 강조했다. 그러면서 이렇게 말했다.

대무프티가 악의 화신일지도 모르죠. 아니면 그저 일부러 행동만 그렇게 하는 것일 수도 있고요. 하지만 그는 폭력에 반대한다고 제게 분명히 말했습니다.

무사는 한 가지 사실을 더 바로잡고자 했다. 대봉기의 자금줄이 이탈리아의 무솔리니라는 시온주의자들의 주장에 대한 것이었다. 그는 이렇게 말했다.

> 제가 아는 한 해외에서 자금을 지원받는 게 불법은 아닐 텐데요. 그러나 그런 일은 실제로 벌어지고 있지 않습니다.

그는 이탈리아가 자금을 대고 있다는 "터무니없는 소리"를 멈춰달라고 요청했다. 무사는 고귀한 대의를 위해 피를 흘리고 있는 아랍인에게 파시스트의 돈을 위해 죽어가고 있다는 말보다 더 큰 모욕은 없다고 덧붙였다.[57]

봄이 지나 여름으로 접어들며 공격은 도시에서 농촌으로 옮겨갔다. 언덕이 많은 데다 도로가 적고 정부의 존재감이 거의 없는 농촌은 치고 빠지는 공격에 이상적이었다. 이즈의 활동에 영감을 받아 새롭게 결성된 무장단체들은 군대, 경찰, 전화선과 전기선, 철도 등 영국의 통치를 상징하는 대상을 주로 공격했다. 이라크와 연결된 송유관은 20회 이상 공격당했고, 여기저기 흩어져 있는 키부츠도 공격 대상이 됐다. 사마리아와 갈릴리를 중심으로 활동했던 무장단체는 곧 전국으로 퍼져나갔다.[58]

이러한 공격을 이끈 것은 압델 라힘 알 하지 무함마드Abdel-Rahim al-Hajj Muhammad 같은 인물이었다. 그는 영국인은 '테러 삼각지대', 아랍인은 '불의 산맥'이라고 불렀던 나블루스-예닌-툴카렘 지역에서 주로 활동했다. 지역에서 존경받던 툴카렘 출신의 곡물상인 압델은 나폴레옹 시절부터 침략자들과 싸워온 오랜 전통의 아랍 전사 가문 출신이었다.

압델보다는 명성이 조금 떨어지기는 했지만 아레프 압델 라지크Aref Abdel-Raziq도 반군을 지휘했다. 하가나에 신설된 정보 분과에서는 그를 "키가 작고, 영국군 선임 장교 제복을 화려하게 차려입은 인물"로 묘사하며 "교활하고 영리하며 쓰기와 읽기에 능하고 화려한 언변을 갖췄다"고 평가했다. 독립적인 태도를 지닌 압델과 달리 아레프는 하지 아민에 대한 충성심을 아낌없이 드러냈다.[59]

6월에는 유대인 아홉 명이 아랍인에게 살해됐고, 영국군이 아랍인 22명을 죽였다. 공격이 계속되자 정부는 비상조치를 더욱 강화했다. 정부는 공격이 발생한 도시와 마을 전체에 일괄적인 벌금을 부과하고 파업으로 문을 닫은 상점을 강제로 다시 열게 하는가 하면 반군 용의자의 집을 철거했다. 새로운 조치가 시행되며 강제수용소에 구금할 수 있는 기간이 최대 1년으로 늘었고, 무허가로 무기를 소지한 사람은 최대 5년의 징역형에 처할 수 있게 됐다. 군대나 경찰을 대상으로 한 시설 파괴 행위나 발포 행위는 종신형이나 교수형 대상이 됐다.[60]

영국의 한 보고서에는 다음과 같은 기록도 남아 있다. 영국군은 라말라 지역에서 전화선이 파괴되는 사건이 발생하자 인근 마을로 출동했다. 집집마다 돌아다니며 무기 수색을 마친 그들은 침대 시트를 모두 벗겨내 올리브유 통에 담근 다음 길거리에 버렸다. 경고의 메시지를 더 확실히 하고 싶었는지, 군대는 마을 사람들이 키우던 닭까지 도살했다. 팔레스타인 영국군의 한 수뇌부 지휘관은 군대가 수배자와 무기를 찾는다는 구실로 징벌적 성격의 '튀르크 방식'을 동원하고 있다는 사실을 암암리에 인정했다.

리다 인근의 쿨레라는 마을에서는 가구가 박살 나고 식료품이 모두 버려졌으며 가옥 열일곱 채가 완전히 파괴됐다.[61]

점차 불만이 쌓여갔다. 그해 여름, 다음과 같은 공개서한이 발표됐다.

이것은 자비에 대한 호소가 아닌 정의와 권리에 대한 호소입니다. 우리는 이 나라에 분명 정직한 영국인도 존재한다고 믿고 있습니다. 그러나 정부의 '끔찍한' 시온주의 사업에 저항하지 않는다면 그들은 평화가 아닌 전 세대 아랍인의 분노를 알게 될 것입니다.[62]



비슷한 시기 유대인 저명인사들 또한 수십 통의 공개서한을 받았다. 발신자는 대부분 "어느 아랍인"이라고만 되어 있었다. 공개서한은 18년 전 영국이 팔레스타인에 온 이래 아랍인이 평화적으로, 때로는 폭력적으로 고향을 지키기 위해 노력해왔지만 아무 소용이 없었다고 호소했다.

시온주의적 야망에 대해서는 다음과 같이 말했다.

당신들이 그토록 공격적이고 완고하고 무례하게 굴지 않았다면 우리 아랍인은 당신들을 다른 유럽인을 대하듯 존중했을 것입니다. 그러나 당신들은 이 땅에 뻔뻔하고 파렴치하게 불쑥 찾아와 우리를 모욕했습니다. 유대인 신문은 우리를 비하하고, 유대인은 우리를 깔아뭉개려 했습니다. 당신들은 우리를 동등한 존재로 보지 않으며, 천하고 비열한 존재로 보고 있습니다. 이것이 고귀한 민족과 공존하는 방식입니까?

서한의 작성자는 "이제 끝입니다. 이것이 우리의 마지막 기회입니다"라고 선언했다.[63]

경찰력을 동원해 폭력을 일삼은 영국의 앨런 시그리스트Alan Sigrist 경정은 많은 주민의 원성을 샀다. 5월 말, 시그리스트는 경관들을 이끌고 《알 디파》 사무실에 들이닥쳤다. 곤봉에 맞아 직원 한 명의 코가 부러졌고, 그 외에도 수십 명이 부상을 당했다. 무장세력이 차량의 타이어를 노리고 길에 깔아둔 못을 제대로 치우지 않은 아랍인 경관을 구타하기도 했다(순찰차들은 못을 피하기 위해 앞 범퍼에 빗자루를 장착했다). 시그리스트와 부하들은 수시로 예루살렘 구시가지의 좁은 골목을 누비며 주민들을 옆으로 밀치고 경례를 강요하며 "모욕주기 작전"을 즐기기도 했다.

6월 12일, 남성 두 명이 시그리스트의 암살을 시도했다. 한 명은 개인적인 원한 때문이었다. 시그리스트는 이 남성을 여러 차례 구타하며 모욕했고, 한번은 남성이 쓰고 있던 페즈 모자를 툭 쳐서 땅에 떨어뜨리고는 다시 주우면 총으로 쏴버리겠다고 협박한 적도 있었다. 남성은 바로 그 모자에 베레타 권총을 숨기고 기다렸다. 옆에서는 또 다른 남성이 권총을 주머니에 숨긴 채 기다렸다. 에디슨 극장 총격 사건의 범인이자 무사의 사촌 사미였다. 기사가 운전하는 시그리스트의 차가 앞을 지나자 두 남성은 총격을 가했다. 그러자 운전수가 반격했다. 사미는 사망하고, 공모자는 부상을 입었다.[64]

무사의 가정교사였던 할릴은 "어제 또 한 명의 영웅이 명예의 전장에서 스러졌다"며 애도했다.

《필라스틴》은 1면에 정장과 넥타이를 차려입은 잘생긴 사미

의 사진을 실었다. 이즈의 사진 옆에 위치한 그는 "순교자"로 칭송됐다.[65]

시그리스트는 중상을 입었지만 죽지 않았다. 정부는 48시간 만에 보복에 나섰다. 암살 시도가 있었던 곳은 예루살렘이었지만 군대는 야파 구시가지의 건물 220채를 폭파했다. 표면적으로는 위생 관리를 내세웠지만, 실제로는 치안을 위한 조치였다. 구시가지의 구불구불한 골목이 경찰에게는 불리했기 때문이다. 영국은 공중에서 전단지를 뿌려 아랍인에게 즉각적인 소개를 지시했다. 이로 인해 6000명에 달하는 아랍인이 집을 잃고 갈 곳 없는 신세가 됐다. 팔레스타인 대법원장은 이 조치에 경악을 금치 못했다. 그러나 정부에 항의하자 그는 해임되고 말았다.[66]

한편 하람 알 샤리프의 본부에서 하지 아민의 조바심은 커져갔다. 봉기가 처음 시작되고 몇 달간 그는 자신을 총파업의 수장으로 선언했지만 호전적인 발언이나 공격에 대한 공개적인 지지는 자제하고 있었다. 매주 금요일 모스크에서 진행하는 설교 또한 비교적 온건한 분위기를 유지했다.

그러나 여름이 되면서 대무프티도 폭력을 인정하는 쪽으로 기울기 시작했다. 6월부터 대무프티의 본부는 전사들을 격려하고 금전적 지원을 제공하기 시작했다. 대무프티파 설교자와 언론인들은 무슬림의 종교적 감성을 북돋우며 아랍 혁명에 대한 지지를 호소하고, 나아가 혁명에 직접 참여할 것을 촉구했다. 이맘들은 영국이 모스크와 《쿠란》을 모독했다는 주장을 퍼뜨리고 시온주의 계획이 성공할 경우 이슬람 세계가 직면할 위협을 강조했다. 대무프티의 무슬림최고위원회는 종교재판관들을 이용해 반군에게 자금과 무기, 정보를 전달했다. 하람 알 샤리프는 이러한 새로운 활동의 거점이 됐다. 이곳은 회의장, 무기보관소, 폭력사건 용의자의 피난처가 됐다. 그러나 영국은 무슬림의 감정을 자극할까 두려워 감히 그곳에 진입하지 못했다.[67]

유혈사태와 시설 파괴 행위가 극에 달했다. 갈릴리해 근처에서 몸을 씻던 유대인 병사들이 살해당했다. 무장단체는 병사들의 소총과 루이스 기관총을 가지고 달아났다. 유대인들은 고속도로를 지나다가 저격수의 총에 맞거나 습격을 당해 죽기도 했다. 6월에만 유대인 소유의 나무 7만 5000그루가 뽑혔다. 제즈릴 계곡의 한 키부츠 농부들이 아침에 일어나 축사에 가보니 소 50마리가 죽어 있기도 했다.[68]

유대인에 협조한 아랍인 또한 점점 더 많이 죽어나갔다. 그중에는 실제 협력한 사람들도 있었지만, 그저 의심을 받거나 누명을 쓴 사람들도 있었다. 헤브론의 시장 대행은 유대인과의 협력 의향을 보였다는 이유만으로 암살됐고 하이파 지역 국가위원회의 위원장 또한 같은 운명을 맞았다. 이즈의 제자들을 추적하던 경찰관 아메드 나이프Ahmed Naif도 마찬가지였다. 하이파의 모든 모스크는 아메드에게 이슬람식 장례를 치러주기를 거부했다. 마침내 한 마을의 공동묘지에서 그의 시신을 받아주기로 했다. 경찰은 누군가 그의 시신을 다시 파내어 훼손하는 일이 발생할까봐 주변에 경비 인력을 배치해야 했다.[69]

한편 영제국은 신경 쓸 곳이 너무 많아 극도로 정신없는 상태였다. 3월에는 히틀러가 또다시 베르사유조약을 위반하고 프랑스와 저지대 국가들에 접한 라인란트 지역에 군대를 파견했다. 5월에는 무솔리니가 아디스아바바 입성으로 에티오피아 점령을 완성하며 수에즈운하에 대한 영국의 불안을 더욱 자극했다. 영국은 독일과 이탈리아의 행동을 강하게 규탄했지만, 그 이상의 행동을 취할 여력은 없었다.

궁지에 몰린 위임통치령 정부는 그때까지 거부해왔던 방법을 쓰기로 했다. 바로 유대인에게 무기를 지급하고 훈련시켜 스스로를 지키게 하는 것이었다. 정부는 '노트림(notrim, 파수꾼)'이라는 이름의 유대인 임시경찰대를 창설했다. 아랍어 명칭인 '가피르ghaffir'로 더 잘 알려진 노트림은 처음에는 600명 정도가 모인 오합지졸이었다(그러나 몇 달 만에 그 규모는 다섯 배까지 증가했다). 처음에 노트림 대원들은 오래된 사냥 소총을 비롯해 무기가 될 만한 것이면 무엇이든 들고 다녔다. 초기에는 양가죽으로 만든 높은 튀르크식 모자를 쓰고 다녔고, 나중에는 챙이 넓은 호주식 군모를 한쪽만 꺾어 쓰고 다녔다. 명목상으로는 영국군 장교단 소속으로 되어 있었지만, 노트림의 실제 운영은 유대인기구가 맡았다. 그중에서도 특히 하가나가 큰 역할을 했는데, 사실 하가나는 엄밀히 말해 여전히 불법 조직으로 남아 있었다.[70]

그렇게 영국에 의해 유대인 무장 경관이 탄생했고, 이제 이를 되돌릴 길은 없었다.

8월 22일 밤, 히브리대학교에서 아랍어 문학을 가르치는 영국계 유대인 교수 루이스 빌리그Lewis Billig가 연구실 책상에서 피살되는 일이 발생했다.《팔레스타인 포스트》는 사건에 대해 다음과 같이 보도했다.

총알이 마치 폭탄처럼 폭발하며 머리 윗부분을 산산조각 냈다. 집필 중이던 '고대 아랍 문학 색인'이라는 제목의 두툼한 아랍어 서적 원고에도 핏방울이 튀어 있었다.

신문은 부고를 통해 "빌리그 교수는 현존하는 그 어떤 아랍 지도자보다 아랍 문화 발전을 위해 힘썼을 것"이라고 강조했다.[71]

사망 당시 그의 나이는 서른아홉 살이었다.

캘리포니아 태생의 개혁 유대교 랍비이자 히브리대학교의 총장이었던 주다 매그네스Judah Magnes는 다음 날 거행된 장례식에서 "빌리그 교수가 암살자의 총탄에 걸려들어 희생된 것은 운명의 아이러니"라고 말하며 애도했다. 매그네스는 무사와도 절친한 사이였으며, 두 민족이 공존하는 국가를 지지하는 '브릿 샬롬Brit Shalom'이라는 작은 단체와도 관련이 있었다. 빌리그 또한 이 단체에 속해 있었다.

매그네스는 히브리어로 말을 이었다.

빌리그 교수는 아랍의 과학과 이슬람에 대한 이해에 자신의 재능을 바쳤습니다. 이 세상에 적도 원수도 없는 사람이었습니다. 그저 다정한 마음을 지닌 겸손하고 내성적인 사람이었습니다. 누구든 돕고자 했고, 정치를 멀리했으며, 오직 그 종교의 영혼을, 이슬람 신앙의 고결한 사상을 이해하는 데만 몰두했습니다.[72]

같은 날 아침, 오스만군과 이라크군 복무 경험이 있는 참전 용사들로 구성된 300명의 무장 남성이 요르단강을 건너 팔레스타인으로 진입했다. 남다른 기운과 매력으로 이들을 이끌고 있는 지휘관이 있었다. 향후 팔레스타인에서 위인의 반열에 오르는 이 사람의 이름은 바로 파우지 알 카우크지Fawzi al-Qawuqji였다.

파우지는 팔레스타인 태생이 아니었지만 출신은 별로 중요하지 않았다. 튀르크멘 혈통의 그는 레바논에서 태어났다. 제1차 세계대전 중에 팔레스타인으로 처음 오게 되었고, 베르셰바라는 오스만 주둔지 마을에 배치됐다. 그는 전쟁 중의 무공으로 오스만의 동맹이었던 독일군에서 철십자 훈장을 받았고, 이름에 튀르크식 경칭 '베이bey'를 붙일 수 있는 권한 또한 얻게 됐다. 샴페인이나 럼주를 넣은 차가 그의 무공에 어느 정도 기여했다는 후문도 있다.

파우지는 늘 근엄했던 이즈와는 사뭇 다른 인물이었다. 파우지를 만난 유수프 한나는 그가 "항상 웃는 얼굴이며, 절대 찡그리는 법이 없다"고 말했다. 파우지의 부관은 이목구비가 담백하고 독한 술을 좋아하는 그를 두고 "동양보다는 유럽의 아들에 가까운 모습"이라고 이야기했다. 한 영국인 경찰은 "아일랜드인 같은 유머 감각을 지닌 아랍계 아일랜드인"이라고 익살스럽게 표현하기도 했다.[73]

제1차 세계대전 이후 파우지는 일종의 방랑 군인으로 살아왔다. 그는 영국이 팔레스타인을 점령하자 다마스쿠스로 피신해 프랑스군을 몰아내려는 파이살의 시도를 도왔지만 성공하지 못했다. 그 후에는 프랑스 식민지 시리아군에 입대해 기병 대대를 지휘했다. 그러나 얼마 후에는 식민지군을 떠나 프랑스에 대항하는 드루즈 봉기를 도왔고, 하마에서는 스스로 봉기를 이끌기도 했다. 하마 봉기 실패 후 수배자 신세가 된 파우지는 헤자즈로 향했다. 그곳에서 그는 헤자즈를 막 점령한 이븐 사우드Ibn Saud라는 셰이크의 군대를 근대화하는 작업을 했다. 그러나 사막의 군주가 자신의 조언에 별 관심을 기울이지 않자 다시 이라크로 떠났다. 당시 영국은 시리아에서 축출된 파이살을 이라크의 에미르 자리에 앉혀놓은 상태였다.

파이살은 자신의 가문인 하심 왕가가 통치하는 대시리아와 이라크의 연합을 꿈꿨다. 파우지 역시 같은 구상을 지니고 있었다. 그는 팔레스타인 지역을 지칭할 때 '팔레스타인'이라고 부르기보다는 '남시리아'라는 표현을 사용했고, 가끔은 '남시리아의 팔레스타인'이라고도 했다. 이러한 시리아 중심의 범아랍적 시각으로 인해 그는 예루살렘의 대무프티와 정면으로 충돌했다.

사실 1920년대 초부터 대무프티는 하심 왕가나 또 다른 군주가 통치하는 대시리아에 대한 꿈을 서서히 접어왔다. 이제 그를 이끄는 것은 팔레스타인민족주의였다. 이 서사에는 뚜렷한 지역의 적(유대인과 그 조력자인 영국인)과 지역의 지도자(대무프티 자신)가 존재했다.

그러나 하지 아민은 파우지의 뛰어난 능력을 인정했다. 파우지에게는 그 어떤 지휘관보다 화려한 전투 경험이 있었다. 1936년 4월 말, 대무프티는 바그다드를 방문했다. 둘은 대무프티의 기사가 운전하는 차에서 대화를 나눴다. 그리고 도시를 돌며 마침내 합의에 도달했다. 파우지는 팔레스타인의 봉기에 병력을 지원하고 하지 아민의 아랍고등위원회가 영국에 맞설 수 있도록 돕기로 했다.

그 후 몇 주에 걸쳐 파우지는 자신의 오랜 네트워크를 가동했다. 이라크인과 시리아인, 레바논의 드루즈인 들이 모였다. 그는 이라크의 사관학교에서 장교들과 어울려 술을 마시며 방심시킨 후 영국군 제복과 문서를 훔쳐냈다.[74]

시리아 사막을 건너오는 이라크쪽 지원자들은 암만에 들러 동조자들이 마련해준 무기를 가지고 왔다. 시리아 지원자들은 하마와 홈스, 다마스쿠스에서 남쪽으로 내려와 합류했고, 드루즈인들은 레바논 산지에서 속속 도착했다.

팔레스타인 도착 며칠 후 파우지는 현지 신문에 첫 번째 성명을 발표했다. 그는 성명을 통해 영국을 몰아내고 유대인 이민을 멈추기 위해서는 팔레스타인 내외의 아랍인이 힘을 합쳐야 한다고 강조했다. 또한 "아랍 민족은 하나"라며 팔레스타인은 분리할 수 없는 일부라고 말했다. 팔레스타인에 도착한 지 일주일도 안 된 시점이었지만, 그는 배짱 좋게도 성명에서 자신을 "남시리아 아랍 봉기 총사령관"이라고 칭했다.

이른바 테러 삼각지대 지역에 자리를 잡은 파우지는 9월 초 팔레스타인 내에서 가장 큰 여섯 개 무장단체의 수장들을 소집했다. 파우지는 그들과의 만남에서 자신에게 충성을 맹세하고 병력을 자신의 휘하로 넘겨달라고 요청했다. 요청은 수락됐다. 파우지는 출신지를 기준으로 병력을 네 개 부대로 나눴다. 그러고는 시리아인 부대는 시리아인이, 이라크인 부대는 이라크인이, 드루즈인 부대는 드루즈인이, 팔레스타인 아랍인 부대는 팔레스타인 아랍인이 지휘하게 했다.[75]

다음 날 아침 파우지는 새로운 부대를 곧바로 전투에 투입했다. 툴카렘 근처에는 반군들에게 협조적인 '발라'라는 마을이 있었는데, 파우지는 이 마을로 이어지는 두 개의 도로 양쪽에 부대를 배치시켰다. 매복해 있던 그들은 육군 수송대 차량이 접근하자 남쪽과 북쪽에서 발포해 하사 한 명을 사살했다. 공격당한 영국군은 두 그룹으로 나뉘어 파우지의 부대를 쫓으려 했으나 두 번째 도로에 배치되어 있던 사격조의 공격에 또다시 노출됐다. 이전과는 전혀 다른 양상의 조직적 공격임을 알아챈 영국군은 탱크와 대포, 군용기를 동원해 공격에 나섰다.

전투는 하루 종일 이어졌다. 해 질 무렵 발라의 여성 주민들이 반군에게 물과 식량을 가져다주며 도왔다. 근처 언덕 위의 기관총 사수들이 영국 비행기 두 대를 격추시키고 브렌 기관총을 탈취했다. 격추시킨 장본인들조차 믿지 못할 성과였다. 파우지의 부대에서는 이날 전투로 아홉 명이 사망했다.[76]

파우지 이전 팔레스타인의 대봉기는 처음에는 도시 노동자층이, 그다음에는 농촌의 농민들이 주도했다. 유력 가문의 인사 중에는 무기를 든 사람이 아무도 없었다. 파우지의 등장으로 팔레스타인의 아랍 중산층과 상류층은 봉기를 다른 눈으로 바라보기 시작했다. 첫 전투 후 몇 주 동안 그는 두 차례에 걸쳐 중요한 전투를 이끌며 그동안 있었던 무차별적 폭력의 무질서한 표출을 비교적 조직적이고 치명적인 게릴라 공격으로 바꿔나갔다.

시인들은 그를 기리는 시를 썼고 아이들은 그의 얼굴이 담긴 사진을 팔았다.[77]

한 영국군 장교는 당시를 두고 이렇게 회고했다.

카페마다 온통 대무프티의 사진이 아닌 파우지의 사진이 걸려 있었다. 아랍인의 영웅은 파우지였다.[78]

## 동방에서 온 세 명의 왕

하지 아민에 대한 영국의 인내심은 점점 바닥나고 있었다. 영국 경찰의 범죄수사국장은 아랍고등위원회가 무장단체에 자금을 지원하며 폭력적인 선동을 퍼뜨리고 있다고 의심했다. 워코프는 정부에 하지 아민을 추방하자는 의중을 내비쳤다. 그는 늦여름즈음 식민장관 고어에게 "대무프티는 진정한 지도자가 아닙니다"라고 전보를 보냈다. 고어 또한 워코프의 의견에 동의하며 다음과 같이 답했다.

저는 대무프티와 그가 벌이는 모든 일에 깊은 불신을 지니고 있습니다. 내 생각에 그는 지독한 반유대주의자일 뿐 아니라 반영국주의자이며 교활한 악당입니다.[79]

한편 영국은 질서 회복을 위한 조치에 돌입했다. 9월에는 팔레스타인에 한 개 사단을 추가로 파견해 주둔군 규모를 2만 명으로 늘렸다. 또한 팔레스타인 사령관이라는 직책을 신설하고 이 자리에 제1차 세계대전에서 유명세를 떨친 존 딜John Dill 장군을 앉혔다. 딜은 워코프 고등판무관에게 계엄령을 선포해 봉기를 완전히 진압할 것을 건의했다. 그러나 워코프는 그의 제안을 받아들이지 않았다. 그는 아랍인의 민심이 더 악화될 것을 걱정해 법 질서 확립에 더욱 전념했다. 이에 반감을 느낀 경찰들은 워코프에게 "실패자"라는 별명을 붙였다.[80]

워코프는 봉기가 저절로 잦아들기를 바랐다. 사실 총파업에 돌입한 지 6개월째가 되어가니 아랍고등위원회도 잠시 고삐를 늦출 필요성을 느끼고 있었다. 감귤류 농부들은 가을 수확기가 오기 전에 총파업을 끝내달라고 호소했고, 빈사 상태에 빠진 아랍 경제는 대무프티의 지도력에도 악영향을 주고 있었다. 대무프티는 총파업을 중단하면서도 체면을 잃지 않을 방법을 고민하다 아랍 국왕 몇 명에게 비밀스러운 요청을 보냈다.

이에 사우디아라비아와 이라크, 트랜스요르단의 국왕이 응답했다. 이들 왕실은 팔레스타인의 아랍인에게 유혈사태를 멈추고 영국의 선의를 믿어달라고 호소하는 공동청원서를 발표했다(문서의 실제 작성자는 대무프티의 아랍고등위원회였다).[81]

이는 팔레스타인 문제에 대한 주변 국가들의 최초의 직접 개입이었다. 사실 그때까지 영국은 주변 아랍 국가를 이 문제에 개입시키지 않으려 애써왔다. 어쨌든 위임통치권은 영국에 있었고, 영국은 그 권한을 위임한 국제연맹에만 의무를 다한다고 믿었기 때문이다. 위임통치령 문서 어디에도 아랍 세계가 팔레스타인 관리에 대해 어떤 역할을 맡는다는 내용은 없었다. 그러나 이 시점에서 영국은 그 원칙을 접었다. 물론 이번에도 숙고에 따른 계획적인 정책 전환은 아니었다. 지금까지 팔레스타인에 대한 정책 결정 과정에서 여러 차례 반복했듯 이번 결정 또한 즉흥적이고 임시방편적으로 이루어졌다.[82]

국제연맹은 영국의 이러한 정책 전환에 개탄했다. 나중에 시온주의자들은 국제연맹의 후신인 국제연합이 유대인의 이익에 적대적이라며 비난했지만 1930년대 중반에는 그렇지 않았다. 국제연맹의 상설위임통치위원장은 영국이 아랍 세계의 개입을 허락한 순간 국지적인 문제였던 갈등이 지역 전체의 문제, 심지어 전 세계의 문제로 "완전히 변형"되었다며 유감을 표했다. 위원장은 "그 시점 이후로 마땅히 지역 문제로 간주되어야 할 문제가 거대한 국제 문제의 중심에 놓이게 되었다"고 지적했다.[83]

어쨌든 영국은 목표를 달성했다. 10월 12일, 총파업의 중단과 함께 그에 동반되었던 폭력 및 파괴 행위도 멈췄다. 평화가 회복되자 영국은 예전에 제안한 왕립위원회를 소집했다. 위원회의 목적은 중동 지역에서 지속적인, 심지어 영구적인 분쟁으로 비화할 위험이 점점 커지고 있는 갈등의 뿌리를 밝히는 것이었다.

대무프티의 아랍고등위원회는 비밀리에 반군 지도자들을 접촉했다.

> 명예로운 형제 여러분! 영웅 여러분! 종교와 조국, 아랍 그 자체를 위해 여러분이 보여준 자기희생과 헌신적인 투쟁에 대해 우리가 마음에 품은 강렬한 사랑과 존경, 찬양을 표현하기에는 언변이 너무나도 부족합니다. (…) 지금 우리는 희망과 기대의 시기에 서 있습니다. 왕립위원회가 공평한 판단을 내려 우리의 모든 권리를 마땅히 돌려준다면 모든 일은 잘 풀릴 것입니다. 그러나 만약 그러지 않는다면 우리 앞에는 다시 전쟁터가 놓일 것입니다.[84]

며칠 후 하지 아민의 압박을 받은 파우지는 팔레스타인을 떠나겠다고 발표했다. 영국의 딜 장군은 파우지의 처형을 바랐지만 워코프는 그 의견을 일축했다. 반군을 무장 해제시키거나 지휘관을 쫓는 일은 없을 것이라고 아랍 지도자들과 약속했기 때문이다. 이라크로 가기 위해 트랜스요르단으로 건너가는 파우지에게 작별인사를 하려고 1만 명에 달하는 인파가 모여들었다.[85]

파우지는 모인 이들에게 유대인을 공격하지 말라고 명령했다. 그는 영국이 팔레스타인을 향해 또다시 부당한 계획을 펼 경우에만 시온주의자들에게 총을 들라고 당부했다. 그는 마지막으로 어딘가 어색한 번역 투의 영문 성명서를 발표했다.

> 오, 영국인이여! 나는 시온주의자를 섬기는 이들에게는 제1의 절망적인 적이고, 영국과 그 고귀한 동맹인 아랍 민족을 소중히 여기는 공정하고 명예로운 영국인에게는 제1의 믿음직한 친구입니다. 부디 정치인들의 얼굴에 대고 외쳐주십시오. 팔레스타인 아랍인에게 정의를 베풀고 그들의 요구를 들어주라고 해주십시오. 그렇게 하면 당신은 영광스러운 역사를 지닌 이 아랍 민족에게서, 시온주의자에게서는 절대 찾을 수 없는 우정과 헌신, 지지를 찾을 수 있을 것입니다.[86]

6개월간 지속된 무질서가 끝났다. 정부는 총사망자를 유대인 80명, 영국인 28명, 아랍인 200명가량으로 추산했지만, 실제 아랍인 사망자 수는 1000명에 가까우리라는 사실을 시인했다. 팔레스타인 납세자들이 입은 피해 규모는 최소 350만 파운드에 달했다.

어쨌든 팔레스타인 아랍인은 마침내 자신들의 정당성이 입증됐다며 기뻐했다. 파업과 봉기를 통해 영국이 팔레스타인의 미래를 재고할 더 큰 권한의 고위급 위원회를 소집하게 한 것이다. 게다가 반군 대부분은 무기도 자유도 빼앗기지 않았다. 승리가 코앞에 있는 것 같았다.[87]

할릴은 다음과 같은 글을 썼다.

> 이 혁명의 역사는 반드시 기록되어야 한다. 이제부터 사람들은 팔레스타인이라는 이름을 들으면 고개를 숙여 경의를 표하게 될 것이다. 혁명의 결과는 이 짧은 표현으로 충분하다. 팔레스타인은 죽었다가 다시 살아났다. 우리는 팔레스타인을 잃었다가 되찾았다. 신을 찬미하라.[88]



한편 텔아비브에서 벤구리온은 이번 대봉기를 두고 하지 아민이라는 악당이 일으킨 단순한 집단폭력일 뿐이라고 폄하한 마파이당 동지들을 질책했다. 그러면서 이렇게 말했다.

> 아랍인은 무시할 수 없는 방식으로 싸웁니다. 그들은 파업도, 죽음도, 엄청난 희생도 불사합니다. 이렇게까지 오래 지속된 파업은 본 적이 없습니다.
>
> 이 모든 봉기, 아랍 봉기의 중심에는 단 한 가지 문제가 존재합니다. 바로 '알리야(aliyah, 이민)'입니다. 아랍인은 히브리인의 이민을 막기 위해 전쟁을 벌인 것입니다. 다른 모든 것은 2차적이고 3차적인

문제입니다. (…) 우리가 대규모 이민을 계속한다면 언젠가 유대인은 다수가 될 것입니다. 아랍인도 이를 알기에 이민을 막기 위한 엄청난 헌신으로 투쟁을 벌이는 것입니다.

벤구리온은 말을 이어갔다.

이 세상에 스스로 소수가 되기를 택하는 민족은 없습니다.

그는 팔레스타인의 아랍인을 하나의 집단으로 보지 않으려는 그의 동료들을 꾸짖듯 '민족(히브리어로 'am)'이라는 단어를 반복적으로 사용했다. 벤구리온은 그 6개월 동안 유대인이 많은 "승리"를 거뒀듯 상대편도 나름의 승리를 기록했음을 기억해야 한다고 말했다.

그중 하나는 갈등의 범지역화였다. 팔레스타인 문제는 이제 중동 전체를 아우르는 범아랍권의 문제가 되었다. 또 하나는 "싸울 수 있다는 것을 깨달은" 팔레스타인 아랍인의 자신감 상승이었다.

벤구리온은 그 변화를 처음 불러온 사람이 누구인지, 아랍인들의 인식에 혁명을 불러온 사람이 누구인지 명확히 알고 있었다.

모든 것은 이즈 알 딘 알 카삼에게서 시작됐습니다.[89]

3장

# 두 국가 해법론

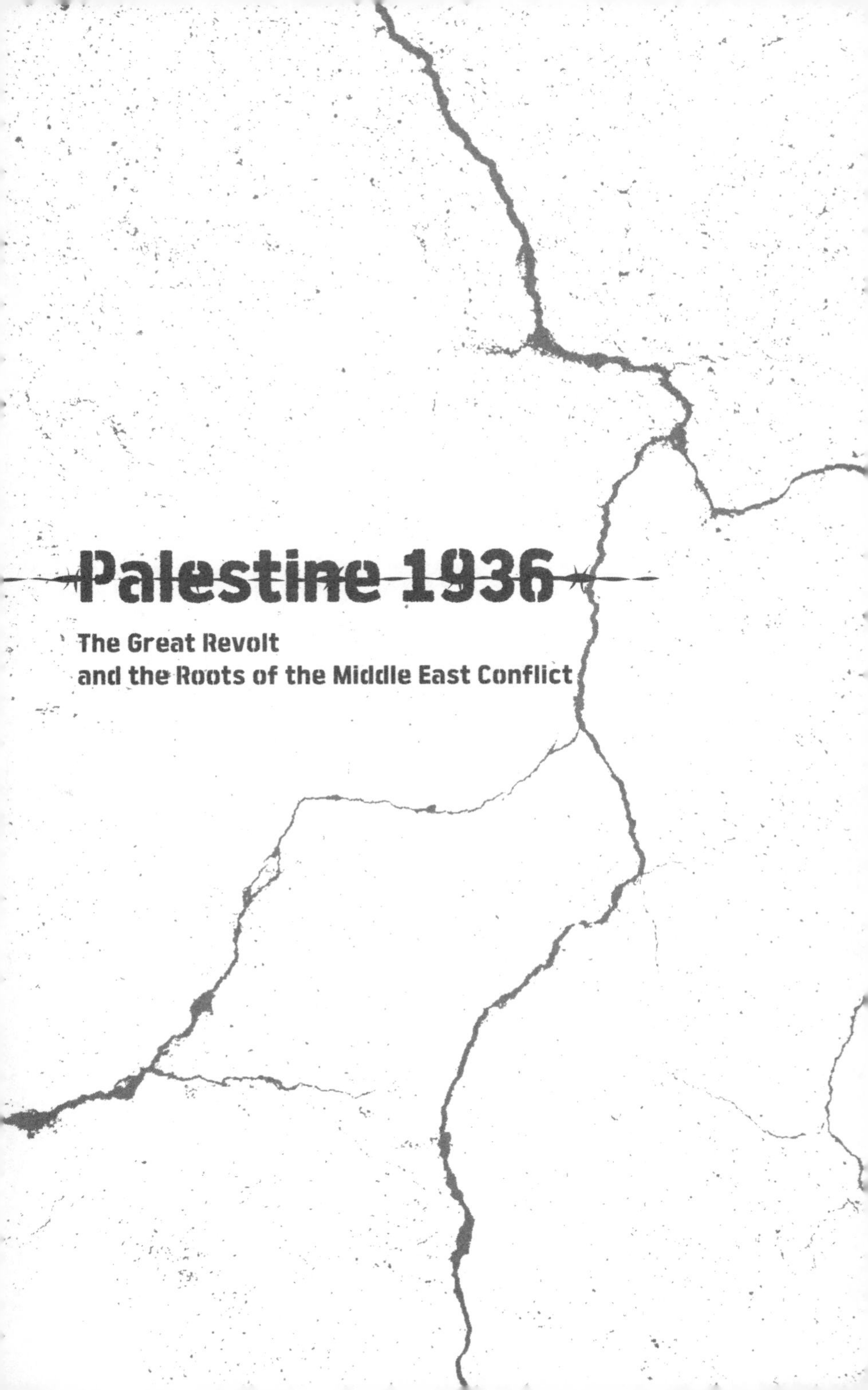
Palestine 1936
The Great Revolt
and the Roots of the Middle East Conflict

무사는 봉기가 이어진 6개월 동안 거의 모든 시간을 유럽에서 보냈다. 야파 유혈사태가 터지고 바로 다음 날 무사는 100일간 유급 휴가를 내고 스위스로 떠날 채비를 했다. 그러고는 얼마 지나지 않아 휴가를 107일 연장하더니 또다시 10일을 연장했다.

유급 휴가는 팔레스타인 대법원장 해리 트러스티드Harry Trusted가 허락했다. 이름만큼이나 무사에 대한 신뢰trust가 깊었던 것인지, 트러스티드는 스위스로의 여행이 무사의 반복적인 건강 문제 때문이라고 철석같이 믿었다. 그는 스위스행 여객선의 출발지인 수에즈운하 항구까지 가는 두 장의 일등석 기차표까지 제공해주었다.[1]

9월 초 무사는 스위스에서 이탈리아로 건너갔다. 코모 호수 근처의 한 마을에서 그는 무솔리니의 특사를 만나 하지 아민의 서한을 건넸다. 대무프티는 이탈리아의 지원이 없다면 팔레스타인을 위한 아랍의 대의는 앞으로 2주도 버티지 못한다고 호소했다. 두체Duce•의 특사는 "무사는 매우 진지한 사람으로 보였다"고 기록했다. 또한 10년 넘게 위임통치령 법무계통에서 일한 무사의 경력을 언급하며 영국 측의 신임을 받는 것 같다고도 언급했다.

무사가 밝힌 대무프티의 요청 사항은 명확했다. 소총 1만 정, 소총 한 정당 탄환 1000발, 수류탄 5000개, 경기관총 25정, 중기관총 12정, 박격포 여러 정이었다. 무사는 이라크의 석유가 전달되는 하이파 송유관 시설에 대한 공격 또한 지원해달라고 요청했다.[2]

다음 날 자금 운반책이 무사에게 1만 3000파운드를 전달하며 추후에 7만 5000파운드를 추가로 전달하겠다고 약속했다. 2주 후 무사는 로마에서 무솔리니의 사위이자 외무장관인 갈레아초 치아노Galeazzo Ciano를 만났다. 그들은 레바논의 베이루트아메리칸대학교의 조력자와 이중 봉투를 활용한 자금 전달 체계를 설계하고 비밀 소통을 위한 암호를 정했다. 무사의 암호명은 조지, 치아노는 찰스, 무솔리니는 찰스의 "아버지"였다. "비단 10야드"는 1만 파운드를 뜻했다. 무사는 그 후 몇 달 동안 운반책을 두 번 더 만나 2만 파운드를 전달받았다. 현재 가치로 환산하면 약 160만 파운드 정도 되는 금액이었다.[3]

불과 석 달 전 아랍인이 파시스트의 자금을 받는 것 아니냐는 질문에 발끈하며 받아쳤던 무사였다. 그랬던 그가 이제 대무프티의 척후병이 되어 바로 그 계획을 실행에 옮기고 있었다. 널리 온건파로 평가받던 무사로서는 놀라운 반전이 아닐 수 없었다.

• '지도자'라는 의미로 여기서는 무솔리니를 지칭한다.

그런데 사실 팔레스타인에서 무사보다 먼저 파시스트와 접촉해 지원 가능성을 타진했던 인물이 있었다. 무솔리니는 1934년 로마에서 두 차례에 걸쳐 바이츠만의 방문을 받았다. 무솔리니는 시온주의 자체에는 별 관심이 없었지만 동부 지중해에서 영국의 영향력을 약화시키는 것에는 아주 관심이 많았다. 바이츠만이 원하는 것은 국제연맹의 위임통치위원회에 대한 영향력이었다. 당시 위임통치위원장은 무솔리니와 가까운 이탈리아인이 맡고 있었다.

무솔리니와 만날 무렵 바이츠만은 조용하고 신중하게 새로운 생각을 주변에 내보이고 있었다. 바로 팔레스타인을 유대인 구역과 아랍인 구역으로 분리하자는, 나아가 독립적인 주로 나누자는 생각이었다. 바이츠만은 무솔리니에게 이 생각을 넌지시 밝혔다.

무솔리니는 어중간한 해법을 선호하는 사람이 아니었다.

유대인은 유대 국가를 건설해야 합니다. 아랍인과는 이미 이야기해보았습니다.

그는 특유의 뚝뚝 끊는 말투로 말했다. 예루살렘이 문제가 될 수는 있지만, 무솔리니는 합의를 도출할 수 있다고 믿었다.

아랍인은 유대인이 수도를 텔아비브로 해야 한다고 말하더군요.

"방금 각하께서 제안하신 생각이 정말 훌륭합니다." 바이츠만은 유대 국가 건설이라는 아이디어를 마치 무솔리니가 내놓은 것처럼 조심스럽게 말하고는 이렇게 물었다.

실질적인 실현 단계에 들어가면 각하의 지지를 기대해도 될까요?

무솔리니는 "참으로 현명한 분"이라며 바이츠만을 추켜세우고는 "물론입니다"라고 답했다.

바이츠만은 다음과 같은 말로 화답했다.

저희가 강해진 후에는 친구들을 기억하겠습니다. 유대인은 친구와 적을 잊지 않습니다.



바이츠만은 자신과 아내에게 더없는 영광이 될 것 같다며 무솔리니의 사진에 사인을 받았다(이 사진은 바이츠만이 살았던 레호보트 집에 지금도 전시되어 있다).

스스로를 잘 돌보십시오. 많이 피곤해 보입니다. 아직 할 일이 많은 분 아닙니까.[4]

같은 해 수정시온주의 청년운동은 로마에 해군사관학교를 개교했다. 유대인 생도들은 이탈리아의 무기 생산을 돕고자 고철을 주웠고, 아비시니아 침공 당시에도 함께 참전했다. 학교는 자체적인 훈련용 선박도 마련했다. 생도 한 명이 훈련 중 사고로 사망하자 수정시온주의 동지들은 선상에서 장례식을 거행하고 파시스트식 경례를 붙였다.[5]

## 위원회, 항해를 떠나다

윌리엄 로버트 웰즐리 필William Robert Wellesley Peel, 즉 제1대 남작 필 경은 위풍당당한 풍채를 지닌 인물이었다. 큰 키에 팔자 수염을 자랑하는 그는 신사 모자에 연미복 차림을 즐겼다. 특히 후텁지근한 동방 국가에 갈 때 그는 이 복장을 고수했다. 그의 집안은 그야말로 명문가였다. 할아버지는 영국 보수당을 창당했고, 아버지는 비기독교인, 심지어 무신론자도 하원에 진출할 수 있게 한 최초의 의장이었다. 물론 필 자신의 경력도 만만치 않았다. 그는 내각의 고위직을 두루 거친 후 인도 담당 국무장관을 두 번 지냈다. 1936년 말, 일흔이 다 된 그의 신체는 암에 걸렸지만 정신과 태도만큼은 활력이 넘쳤다.

1936년 여름, 필은 총 여섯 명으로 구성된 왕립위원회의 위원장으로 임명됐다. 부위원장은 제9대 준남작 호러스 럼볼드Horace Rumbold로, 오스만제국 말기와 나치 독일 초기에 현지에서 대사로 활동하며 히틀러의 의도를 가장 먼저 파악한 외교관이었다. 위원회에는 모리스라는 이름의 관료도 두 명 있었다. 토지 분쟁 전문가 모리스 카터Morris Carter와 노동 분쟁 전문가 해럴드 모리스Harold Morris였다. 나머지 두 명은 인도에서 지역 주지사를 지낸 로리 해먼드Laurie Hammond와 파이프 담배를 즐기는 강골의 옥스퍼드대학교 교수 레지널드 쿠플런드Reginald Coupland였다. 쿠플런드 교수는 식민지 역사 전문가로, 대담한 제안을 즐기는 경향이 있었다.[6]

1936년 11월 5일, 위원회는 이집트의 항구도시 포트사이드로

가는 증기선 캐시호에 탑승하기 위해 마르세유로 출발했다.[7]

같은 날, 식민장관 고어는 향후 6개월간 적용될 팔레스타인 유대인 이민자 허용치를 승인했다. 장관은 꽤나 오래 시온주의에 동조한 인물이었다. 20년 전 밸푸어 선언의 초안 작성을 돕기도 했다. 시온주의에 대한 고어의 지지가 어찌나 확고했던지, 일각에서는 그가 수십 년째 유대교 신자 생활을 하고 있다는 소문이 돌기도 했다.[8]

새로운 이민자 허용치는 1800명이었다. 유대인기구가 요청한 이민자 수의 5분의 1에 불과했지만 예루살렘의 대무프티는 격노했다. 그는 아랍인의 조사 협조를 바란다면 이민을 전면 중단시키라고 영국에 요구했다. 위원회는 이미 지중해를 건너오는 중이었지만, 대무프티는 팔레스타인 아랍인의 조사 거부를 선언했다.[9]

아랍 지도자들은 조사 거부를 재고해달라고 간청했다. 세상을 떠난 파이살 국왕의 형이자 트랜스요르단의 에미르인 압둘라는 대무프티가 진정한 해결책을 모색하는 이들을 밀어내려 한다며 불만을 표했다. 이븐 사우드 또한 조사 거부를 "어리석은 짓"이라 평가했다. 후세이니 가문의 숙적 나샤시비 가문도, 무사와 유수프 한나도, 심지어 파우지도 같은 입장을 보였다.[10]

그러나 하지 아민은 현재의 상황이 만족스러웠다. 아랍인과 무슬림의 관심을 팔레스타인으로 집중시키고자 애쓴 수년간의 노력이 결실을 맺고 있었고, 팔레스타인 내에서 지도자로서 그의 영향력은 무소불위였기 때문이다. 경찰 수사관들은 대무프티가 왕립위원회 조사에 응하려면 추방이나 살해까지도 감수하라는 공포 분위기를 조성하고 있다며 우려했다.[11]

그러나 대무프티에게 남은 시간은 짧았다. 고어는 외무장관 앤서니 이든에게 보낸 편지에서 대무프티를 두고 "평화를 해치는 악당 두목"이라고 묘사했다. 그는 "대무프티를 조기에 몰아내는 것이 평화 회복에 가장 도움이 될 것"이라며 "대무프티를 비롯한 몇몇 측근을 세이셸로 추방하기 위한 준비를 하고 있다"고 말했다. 고어는 편지에서 영제국이 암울한 시기를 보내고 있다고 한탄했다. 무솔리니는 동아프리카에 안착했고, 나치는 단치히 항구를 점령했으며, 스페인에서는 프랑코의 승리가 가까워지는 중이었다.

참으로 큰일 날 세상입니다!

고어가 편지에 덧붙였다.[12]

11월 10일 이집트에서 하선한 위원들은 다음 날 아침 기차에 올랐다. 기차는 영국의 대전쟁 선로를 따라 시나이와 가자, 리다를 거쳐 예루살렘으로 향했다.[13]

숙소는 카이로의 유대인 금융가가 몇 년 전 예루살렘에 건설한 호화로운 킹데이비드 호텔이었다. 그러나 청문회는 인근에 위치한 정부 건물에서 진행하기로 했다. 1년 전까지 이 건물은 킹데이비드 호텔과 경쟁하던 아랍인 소유의 팰리스 호텔이었다.

팰리스 호텔은 예루살렘 최고의 숙소였다. 웅장한 계단 현관과 대리석 기둥은 그야말로 아라베스크 양식의 정점을 보여줬다. 객실에는 캐노피가 드리워진 사주식 침대가 있었다. 각 객실의 침대 옆에 설치된 전화기는 당시로서는 사치의 정점이었다. 무슬림최고위원회의 자금으로 건설된 이 호텔은 유대인-아랍인 합작회사가 협력해 만든 보기 드문 작품이었다. 도시에 우뚝 솟은 YMCA 건물 또한 협력의 산물이었다. 바이츠만의 매부 또한 건설에 참여했는데, 마찬가지로 건설에 참여한 어느 하가나 지휘관은 호텔 벽에 몰래 무기를 숨길 공간을 만들기도 했다. 위원회가 도착하기 전, 전기 기술자가 와서 증인석 위쪽 샹들리에에 마이크를 설치했다.[14]

하지 아민은 조사 거부 의사를 거듭 확실히 하며 위원들에게 "신성한 아랍 땅"에 온 것을 환영한다는 짧은 편지를 보냈다. 그는 전통적인 아랍식 환대를 베풀지 못해 유감이라면서도 지금까지 영국이 자행해온 약속 파기와 "이 순수한 아랍 지역을 유대화하려는" 시도 때문에 자신으로서는 선택의 여지가 없었다고 말했다. 그는 아랍인의 이익을 "치명적이고 편파적으로 해치는" 유대인 이민의 완전한 중단을 재차 요구했다. 대무프티는 자신의 요구 사항이 받아들여지기 전까지는 위원회에 출두하지 않겠다고 선언했다.[15]

11월 12일, 성대한 행사와 함께 워코프 고등판무관과 왕립위원회 위원들은 공식적으로 조사 업무를 개시했다.[16]

가장 주목받은 증인은 세계시온주의자기구의 수장 바이츠만이었다. 60대에 접어든 그는 설명과 설득을 평생의 사명으로 삼아온 사람이었다. 그는 자신이 태어난 러시아 이디시어 억양이 뚜렷한 말투로 영국인에게는 유대인을 설명하고, 유대인에게는 영국인을 설명해왔다. 평가를 하자면 그는 후자보다는 전자에서 더 큰 성공을 거뒀다. 30여 년에 걸쳐 시온주의 활동을 하며 그는 영국 지배층이 가장 좋아하는 유대인이 되었다. 개중에는 그와 막역한 사이가 된 사람도 많았다.

한 식민지 행정관은 그를 두고 "타의 추종을 불허하는 명쾌한 설명 능력을 지닌 뛰어난 화술가"라고 회고했다. 밸푸어의 조카 배피는 그의 "남다른 사고력과 타고난 겸손함"을 칭송했다.[17]

필 위원회가 팔레스타인에 머문 두 달 동안 바이츠만은 다섯 번이나 증언에 참석했다. 최다 참석이었다.[18]

바이츠만은 유럽 유대인이 직면한 암울한 상황에 대한 개관으로 말문을 열었다.

> 600만 명에 달하는 사람이 그들을 원치 않는 곳에 갇혀 있습니다. 그들에게 이 세상은 자신이 살 수 없는 곳과 갈 수 없는 곳으로만 나뉩니다.

독일은 유대인이 쓴 책들을 불태웠고, 계속해서 새로운 법령을 통과시키며 유대인의 학업과 직업, 결혼을 제한하고 있었다. 폴란드에는 유럽 최대의 유대인 공동체가 존재했지만, 그곳조차도 세계적 불황으로 타격을 입어 유대인의 교육과 생업을 차단하고 있었다. 볼셰비키 러시아에서 종교적 믿음은 체제 전복적인 시도로 간주됐고, 시온주의는 범죄였다. 최대의 피난처였던 미국은 근 10년째 걸어 잠근 문을 다시 열어줄 기미가 없었다. 바이츠만은 유대 역사상 가장 암울한 시기가 찾아왔다며 위원회의 막중한 임무를 강조했다.

여러분이 그 탈출구를 찾아주시기를 기도합니다.[19]

비공개로 이루어진 나머지 네 차례 증언에서 바이츠만은 좀 더 솔직한 의견을 밝혔다. 비공개 증언에서는 미리 서면으로 작성한 문서를 읽는 것이 금지됐다. 증인들은 위원들과 마찬가지로 청문회 내용이 기밀로 유지된다는 전제하에 증언했다.

바이츠만은 아랍인의 탐욕을 지적했다. 제1차 세계대전이 끝나며 이라크·사우디아라비아·트랜스요르단이라는 거대한 아랍 왕국을 세 개나 얻었으면서 작은 팔레스타인 땅조차 유대인에게 내주려 하지 않는다는 말이었다. 바이츠만은 또한 아랍민족주의는 유럽민족주의의 "조잡한 모조품"에 지나지 않는다고 비난했다. 그럴듯한 말과 총만 있을 뿐 영적이고 문화적인 내용이 결여되어 있다는 지적이었다.

필 위원장은 그의 말에 동의한다며 이렇게 답했다.

아랍인은 확실히 다루기 어려운 사람들임이 틀림없습니다. 도량에 있어서도 기준에 있어서도 유대인과 다르죠.

필이 보기에 바이츠만 측 사람들이 아랍인 문제에 조바심을 내는 것은 그리 놀라운 일이 아니었다. 그러나 그는 유대인이 너무 서두르는 게 문제일 수도 있다며 "상대가 아랍인만큼 좀 더 느긋하게 움직여야 하지 않겠습니까?"라고 물었다.[20]

바이츠만은 필의 말에 수긍했다.

맞는 말씀입니다. 유대인은 논쟁을 좋아하고 거절을 잘 받아들이지 않죠. 문밖으로 쫓아내면 창문으로라도 들어가려 하는 것이 유대인입니다. 그런데 지금 유대인에게는 '거절'을 받아들일 여유가 없습니다. 그게 현재 유대인이 직면한 문제죠.

바이츠만은 말을 이었다.

아랍인은 하늘거리는 옷을 입고 우아하게 몸을 굽혀 인사합니다. 반면 우리 유대인은 매너가 고약합니다. 우아한 인사도 못 하죠.

그는 이렇게 말하며 영국이 아랍의 공손해 보이는 나른함에, 그들의 "그림 같은 비효율성"에 매료되어 속고 있다고 답했다.

아랍인은 전체주의자입니다.

"그들이 소수를 싫어한다는 뜻인가요?" 쿠플런드 교수가 바이츠만에게 물었다.

그렇습니다. 역사적으로 계속 그래왔죠. 그들을 비난하려는 것은 아닙니다. 자연스러운 본성일 뿐이니까요.[21]

인도에서 지역 주지사를 지낸 해먼드가 입을 열었다. 그는 유대인이 "고도 문명의 산물"을 가지고 와서 "이 무지하고 편협한 아랍인에게 적용해야 한다"며, 그것이 "매우 어려운 일이 될 것"

이라고 말했다. 바이츠만은 해먼드의 말에 동의하며 "고도 문명"이 하급 문화와 접촉하면 언제나 마찰이 생기게 마련이라고 답했다.[22]

그는 오랜 기간 팔레스타인에 거주했지만 여전히 아랍인의 사고방식을 이해할 수 없다고도 토로했다.

> 노력은 해봤습니다. 하지만 매번 실패하고 말았죠.[23]

바이츠만은 "아랍인 중에는 친구가 많지 않다"고 말했다. 그러면서 전임 무프티였던 하지 아민의 이복형이 "가장 친한 친구 가운데 하나였다"고 덧붙였지만 크게 설득력이 있지는 않았다.[24]

바이츠만은 유대인은 팔레스타인을 지배하거나 아랍인을《성경》에 나오는 장작 패는 노예로 만들고자 하는 생각이 없다고 주장했다. 위원회는 시온주의자들이 유대 국가 설립을 목표로 하는지 세 차례 물었지만 그는 그렇지 않다고 답했다. 바이츠만은 대신 동수 대표제를 제안했다. 현재나 미래에 어느 쪽이 다수를 차지하는지와 상관없이 아랍인과 유대인이 동일한 수의 대표를 가지는 제도를 의미했다.

크리스마스 이틀 전 진행된 바이츠만의 네 번째 증언에서 위원회는 조심스럽게 팔레스타인 분할을 제안했다. 영국의 지속된 관리하에 팔레스타인을 유대인 주와 아랍인 주로 나누고 혼합 구역은 둘 중 어느 쪽에도 속하지 않게 한다는 안이었다. 바이츠만은 우선 확답을 피하며 분할안의 단점을 몇 가지 지적했다. 분할안을 시행하면 팔레스타인은 두 개 또는 세 개 지역으로 나뉘게 될 것이었다. 그렇게 되면 유대인 구역 외의 지역에는 또다시 유대인 소수가 사는 "작은 게토ghetto"가 만들어질 수밖에 없었다. 그러나 그는 영국인이 중요하게 여기는 합리성, 분별력 그리고 타협의 정신을 발휘하려 노력했다. 바이츠만은 그러한 계획에 지속적인 이민 허가가 포함된다면 제안을 신중하게 고려해보겠다고 답했다.[25]

청문회는 긴 시간 이어졌다. 영국에서 30여 년을 지내며 의연한 태도를 연마한 바이츠만이었지만 슬슬 조바심이 나기 시작했다. 그는 유럽의 유대인에게는 탈출구가 필요하다고 호소했다. 600만 명의 유대인에게는 집이 필요했다. 아랍 봉기는 영제국을 조롱하고 있었다. 그해 여름 아랍인들 사이에서는 반군 한 명이 총에 맞아 죽는 사이에 두 명이 영국의 무능함을 비웃다가 숨이 넘어간다는 농담이 유행했다.

바이츠만은 마지막으로 이렇게 말했다.

근본적인 원인은 저희 유대인의 존재 그 자체입니다. 위원회는 유대인에게 존재의 권리가 있는 것인지에만 답하면 됩니다. 그 답이 긍정적이라면, 거기부터 뭔가를 시작해볼 수 있겠지요. 저는 오늘 군더더기 없이 진실만을 말하기 위해 노력했습니다. 제가 해야 할 말은 다 했습니다. 더 이상 덧붙일 것도 없습니다. 지금보다 더 간절히 호소할 수도 없습니다. 제가 할 말은 여기까지입니다. 가타부타 결정을 좀 내려주십시오. 죄송합니다, 위원장님. 제가 좀 흥분했네요.

바이츠만의 말을 들은 필 위원장은 이해한다는 듯 "아무래도

저희가 너무 긴 하루를 선사한 것 같습니다"라고 답했다.[26]

1937년의 첫 주에 바이츠만은 위원회를 마지막으로 한 번 더 만났다. 이 자리에서 쿠플런드 교수는 "조금 더 과감한" 아이디어를 내놓았다. 교수는 위원회가 그동안 검토해온 여러 안 가운데 하나라며 말문을 열었다

그냥 논의 차원의 제안이긴 합니다만, 주州 단위로 분리하는 것보다는 실제 분할에 가까운 방식입니다. 팔레스타인을 절반으로 나눠 한쪽에는 벨기에 같은 독립국 개념으로 유대 국가를 만들고, 나머지 한쪽은 트랜스요르단과 합쳐 사우디아라비아 같은 아랍 독립국을 만드는 거죠. 그게 저희의 생각입니다.

이것은 영국인 공직자가 팔레스타인 문제의 해결 방안으로 '두 국가 해법'을 언급한 최초의 기록이었다.

바이츠만은 이번에도 확답을 하지 않았다. 그는 다시 한번 "아이를 둘로 자르는 것"이 초래할 결과와 분할이 가져올 심각한 "행정적 어려움"과 "높은 벽"에 대해 경고했다. 그는 우선 "우리 쪽 사람들을 설득하기가 쉽지 않을 것입니다"라고 말했다. 그러면서도 모든 진영의 관련자가 그러한 제안에 동의하고 머지않아 평화가 확립된다는 보장이 있다면 그러한 계획을 한번 고려해보는 것까지는 가능할 것 같다고 답했다.[27]

그러나 이 장황한 얼버무림은 사실 일종의 허세였다. 바이츠만은 쿠플런드의 제안을 듣자마자 상당히 고무됐다.[28]

그는 무솔리니와의 첫 만남 때 운을 띄웠던 것부터 시작해 팔

레스타인의 분할을 벌써 몇 년째 고민해온 바 있었다. 위원회의 유일한 학자인 쿠플런드 교수가 같은 생각을 했다는 것은 이 계획을 구체적으로 발전시킬 수 있다는 얘기였다. 그러나 바이츠만은 이렇게 답했다.

> 지금은 확답이 어렵다는 점을 이해해주시기 바랍니다. 한번 생각해보겠습니다.[29]

## 생각을 바꾼 대무프티

위원회는 총 6주 동안 조사를 진행하며 80명 이상의 증인을 소환했다. 영국인과 유대인이 거의 정확히 반반이었으며, 아랍인은 단 한 명도 없었다.[30]

사우디와 이라크, 트랜스요르단의 국왕은 모두 대무프티에게 지금이라도 입장을 바꾸라는 압력을 넣었다. 대무프티의 가문과 라이벌 관계였던 나샤시비 가문도 같은 요청을 보냈다. 걱정하는 바는 모두 같았다. 그들은 유대인의 주장만 들은 위원회가 아랍 측의 우려는 전혀 고려하지 않고 시온주의에 치우친 보고서를 작성할까 봐 두려워했다.

위원회가 팔레스타인을 떠나기 불과 며칠 전 대무프티는 조사 거부를 철회했다. 필 위원장은 팔레스타인에 일주일 더 머물기로 했다. 《필라스틴》은 마음을 돌린 대무프티의 결정을 두고 "현명하다"고 평했다.[31]

처음으로 증언에 나선 아랍인은 트랜스요르단의 에미르 압둘라였다. 쿠플런드 교수가 바이츠만에게 분할안을 최초로 제시한 비공개 청문회의 바로 다음 날이었다. 압둘라는 머리에 흰색 케피예를 두른 채 검은색 의복을 위엄 있게 걸치고 있었다. 압둘라의 야망은 그의 존재감과 마찬가지로 그가 통치하는 나른한 사막 왕국 너머까지 길게 뻗어나갔다.

압둘라는 밸푸어 선언을 두고 "아이가 태어나기도 전에 출생증명서를 발급한 격"이라고 지적했다. 그는 밸푸어 선언이 시온주의자들에게 "아랍인을 찌르고 유대인 왕국을 세울 수 있는 영국이라는 창"을 쥐여줬다고 주장했다. 압둘라는 위임통치령 기간 단 14년 동안 유대인 인구가 아랍인이 14세기에 걸쳐 도달한 수준만큼 증가했다며, 영국에 한 민족의 조국을 다른 민족의 조국으로 바꿀 권리가 있는 것인지 물었다.

그러면서도 압둘라는 이미 벌어진 일은 어쩔 수 없으니 현재 정착한 유대인은 머물 수 있도록 하되 전체 인구의 3분의 1이 넘지 않도록 조절해야 한다고 주장했다. 동생이었던 파이살과 마찬가지로 압둘라 또한 (자신이 통치하는) 더 넓은 아랍 지역의 독립 약속이 지켜지기만 한다면 영국이 유대인에게 한 공약은 용인하는 것처럼 보였다. 압둘라가 실용주의를 가장해 주장한 것은 사실 자신의 이익이었다. 그는 자신의 왕국에 팔레스타인 전체를, 전체가 안 된다면 일부라도 편입시키고, 언젠가는 파이살이 다스렸던 시리아 또한 통치하고 싶어 했다. 압둘라는 유대인기구에서 10여 년간 일종의 지원금을 받아왔는데, 그러한 "조공" 또한 그가 비교적 온건한 어조를 유지하는 데 도움이 됐다.[32]

위원회는 1월 중순에 하지 아민을 만났다. 그의 출석은 짧고 강렬했다. 영어를 배운 적이 없는 그는 평소의 차분한 어조로 통역을 거쳐 말했다. 하지 아민은 우선 위임통치령의 위법성을 지적했다. 밸푸어 선언을 지키려는 과정에서 위임통치령이 국제연맹 규약의 자결권 보장 원칙을 위반했다는 주장이었다. 하지 아민은 국제연맹 규약이 자결의 원칙에 위배되는 이전의 모든 합의, 이를테면 문제의 그 선언과 같은 합의를 무효로 규정하고 있음을 강조했다.

> 이 모든 일은 오직 유대인의 조건에 맞춰 유대인과의 협의와 합의를 바탕으로 이루어졌을 뿐, 아랍인과의 협의는 단 한 번도 없었다.[33]

그는 또한 유대민족주의가 무슬림의 성소를 위태롭게 하고 있다고 주장했다. 대무프티는 부라크의 벽, 즉 서벽은 유대인을 비롯한 그 어떤 외국 세력도 "어떤 연관성이나 권리, 소유권을 주장할 수 없는 순전히 이슬람적인 장소"라고 강조했다. 또한 유대인이 이슬람 성소인 황금돔 바위사원과 알 아크사 모스크를 부수고 유대교 성전을 재건하려 한다고 주장하면서 그것이 더 큰 문제임을 지적했다.[34]

대무프티는 런던에서 유대인이 누리는 부당한 영향력을 고려할 때 영국이 분명 이를 허용할 것이라고 꼬집었다.

> 지금까지의 경험으로 볼 때 유대인은 팔레스타인에 무엇이든 할

수 있습니다. (…) 유대인은 영국 같은 위대한 정부를 설득해 아랍 민족의 온전함을 훼손하고 그 자리를 자신들이 차지하려 합니다. 그들에게 이 모든 것은 너무나도 쉽습니다. 그들이 팔레스타인의 다수가 된다면 이는 더욱 쉬운 일이 될 것입니다.

대무프티는 말을 이었다.

삶의 모든 측면에서 서로 다른 두 개의 민족을 하나의 같은 지역에 두는 것은 불가능합니다.

그는 "아랍의 바다" 한가운데에 유대인의 민족적 고향을 건설하려는 시도는 역사적으로도 전례가 없는 일이라며, 그러한 일이 실현되면 팔레스타인은 영원히 유혈사태의 배경이 될 것이라고 경고했다. 그는 자신의 핵심적인 요구 사항을 거듭 강조했다. 위임통치 종료, 유대인의 민족적 고향 건설 포기, 이민 중단, 토지 매매 금지였다.

이미 팔레스타인에 거주하는 유대인 40만 명은 어찌해야 할지를 묻자 하지 아민은 "모든 것은 미래에 맡겨야 한다"는 식으로 말하며 명확한 답을 피했다. 그런 유대인이 팔레스타인에 동화될 수 있을지를 묻자 그는 짧게 답했다.

아니요.

이어지는 며칠간 아랍 인사들이 추가적으로 출석해서 하지 아민과 비슷한 증언을 반복했다. 이들은 위임통치령 문서에 내재된 불공정성을 지적하며 영국을 비난했다. 범아랍 이스티클랄당의 당수는 아랍인은 팔레스타인을 "단 1미터도" 포기할 수 없으며 단 한 명의 이민자도 더 받아들일 수 없다고 못 박았다. 그는 시온주의자들과의 동석을 거부했으며 '필라스틴'이라는 단어와 '에레츠 이스라엘'을 뜻하는 히브리어 문자 알레프aleph와 요드yod가 같이 새겨져 있다는 이유로 위임통치령 도장에 손도 대지 않으려 했다. 대무프티의 사촌이자 정치 지도자였던 자말 후세이니는 위원회가 이미 들어서 알고 있는 불만 사항들을 장황하게 늘어놓아 위원들을 따분하게 했다. 그러더니 갑자기 반쪽짜리 빵을 받아들이느니 명예롭게 굶겠다는 거친 맹세로 위원회를 아연케 했다.[35]

외무장관 이든은 아랍인들의 주장에도 타당한 측면이 있었지만 "호통치며 위협하는" 어조가 위원들을 냉담하게 만들었다고 말했다. 워코프 고등판무관은 아랍인들의 증언을 놓고 자멸적이며 "투박했다"고 평가했다. 그는 얼마 전까지만 해도 온건파가 많았는데 대무프티의 주도로 극단주의가 대세가 되었다며 안타까워했다. 무사도 그의 말에 동의했다. 아랍인들의 조사 거부가 철회된 것은 다행스러운 일이었다. 그러나 무사가 보기에 아랍 인사들의 출석은 필 위원회 설득보다 대중에게 점수를 따는 데에 중점을 두고 너무 급히 준비된 측면이 있었다.[36]

아랍 측의 마지막 증인은 안토니우스였다. 팔레스타인 아랍인 가운데 가장 유려한 언변을 갖춘 안토니우스의 증언은 아랍의 입장을 전달하는 데 있어 중요한 역할을 할 것임이 틀림없었다. 그러나 안타깝게도 필 위원장은 팔레스타인을 하루 속히 떠나고 싶어 했다. 위원장은 안토니우스에게 단 두 시간의 증언만을 허락했다.[37]

안토니우스는 정부가 시온주의와 아랍민족주의를 극명히 차별하고 있다고 주장했다. 그는 영국 관리들의 눈에 "시온주의자는 모든 종류의 존중을 받을 자격이 있는 완전히 훌륭한 존재지만 아랍민족주의자는 악마의 화신이자 혁명가"라며, 아랍민족주의자는 늘 "의심의 눈초리와 감시"에 시달린다고 말했다.

안토니우스는 아랍인이 유대인에 대한 증오 때문에, 또는 타협을 거부하는 고집 때문에 시온주의에 반대하는 것이 아님을 강조했다. 오히려 독립에 대한 열망에 타협이 불가능하다는 점은 아랍인도 잘 알고 있다고 말했다.

> 아랍 역사에서 반유대주의는 단 한 번도 존재한 적이 없습니다. 아시는 바와 같이 반유대주의는 아랍이 아닌 유럽의 산물입니다. 유대인은 바그다드에서, 코르도바에서, 카이로에서 무슬림이 통치하던 시기에 오히려 가장 눈부시게 발전했습니다.

안토니우스는 정상인이라면 누구나 유럽에서 유대인이 겪고 있는 처우에 혐오와 경멸을 느끼고, 그들을 고통에서 구하기 위해 가능한 한 모든 수단을 동원하고 싶어 할 것이라고 말했다. 그러면서 다음과 같이 말을 이었다.

> 그러나 제가 그리고 아랍인이 하고 싶은 말은 이것입니다. 한 민족

을 고통에서 구하기 위해 또 다른 민족, 즉 이 땅의 아랍 민족에게 똑같은 고통을 주는 일은 없어야 합니다.

주어진 시간이 거의 다 되어가고 있었다. 안토니우스는 서둘러 결론으로 향했다.

아랍인에게 죄가 있다면 그저 자기 나라의 발전과 진보를 보고 싶어 하는, 그 전통의 확립과 번성을 보고 싶어 하는 그리고 자신의 나라에서 자치와 자기존중과 존엄을 누리며 살고 싶어 하는 애국자였다는 것뿐입니다. 바로 그런 사람들에게 중대한 불의가 저질러진 것입니다.

안토니우스는 위원회에게 그 불의를 바로잡을 기회가 있다며 자신의 기대를 밝혔다.

위원회가 지닌 그 기회는 거대한 불의를 제거하기 위한 노력으로 귀착됩니다. 그 하나만으로도 가치 있는 일이며, 아마도 살아가며 할 수 있는 가장 고귀한 일이 될 것입니다.

증언을 다 들은 필 위원장은 안토니우스에게 감사 인사를 건넸다.

고맙습니다, 안토니우스 씨. 매우 흥미로운 증언이었습니다.[38]

쿠플런드 교수가 분할안을 처음 언급하고 일주일이 채 지나지 않은 시점이었다. 위원회 합류 전까지 쿠플런드는 사실 팔레스타인에 대해 아는 것이 거의 없었다. 그러나 역사학자로서 아일랜드와 인도의 분할안을 연구한 바 있었던 그는 팔레스타인에서도 비슷한 모델을 적용할 수 있겠다고 생각했다. 문제는 위원회가 며칠 후 팔레스타인을 떠나기로 되어 있다는 점이었다. 최종 보고서에 그러한 대담한 제안을 언급이라도 하기 위해서는 어느 정도 구체적인 내용을 제시해야 했다.[39]

그때 통계에 열정적이고 지도 작성에 뛰어난 팔레스타인의 한 중간급 관리가 등장했다. 더글러스 고든 해리스Douglas Gordon Harris가 경력의 대부분을 보낸 곳은 인도였지만, 그는 몇 년 전부터 팔레스타인을 스위스 연방처럼 칸톤canton, 즉 주 단위로 나눌 방안을 조용히 연구하고 있었다. 해리스는 위원회에 출석해 짧지만 상세한 증언으로 자신의 새로운 제안을 설명했다.[40]

해리스는 우선 칸톤화化와 유대-아랍 연방은 양쪽 가운데 누구도 만족하지 않을, 애초에 성공이 불가능한 방안이라는 결론부터 말했다. 그러고는 설명을 이어갔다.

> 분할을 하려면 훨씬 더 광범위하고 과감한 규모가 되어야 합니다. 지도를 한 장 보여드리겠습니다. 제가 구상하고 있는 유대 국가는 여기 마즈달 근처에서 시작해서 위쪽으로는 아크레까지 이어집니다. 그리고 여기 제즈릴 평원을 지나 베이산까지 이어지는 거죠.

유대인 가운데 일부는 마즈달을 여전히 옛 이름인 '아슈켈론'으로 불렀으며, 베이산은 '베트셰안'이라고 불렀다. 해리스는 전략적 항구인 하이파는 유대 국가에 포함하고 가능하면 영국의 특권은 유지하는 게 좋겠다고 제안했다. 아랍인 거주자 수가 압도적인 갈릴리 전역과 정착민이 드문드문 있는 남쪽 사막은 아랍 국가의 영토로 분류했다. 지도 위의 두 국가는 녹색 선으로 구분되어 있었다.

그는 말을 이어갔다.

> 물론 예루살렘과 베들레헴 그리고 근처 지역들은 양쪽 어디에도 속하지 않게 해야겠지요.

두 도시와 인근 지역에서 바다로 나가는 통로인 야파까지는 위임통치령의 관리 구역으로 남겨둔다는 것이 해리스의 계획이었다.[41]

이렇게 분할하면 유대 국가에는 약 12만 명의 아랍인이, 아랍 국가에는 소수의 유대인이 남게 되지만, 이는 인구 이동 등의 방법으로 해결하면 될 일이었다. 이를테면 이동시킨 아랍인을 마즈달 남쪽이나 베이산 북쪽에 재정착시키는 것도 가능했다. 그러나 인구 이동이 성사되지 않는다면 그 자체로도 나름의 장점이 있었다. 해리스는 이렇게 설명했다.

> 유대 국가에서 아랍인이 탄압당한다면 아랍 국가에서 보복이 있겠지요. 보복 가능성이 존재한다는 사실만으로도 양측의 지나친 탄

압은 막을 수 있을 것입니다.

필 위원장은 분할이 진행된다고 해도 두 국가가 "엄청난 격차"를 보일 것이며, "관리나 행정 측면에서 완전히 다를 것"이라고 지적했다. 해리스 또한 수긍하며 매년 유대 국가가 아랍 국가에 상당한 액수의 보조금을 지급해야 할 것이라고 답했다. 그러면서 이를 통해 유대인이 "유대인의 열정과 자금을 절실히 필요로 하는" 주변의 여러 아랍 국가와 우호적인 관계를 쌓아갈 수 있을 것이라고 말했다.

마지막으로 무장 문제가 남아 있었다. 쿠플런드는 해리스에게 최종적인 분할안에서 유대 국가가 "원하는 경우 병력 등을 모집할 수 있는" 완전한 독립국이 될 수 있으리라 보는지 물었다.

해리스는 그렇다고 답했다.

유대인 군대가 생길 수 있다는 말입니까?

쿠플런드가 다시 물었다.

해리스는 "네, 제 생각은 그렇습니다"라고 답하며 유대 국가 건국 시 "대규모 공격"을 예상하지는 않지만, 소규모의 습격은 가끔 발생할 수 있다고 덧붙였다.[42]

해리스의 증언은 고작 다섯 페이지 남짓한 짧은 분량이었다. 잘 알려지지도 않은 위임통치령 행정부의 관개전문가가 준비한 영토 분할안은 쿠플런드의 적극적인 주도하에 위원회의 분할안으로 채택됐다.[43]

해리스의 증언 또한 비공개 청문회에서 이루어졌다. 영국은 철저한 기밀 유지를 위해 증인 명단마저 공개하지 않았다. 청문회의 녹취록은 오직 위원회의 위원들만 열람할 수 있었다. 이 청문회의 역사적 중요성을 인지한 한 위원회 간사의 노력이 아니었다면 녹취록은 분실되거나 훼손됐을지도 모른다. 이 간사는 정부에 녹취록을 전달하면서 "팔레스타인과 유대 민족의 역사에서 중요한 한 장을 기록하는 내용으로, 먼 미래에 역사가들에게 상당한 가치가 있을 것임이 틀림없다"며 사본을 여러 부 보관해달라는 메모를 남겼다(영국은 80년 후인 2017년 이 문서를 조용히 기밀 해제했다).[44]

해리스의 비공개 증언이 끝나고 차를 한 잔 마신 후에는 해리스의 부관으로 그와 함께 칸톤화 계획을 연구한 루이스 옐런드 앤드루스Lewis Yelland Andrews의 증언이 이어졌다. 앤드루스는 위원회의 아랍 측 연락관으로 일하며 비공식적인 아랍 측 대변인 역할도 하고 있었다. 쿠플런드는 평소와 같이 청문회를 진행하며 앤드루스에게 아랍인이 분할을 지지할 것으로 보는지 물었다.

앤드루스는 "온건파들은 지지할 것"이라고 답했다. 그러면서 "사실 아랍인 몇 명이 저와 그 문제를 논의한 적이 있습니다. 심지어 예루살렘 시장과도 얘기해봤고요"라고 덧붙였다.

앤드루스가 말하는 인물은 존경받는 의사이자 예루살렘의 시장이었던 후세인 할리디Hussein Khalidi였다. 후세인 시장은 유대인은 "몸속의 암 덩어리 같은 존재"라고 말하며 "건강을 되찾는 유일한 방법은 암 덩어리를 잘라내는 것"이라고 주장한 바 있었다. 단, 시장은 유대인의 활동은 그들이 이미 소유하고 있는 해안가

지역과 제즈릴 계곡으로 제한해야 한다고 강조했다.

앤드루스는 분할안을 지지할 아랍인이 "상당수" 존재하지만 아마도 목숨에 대한 위협 때문에 공개적으로 밝히기는 어려울 것이라고 말했다. 후세인 시장이 자신의 생각을 공개적으로 발표하지 않은 것도 그러한 두려움 때문이었다.[45]

앤드루스의 증언 기록은 한 페이지가 채 안 될 정도로 짧았지만 쿠플런드는 원하는 바를 충분히 파악했다. 온건파 아랍인의 상당수가 팔레스타인을 두 개의 국가로 분할하는 안을 받아들일 것이라는 그의 믿음(또는 희망)은 현지 사정에 정통한 영국인 관리의 증언을 통해 확신이 되었다.[46]

이어진 비공개 회의에서 쿠플런드는 워코프 고등판무관에게 자신이 직접 아랍 측 정부 고위 관료와 예루살렘의 아랍대학교 관계자와 이야기를 나눠봤다며, 두 사람 모두 분할을 가능한 해법으로 제시했다고 얘기했다.[47]

쿠플런드는 심지어 "유대인은 이러한 분할을 제안하지 않았다"며 제안이 "아랍 측에서 나온 것"이라고 말하기도 했다.[48]

이것이 팔레스타인에서 열린 위원회의 마지막 회의에서 위원들이 나눈 마지막 말이었다. 일정을 모두 마친 위원들은 이후 며칠에 걸쳐 각자의 방법으로 팔레스타인을 떠났다.

카이로에서 다시 만난 위원들은 조사를 진행하며 개인이 받은 인상을 공유했다. 필 위원장은 위임통치령 개시 이후 유대인이 원하는 민족적 고향의 성격이 바뀐 것 같다고 말했다. 이전에는 일종의 문화적 중심지를 원했다면, 이제는 수백만 명의 피난처를 원하고 있었다. 부위원장인 럼볼드는 필의 말에 동의하며 미국의 이민 제한과 히틀러의 부상이 모든 것을 바꿔놓은 가운데 대의 정부에 대한 아랍인의 요구가 "실로 매우 강하다"고 언급했다. 자리에 참석한 모든 위원은 팔레스타인의 두 민족이 각자 지닌 열망은 양립이 불가능하며, 그들을 만족시키기 위해서는 궁극적으로 양쪽 모두에게 더 큰 자치권을 부여해야 할 것이라는 데 동의했다.

쿠플런드 교수는 빠르고 대담한 해법이 절실한 때라고 강조했다. 필 위원장이 세계 여론이 걸림돌로 작용할 수 있다고 지적하자, 쿠플런드는 위원회가 팔레스타인 문제에 대해 누구보다 많은 지식을 습득했는데 결정을 다른 사람 손에 맡길 필요가 없다고 반박했다. 해먼드가 분할안의 세부적인 사항에 대한 구체적인 근거가 부족하다는 사실을 꼬집자 쿠플런드는 자신이 그 의견에 만족한 이상 근거는 크게 중요치 않다며, 해리스와 앤드루스의 증언이 자신의 생각을 뒷받침해주고 있다고 말했다. 럼볼드는 쿠플런드가 없는 자리에서 그를 두고 "아주 재미있는 교수 양반"이라며 동료 몇 명이 제시한 빈약한 정보를 토대로 너무 대담한 계획을 추진하려 한다고 비난했다.

어쨌든 위원회는 보고서에서는 일치된 목소리를 내기로 결정했다. 위원회는 보고서를 통해 문제의 심각성을 강조하고 현재 위임통치령의 범위 안에서 문제 해결이 불가능한 이유를 설명한 후 이를 근거로 위원회에 제출된 제안 가운데 가장 과감한 제안을 추천하는 것으로 방향을 잡았다.

위원회는 이 과감한 제안을 "깔끔한 분할clean cut"이라고 불렀다.[49]

영국으로 돌아온 위원회는 마지막으로 증인 몇 명을 더 소환했다.

그중 한 명은 7년 전 팔레스타인 입국을 금지당한 수정시온주의 지도자 자보틴스키였다. 그는 바이츠만과 같은 주장을 펼쳤다. 자보틴스키는 유대인이 겪는 고통은 바로 그들이 모든 곳에서 소수라는 사실에서 기인한다고 주장했다. 그 또한 임박한 재앙을 경고하며 "수백만 명을 구해내야 한다"고 호소했다.

그러나 자보틴스키는 처방에 있어서는 다른 의견을 냈다. 그가 내놓은 해결책은 최대한 넓은 영토를 확보한 유대 주권 국가였다.



> 시온주의라고 불리는 현상에는 온갖 종류의 꿈이 포함되어 있습니다. 시온주의를 통해 '모범적인 공동체'를 꿈꾸는 이도 있고 '히브리 문화'를 꿈꾸는 이도 있으며 심지어 '제2의 《성경》'을 꿈꾸는 이도 있죠. 그러나 벨벳과 은으로 장식한 예쁜 장난감 같은 이 꿈들은 지금 우리를 움직이게 하는 이 엄청난 고통과 필요, 그것들이 주는 실질적인 추진력에 비하면 아무것도 아닙니다.

아랍민족주의에 대한 의견 또한 바이츠만과 확연히 달랐다. 자보틴스키는 아랍인의 처지에 공감하면서도 그들의 주장에는 덜 수용적인 입장을 보였다.

자보틴스키는 자신도 "아랍인의 처지에 깊은 공감의 마음을 가지고 있다"며 하물며 법정에서도 어느 한쪽의 말이 전적으로 옳다고 판결하는 경우는 드물다고 언급했다. 그는 어떤 민족이든 소수가 되기보다는 다수가 되기를 바랄 것이라는 사실은 자신도 이해한다고 말했다. 그러고는 다음과 같은 생각을 밝혔다.

> 요르단강 양쪽의 팔레스타인 땅은 아랍인과 그들의 후손 그리고 수백만의 유대인을 품어야 합니다. 그 과정에서 팔레스타인 아랍인이 소수가 될 것이라는 점은 부정하지 않겠습니다. (…) 그러나 그것이 그들에게 고난이 되리라는 주장은 부정할 수밖에 없습니다. 현재 그렇게나 많은 민족 국가를 가지고 있고 앞으로도 더 많은 민족 국가를 가지게 될 인종이나 민족에게 그것은 고난이 아닙니다. 그저 그 인종의 아주 작은 일부분이 다른 민족의 국가에서 살게 되는 것뿐입니다.

자보틴스키는 "아랍인에게 진실을 있는 그대로 말하라"며 "그러면 영국도 그들이 합리적이라는 사실을, 똑똑하다는 사실을, 공정하다는 사실을 알게 될 것"이라고 주장했다. 그러나 영국 정부가 팔레스타인의 미래 문제를 아랍인과 상의해야 한다고 생각하느냐는 질문에 대한 답변은 단호했다.

> 아니요.

> 전혀 필요 없다는 말입니까?

> 그렇습니다.

그는 밸푸어 선언은 유대인에게 주어진 것이었고, 위임통치령 문서의 내용은 아랍인의 태도와 무관하게 작성된 것이라고 주장했다. 그러면서 만약 영국이 위임통치의 의무를 더 이상 이행하고 싶지 않은 거라면 일을 하는 척할 게 아니라 다른 강대국에 넘겨야 한다고 말했다.

> 일을 그렇게 해서는 안 됩니다.

자보틴스키가 말했다.

> 정정당당하지가 않잖아요.[50]



나블루스의 이스티클랄 활동가 아크람 주아이티르Akram Zuaytir는 자보틴스키가 한 말을 모든 아랍인에게 알려야 한다며 흥분했다.

> 이것이 시온주의 지도자의 입에서 나온 시온주의의 실체다. 자보틴스키가 하는 말을 들어보라![51]

위원회에 참석한 마지막 증인 중에는 처칠도 있었다. 언제나 의회에서 시온주의를 철저히 대변해온 처칠은 친유대인사라는 평가를 듣고 있었다. 수십 년 전에는 다음과 같은 글을 쓴 적도 있었다.

유대인을 좋아하는 사람도 있고 싫어하는 사람도 있다. 그러나 생각이 깊은 사람이라면 이 세상에 나타난 인종 가운데 유대인이 가장 강하고 뛰어나다는 사실에 의심을 품지 않을 것이다.

우리는 기독교 계시 속의 유대인에게 윤리 체계를 빚지고 있다. 이 체계는 영적인 부분을 제외하고 보더라도, 인류가 가진 것 가운데 그 무엇과도 비교할 수 없을 만큼 가장 소중한 자산이며, 다른 지혜와 배움의 열매를 모두 합친 것만큼 값진 것이다. 우리는 바로 그 체계와 믿음 덕에 로마제국의 잔해 위에 현재의 모든 문명을 세울 수 있었다.[52]

처칠의 시온주의는 그가 수십 년간 보여온 이슬람에 대한 경멸에서도 드러난다. 그는 수단의 식민지 봉기를 진압하며 처음 방문한 무슬림 땅에 대해 "세상에 이보다 더 강력한 퇴보 세력은 존재하지 않는다"고 기록했다.

무함마드교가 그 신도들에게 내리는 저주는 얼마나 끔찍한가! 개의 광견병처럼 위험한 광신적인 광기는 말할 것도 없고, 운명론적인 무기력함 또한 무시무시하다. 그 영향은 많은 나라에서 뚜렷이 나타난다. 무함마드의 추종자가 통치하거나 살고 있는 곳은 그곳이 어디든 생활습관이 경솔하고 농업 시스템은 엉성하며 상업은 부진하고 재산은 불안정하다.

처칠은 "개인으로서 무슬림은 훌륭한 자질을 보일 때도 있다"면서도 "모든 여성이 자녀로서든, 아내로서든, 첩으로서든 반드시 남성의 소유물이 되어야 한다고 정한 무함마드의 법은 이슬람이라는 종교가 인간들 사이에서 그 힘을 잃을 때까지 노예제의 최종적인 종식을 늦춘다"고 주장했다.[53]

1937년 3월 중순, 처칠은 비공개 증언을 위해 왕립위원회 위원들을 만났다. 그는 특유의 전투적인 태도로 위원회 앞에 섰다.

저는 영국이 유대인에게 충심과 신의를 보여야 한다고 강력하게 주장하고자 합니다. 영국은 전쟁에서 유대인 덕을 크게 보았고, 그러므로 그들의 막대한 중요성을 잊지 말아야 합니다. 영국이 시온주의를 채택한 것은 그저 유대인 거주지를 건설해주고자 하는 이타적인 마음 때문만은 아니었습니다. 그것은 우리 영국에 매우 중요한 문제였습니다. 그것은 미국의 여론에 영향을 준 강력한 요인이었습니다. 우리는 명예를 위해서도, 우리의 이익을 위해서도 이 문제를 최대한 밀어붙여야 합니다.

처칠은 유대인을 소수 상태로 방치하는 것은 밸푸어 선언에 위배되는 일이라고 주장했다.

언젠가 몇 세대 또는 몇 세기 후에 거주자의 대다수가 유대인인 거대한 팔레스타인 국가가 탄생할 수도 있습니다. (…) 주민의 수가 현재 팔레스타인의 인구수보다 많은, 그 수가 수백만에 이르는 거대한 유대 국가가 생겨날 수도 있습니다. 유대인을 그 국가에서 떼어놓는 것은 잘못된 일입니다.[54]

처칠은 "거대한 이슬람 무리"가 팔레스타인 땅에 난입해 "모든 것을 박살 낸" 이후 지금까지 그곳에 생겨난 아랍인 인구보다 과거 예수 시대의 유대인 인구가 더 많았다며 팔레스타인의 진정한 원주민은 유대인이라고 주장하기도 했다.

처칠의 말을 들은 럼볼드는 과거 아랍인이 스페인에 눈부신 문명을 건설한 사례도 있지 않냐고 물었다.

처칠은 거친 목소리로 "다시 쫓겨나서 다행인 거죠"라고 답했다. 그는 "아랍 문명은 저급한 문명"이라며, 팔레스타인 문제는 근본적으로 발달된 문명과 저급한 문명 가운데 "어느 문명을 택할지"의 문제라고 설명했다.

처칠은 유대인이라고 다 잘한 것은 아니라고도 덧붙였다. 유대인은 더 똑똑하게 굴지 못하고 아랍인을 회유하는 데 실패했다고 지적했다. 또한 유대인 고용만 고집하는 "어리석은" 고용정책도 버려야 한다고 말했다. 그러나 팔레스타인 땅 개발은 전 세계를 위해서도 좋은 일이며, 그 일을 해낼 수 있는 것은 시온주의자뿐이라는 게 처칠의 결론이었다.

처칠은 맹세코 자신도 아랍인을 "존중"한다고 말했지만 별로 믿음이 가지 않는 것은 어쩔 수 없었다. 그는 다시 발언을 이어갔다.

> 아랍인이 사는 곳 중에는 사막이 많습니다. (…) 더 많은 사람이 와서 생계를 꾸리고 사막을 야자 농장과 오렌지 과수원으로 개발하는 것이 어떤 면에서 가혹한 불의입니까? 모두를 위해 더 많은 일자리가 생기고 부가 창출되는 것이 왜 불의입니까? 이것은 불의가 아닙니다. 수천 년씩이나 그 땅에 살면서 그곳을 사막으로 내버려

둔 것이야말로 불의입니다.

처칠은 문제의 핵심은 팔레스타인 거주 유대인의 숫자와 증가 속도라고 지적하면서, 만약 속도가 너무 빠르다면 조금 늦추는 것은 고려해볼 만한 일이라고 했다. 그러면서 아랍인이 "맹렬한 봉기를 전개하더라도 절대 굴복하지 말고 진압해야 한다"고 강조했다. 그는 영국이 원래의 목표, 즉 팔레스타인의 경제생활에 지장을 주지 않는 선에서 가능한 한 많은 유대인을 정착시킨다는 목표를 벗어나면 안 된다고 말했다. 만약 그 목표를 지킬 수 없다면 차라리 위임통치를 포기해야 한다는 것이 그의 주장이었다.

처칠은 발언을 마치며 고대 그리스의 우화를 소개했다. 건초가 가득 찬 여물통 안에서 잠든 어느 개에 대한 이야기였다. 이야기 속의 사냥개는 먹이를 먹으러 다가오는 소를 보고 이빨을 드러내고 으르렁거리며 막았다. 처칠의 암묵적인 비유는 명확했다. 그는 우화를 통해 아랍인이 땅을 제대로 활용하지 못하고 있으며, 유대인은 생존을 위해 바로 그 땅을 필요로 한다고 말하고자 했다.

저는 개가 여물통 안에 아주 오랫동안 누워 있었다고 해서 여물통에 대한 최종 권리를 갖는다고 생각하지 않습니다. 저는 그런 권리를 인정할 수 없습니다. 예컨대 저는 미국의 홍인종 인디언이나 호주의 검은 원주민에게 일어난 일이 크게 부당했다고는 생각지 않습니다. 그들보다 더 강한 인종, 더 수준 높은 인종, 아니면 세상 물정을 더 잘 아는 인종이 나타나 그들의 자리를 차지했다는 사실만

> 으로 그것이 부당했다고는 인정할 수 없습니다. 저는 그런 것들을 인정할 수 없습니다. (…) 그들에게는 그럴 권리도, 그럴 힘도 없었습니다.

며칠 후 처칠은 위원들에게 자신의 증언을 최종 보고서에서 제외해달라는 서한을 보냈다.

> 위원들께서는 우리의 대화가 비공개이며 기밀이라고 보장하신 바 있습니다. (…) 민족에 대한 제 몇몇 발언은 영구적 기록으로 남기기에 적절하지 않다고 사료됩니다.[55]



## 억누를 수 없는 갈등

조지 6세는 형인 에드워드 8세의 퇴위로 빚어진 6개월간의 혼란 끝에 1937년 5월 11일 즉위했다. 팔레스타인 지역에서는 새로운 영국 국왕에게 앞다퉈 서한을 보냈다. 라믈라 지역 국가위원회는 조지 6세의 치세가 아랍에 "자유와 구원"의 시대를 열어주기를 희망한다는 바람을 표했다. 야파와 텔아비브의 수석 랍비들은 "폐하의 시대에 유대가 구원받고 이스라엘 민족이 그들의 땅에서 평화롭게 살 수 있게 되기를 기원한다"고 보냈다.[56]

스탠리 볼드윈Stanley Baldwin 총리는 에드워드 8세의 퇴위 여파로 사임했다. 그는 사임하며 국왕에게 재무장관 네빌 체임벌린을 새로운 총리로 추천했다.

몇 주 후 자유당 총수인 아치볼드 싱클레어가 바이츠만과 친시온주의 정치인들을 저녁 식사에 초대했다. 거의 완성 직전인 필 위원회의 보고서가 위임통치 종료와 팔레스타인 분할을 권고할 것이라는 소문이 파다했다. 노동당 당수 클레멘트 애틀리Clement Attlee는 위임통치 종료가 영국에 큰 타격을 줄 것이며 파시즘의 승리이자 시온주의라는 "위대한 실험"의 종식을 의미하게 될 것이라고 한탄했다. 그는 그것이 용납할 수 없는 폭력과의 타협이라고 주장했고, 싱클레어 또한 그의 말에 동의했다.

처칠은 길길이 날뛰며 시온주의 옹호와 체임벌린 내각에 대한 비판을 무려 세 시간 동안 쉬지 않고 늘어놓았다. 그는 새 내각의 구성원들을 두고 "겁쟁이 토끼 놈들"이라고 비난했다. 그가 보기에 필 위원회가 제안하려는 유대 국가는 신기루에 불과했다. 아랍인이 다시 문제를 일으키면 영국이 또다시 물러설 것이 뻔했기 때문이다. 그는 유대인에게는 오직 하나의 선택, "인내하고, 인내하고, 또 인내하는 것"만이 남아 있다고 외쳤다.

처칠은 갑자기 바이츠만에게 "아시다시피 당신이 저의 주인입니다"라고 말했다. 그러더니 마치 유대인이 세계의 지배자로 등장하는 반유대주의자의 악몽 속 풍경을 재연하듯 각 당의 당수들을 하나씩 가리키며 모두가 바이츠만을 주인으로 모셔야 한다고 외쳤다.

> 우리는 당신의 말을 따르겠습니다. 싸우라고 한다면 호랑이처럼 싸우지요.

바이츠만은 나중에 이 일화를 배피 더그데일에게 들려주며 "처칠은 이날도 멋진 모습을 보여줬지만 술에 잔뜩 취해 있었다"고 말했다.

위원회는 5개월에 걸쳐 철저한 보안 속에 보고서를 작성했다. 프랭클린 루스벨트 대통령조차 발표 전날에서야 그 내용을 볼 수 있었다. 바이츠만도 선행 사본 요청을 거부당하고 분통을 터뜨려야 했으며[57] 아랍 측은 아예 그런 요청을 할 생각도 하지 못했다.

이 보고서는 역사에 〈필 위원회 보고서〉라고 기록됐다. 그러나 무려 400장에 달하는 보고서는 쿠플런드 교수의 작품에 가까웠다.[58] 실질적이면서도 유려하고 꼼꼼하면서도 읽기 쉬운 문체의 〈필 위원회 보고서〉는 정부 정책 문서로서는 보기 드문 수작이었다.

보고서는 1937년 7월 7일 공개됐다.

> 작은 지역의 좁은 땅덩어리 안에서 두 민족 공동체 사이에 억누를 수 없는 갈등이 발생했다. 약 100만 명의 아랍인이 40만 명의 유대인과 공개적으로 또는 잠재적으로 갈등을 벌이고 있다. 이들에게는 공통점이 없다. 아랍 공동체는 대개 동양적 특성을 지녔고, 유대 공동체는 유럽적 특성을 지녔다. 종교도 다르고 언어도 다르다. 이들의 문화적·사회적 생활방식, 사고방식과 행동방식은 각자가 품은 민족 국가에 대한 열망만큼이나 양립이 불가능하다.

보고서의 의견은 시온주의자 쪽으로 기울어 있었다. 시온주의자들이 관련 준비와 증언, 로비에 훨씬 더 많은 투자를 했기 때문이다.

보고서는 위임통치의 "1차적 목표"는 "의심의 여지 없이" 유대인의 민족적 고향 건설이었다고 언급했다. 그러나 민족적 고향을 건설하겠다는 계획은 유대인이 "후진적인" 지역의 발전을 도우면 시온주의에 대한 아랍인의 적대감이 약화될 것이라는 희망에 기대고 있었다. 그런데 이러한 기본적인 가정이 거짓으로 판명될 경우 "매우 난감한 상황"이 펼쳐질 수밖에 없음은 자명했다.[59]

그리고 이제 바로 그 난감한 상황이 발생했다. 시온주의자가 가져온 부와 지식은 회유의 열매를 맺지 못했다. 팔레스타인은 가난하고 소외된 지역이었지만 아랍인에게는 선조들이 나고 죽은 고향이었다. 보고서는 한 아랍인의 증언을 인용했다.

> 저희 집에 들어온 낯선 사람들 덕에 저희 집이 부유해졌다고 말씀하셨나요? 하지만 그 집은 제 집입니다. 저는 낯선 이들을 초대한 적도 없고, 그들에게 부자가 되게 해달라고 한 적도 없어요. 집이 가난하든 허름하든 가장 중요한 것은 제가 그 집의 주인으로 사는 것입니다.[60]

시온주의에 대한 아랍인의 묵인을 바랄 수는 있었지만, 억지로 강요할 수는 없었다. 이는 위임통치의 정신이나 도덕적 근거에도 반하는 일이었다. 보고서는 민족적 고향은 "팔레스타인 아랍인이 좌우하거나 통제할 수 없었으며, 그들의 의지에 정확히 반하여 설립된 것"이라고 지적했다. 애초부터 유대인의 민족적

고향 설립은 "민족 자치의 원칙에 내포된 권리들을 전면적으로 부정할 가능성을 담고 있었다".[61]

보고서는 여러 주체를 폭넓게 비판했다. 우선 영국 정부는 하지 아민에게 대무프티와 무슬림최고위원회의 수장을 겸하게 함으로써 그에게 지나치게 큰 권력을 부여했다. 또한 파업을 부추기고 테러를 규탄하지 않은 대무프티는 유혈사태에 "전적인 책임"을 져야 마땅했다.[62]

시온주의자들도 비판을 피하지 못했다.

> 유대인은 강제로 개방된 팔레스타인에 너무나도 당연하다는 태도로 입장했다. 이들은 국제연맹과 미국의 허가와 장려 속에 팔레스타인에 들어갔지만, 그렇게 함으로써 아랍 세계의 다른 문들을 스스로 닫아버린 셈이 되었다.

시온주의는 "순전히 유대적인 이상"이었고, "아랍인의 존재는 억지로 문을 따고 들어갈 때 외에는 거의 고려 대상이 되지 않았다".[63]

일부 유대인은 자신들이 "더 우월한 인종의 구성원으로서 조만간 팔레스타인의 주인이 될 운명을 타고난 것처럼" 행동했다.

보고서는 유대인의 이런 태도를 비난하기는 했지만, 보고서의 내용만 보면 위원들도 어느 정도 유대인의 생각에 동조하는 것 같았다. 보고서는 "교육 수준이 높고 수완이 뛰어나며 서구적 사고방식을 지닌 유대인에 비해 아랍인은 수 세기는 뒤처진 과거에 살고 있다"고 언급했다. 보고서는 또한 유대인을 두고 "매우

지적이고 진취적인 인종"이라고 표현했고, 아랍인은 "문화적 수준이 매우 달랐다"고 표현했다.[64]

보고서는 "사실상 전혀 다른 두 개 문명"을 하나의 체제로 통합하는 과정에는 장애물이 있을 수밖에 없다고 인정하면서도 최근 발생하는 소요사태들이 전례 없는 규모로 발전하고 있다는 점을 우려했다. 광범위한 지역에서 기간과 조직성을 늘려가며 나타나고 있는 소요사태는 단순한 폭동이라기보다는 "공공연한 봉기"라며, 그것이 근동 지역 전체의 민심과 상상력에 미치는 영향을 우려했다.[65]

앞으로의 예상은 암울했다.

> 상황이 이러한 가운데 (…) 기존 체제 또는 그와 유사한 체제 안에서 팔레스타인의 평화로운 미래를 논한다는 것은 우리의 의무를 저버리는 일이 될 것이다. 민족적 고향 설립 추진 초기에 자연스럽게 전파됐던 낙관주의는 일련의 아랍 봉기로 사그라졌지만 그 불씨가 결코 완전히 꺼지지는 않았다. 그렇게 낙관론은 매번 살아났지만, 안타깝게도 하나의 사건이 터질 때마다 그 한계를 드러내며 매번 좌절됐다.[66]

위원회는 팔레스타인의 문을 닫아걸어야 한다는 아랍 측의 요구는 거부했다. 유대인 이민 촉진은 여전히 구속력 있는 국제적 의무였기 때문이다. 대신 위원회는 향후 5년간 유대인 이민 허용치를 연간 1만 2000명으로 제한할 것을 제안했다.[67]

이는 1935년 허용치의 5분의 1 수준으로, 이견의 여지가 없는 아랍 대봉기의 첫 번째 주요 성과였다.

보고서는 이민 완화만으로는 질병의 근원을 치료할 수 없다며 과감한 조치가 필요하다고 주장했다. 칸톤화는 아랍인도 유대인도 만족시킬 수 없는 불충분한 방법이었다. 바이츠만이 주장한 동수 대표는 힘이 비슷한 두 싸움꾼이 계속 서로 코피를 내가며 싸우는 격으로 갈등을 심화시킬 뿐이었다. 보고서는 그런 임시방편적인 방식으로는 부족하다며 다음과 같이 주장했다.

> 그러한 조치가 염증을 가라앉히고 체온을 낮출 수는 있겠지만 질병 자체를 치료하지는 못한다. 이 질병은 뿌리가 너무나도 깊다. 그런 연유로 우리는 유일한 희망이 외과적 수술에 있다고 확신한다.

보고서는 분할안으로 이어졌다.

> 그나마 궁극적인 평화의 기회를 조금이나마 기대할 수 있는 방안은 분할뿐이다.[68]

보고서가 제안한 분할 방식은 원칙적으로 유대인 소유 토지가 집중된 지역은 유대인에게, 나머지 지역은 아랍인에게 주자는 것이었다. 이렇게 해서 상정한 유대 국가는 텔아비브 바로 남쪽에서 시작해 하이파로 이어지는 지역까지, 하이파에서 남동쪽의 제즈릴 계곡까지 그리고 요르단강을 따라 다시 북쪽으로 좁게 뻗은 갈릴리 지역까지를 포함하는 알파벳 'N'자 형태의 땅이었다.

유대인은 팔레스타인 땅의 7퍼센트를 소유하고 있었지만, 이 계획에 따르면 20퍼센트가 유대인의 몫으로 돌아갔다. 게다가 갈릴리의 경우 아랍 인구가 압도적으로 많았음에도 위원회는 인구 성장과 "개척"을 고려해 유대 국가 쪽으로 배분했다. 사페드, 티베리아스 등의 도시가 지닌 종교적·역사적 의미가 그 이유였다. 물론 인구가 혼합된 도시는 임시적으로 영국의 관리 구역으로 남기기는 했다.

관개전문가 해리스의 제안대로 가장 성스러운 두 도시, 즉 예루살렘과 베들레헴은 야파 북쪽 바다까지 이어지는 통로와 함께 영국 관리 지역으로 남기기로 했다(야파 자체는 아랍 국가로 분류했다). 또한 해리스의 제안대로 유대 국가와 영국은 아랍 국가에 정기적으로 보조금을 지급하기로 했다. 팔레스타인 경제의 상당 부분이 떨어져 나가게 되면서 감소할 세수를 보전하기 위한 방안이었다.[69]

이렇게 분할안이 제시됐다.

위원회는 이 분할안이 세계를 괴롭히던 두 개의 위기, 즉 팔레스타인 문제와 유럽의 유대인 박해 문제 해결에 도움이 되기를 바랐다. 아랍인이 유럽 대륙의 "유대인 문제"에 대한 "최종 해결책"을 도출하는 데 도움을 줄 수 있다면 이들은 유대인뿐 아니라 인류 전체의 감사를 받을 수 있을 것이었다(물론 위원회의 보고서 작성자들은 추후 나치가 유대인 대량 학살 계획에 "유대인 문제에 대한 최종 해결책"이라는 이름을 붙일 줄은 전혀 몰랐다). 위원회는 "세 종교의 성지에서 벌어지는 갈등과 유혈사태에 종식을 가져올 수 있다면 전 세계의 수많은 남성과 여성이 깊은 안도감을 느낄 수 있

을 것"이라고 강조했다.[70]

발표 다음 날 영국 정부는 보고서의 주요 원칙에 대한 지지를 밝혔다. 정부는 보고서가 제안한 해결책에 상당한 장점이 있다며 다음과 같은 입장문을 발표했다.

> 이 방안을 통해 팔레스타인 아랍인은 궁극적으로 민족 독립을 달성해 아랍의 단결과 발전을 위해 주변의 아랍국들과 협력할 수 있을 것이다. (…) 또한 유대인의 민족적 고향은 유대 국가가 되어 이민에 대한 완전한 통제권을 누릴 수 있게 될 것이다. (…) 유대인은 마침내 소수민족으로서의 삶을 마무리하고 시온주의의 가장 큰 목적을 달성하게 될 것이다. (…) 위원회의 표현처럼 두 민족 모두 "평화가 주는 헤아릴 수 없이 큰 혜택"을 누리게 될 것이다.[71]

이로써 세계 최고의 강대국이 유대인과 아랍인 분쟁의 해결책으로 두 국가 해법을 공식 지지하게 됐다.

## 예상치 못한 반향

벤구리온은 거의 2주째 잠을 이루지 못했다. 그는 셰르토크에게 보낸 편지에서 〈필 위원회 보고서〉를 읽은 첫 소감으로 "2000년 전 조국의 멸망 이후 한 번도 가져보지 못한 정치적 정복이자 역사적 기회를 얻은 기분"이라고 표현했다. 그는 편지에 이렇게 썼다.

> 저는 이 계획의 실현이 완전한 구원의 시작을 위한 결정적인 단계이자 '이스라엘 땅' 전체를 점진적으로 정복하기 위한 독보적인 지렛대가 되어줄 것이라고 생각합니다.[72]

보고서의 내용을 샅샅이 읽은 벤구리온은 필 위원회의 이번 보고서가 그동안 나온 그 어떤 보고서보다 시온주의의 업적을 후하게 평가하고 있다는 결론을 내렸다. 보고서는 밸푸어 선언과 비교도 할 수 없는, 마치 유대인 독립선언서나 다름없는 내용으로 가득했다. 분할안이 실행에 옮겨진다면 처음 필 위원회의 소집을 부른 대무프티에게 감사 인사라도 해야 할 판이었다.

벤구리온은 일기에 이렇게 썼다.

> 분할안대로 진행된다면 '이스라엘 땅'의 바다에 대한 통제권은 우리의 것이 된다. 대규모 이민이 가능해진다. 정부의 지원하에 체계적인 정착이 이루어진다. 유대인 군대가 생기고 유대인 나라가 생긴다. 박해받는 민족에 대한 구조이며 구원의 시작이다. 그저 꿈처럼 느껴질 뿐이다.[73]

그는 마지막까지도 갈릴리가 유대인에게 주어질 것이라고 믿지 않았다. 아마도 아랍인이 어렵지 않게 이를 "거대한 불의"라고 증명해내리라 생각했다. 혹시 갈릴리를 내어주게 되더라도 그것은 이슈브가 지닌 용기와 관대함의 상징이 될 수 있었다. 그러나 여전히 두 가지 중요한 사안이 남아 있었다. 가장 중요한 도시인 예루살렘과 인구밀도가 낮은 미개발 지역, 즉 광활한 네게브 사막 지역을 유대 국가로 끌어오는 것이었다.

> 이것은 최종 합의가 아니다. 우리는 이 경계선을 무너뜨릴 것이다. 그 방법이 반드시 폭력일 필요는 없다.[74]

보고서를 다시 한번 훑어보던 벤구리온의 눈에 처음에 놓쳤던 중요한 내용이 들어왔다. 마지막에 짧게 언급된 인구 이동에 관한 것이었다. 보고서는 제1차 세계대전 이후 국제연맹의 중재로 이뤄진 그리스와 튀르키예 간의 인구 교환을 언급하며 이와 유사한 인구 이동을 간략하게 제안하고 있었다. 인구 교환 당시에는 비판이 꽤 많았지만 위원들은 그 교환 덕에 민족 간 갈등의 씨앗이 될 수 있는 "궤양이 깨끗이 잘렸다"며 긍정적으로 평가했다.[75]

벤구리온은 그 가능성에 열광했다. 인구 이동이 영토 확장보다 더 큰 가치를 발휘할 수도 있었다. "인구 이동은 우리가 주권국이었을 때도, 제1성전 시대와 제2성전 시대에도 결코 할 수 없었던 일을 가능케 해줄 수 있다. 바로 유대 국가로 분류된 계곡 지역에서 아랍인을 이동시키는 일이다."[76] 그는 다음과 같이 기록했다.

> 우리는 역사상 처음으로 진정한 유대 국가를 가지게 된다. 온전히 우리의 땅이라고 부를 수 있는 곳에 뿌리를 내린 200만 명 또는 그 이상의 인구가 정돈된 농지를 빽빽하게 채우는 것이다. 이것은 우리가 꿈조차 꾸지 못한 기회, 가장 허황된 상상 속에서나 한 번쯤 꿈꿔봤을 귀한 기회다.

유대인의 입장에서 인구 이동은 밸푸어 선언만큼이나 매달리고 싶은 내용이었다.

> 우리는 나약한 생각과 의지를 벗어나야 한다. 인구 이동이 불가능하다는 선입견에서도 벗어나야 한다. 물론 수십만에 달하는 아랍인을 그들이 수 세기 동안 살아온 마을에서 외력을 동원해 쫓아내는 것은 매우 어려운 일이 될 것이다. 과연 영국이 그 일을 수행하려고 할까? 우리가 원하지 않는다면, 우리가 모든 힘과 압박과 믿음으로 밀어붙이지 않는다면 영국은 그 일을 수행하지 않을 것이다. (…) 인구 이동의 필요성에 대해 우리가 조금이라도 주저하는 순간, 그 실현 가능성에 일말의 의심이라도 품는 순간, 그 정당성에 작은 의구심을 품고 망설이는 순간 우리는 다시는 돌아오지 않을 역사적인 기회를 잃게 될 것이다.[77]

벤구리온은 아들에게 보낸 편지에서 이렇게 말하기도 했다.

> 우리는 아랍인을 그들의 땅에서 몰아내고자 한 적이 없었고, 감히 그런 바람을 가질 수도 없었다. 그러나 영국이 우리에게 약속했던 땅의 일부를 아랍 국가에 넘겨준다면, 우리 쪽에 있는 아랍인을 아랍 쪽으로 옮기는 게 당연하다고 생각한다.[78]

벤구리온은 분할안에 전적으로 찬성하는 의견을 가지게 됐다. 그러나 바이츠만과 마찬가지로 그러한 생각을 대놓고 드러내지는 않았다. "타국에서 지옥을 경험하고 있는" 유대인이 지나친 기쁨을 표출할지도 모른다는 우려였다. 분할안은 어디까지나 유대인이 마지못해 수락한 것으로 보여야 했다. 그런 연유로 벤구리온은 외부적으로는 영제국에 환멸을 느낀다며 분할안이나 영국의 계속된 통치나 위태롭기는 매한가지라고 한탄했다. 그러나 가까운 동료들 앞에서는 분할안을 칭송하며 그것이 실행에 옮겨질 때까지 위임통치가 지속되어야 한다고 강조했다.[79]

벤구리온은 대부분의 아랍 인사가 탐탁지는 않을지언정 분할안을 받아들일 것이라고 예상했다. 유수프 한나와 무사, 시리아의 주요 민족주의 단체인 민족진영 등 일부는 벤구리온의 예상대로 분할안을 수용했다.[80]

항상 무슬림의 지배를 두려워한 기독교계의 에밀 에데Émile Eddé 레바논 대통령은 남쪽에 유대 국가 동맹이 생기면 주권을 지키는 데 도움이 되리라 여겼다. 에데 대통령은 〈필 위원회 보고서〉가 발표된 날 파리에서 바이츠만을 만나 건국이 완료되면 북쪽 이웃인 레바논과 첫 선린善隣조약•을 맺어달라고 요청했다. 에데 대통령은 "이제 〈필 위원회 보고서〉는 공식 문서가 되었다"고 기뻐하면서 "미래의 유대 국가 초대 대통령에게 축하를 전하게 되어 영광"이라고 건배를 제안했다. 레바논 마론파 기독교의 총주교 또한 바이츠만에게 비슷한 내용을 담은 서한을 보냈다. 그러나 그러한 정서가 외부로 알려지면 레바논의 기독교인들이 "학살"을 당할 수도 있다며 조심스러워했다.[81]

분할이 진행될 시 정치적·재정적 이득을 기대할 수 있는 트랜

• 이웃한 나라 또는 지역과 친선을 꾀하는 조약.

스요르단의 에미르 압둘라는 영국에 지지 입장을 알렸다.[82]

예루살렘의 전 시장 라게브 나샤시비는 고등판무관에게 분할안 지지 입장을 밝히고 영국의 호의를 구하는 의미로 하지 아민이 이끄는 아랍고등위원회에서 탈퇴하겠다고 이야기했다. 나샤시비와 동맹 관계인 야파·나블루스·예닌·툴카렘·하이파의 시장들도 그와 노선을 같이했다.[83]

그런데 그 모든 지지자가 몇 주 만에 갑자기 돌아섰다. 에미르 압둘라는 애초에 분할을 지지한 적이 없다며 황급히 대무프티와 관계 회복을 꾀했다. 라게브는 분할안이 유대인의 극단적인 요구까지도 정당화했다고 비판하며, 작은 팔레스타인 땅을 세 개로 나누는 것은 상상도 할 수 없는 일이라고 주장했다.

갑작스러운 반전이었다. 압둘라는 아랍의 지도자 가운데 유일하게 공개적으로 분할을 수용한 인물이었으나, 분할안에 대한 영국의 의지에 의심을 품게 됐다. 라게브는 살해 위협이 점점 심각해지고 실제로 동료들이 줄줄이 암살되는 가운데 분할안 반대 입장으로 돌아섰다.[84]

압둘라도 라게브도 아랍 팔레스타인에서 대무프티가 가장 막강한 인물이라는 사실을 분하지만 인정해야 했다. 대무프티는 보고서가 발표되자 재빨리 분할안 거부 입장을 밝히고 분할을 지지하는 인물에게 반역자라는 낙인을 찍었다.

대무프티는 워코프에게 〈필 위원회 보고서〉가 "깊은 슬픔과 반감"을 안겨주었다고 말하며 그러한 말도 안 되는 제안에 굴복하느니 차라리 죽는 게 낫다고 주장했다. 그는 위원회가 유럽 유대인들의 고난에 관한 "감정적이기만 하고 관련성은 없는" 사례에 휘둘렀다고 지적했다. 그러면서 그러한 동정심은 "이론적으로는 훌륭하지만" 그로 인해 아랍인이 결코 지불할 수 없고 지불하지도 않을 계산서가 만들어졌다고 주장했다. 그는 유대인에 대해 다음과 같이 말했다.

> 유대인은 소수의 침입자다. 전쟁 전에는 이 지역에서 별다른 존재감이 없었고, 이 지역과의 정치적 연관성은 거의 2000년 전에 단절됐다. (…) 이러한 시도는 고대사와 현대사를 다 뒤져봐도 선례가 없다. (…) 팔레스타인은 여전히 아랍인의 지역이다. 인구의 다수가 아랍인이고, 토지 소유자의 다수가 아랍인이며, 1400여 년간 끊어지지 않고 이어온 역사적 연결성이 있기 때문이다.

대무프티는 분할안의 경계선 또한 터무니없다고 비난했다. 그는 제안된 경계선대로라면 유대 국가와 영국이 관리하는 혼합인구 도시에는 각각 아랍인 22만 5000명과 10만 명이 남는데, 아랍 국가에 남는 유대인은 1250명뿐이라고 지적하며 보고서가 제안한 "인구 교환"은 교환보다는 추방에 가깝다고 주장했다. 유대 국가가 지급하는 보조금은 모욕적인 "수모"였다. 대무프티는 "생존에 필요한 장기가 있는 몸통은 살아남아도 절단된 팔다리는 죽게 되어 있다"며 "외과적 수술"이 치명적이라고 주장했다. 그는 분할안 전체가 "모욕적이고 비현실적이며 위험으로 가득 차 있다"면서 아랍 역사의 재앙 가운데 하나로 기록될 것이라고 말했다.[85]

그렇게 대무프티는 영국의 팔레스타인 정책에 정면으로 반대 입장을 밝혔다. 그의 체포가 임박했다는 소문이 돌고 있었다. 대무프티는 다급히 독일 영사를 만나 협력 강화를 요청하고 유대국가에 관해 더 큰 반대의 목소리를 내달라고 부탁했다. 다음 날에는 하람 알 샤리프로 거처를 옮겼다. 비非무슬림 세력이 감히 그곳까지 쫓아오지는 못할 것이라는 계산에서였다. 대무프티는 5개월 동안 하람 알 샤리프에서 나오지 않았다.[86]

## 두 총회 이야기

1937년 8월 취리히에서 제20차 시온주의자총회가 개최됐다. 헤르츨이 근처 바젤에서 제1차 총회를 개최한 지 정확히 40년이 되는 해였다. 총회에서 바이츠만은 청중에게 말했다.

> 오늘 우리는 40년에 걸친 사막에서의 방랑을 마칩니다. 스스로에게 질문을 던져봅시다. 끝이 보입니까?

바이츠만은 이제 철저한 분할주의자였지만 그가 이끄는 시온주의자들은 그 어느 때보다 분열적인 모습이었다. 바이츠만 역시 필 위원회가 제시한 세부적인 경계선에 불만은 있었지만, 대표단에게는 분할이라는 원칙 자체에 대해서는 긍정적으로 검토해달라고 간곡히 부탁했다.[87]

그는 한 가지는 분명히 하고 싶다며 아랍인에 대해서 다음과 같이 말했다.

> 우리는 대무프티와 파우지가 아랍 민족의 전부가 아님을 알고 있습니다. (…) 영광스러운 과거를 지닌 아랍 민족이 분명 존재합니다. 우리는 바로 그 민족에게 손을 내밀었고, 현재도 내밀고 있습니다. 그러나 여기에는 한 가지 조건이 있습니다. 우리가 그들이 위기를 극복하고 다시 위대한 전통을 회복하기를 바라는 것만큼, 그들이 다시 위대하고 문명화된 아랍인으로 돌아가기를 바라는 것만큼, 그들 또한 우리가 아무도 해하지 않고 모두를 도우며 에레츠 이스라엘에 우리의 고향을 건설할 권리가 있다는 것을 알아야 합니다. 그들이 이 사실을 인정할 때 우리는 비로소 공통의 의견에 도달할 수 있을 것입니다.[88]

그 후 2주 동안 50여 명의 연사가 나서서 분할안을 지지하거나 비판하는 의견을 냈다. 반대하는 연사의 비중이 절반을 조금 넘었다. 벤구리온이 이끄는 노동계 내에서도 대표단의 3분의 1이 반대했다. 보고서가 제안하는 유대 국가라는 것이 너무 급조된 데다 협상의 여지도 없다는 것이 이유였다. 분할안에는 예루살렘도 빠져 있었고 혼합인구 도시의 문제도 있었다. 게다가 영국이 분할을 끝까지 실행에 옮길지 여부도 믿을 수 없었다. 키예프에서 태어나 밀워키에서 자란 노동계 대표 골다 메이어Golda Meir는 영국이 무슬림 세계의 반감을 살 게 뻔한 계획을 실행에 옮길 리가 없다고 주장했다.

바이츠만과 벤구리온은 타협책을 내놓았다. 총회 차원에서는 필 위원회의 제안을 받아들이지도 거부하지도 말자는 것이었다. 그들은 보고서가 제안한 분할선은 거부하되 가장 큰 대가인 유

대 국가는 챙기기로 하고, 시온주의 지도자들에게 영국과 협상을 계속할 권한을 주기로 했다.[89]

그다음 달 하지 아민은 다마스쿠스 인근 언덕 위에 자리 잡은 휴양지 블루단에서 시온주의자총회와 유사한 회의를 개최했다. 거의 모든 아랍 국가를 대표해 400명에 달하는 아랍 인사가 참석했다. 취리히의 시온주의자총회와 마찬가지로 이 총회 또한 단 하나의 안건, 즉 분할에 대해서 논의했다. 다른 점이 있다면 이 회의의 결말이 처음부터 정해져 있었다는 점이다.

대표들은 팔레스타인이 1000년 넘게 아랍인의 땅이었음을 강조했다. 제1차 세계대전에서 영국은 아랍인에게 독립을 약속했으며, 아랍인은 그 목적을 위해 피를 흘렸다. 그러나 영국은 독립은커녕 갑자기 "세계" 시온주의자들을 끌어들여 그들의 "자만심"과 "탐욕"을 부추겼다. 영국은 어느 쪽과의 우정을 지킬 것인지 이제 결정해야 했다. 총회는 영국이 현재의 팔레스타인 정책을 유지하는 것은 궁극적으로 아랍인을 "영국의 목표에 반하는 다른 유럽 열강들" 쪽으로 밀어내는 것임을 명심하라고 경고했다.[90]

참석자들은 "모든 아랍인과 무슬림이 하나가 되어 싸워야 할 의무가 있다"는 데 동의했다. 유대인의 민족적 고향 건설에 반대하는 것은 범아랍인의 의무이며 이를 어기는 사람은 사실상 "시온주의자"로 지탄받을 수밖에 없었다. 회의에서는 유대인이 신앙과 선지자의 적이며 심지어 "이슬람교보다 불가지론을 선호하는" 사탄의 노예라는 내용의 팸플릿이 배포됐다. 회의는 독립과 단결을 위한 아랍 민족의 "성전"에서 승리를 허락해달라는 기도로 마무리됐다. 하지 아민은 이 회의를 통해 또다시 팔레스타인 문제를 아랍 세계와 무슬림의 최우선 과제로 끌어올리는 데 성공했다.

일부 참석자들은 회의에서 논의된 내용에 만족하지 못했다. 그들은 폭력 행위를 재개해도 좋다는 명시적인 허가를 원했다. 며칠 후 중세 구시가지의 사루자 시장에서 참석자 가운데 100여 명이 비밀리에 다시 모였다. 이들은 기록을 남기지 않았지만, 얼음 배달꾼으로 위장한 한 정보원이 회의 내용을 영국 영사에게 전달했다.

이들은 밤늦게까지 대봉기를 되살릴 방안을 논의했다. 여기에는 영국과 여전히 우호적으로 지내는 아랍 배신자들을 조직적으로 공격하고 협박할 방안도 포함됐다. 대무프티의 측근 야코브 구세인Yacoub Ghussein은 망명 중인 파우지가 보낸 서한을 읽으며 자금과 무기 지원을 호소했다. 파우지는 분할이 강행되면 모든 아랍인이 마지막 피 한 방울까지 흘려서라도 팔레스타인의 해체를 막아야 한다고 선언했다.[91]

같은 날 무사는 스위스 루체른 호수에서 무솔리니가 약속한 7만 5000파운드의 지원금 가운데 마지막 금액을 전달받았다(현재로 따지면 약 400만 파운드 정도 되는 액수다). 트러스티드 대법관은 무사의 휴가를 3개월 더 연장해준 참이었다. 무사는 대법관에게 전보를 보내 "치료차" 카를스바트 온천에 갈 예정이라고 이야기했다.[92]

# 4장

# 검은 일요일

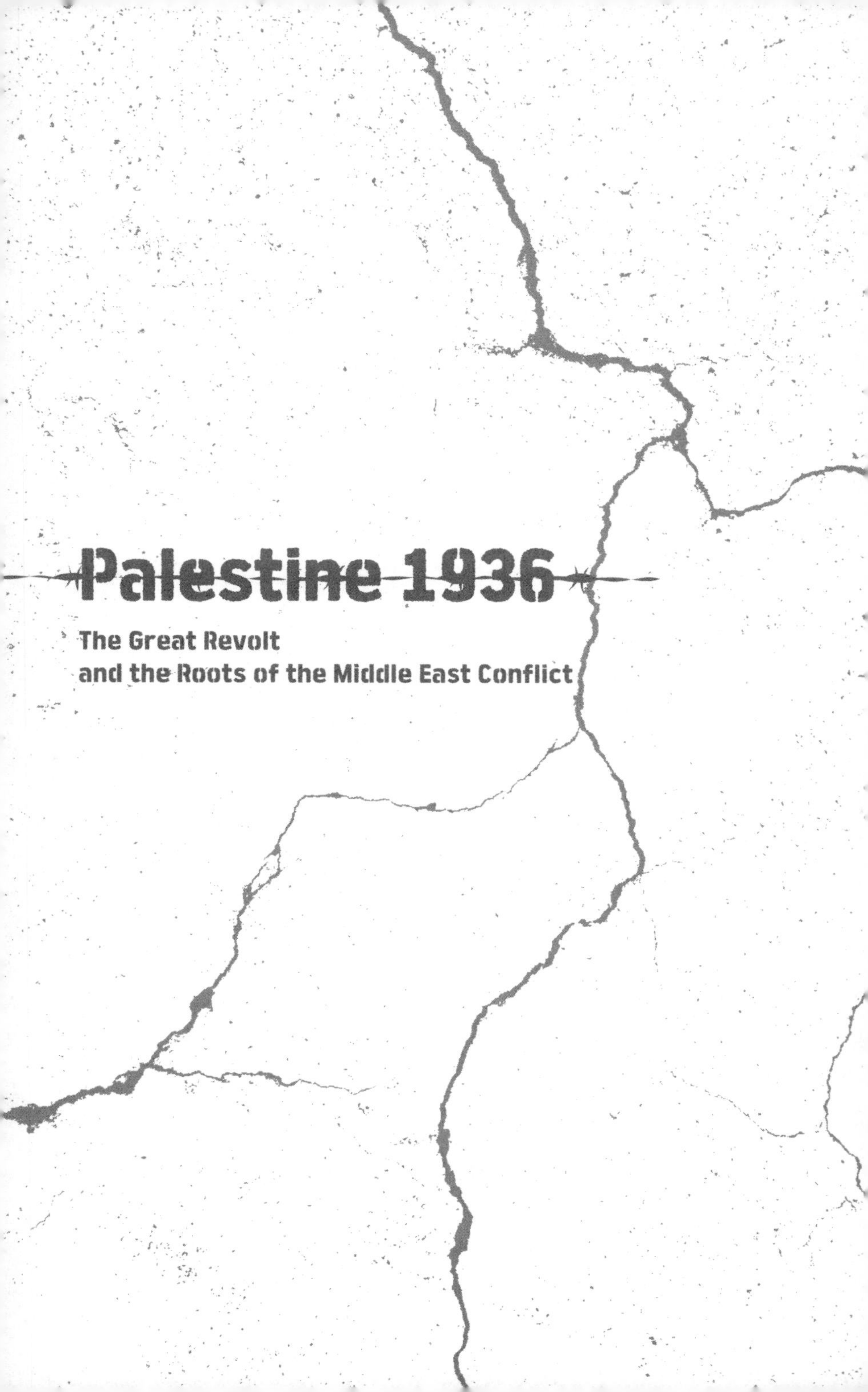
Palestine 1936
The Great Revolt
and the Roots of the Middle East Conflict

제즈릴 계곡과 요르단 계곡이 만나는 지점에는 인구가 4000명 정도 되는 베이산이라는 마을이 있었다. 주민 대부분이 아랍인인 이 마을 바로 남쪽에 무사가 소유한 농지가 있었다. 10여 년 전 정부에서 사들인 땅으로, 매형이자 대무프티의 사촌인 자말 후세이니와 저명한 의사이자 아랍민족주의자인 타우픽 카나안Tawfiq Canaan과 공동으로 소유하고 있었다. 이들은 이 농지에 요새를 닮은 2층짜리 농가를 지어 관리인을 두고 생활하게 했다. 남루드Namrud라는 이름의 이 베두인족 흑인은 네 명의 아내와 함께 농가에 살며 사이프러스와 오렌지, 자몽 나무를 심었다. 농장과 주변 지역은 자라Zar'a라고 불렀다.[1]

무사와 자말은 절친한 사이였다. 대봉기 발발 직전 어느 날, 그들은 두 가족이 함께 사용하는 예루살렘 집에서 커피를 마시며 이야기를 나누고 있었다. 그때 자말이 좋은 생각이 났다고 했다. 선박을 몇 척 사서 겨울철에 감귤류를 유럽으로 수출하자는 것이었다. 제대로만 하면 돈을 꽤 벌 수 있을 것이라고 했다.

자말은 벌써 야파 항구를 떠나는 배들이 보이기라도 하는 양 "한 척이 가면 한 척이 오고, 또 한 척이 가면 또 한 척이 오고"라며 즐거워했다. 자말의 딸인 세레네Serene는 삼촌인 무사를 명석한 비관론자로 기억했다. 무사는 처음에는 자말의 생각이 공상이라며 그저 웃어넘겼지만, 결국에는 동업을 결정했다.

그리고 1936년, 아랍인의 총파업이 시작되며 경제는 무너졌다. 파업 때문에 손을 쓸 수 없으니 과즙이 꽉 찬 오렌지가 땅으로 뚝뚝 떨어지는 모습만 지켜봐야 했다. 그러나 자말은 좌절하지 않고 이번에는 가지를 심자고 했다. 수출길이 막혀도 현지 시장에 팔 수 있다는 생각에서였다. 그렇게 심은 가지가 익어갔지만 파업은 계속됐다. "가지를 절이면 되겠네!" 어느 날 아침 자말이 외쳤다. "원래 가지를 절여서 피클을 담지 않는가."

그들은 통조림 캔을 수백 개 사서 소금물에 절인 가지를 채워 통조림을 만들었다. 그러나 파업은 점점 길어져 이제 4개월째에 접어들고 있었다.

자말은 여전히 절망하지 않고 통조림을 우선 서늘한 지하실에 보관하자고 했다. 무사는 반대했다. 지하실에는 예루살렘의 전 시장이었던 선친이 반세기 전 공들여 편찬한《쿠란》색인집이 가득 들어차 있었기 때문이다.

그러나 대안이 없었다. 할 수 없이 지하실 일부를 치워 공간을 만들고 신학 관련 서적들 곁에 발효 중인 가지 통조림을 쌓아두었다.

대봉기 상황이 점점 심각해지며 무사는 지하실을 대피소로 만들어야겠다는 생각을 하게 됐다. 지하실을 살펴보러 내려간 그는 눈앞에 펼쳐진 광경에 굳어버리고 말았다. 무사의 조카는 그 날의 풍경을 다음과 같이 회상했다.

> 바닥에는 피클 국물이 흥건하고, 그 안에서 가지와 할아버지의 책이 어린아이들처럼 즐겁게 헤엄치고 있었죠. 알고 보니 가지 통조림이 다 터진 것이었어요. 삼촌은 베이산에서 품었던 모든 꿈이 마침내 끝났다는 걸 깨달았습니다.[2]

그렇게 무사는 농장을 팔기로 결심했다.

1936년 8월 28일, 유대민족기금의 토지 구매 담당자는 최근 시장에 나온 매물에 대해 "시온주의에 반대하는 아랍인 주요 인사 세 명이 소유 중"이라고 수첩에 기록하고는 무사와 나머지 공동소유자 두 명의 이름을 적었다.

> 매매 의사는 있지만 더 높은 가격을 원하며, 현재는 소요사태 이전보다 더 높은 금액 요구 중.[3]

무사는 무솔리니와 비밀 거래를 하며 온건파 아랍인으로서 지녔던 신망을 스스로 깎아먹었다. 그는 이제 영국과 유대인이 애타게 찾아 헤매던 온건파가 아니었다. 그런데 이번에는 문자 그대로 시온주의자에게 땅을 내주는 치명적이지만 너무나도 흔한 죄를 저지름으로써 아랍민족주의자로서의 진실성을 훼손하게 되었다.[4]

그러나 그의 선택은 사실 상류층 팔레스타인 아랍인으로서는 전형적인 것이었다. 유력 가문 중에 유대인에게 땅을 팔지 않은 가문은 없었다. 아랍고등위원회의 구성원 여덟 명 가운데 적어도 절반이 토지를 직접 거래하거나 중개했다. 예루살렘의 전 시장 라게브는 스코푸스산 땅을 히브리대학교에 매각했다. 야파 출신의 천주교계 아랍인 알프레드 록Alfred Rock이 매각한 야파 남쪽의 땅은 바트얌이라는 도시가 되었다. 강경파 이스티클랄당의 아우니 압델 하디Awni Abdel Hadi는 유대인이 헤페르 계곡이라고 부르는 중앙해안 근처의 와디하와리스 분지 전체에 대한 매각을 중개했다.[5]

필 위원회가 보고서를 발표하기 직전이었던 1937년 6월 초, 셰르토크는 베이산(히브리 명칭 '베트셰안')에 있는 무사의 농장을 방문했다. 그는 이 땅을 두고 "신마저 버린 듯 위험이 가득한 구석진 땅"라고 표현했다. 베두인족의 습격부터 말라리아의 공격까지 많은 위험이 도사리는 곳이었지만, 셰르토크는 이곳에 정착촌을 건설해야 한다고 주장했다. "베트셰안의 남쪽 끝에 위치한 자라에 말뚝을 박는다면 지역 전체의 소유권에 대한 강력한 선언이 될 것"이었기 때문이다.[6]

사실 시온주의자들은 이미 제즈릴 계곡과 갈릴리 지역 곳곳에 뿌리를 내리고 정착을 진행 중이었다. 거기에 더해 베이산 평야를 손에 넣으면 팔레스타인 북부의 영토적 연속성을 공고히 함으로써 향후 분할안에서 해당 지역을 유대인의 소유로 유지할 수 있다는 계산이었다.[7]

몇 주 만에 모든 준비가 끝났다. 정착 작업을 수행할 이들로는 독일에서 온 이민자들이 선정됐다. 그때까지는 폴란드에서 온 이민자가 가장 많았지만, 히틀러의 위협이 점점 커지고 있는 가운데 곧 독일이 시온주의 이민의 주요 원천이 될 가능성이 컸다.[8]

대부분의 키부츠 정착민들과 달리 독일에서 온 이들 예비 농부는 신앙심이 깊은 경우가 많았다. 이들은 다른 사람을 놔두고 자신들을 그렇게 외지고 위험한 곳으로 파견한 세속적인 시온주의 지도자들의 결정이 차별적이라고 느꼈다.

약속된 1937년 6월 30일 이른 아침, 정착민 선발대가 도착했다. 남루드는 이들에게 커피를 대접하고 읽지 못할 글씨가 가득한 종이에 지장을 찍었다. 이로써 거래가 완료됐다. 남루드가 살던 요새 같은 농가는 티라트 즈비(Tirat Zvi, 즈비의 요새)라고 불리게 됐다. 시온으로의 귀환을 외친 19세기 독일 랍비의 이름을 딴 것이었다.

뒤이어 사람 100명과 트럭 여섯 대, 트랙터, 불도저가 도착했다. 이들은 오두막과 막사를 지을 나무 기둥을 내리고 발전기를 설치한 다음 요새에서 지그재그 모양으로 뻗은 방어 참호를 네 개 팠다. 긴 철제 울타리 두 개를 세운 후에는 지붕에 서치라이트를 설치했다. 그러고는 진흙으로만 되어 있던 기존 벽에 자갈을 덧대어 총알을 막을 수 있게 했다.[9]

티라트 즈비는 '벽과 탑 Wall and Tower'이라고 불린 새로운 정착 캠페인하에서 건설된 첫 정착촌이 되었다. 영국이 계승한 오스만의 옛 건축법에서는 지붕이 있는 구조물을 하루 안에 지을 경우 별도의 허가를 받을 필요가 없었다. 건설자들은 낮 시간을 가능한 한 길게 활용하기 위해 동이 트기 전부터 작업을 시작했다. 많은 경우 주변 정착지에서 모집한 수백 명의 농업 노동자가 건설을 도왔다. 지난겨울을 시작으로 시온주의 지도부는 이미 여덟 개의 '일출 일몰 건설' 정착지를 제즈릴 계곡과 갈릴리 호수 일대에 건설한 바 있었다.

티라트 즈비가 건설된 지 일주일도 되지 않아 일군의 미국인들이 카르멜산과 사마리아 사이의 언덕 지역에 키부츠를 만들었다. 유대인에게는 마나세고원으로, 아랍인에게는 빌라드 알루하(Bilad al-Ruha, 바람의 땅)로 알려진 지역이었다.

미국 애틀랜틱시티에서 갓 이민 온 도로시 칸Dorothy Kahn이라는 《팔레스타인 포스트》 기자는 키부츠에 대해 다음과 같은 글을 쓰기도 했다.





베두인족의 검은 천막으로 둘러싸인 이 거칠고 외진 곳에서 디트로이트나 시카고 출신의 젊은 여성들이 소총을 어깨에 메고 허리에 탄창 띠를 두른 채 걸걸한 미국식 비속어를 툭툭 내뱉으며 돌아다니는 모습을 보는 것은 신기한 경험이다.

칸은 키부츠의 조립식 오두막을 시어스로벅 주택Sears Roebuck Homes에 비유했다. 시어스로벅 주택은 서부 개척 시대 미국의 최전방 정착민들의 요새이자 집이었다.

당시 미국 연방 대법원의 현직 대법관이었던 루이스 브랜다이스Louis Brandeis가 이 키부츠에 조용히 5만 달러를 기부했다. 정착민들은 그에 대한 (꽤나 요란한) 감사의 마음을 담아 자신들이 개척한 농장에 에인 하쇼페트(Ein Hashofet, 판사의 샘)라는 이름을 붙였다.[10]

## 신의 선물

1937년 여름, 루이스 옐런드 앤드루스는 갈릴리의 지구판무관으로 승진했다. 사실상의 주지사에 해당하는 직책이었다.[11]

이 승진의 배경에는 필 위원회의 분할안을 상당 부분 밀어붙인 "재미있는 교수 양반" 쿠플런드가 있었다. 팔레스타인을 분할하기 위해서는 실행력을 갖춘 담당자가 필요했다. 아랍의 농업적 보루에서 유대 국가의 후배지로 변신해야 하는 갈릴리 지역의 경우 더욱 그랬다. 쿠플런드는 온건파 아랍인이 분할을 지지할 것이라는 확신을 준 앤드루스야말로 "아랍인과 유대인 모두에게 단호하게 대처할 수 있는" 유일한 담당자라고 믿었다.[12]

20년 동안 팔레스타인은 앤드루스의 삶 자체였다. 호주인인 앤드루스는 제1차 세계대전 때 노먼 벤트위치의 낙타 수송대에서 복무하며 처음 팔레스타인에 방문했다. 그는 낙타를 시나이에서 시리아로 이동시키는 과정에서 손가락 두 개를 잃기도 했다.[13]

휴전 후 팔레스타인으로 돌아온 그는 새롭게 들어선 위임통치령 행정부에 합류했다. 1921년과 1929년 폭동 때는 하데라에서 유대인들을 구출하기도 했다.[14]

앤드루스는 늘 강단 있는 모습이었고, 대화를 좋아했다. 그는 주로 머리에 흰 케피예를 두른 채 말을 타고 다녔으며, 행정부 관리 가운데 거의 유일하게 지역의 두 언어에 모두 능통한 인물이었다. 예루살렘의 한 아우드oud• 연주자는 일기에 앤드루스를 언

• 중동 지역의 전통 현악기.

급하며 "의심의 여지없이 영국 전체에서 동양과 아랍인 그리고 그들의 관습을 가장 잘 아는 인물"로 평가했고, "매우 유창하고 고급스러운 아랍어를 구사한다"고 덧붙였다.[15]

그러나 일부 아랍인은 앤드루스를 편파적인 인물로 보았다. 나블루스의 이스티클랄 활동가 아크람은 그를 "아랍인에 대한 잔인함과 적개심으로 유명한 인물"이라고 평했다. 나자레스 치안 판사 재판소의 재판관 안와르 누세이베Anwar Nusseibeh 또한 비슷한 인상을 기록했다.[16]

몇 년 사이에 암살 시도를 두 차례나 겪은 앤드루스는 피터 매큐언Peter McEwan이라는 경관을 경호원으로 대동하고 다녔다.

평생 교회에 다닌 앤드루스는 매일《성경》을 읽었다. 또한 젊은 시절 경험으로 팔레스타인의 지리를 호주나 영국의 지리보다 더 잘 알고 있었다. 대봉기 발발 직후 육군 공병대가 반군의 은신처로 의심되는 베들레헴 근처의 돔 건물을 철거하려고 한 적이 있었다. 철거 직전 앤드루스의 개입으로 가까스로 파괴를 면한 이 건물은 성소 '라헬의 무덤'이었다.

한번은 네타냐라는 새로운 도시의 설립자와 대화를 나누다가 벌떡 일어나 이렇게 외치기도 했다.

> 우리 기독교인은 반드시 유대 국가가 건국되어야 메시아가 오셔서 인류를 구원하실 거라는 믿음을 가지고 있습니다. 평생 유대 민족의 재탄생에 조력자가 되고자 했던 제가 이런 역할을 맡게 된 것은 정말 큰 행운입니다.[17]

앤드루스가 원하던 대로 그에게 기회가 주어졌다. 영제국의 그 많은 행정구역 중에 갈릴리가 그의 관할이 되었고 나자레스가 그의 집이 된 것이다. 앤드루스는 마흔한 살 생일 직전에 맡게 된 이 직책을 신의 선물로 여겼다.

한편 그로부터 몇 달 전 윌리엄 데니스 배터스힐William Denis Battershill이 하이파 항구에 도착했다. 키프로스에서 전출되어 온 그는 팔레스타인의 부副고등판무관으로 근무할 예정이었다. 상관인 워코프의 상징이 신사 모자와 연미복이었다면, 배터스힐의 상징은 완벽하게 둥근 안경이었다.

배터스힐이 제일 처음 만난 팔레스타인 관리가 바로 앤드루스였다. 앤드루스는 배터스힐에게 갈릴리 호수 지역을 안내해주었다. 두 사람은 나이가 같았고, 성공회 교도로서 같은 신앙관을 공유했다. 그러나 속내를 잘 보여주는 호주인 앤드루스와는 달리 영국인 배터스힐은 매주 콘월의 어머니에게 보내는 편지에서만 신앙심을 드러냈다.

배터스힐은 어머니에게 보낸 첫 편지에서 다음과 같이 말했다.

> 사랑하는 어머니, 이곳에서의 일은 한눈에 보기에도 매우 어려울 것 같습니다. (…) 이곳의 모든 것이 극도로 이상합니다.

다음 주에는 이런 편지를 보냈다.

> 사랑하는 어머니, 이곳은 알아갈수록 점점 더 이상해지기만 합니다. 정말 어디서도 본 적이 없는 특이한 곳이라는 생각이 듭니다.[18]

비교적 평온했던 키프로스 시절과 달리 배터스힐은 매일 늦게까지 일해야만 했다. 그는 어머니에게 보낸 편지에서 "이스라엘을 지키시는 이는 졸지도 아니하시고 주무시지도 아니하시리로다"라는 《성경》의 〈시편〉 구절을 인용하며 "시편을 지은 다윗의 말이 사실이었다"고 말하기도 했다.

그러나 배터스힐은 그 모든 일이 가치 있는 일이라며 "세상 어떤 일과도 바꾸지 않겠다"고 덧붙였다.[19]

8월이 되자 워코프 고등판무관은 영국으로 장기휴가를 떠났다. 배터스힐은 어머니에게 이런 편지를 보냈다.

> 사랑하는 어머니, 앞으로 두어 달 동안은 제가 고등판무관님의 역할을 대신해야 합니다. 책임이 무겁지만 꺼리는 마음은 조금도 없습니다. (…) 현재 상황은 비교적 조용한 편입니다. 앞으로도 그러하기를 바랄 뿐입니다만 이 평범치 않은 지역에서 누가 앞일을 알 수 있을까요?[20]

앤드루스의 생일이었던 일요일, 매큐언 경관은 저녁 예배를 위해 앤드루스를 태우고 자신이 교구 위원으로 봉직하던 나자레스 성공회 교회로 갔다. 교회에 도착하니 앤드루스의 부관이 옆에 차를 세웠다. 그렇게 차에서 내려 함께 교회로 걸어가던 그들의 눈에 케피예를 쓴 남자 세 명과 타르부시를 쓴 남자 한 명이 들어왔다. 뭔가 낌새가 이상했다.[21] "도망쳐!" 앤드루스가 외쳤다.

남자들이 총을 쏘기 시작했다. 경관은 총에 맞고 쓰러졌지만 의식을 잃기 전까지 총을 쏘며 반격했다. 교회로 달려가던 앤드루스는 계단에서 목 정맥에 총을 맞고 쓰러졌다. 남자들은 쓰러진 그의 몸에 총을 아홉 번 더 쐈다. 앤드루스의 부관은 죽은 척하며 바닥에 누워 있었다. 세 명 모두 죽었다고 확신한 남자들은 빠르게 흩어졌다.[22]

아랍고등위원회는 사건을 규탄한다며 단 한 문장짜리 성명을 발표했고, 아랍 신문들은 이를 별도의 논평 없이 실었다. 《필라스틴》은 자제를 요청했다.[23]

앤드루스와 매큐언의 장례식은 시온산의 개신교 공동묘지에서 군장軍葬으로 치러졌다. 고위층 영국 인사와 유대인 인사가 대거 참석했다. 아랍인 인사 중에는 후세인 할리디가 유일한 참석자였다. 조례포가 발사되고 추모의 트럼펫 소리가 울렸다. 성공회 주교는 앤드루스가 가장 좋아했던 시편을 낭독했다. 벤트위치는 앤드루스의 "용기와 유쾌함, 뛰어난 수완"을 회고했다. 영국 국기와 호주 국기가 그의 관을 감쌌다. 앤드루스의 묘비에는 그가 팔레스타인을 위해 목숨을 바쳤다고 새겨졌다. 앤드루스의 시신을 본 동료는 그의 얼굴에 미소가 남아 있었다고 전했다.[24]

경찰견이 범인을 쫓았지만 무슬림 공동묘지 근처에서 냄새를 놓쳤다. 그러나 어쨌든 경찰은 관련자로 의심되는 100여 명을 구속해 모두를 아크레에 있는 교도소에 구금했다.[25]

대봉기 때 영국군과 경찰에서 20명 정도의 사망자가 나오기는 했지만 정부 고위 관료가 사망한 것은 이번이 처음이었다. 워코프가 아직 영국에서 뇌조雷鳥를 사냥하며 휴가를 즐기고 있으니 질서 회복은 배터스힐의 몫이었다. 앤드루스가 살해당한 다음 날 식민장관 고어에게서 전보가 도착했다. 영국의 대표들이 살해당하는 모습을 가만히 지켜보고만 있어서는 안 된다는 내용이었다.

하지 아민이 암살에 연루됐다는 증거는 없었다. 그러나 고어는 이미 하지 아민이 팔레스타인 정세 불안의 주요 원인이자 분할을 가로막는 최대의 걸림돌이며 "속이 시커먼 악당"이라는 결론을 내린 후였다. 영국 추밀원에서는 6개월 전 위임통치령 정부에 "반역, 봉기, 폭동" 진압에 대한 자유 재량권을 부여한 바 있었다. 이를 바탕으로 고어는 배터스힐에게 대무프티 제거를 승인했다.[26]

사실 배터스힐로서도 바라던 바였다. 앤드루스가 살해된 후의 나날은 배터스힐에게도 최악의 날들이었다. 그는 일기장에 "악몽 같았다"고 휘갈겨 썼다.[27]

10월 1일, 배터스힐은 무슬림최고위원회 수장 자리에서 하지 아민을 쫓아내고 이슬람 자선 신탁기금 관리권 또한 박탈했다. 아랍고등위원회는 불법 단체로 선포됐다.

아랍고등위원회 구성원에 대한 체포 영장이 발부됐다.[28]

팔레스타인 외부에 있던 네 명에 대해서는 입국 금지 조치가 내려졌다. 대무프티의 사촌인 자말은 베이루트로 도피했다. 하루 만에 네 명이 체포되어 인도양의 영국령 식민지 세이셸로 추방됐다. 그중에는 앤드루스가 온건파로 분류하며 분할안의 지지자가 되어줄 것이라 확신했던, 그리고 그의 장례식에 참석했던 후세인 할리디도 있었다. 다니엘 오스터Daniel Auster 부시장이 시장에 취임하며 2000년 만에 성도聖都 예루살렘을 관장하는 최초의 유대인이 되었다.[29]

대무프티는 수배자 신세가 됐지만 다른 인사들과 달리 하람 알 샤리프에 위치한 자택에 안전하게 숨어 있었다. 그는 5개월 동안 바깥출입 없이 아프리카 경호원들의 보호를 받으며 지냈다. 무프티는 주로 서벽으로 향한 창밖을 응시하며 시간을 보냈다.[30]

12일 후, 동이 트기 전 하지 아민은 베두인 복장을 하고 하람 성벽을 내려왔다. 야파 항구에 도착한 그는 낡은 배에 몸을 싣고 북쪽의 시리아로 향했다.

시리아의 프랑스 위임통치 당국이 레바논 해안에서 대무프티를 체포했다. 크게 관심이 가는 인물은 아니었지만 대무프티는 나름 정치적 망명자였고 다른 아랍 국가에서는 받아주지 않을 것이 뻔했다. 게다가 영국의 신경을 건드릴 수 있다는 것만으로도 가치가 있었다. 프랑스는 경찰의 보호를 받는다는 조건하에 대무프티의 체류를 허가하기로 결정하고 베이루트 북쪽 마을의 한 저택으로 그를 이동시켰다. 이렇게 팔레스타인의 아랍 지도부는 망명 상태가 되었고, 수십 년 동안 돌아가지 못했다.[31]

배터스힐은 무사에게 짐을 싸서 출국할 것을 명령했다. 무사는 강제 사임이 임박한 가운데 장기휴가 상태에 있었다. 경찰은 인물 보고서에서 무사를 두고 "공직자로서의 지위에 걸맞지 않게 정치에 과도한 관심을 보였다"고 기록했다.[32]

충격에 빠진 무사는 아내와 함께 베이루트의 한 호텔로 거처를 옮겼다.

히브리대학교의 매그네스 총장은 무사의 복직을 위해 애썼다. 그는 예루살렘 성공회 주교에게 무사가 자신이 만나본 사람 가운데 "가장 깨끗하고 공정한 사람"이라고 강조했다. 그러고는 다음과 같이 호소했다.

정녕 팔레스타인을 위하는 그의 고결한 정신과 순수한 품성을 다시 활용할 수는 없는 것입니까? 그와 같은 사람은 정말 찾아보기 어렵습니다.[33]

그러나 영국은 타협에 응할 기분이 아니었다. 10월 14일, 예루살렘 외곽에서 매복하던 반군들이 버스 두 대를 공격했다. 같은 시간, 총을 든 10여 명의 남성이 하이파에서 야파로 향하던 기차를 탈선시키고는 탑승자 중에 유대인이 있는지 물었다(경찰관 한 명이 이들과 맞서 싸워 승객 수십 명을 구했다). 베들레헴 인근 솔로몬 저수지에서는 경관 두 명이 살해됐고, 경찰들이 자주 가는 예루살렘의 한 카페에서는 폭탄이 발견됐다. 반군들은 이라크에서 오는 송유관을 파괴했고, 리다의 주 공항을 공격해 건물 몇 채를 불태웠다.

배터스힐은 공격이 발생한 지역 인근 마을에 23시간 통행금지령을 내리고 집단 벌금을 부과하는 한편 대대적인 체포 작전을 벌였다. 라말라 인근의 한 마을에서는 열차 탈선 사건에 연루됐다는 혐의로 학교 교장이 수업 중에 군인들에게 잡혀가 구금됐다. 용의자들의 집 다수가 즉각 철거됐다.

영국은 이것을 의심의 여지가 없는 대봉기의 재개로 보았다.[34]

식민장관은 체임벌린 총리에게 다음과 같은 내용의 서한을 보냈다.

워코프 고등판무관은 참으로 친절하고 사람 좋은 인물입니다. 그러나 상황이 좋을 때는 괜찮지만 폭풍우를 헤쳐나갈 만한 인물은 아니죠. (…) 지금은 중대하고 위태로운 시기입니다. (…) 어중간한 조치가 통할 때가 아닙니다.

장관들 또한 워코프 고등판무관을 해임해야 할 시기가 왔다는 데 동의했다.[35]

팔레스타인 사령부는 새로운 장군이 맡게 됐다. 이프르 전투에서 한쪽 눈을 잃고 오스만에서 성지를 탈환하는 데 일조한 바 있는 아치볼드 웨이벌Archibald Wavell이었다. 취임 후 그가 내놓은 첫 번째 권고는 민간의 감독을 받지 않고 항소권도 인정하지 않는 군사법원의 설치였다. 무기 소지자는 최대 사형까지 처할 수 있게 됐다.[36]

영국은 이번에는 어떤 대가를 치르더라도 팔레스타인 봉기를 진압하겠다고 결심했다. 그렇지만 전혀 다른 곳에서 테러가 발생할 것이라고는 예상하지 못했다.



## 오직 이를 통해서만

우리 즈비 그린베르크Uri Zvi Greenberg는 바르샤바에서 몇 년간의 시온주의 활동을 마치고 이제 막 팔레스타인으로 돌아온 참이었다. 작가인 그는 처음에는 디아스포라 언어였던 이디시어로 작품 활동을 시작했지만 이제는 히브리어를 선호했다. 사회주의자였던 그린베르크는 수정시온주의자가 됐다. 동유럽에서의 활동은 그로 하여금 이제 그곳에서 유대인의 삶은 끝났다는 확신을 갖게 했다.

나치 독일은 1937년 여름 부헨발트에 정치범 강제수용소를 만들었다. 그해 늦가을 요제프 괴벨스는 '영원한 유대인The Eternal Jew'•이라는 제목으로 전시회를 열었다. 뮌헨에서 열린 이 전시에는 무려 40만 명이 몰렸고, 베를린과 빈에서도 수많은 관객을 모았다.[37]

폴란드의 상황도 독일 못지않게 절망적이었다. 1937년 한 해 동안 "폴란드 민족에 대한 모욕"을 이유로 유대인 7000명이 재판을 받았고, 8월에만 반유대주의적 공격 사건이 350건 발생했다. 대학에서는 민족주의 학생 단체들이 "유대인 없는 날"을 시행했다. "유대인 없는 날"은 "유대인 없는 주"로 확대되었다. 이들은 교수진에게 유대인 학생 지정석인 "게토 의자" 설치를 요구했다(많은 유대인 학생이 이 의자를 거부하고 선 채로 수업을 들었다). 비공식적으로 시작된 유대인 입학 제한은 나중에는 공식화되어 입학 가능 학생 수가 절반으로 줄었다. 유대인에 대한 경제적 소외와 국외 이민 장려는 폴란드 정부의 공식 정책이 됐다. 런던 주재 폴란드 대사는 팔레스타인을 시온주의자들에게 넘기라고 영국을 압박했다. 폴란드에 있는 "잉여" 히브리인을 밀어내야 한다는 게 이유였다.[38]

이웃의 루마니아 또한 폴란드와 같은 동기로 시온주의를 지지했다. 1937년부터 부쿠레슈티변호사협회는 유대인의 변호사

• 유대인을 조롱하는 내용의 그림 등을 전시했다.

활동을 금지했다. 변호사협회 회장은 루마니아인에게 어서 "쓰레기"를 가져다 버리라고 독려하며 "신발이 아프면 벗어버리면 된다"고 말했다(그는 그해 말 외무장관으로 임명됐다). 총리가 속한 당의 상징은 나치와 같은 갈고리 십자가였으며, 당의 공약은 거의 모두 반유대주의적 내용이었다. 총리는 한 미국 기자에게 이렇게 말했다.

> 유대인 문제는 오래된 문제입니다. 간단히 말해 여기에 유대인이 너무 많다는 게 문제입니다.

그는 이 문제에 대한 "최종 해결책"으로 유대인의 민족적 고향을 이야기하며 "기왕이면 멀면 멀수록 좋다"고 덧붙였다.[39]

루마니아 총리의 마지막 말에는 그린베르크도 동의했다. 확실히 유대인은 당장 유럽을 떠나야 했고, 이스라엘 땅은 그들에게 대체할 수 없는 피난처였다. 그린베르크가 1937년 발표한 히브리어 시집《성토와 신앙의 서*The Book of Denunciation and Faith*》는 영국과 "아랍-아말렉 족속"을 비판했다. 그러나 가장 강렬한 비난이 향한 곳은 하블라가, 즉 자제만을 끈질기게 고집하는 벤구리온의 좌파 시온주의 지도부였다. 그는 자신의 시에서 "5696년(서기 1936년의 히브리력 표기)의 시신을 앞에 두고 자제만을 설교하는, 다윗의 왕좌를 위해 아라비아의 동맹을 구하는 이들"을 비난했다.

> 분노의 근원이 되는 슬픔에 축복 있으라
> 통찰과 지성을 주어 잔인하면서도 거룩한 행동을 불러오는

그 분노에 축복 있으라

이들 앞에 산은 녹아내리고 골은 메워지리니[40]

이런 생각을 한 것은 비단 그린베르크만이 아니었다. 6년 전 시온주의 지도부에 불만을 품은 하가나 단원들이 일부 수정주의 청년들과 민족군사기구National Military Organization, 즉 이르군 즈바이 레우미Irgun Zvai Leumi를 결성한 바 있었다. 이르군은 주로 자보틴스키에 대한 이념적 충성심으로 모인 느슨한 조직이었지만, 그 표식에는 팔레스타인과 트랜스요르단의 지도 위로 소총을 굳게 든 팔이 그려져 있고 '락 카흐(Rak Kach, 오직 이를 통해서만)'라는 히브리어 문구가 새겨져 있었다.

대봉기가 처음 시작되고 1년이 지난 1937년 4월, 분파의 절반이 다시 하가나로 돌아갔다. 자보틴스키는 입국 금지로 여전히 팔레스타인에 들어올 수 없었지만 남은 조직원들을 자신이 직접 지휘하겠다고 발표했다.

자보틴스키는 "이르군은 히브리 국가 설립을 위해서는 독립적인 군사조직이 필요하다는 개념과 목적 위에 설립됐다"며 "하블라가 문제는 이제부터 제에브Ze'ev가 결정하겠다"고 자신을 히브리어 이름으로 지칭하며 말했다.

현 상황에서 나의 명령은 다음과 같습니다. 폭동이 다시 일어난다면, 그들이 다시 유대인을 공격하려 한다면, 자제하지 마십시오.[41]

자보틴스키는 열정적인 수사를 쏟아냈지만, 사실 그 이면에는 양가감정이 존재했다. 그는 아랍인의 끊임없는 공격에 대한 보복이 정당하다고 생각했지만, 그러한 보복이 불러올 불가피한 민간인 희생자들을 떠올리면 괴로웠다. 그는 둘을 분리하려고 애썼다. 자보틴스키는 현장의 이르군 사령관들에게 보복을 승인할 때 자신의 이름이 아닌 "멘델슨Mendelson"이라는 가명으로 전보를 보냈다. 그는 보복의 세부 계획에는 참여하지 않았고, 암호를 담은 전보를 몇 번이나 보냈다가 황급히 취소하곤 했다.[42]

예루살렘의 이르군 사령관 다비드 라지엘David Raziel을 비롯한 현장의 지휘부는 전혀 그런 갈등에 시달리지 않았다. 리투아니아에서 태어난 라지엘은 종교적인 환경에서 성장해 대학에서는 수학과 과학을 전공했다. 그러나 그가 진정 열정을 느끼는 것은 전투였다. 라지엘은 '구시 할라브의 요한(로마에 대항한 유대인 반란을 이끈 장군)', '아나트(셈족이 모시는 전쟁의 여신)의 아들' 등의 필명으로 교련과 무기에 대한 최초의 히브리어 교본을 내놓았다.

11월 9일, 예루살렘 인근의 키부츠에서 총을 든 아랍인들이 유대인 농업 노동자 다섯 명을 살해하는 사건이 발생했다. 이르군은 곧바로 보복에 나섰다. 닷새 후 아침 7시가 되기 조금 전, 말라 마을 출신의 이브라힘 카람Ibrahim Karam이라는 아랍인 남성이 예루살렘 레하비아 인근에서 나귀를 몰고 가다 총에 맞아 죽고, 그 형제인 무사Moussa는 중상을 입었다. 30분 후에는 베이트 사후르 출신의 아랍인 노동자 두 명이 구시가지 인근 초정교도 지구 근처에서 살해됐다. 그로부터 몇 시간 후 마하네 예후다 시장 근처를 지나던 버스가 총격을 받아 야파 출신의 기독교계 아랍 여성 두 명을 포함해 세 명이 숨졌다.

아랍 민간인 열 명이 사망하고, 그 이상이 부상을 당했다.

라지엘은 마침내 유대인의 명예를 회복하고 아랍인에게 두려움을 심어줬다며 득의양양했다. 그는 드디어 하블라가의 망상을 깨뜨렸다고 기뻐하며, 이슈브 공동체가 수동적인 태도를 버리고 "적극적인 방어"에 나서야 한다고 강조했다.

그는 "패배하고 싶지 않은 자에게 선택은 공격뿐"이라며 "모든 전쟁의 목표는 적의 의지를 꺾고 승자의 의지를 관철시키는 것"이라고 주장했다.[43]

공격에 대한 질문을 받은 런던의 자보틴스키는 모호한 태도를 취하며 "보복을 주도한 단체는 없다"고 주장했다. 그는 유대인 보호에 실패해 유대인이 스스로 정의를 구현하도록 만든 정부를 비난했다. 그러나 사실 그는 심한 내적 갈등을 겪고 있었다. 공격 계획을 몰랐을 가능성이 높은 자보틴스키는 다음번에는 보복의 계획 단계에서 아랍인에게 미리 경고를 하라고 지시했다. 라지엘은 그의 지시에 의아해하며 아예 공격을 단행한 단원들의 이름과 주소도 공지하는 게 어떻겠냐고 받아쳤다.[44]

주류 시온주의 진영은 이 사태에 경악을 금치 못했다. 유대인 기구는 테러 행위가 시온주의 투쟁의 가치를 깎아내리고 그 명성을 더럽혔다고 비난했다. 격노한 벤구리온은 테러로 살해당한 가난한 아랍인 채소 장수를 언급하며 "가장 끔찍한 것은 그 옆에서 유대인 아이들이 춤을 추고 있었다는 사실"이라고 개탄했다.

고등판무관 대행 배터스힐은 자보틴스키의 아들을 포함한 20여 명의 수정시온주의자를 아크레 감옥에 구금하라는 명령을 내렸다.

《팔레스타인 포스트》는 사건이 벌어진 날을 "검은 일요일"로 명명하고 다음과 같은 글을 실었다.

> 순교자들의 피는 시온주의의 씨앗이다. 야만의 씨앗이 아니다.[45]

한편 레바논과 시리아는 팔레스타인의 난민과 망명자 들이 모여드는 거점이 됐다. 1년 전부터 불안한 상황을 피해 탈출한 난민 수만 명이 이들 국가로 향했고, 하지 아민이 자리 잡은 베이루트 근교의 저택은 팔레스타인을 탈출한 아랍의 저명인사라면 반드시 들러야 할 필수 방문지가 됐다. 다마스쿠스에서는 팔레스타인 민족성전중앙위원회Central Committee for National Jihad in Palestine라는 새로운 단체가 창설됐다. 이스티클랄당 소속의 나블루스 지식인 이자트 다르와자Izzat Darwaza가 이끄는 이 단체는 대봉기에 참여하는 파편화된 무장단체들의 활동을 조율하고 이끄는 것이 목표라고 밝혔다. 그러나 실제로는 팔레스타인 곳곳에 분산되어 있는 여러 반군 지도자에게 국외에 있는 대무프티의 명령을 전달하는 역할을 했다.

상황은 급박하게 돌아갔고, 빠르게 성장 중이던 시온주의 정보기관들은 이 모든 정보를 감청하고 있었다.[46]

한편 대무프티는 크게 실망하고 있었다. 팔레스타인 문제를 중동 지역의 핵심적인 대의명분으로 만들려는 그의 노력에도 아랍 국가들은 기대를 저버렸다. 대무프티는 작은 레바논보다는 아랍민족주의의 중심지인 시리아의 다마스쿠스에서 망명 생활을 하고 싶었지만, 시리아의 지도자들은 프랑스와의 독립 협상에 정신이 팔려 팔레스타인의 투쟁에 관심을 두지 않았다. 이집트 또한 내부 사정이 복잡했다. 이집트는 영국의 심기를 건드렸다가는 자칫 식민 통치에서 벗어나는 길이 험난해질 수도 있다는 생각에 선뜻 나서지 않았다. 이라크도 내부 문제로 고생 중이었다. 영국이 계속 버티고 있는 것도 문제였지만, 수니파와 시아파, 쿠르드족 간의 반목이 점점 심해지고 있었다. 대무프티는 한숨을 쉬며 어차피 아랍인이 팔레스타인의 대의를 위해 단결하지 못한다면 차라리 고향으로 돌아가서 순순히 자수하고 세이셸의 추방당한 형제들과 함께하는 게 낫겠다고 한탄하기도 했다.[47]

갈릴리에서는 앤드루스를 암살한 자들을 찾기 위한 추적이 계속됐다. 사실 암살 발생 하루 전 경찰은 첩보를 받고 앤드루스에게 이를 경고한 바 있었다. 나자레스 인근의 사푸리아에서 온 남자 세 명이 어떤 대가를 치르더라도 앤드루스를 제거해야 한다는 지령을 품은 채 돌아다니고 있다는 첩보였다. 경찰은 인상착의가 일치하는 용의자 한 명을 확보했다. 농부로 일하며 가끔 반군의 전투에 참여하는 아부 라브Abu Rab라는 이름의 남자였다. 그는 사푸리아에서 온 압둘라 무함마드Abdullah Mohammed라는 사람이 자신을 찾아와 민중의 적 앤드루스가 분할안을 추진할 것이니 함께 제거하자는 제안을 했다고 자백했다. 압둘라에게는 이미 계획에 참여할 두 명의 남자가 있었지만 한 명이 더 필요했다.

> 얘기를 듣고 관심이 생겼습니다. 저는 충실한 신자이고, 암살을 돕는 것이 민족에 봉사하는 길이라고 생각했습니다.[48]

수사 끝에 나타난 인물은 흰 수염을 기른 일흔다섯 살의 파르한 사아디Farhan Sa'adi였다. 한때 팔레스타인 경찰이었던 이 나이든 장로는 이즈 알 딘 알 카삼의 부관이 되기 위해 경찰직을 버렸다. 그가 이끄는 조직의 이름은 '알 카삼의 형제들'이라는 의미의 '이크완 알 카삼Ikhwan al-Qassam'이었다. 많은 아랍인이 파르한을 전사한 이즈의 후계자로 여겼다. 대봉기의 기폭제가 된 그리스 출신의 가금류 상인 이스라엘 하잔 살해 사건의 배후에도 그의 조직원들이 있었다. 파르한은 그 후 봉기에서 주역으로 활동하며 적어도 두 차례 이상 부상을 입었다.

라마단 기간의 어느 비 내리는 밤 자정, 경찰과 군대가 예닌 인근의 마을을 포위했다. 파르한은 곡물 창고 뒤쪽에 숨어 있다가 발견됐다. 그는 군사법원에서 재판받는 최초의 용의자 가운데 한 명이 됐다. 재판을 참관한 한 아랍 기자는 침착한 모습으로 사형을 선고받는 파르한의 모습에 깊은 인상을 받았다. 사흘 후 파르한은 아크레의 교도소에서 교수형에 처해졌다.

다마스쿠스에 망명 중인 이스티클랄 활동가 아크람은 "이즈의 순교 이후 이토록 민족 전체를 뒤흔든 순교는 파르한이 유일하다"며 영국을 악당이라 비난했다.[49]

배터스힐은 식민부에 다음과 같은 내용의 서한을 보냈다.

> 상황이 나쁘다는 사실은 숨길 수 없습니다. (…) 매일 암살과 암살 미수 사건이 발생하며, 폭탄 투척 또한 비교적 흔한 일이 됐습니다. 공공기물 파손도 빈번하며, 무장한 무리들이 거리를 활보하고 있습니다. 유대인 측에서도 대규모 보복을 시작했습니다. (…) 아랍인 암살자들은 상대가 중요 인사든 아니든 일단 유대인을 죽이면 만

족합니다. 최근의 사례가 보여주듯 보복에 나선 유대인은 아랍인 여성 두 명을 죽여놓고 만족하는 실정입니다.

정부의 징벌 조치가 가혹하다는 의견에는 배터스힐도 동의했다.

솔직히 말하면 저도 이러한 조치들이 지나치게 탄압적이라는 것은 인정합니다. 아마 저뿐 아니라 식민지 행정부의 모든 직원이 이러한 조치를 달가워하지 않고 있을 것입니다.

그러나 그 가혹한 조치는 모종의 성과를 내고 있는 것처럼 보였다. 군사재판이라는 말이 주는 인상 자체가 즉결적이고 극단적이었으며, '사형'이라는 단어의 반복은 분명 위압적인 울림을 주었기 때문이다.[50]



## 불안한 운명

안토니우스는 전기도 들어오지 않는 한 개울가 오두막에 앉아 있었다. 그가 있는 곳은 란프로센이라는 이름의 전형적인 웨일스 시골 마을이었다. 집은 크지 않았지만 혹시라도 아내와 딸이 방문할 것에 대비해 공간을 마련해 놓았다. 그는 아내 케이티에게 보낸 편지에 "이런 삶이 지긋지긋하다"고 썼다. 안토니우스의 한 가지 소망은 집필 중인《아랍의 각성》원고를 하루빨리 완성하는 것이었다.[51]

사실 그러한 책이 나오기에 적절한 시점이었다. 영국과 국제연맹은 팔레스타인의 운명을 저울질하는 중이었고, 독일과의 전쟁 가능성은 점점 커지고 있었다. 팔레스타인의 유대인 인구는 40만 명으로 증가해 전체 인구의 약 30퍼센트를 차지하고 있었다. 그동안 홍보 실력을 갈고닦은 시온주의 진영은 영국에서, 그리고 이제는 미국에서 점점 더 영향력 있는 지원군을 끌어모으고 있었다. 아랍 팔레스타인 인사들도 더 늦기 전에 반격을 가해야 했다.

안토니우스의 아내 케이티 님르Katy Nimr는 레바논의 귀족 가문에서 태어났다. 아버지 파리스Faris는 이집트계 레바논인으로, 베이루트와 카이로에서 자유주의적 민족주의 정치와 대중과학을 주로 다루는 최초의 아랍어 신문을 창간하고 발행했다. 어머니는 알렉산드리아에서 영국 영사의 딸로 태어났으며, 프랑스 쪽의 혈통도 지니고 있었다. 영국에서 교육받은 케이티는 상류층의 재치와 파리의 패션 감각을 겸비한 매력적이고 세련된 여성이었다.

케이티는 오두막을 한번 찾아달라는 남편의 제안을 거절하며 응원을 말을 끌어모았다. 그녀는 독일 바이에른의 한 온천에서 답장을 썼다.

> 당신이 그곳에서 잘 지내고 있으면 좋겠어요. (우울증을 비롯한) 많은 것에 시달리지 않기를 바라요. 아마도 고요함 속에 혼자 있는 편이 더 행복할 거예요.[52]

둘 사이에는 공통점이 많았다. 안토니우스와 마찬가지로 케이티도 그리스정교회 혈통의 레바논-이집트인이었으며, 영국에서 최고 수준의 교육을 받았다. 서로 주고받은 방대한 양의 서신을 포함해 글을 쓸 때는 영어나 프랑스어를 선호했지만, 부부는 모두 아랍민족주의자였다. 둘 다 비교적 작은 키에 큰 코 때문에 전통적인 매력을 가졌다고 보기는 어려웠지만 진한 녹색 눈동자와 어쩐지 내면의 울적함을 감춘 것 같은 사교적인 태도가 눈길을 끌었다.[53]

또한 둘은 경제적인 후원을 넉넉히 받고 있었다. 안토니우스의 후원자는 미국의 배관 재벌이었고 케이티의 후원자는 그녀의 아버지였다. 그 덕에 부부는 유모와 요리사를 고용하고 귀족과 고위층, 흥미로운 인물들을 초대해 만찬을 즐기는 삶을 살 수 있었다. 안토니우스의 어머니처럼 케이티 또한 뛰어난 안주인이었다. 그녀는 안토니우스와 함께 살던 카름 알무프티를 중앙아시아산 양탄자와 여동생의 인상파 그림들로 아름답게 장식했고, 그들의 집은 예루살렘의 상류층 아랍인과 영국인이 즐겨 찾는 명소가 됐다.[54]

둘은 자주 여행을 했다. 가끔 비행기를 타기도 했지만 주로 선박을 이용했으며 언제나 일등석이었다. 함께 여행할 때도 있었지만 따로 다니는 경우가 더 많았다. 케이티는 알렉산드리아와 아테네, 소피아를 여행했고, 안토니우스는 다마스쿠스와 런던, 뉴욕을 여행했다. 둘은 잦은 여행을 통해 서로에게서, 그리고 자기 자신에게서 도망치는 것 같았다. 부부가 주고받은 편지를 보면 두 사람의 결혼 생활은 처음부터 순탄치 않았던 것으로 보이지만, 적어도 초기에는 나쁜 순간보다 좋은 순간이 더 많았다.

안토니우스는 결혼하던 해에 케이티에게 말했다.

내 온 마음을 다해 당신을 사랑합니다. 당신의 행복을 위해 노력하며 나의 행복을 얻는 것보다 더 큰 행운은 없을 것입니다.

안토니우스는 케이티를 "귀여운 아기 고양이"라고 불렀다. 케이티는 조금 더 격식을 차리기는 했지만, 애정과 존경을 담아 "나의 G.A."라고 불렀다.

안토니우스는 런던에서 파리로 보낸 편지에 이런 내용을 쓰기도 했다.

내가 갈망하는 것은 진정한 마음의 평화입니다. 나는 아마도 극단적인 사람으로 태어났는지, 근본적으로 차분한 마음을 가지는 게 어렵습니다.[55]

그러고는 "아마도 당신과 내가 지닌 불안한 운명이 처음부터 우리를 가깝게 만든 것일지도 모른다"고 조심스럽게 덧붙였다.[56]

둘은 세계 최고의 행운아에게나 허락될 풍족한 삶을 살았지만 주기적으로 불안과 권태에 시달렸다.

한번은 안토니우스가 루스벨트 대통령과 백악관의 집무실에서 30분 동안 단독으로 만난 적이 있었다. 안토니우스는 잔뜩 들떠서 이 만남에 대한 내용을 편지로 써서 보냈다.

오늘은 대통령 집무실이라는 성소에서 내가 지금까지 만나본 사람

가운데 가장 매력적인 사람과 30분 동안 머리를 맞대고 대화했어요. 아랍 문제에 대해 이야기를 나눴는데, 루스벨트 대통령도 내 의견에 관심이 있는 것 같더군요.

그러다 갑자기 다음 페이지에서 안토니우스는 부부 사이가 점점 소원해지고 있는 것에 대한 아쉬움을 드러냈다. 그러면서 결혼한 지 7년이나 됐음에도 "서로를 알아가는 법을 아직도 배우지 못한 것 같다"고 말했다.[57]

편지로 싸우는 일이 점점 잦아졌다. 1937년 봄 안토니우스가 보낸 편지의 내용이다.



내가 집필 중인 책의 새로운 챕터를 보여주지 않는다고 책망하는 것은 솔직히 이해가 되지 않는군요. 지금껏 당신이 책을 읽어보고 싶다는 의사를 한 번도 밝히지 않아 상처를 받은 쪽은 나입니다. 우리 사이의 거리를 보여주는 또 다른 슬픈 예시군요.[58]

여름이 되며 케이티는 별거를 고민했다.

내가 당신을 만나고 싶은 것인지 잘 모르겠어요. 나는 당신을 정말 좋아하지만, 당신은 내가 갈망하는 평온함과 평화를 주지는 않아요. 아마 이것이 우리의 천성이겠죠. (…) 나는 당신과 떨어져 있을 때 훨씬 더 평온하고 평화로우며 나다워지는 것 같습니다.

케이티는 어느 날 저녁 아테네에서 저녁 산책에 나섰다.

혼자 걸으며 포세이돈 신전의 기둥 사이로 석양을 바라보았어요. 그 너머의 바위와 바다를 보며 거기서 한 번에 뛰어내릴 수 있다면 모든 게 얼마나 쉬울까 생각했어요. 두려움과 고통의 긴 순간이 지나면 모든 게 끝나는 거죠. 하지만 그 순간 '투투'가 내 마음의 끈을 잡는 게 느껴졌어요.[59]

투투는 열 살이 채 되지 않은 딸 소라야Soraya의 애칭이었다. 안토니우스는 둘의 관계에 낙담했다.

우리는 분명 둘 다 분별력 있는 사람일진데, 같은 일에도 늘 정반대의 관점을 가지고 몇 년씩 서로를 오해하며 살아가야 한다는 것은 정말 비극적인 일이군요.[60]

일주일 뒤 〈필 위원회 보고서〉가 공개됐다. 안토니우스는 친구에게 부탁해 오두막에서 약 1.6킬로미터가량 떨어진 가장 가까운 우체국에서 보고서를 받았다. 모든 것이 견딜 수 없이 힘들었다. 결혼 생활은 무너지고 있었다. 보고서는 그의 일생의 과업, 아랍인과 팔레스타인을 서방 세계에 설명하기 위해 기울여온 노력이 아무런 성과도 내지 못했음을 보여주고 있었다.

그는 워싱턴에 있는 고용주에게 보낸 편지에서 〈필 위원회 보고서〉가 "수많은 오류와 부당한 가정으로 가득한 매우 불완전한 작품"이라고 비판했다. 영국에서는 이 보고서가 마치 새로운 "계시록"이라도 되는 양 칭송받고 있었지만, 그가 보기에는 가당치 않은 평가였다. 그는 보고서가 결론적으로 권고하고 있는 분할안이 부당하고 실현 불가능하다고 확신했다.

우선 권고의 부당함에 대해서는 집필 중인 원고에 다음과 같이 썼다.

> 〈필 위원회 보고서〉의 권고는 유대인에게는 그들이 소유 중이거나 약속받은 것보다 훨씬 더 많은 것을 주고 아랍인에게는 훨씬 더 적은 것을 준다.

그는 보고서가 양측에게 극명히 다른 것을 요구한다고 지적했다.

> 아랍인에게는 그들이 이미 소유 중이고 지키고 싶어 하는 것을 실질적으로 상당 부분 희생하라고 하면서 시온주의자에게는 그들이 소유하고 있지 않지만 가지고 싶어 하는 것을 아주 미미한 수준으로만 희생하라고 한다.[61]

권고의 실현 불가함에 대해서는 다음과 같은 이유를 들었다. 그가 보기에 〈필 위원회 보고서〉의 권고는 아랍인이 자신에게 주어진 천부인권과 정치권을 모두 스스로 포기하리라는 비현실적인 기대에 기초하고 있었다. 그는 위원회의 분할안을 다음과 같은 말로 비판했다.

> 이 계획은 웨일스보다도 작은 지역을 두 개의 국가와 집단거주지, 회랑지대로 나눠 대여섯 조각을 내놓고 교역과 행정이 멀쩡히 돌

아가리라 가정하고 있다. 또한 오랜 정착으로 고향과 문화에 깊은 애착을 지닌 60만 명의 사람들이 왕립위원회가 제안한 두 개의 선택지, 즉 강제 퇴거 또는 머리 위에 건설될 유대 국가에의 복종에 순순히 응할 것이라고 가정하고 있다. 이 계획은 역사의 교훈에도, 지리적 요건에도, 경제 주체의 자연스러운 작용에도, 인간 행동의 일반적인 법칙에도 어긋난다.

안토니우스는 도덕적·정치적·실질적 장애물을 고려할 때 분할안은 아예 성공할 가망이 없다고 단언했다. 간단히 말에 "결코 실행에 옮길 수 없을 것"이라는 이야기였다.[62]

한편 영국 외무부에도 안토니우스와 같은 결론에 도달한 영향력 있는 한 인물이 있었다.



## 뒷걸음질

조지 렌델George Rendel은 영국 외무부에서 20년간 근무한 베테랑 외교관이었다. 그는 제1차 세계대전 이후 혼란 속에 오스만에서 벌어진 그리스인 학살을 폭로하고, 그리스어를 사용하는 아나톨리아 지역 기독교인 수십만 명이 이주할 수 있게 한 주역 가운데 한 명이었다.[63]

1930년대 초에는 외무부 중동 담당 부서장으로 임명되어 처음으로 팔레스타인을 방문했다. 연간 유대인 이민자 수가 고작 몇천 명 수준이었던 당시에는 팔레스타인도 비교적 평온한 상태였다.

1936년 가을, 6개월째 지속되던 팔레스타인 대봉기의 첫 번째 국면을 마무리할 때도 렌델은 아랍 국왕들의 힘을 모으는 데 핵심적인 역할을 했다. 이러한 움직임으로 그는 예루살렘과 영국 의회 시온주의자들의 분노를 샀지만 별로 개의치 않았다. 그는 세계 유대인이 자기들은 팔레스타인에 관련된 온갖 정책 논의에 참견하면서 정작 팔레스타인에 바로 이웃해 있는 아랍인의 참여는 배제해달라고 요구하는 것을 보고 늘 이상하기 짝이 없다고 생각했다.

이듬해 초 렌델과 그의 아내는 이븐 사우드 셰이크의 초대로 아라비아반도를 여행했다. 부부는 하이파에서 내려 제즈릴 계곡을 지났다. 평소보다 이르게 피어난 아네모네로 선홍빛이 된 들판은 언제나처럼 아름다웠다. 그러나 이내 눈에 들어온 또 다른 풍경이 그를 걱정하게 했다. 몇 년 전에 비해 급격히 늘어난 유대인 정착촌의 풍경이었다. 시골은 점점 "경박스러운 현대적 모습"으로 변해가고 있었다. 그는 추후 당시의 풍경에 대해 이런 기록을 남겼다.

> 중부 유럽에서 온 건장한 젊은 유대인 여성들이 몸에 달라붙는 짧은 반바지를 입고 우르르 하이킹을 다니는 모습은 당시만 해도 그 수가 더 많았던 아랍 현지인들이 의심의 눈길로 이 낯선 침략자들을 바라보던 모습과 묘한 대조를 이뤘다.[64]

렌델 부부는 시리아·이라크·쿠웨이트·페르시아·바레인을 거쳐 사우디아라비아에 도착했다. 당시 외국인이 리야드까지 가는 일은 드물었다. 렌델의 아내 제럴딘Geraldine은 사우디아라비아를 방문해 이븐을 공개적으로 만나고 왕궁에서 함께 식사한 최초의 서양인 여성이 됐다. 이븐은 그들에게 베두인 복장을 선물했고, 부부는 머무는 내내 이 옷을 착용했다. 사진 찍기를 좋아했던 렌델은 페르시아만에서 다우선dhow•을 타고 유람하거나 사막에 앉아 재상과 함께 점심을 먹는 아내의 모습을 카메라에 담았다.

렌델은 이븐이라는 인물 자체에 깊은 인상을 받았다. 그는 이븐이 진솔하고 위엄이 있으며, 약 193센티미터에 달하는 신장으로 신체적으로나 정신적으로나 동방의 다른 통치자들의 머리 위에 있다고 평했다. 이븐을 만난 렌델은 영국의 미래가 국왕과 아랍인 그리고 국왕이 상징하는 이슬람 문명에 달렸다고 확신하게 됐다. 렌델은 영국이 시온주의를 지지한 것이 중대한 실수라고 생각했다.[65]

사우디아라비아에서 돌아온 렌델은 다음과 같은 글을 썼다.

> 팔레스타인 외부의 아랍인은 팔레스타인 내부의 아랍인과 특별한 관계를 지니고 있다. 아랍인은 자연으로 명확히 구분되지 않은 넓은 지역을 차지하는 단일 인종이다.

그가 생각하기에 다른 아랍인, 나아가 전 세계의 무슬림이 팔레스타인의 운명에 무관심하리라 생각하는 것은 이치에 맞지 않

• 아랍식 범선의 일종.

왔다.

필 위원회의 보고서가 발표되고 5개월 후인 1937년 10월, 분할안은 영국의 공식적인 정책이 됐다. 렌델은 이에 대한 반대의견을 표명했다.[66]

그는 "현재의 정책이 재앙으로 이어질 수밖에 없다는 확신이 점점 커지고 있다"는 내용의 서한을 동료들에게 보냈다.

> 아랍인은 백인 식민지 개척자들이 다른 나라에서 그랬듯 쉽게 무시할 수 있는 소수의 원주민 집단이 아닙니다. 이들은 죽어가는 문명을 대표하지 않습니다. 아랍인에게는 새로운 활동을 일으킬 만한 잠재된 힘과 활력이 있습니다. 이들은 위대한 지도자를 배출해왔고 지금도 배출하고 있습니다. 아랍인은 애국심을 지닐 수 있는 존재입니다. 그들의 애국심은 억누르기 어려우며, 그것을 무시하는 것은 현명하지 못한 처사가 될 것입니다. (…) 아랍의 애국심과 무슬림의 종교적 정서가 지닌 궁극적인 중요성을 결코 간과해서는 안 됩니다.

아랍 세계 전체가 분할안에 격렬한 반응을 보이고 있었다. 렌델은 서한에서 다음과 같이 주장했다.

> 우리는 이 작은 유대 국가를 설립함으로써 아시아의 해안가에 언젠가는 터질 수밖에 없는 일종의 시한폭탄을 심는 것입니다.[67]

렌델의 이러한 주장은 수십 년 후 '연계linkage'라는 개념으로 정립됐다. 팔레스타인이 아랍과 이슬람 세계의 중심이며, 그곳에서 발생한 문제가 아랍인과 무슬림이 우세한 다른 지역으로 연계될 수 있다는 개념이었다. 그러나 1937년 당시 그의 주장은 그저 급진적이고 특이한 생각으로만 여겨졌다. 영국은 팔레스타인 정책을 광범위한 지역 전략의 일부로 보지 않고 식민부를 통해서만 관리하려 했다. 히틀러와 무솔리니가 세력을 넓히고 팔레스타인의 이웃 국가들이 독립을 향해 나아가고 있는 시점에 이것은 그저 고루한 것을 넘어 전략적으로도 재앙을 불러올 수 있는 사고방식이었다. 렌델은 이에 대해 다음과 같이 썼다.

> 재앙을 예언해봤자 감사 인사를 받지는 못하겠지만, 저는 지금보다 빠르게 재앙이 다가오는 모습을 거의 본 적이 없습니다.[68]



그는 몇 달간 계속 주장을 펴나갔다. 아나톨리아에서 그리스인에게 벌어진 비극을 기억하는 렌델에게 필 위원회의 인구 이동 제안은 특히 위험하게 느껴졌다. 그는 그러한 대량 이주가 '깔끔하게' 진행되는 되는 경우가 드물다는 사실을 알고 있었다. 렌델은 〈필 위원회 보고서〉 폐기를 주장했다. 그러면서 실현 가능한 유일한 해결책은 팔레스타인 내 유대인을 앞으로도 영구적으로 소수 상태로 유지하는 것, 가급적이면 40퍼센트 미만으로 유지하는 것이라고 주장했다.[69]

그러나 고등판무관 대행 배터스힐의 생각은 달랐다. 현재 아랍 지도자 가운데 분할안 지지자는 에미르 압둘라뿐이라는 사실은 그도 인정했다. 그러나 그는 영국이 더 강한 의지를 보이면 아랍인이 따라올 것이라 생각했다. 배터스힐은 "보채는 아이들도 때로는 입에 쓴 약을 삼킬 줄 알아야 한다"며 "아랍인이 타협이라는 개념을 이해하지 못하고 단지 약점으로만 여기는 게 문제"라고 지적했다.[70]

그러나 렌델의 호소는 마흔 살에 처음으로 입각한 외무장관 이든의 마음을 사로잡았다. 렌델의 의견서는 곧 이든 장관의 의견서가 됐다. 이든이 이끄는 외무부와 고어가 이끄는 식민부 사이에 보고서 전쟁이 벌어졌다. 시온주의자들의 오랜 동맹인 고어는 여전히 분할안을 고수하고 있었다.[71]

이든은 팔레스타인 아랍인뿐 아니라 아랍 세계 전체가 한목소리로 분할안에 반대하고 있다고 내각에 보고했다. 그는 그러한 정책이 주민들의 의지에 반하여 추진되어서는 안 된다며, 이는 밸푸어 선언의 의도에도 필 위원회의 의도에도 반한다고 주장했다. 그는 유대인이 다수를 차지하는 일은 결코 없을 것이라는 확신을 아랍인에게 심어주어야 한다고 강조했다. 그러지 못했을 때 치러야 할 대가가 너무나도 심대했다. 그것은 바로 아랍과 무슬림 세계의 "영구적인 적대감"이었다.[72]

12월 8일, 내각이 비밀리에 소집됐다. 각 장관 앞에는 두툼한 의견서 다섯 부가 쌓여 있었다. 분할안을 찬성하는 식민장관의 의견서가 한 부, 철회를 촉구하는 외무장관의 의견서가 한 부 그리고 거기에 반박하는 의견서와 또 재반박하는 의견서 등이었다.

체임벌린 총리가 개회를 선언했다. 총리가 된 지 6개월 남짓인 체임벌린은 이든보다도 허둥대는 모습이었다. 사실 팔레스타인 문제는 그에게 부차적이었다. 체임벌린에게 가장 중요한 외교

현안은 히틀러와 무솔리니를 회유해 또 다른 전쟁의 발발을 막는 것이었다. 그러나 회의가 시작되자 체임벌린은 자신이 이든의, 즉 렌델의 견해를 채택했음을 분명히 했다. 그는 팔레스타인은 중동 지역의 핵심인데, 현재 제시된 분할안은 유대인을 만족시키지 못한 채 아랍인의 반감만 살 뿐이라고 주장했다. 그렇게 되면 아랍인의 분노를 타고 레반트 지역에서 파시즘의 영향력이 확대될 우려가 있었다. 이든은 체임벌린의 말에 전적으로 동의하며 이렇게 말했다.

> 팔레스타인 문제만 없다면 언젠가 중동 지역 전체가 평화로운 상태에 놓이는 것도 그려볼 수 있습니다.

그러나 체임벌린은 별다른 설명 없이 갑자기 분할안 포기를 발표하면 자칫 폭력에 굴복한 것으로 비칠 수 있다고 우려했다. 두 국가 해법론을 포기하려면 반드시 설득력 있는 이유를 제시해야 했다.[73]

〈필 위원회 보고서〉는 후속 대표단 파견을 권고한 바 있었다. '기술위원회'라는 명칭의 후속 대표단 임무는 팔레스타인의 새로운 분할선을 정하고 분할에 수반되는 다양한 실행 차원의 문제를 파악하는 것이었다. 〈필 위원회 보고서〉가 발표되고 여섯 달째였지만 후속 대표단은 아직 구성되지 않은 상태였다. 내각은 기술위원회 대표단을 구성하기로 했다. 그러나 이 대표단의 역할은 분할을 위한 실무 조사가 아닌 분할의 추진 여부를 결정하기 위한 현지 조사로 바뀌었다. 회의에 참석한 장관들은 위원회가

조사 후 내릴 결론이 "분할 불가"일 것을 예상하고 있었다.[74]

그렇게 기술위원회가 임명됐다. 이든의 주장으로 영국은 이들의 임명을 알리는 성명에서 "국왕 폐하의 정부는 어떤 의미에서도 분할안을 지지하고자 하는 것이 아님"을 밝히고, 기술위원회의 주요 업무가 분할안의 "실질적인 가능성"에 대한 검토임을 명확히 했다.[75]

바이츠만은 낙담했다. 영국이 분할안을 폐기할 것이라는 소문이 무성하자 그는 1937년의 마지막 날 식민부에 서한을 보내고 분할안을 "정중히 장사 지낼" 준비를 시작했다. 팔레스타인에서 영구적인 소수가 되는 것은 논외의 일이었다. 유대인이 시온으로 돌아간 것은 "모세의 신앙을 가진 아랍인이 되기 위한 것도, 독일과 폴란드의 게토를 아랍 게토로 대체하기 위한 것도 아니었다".[76]

며칠 후 식민부에 또 다른 전보가 도착했다. 발신인은 팔레스타인의 저널리스트 모하메드 알리 엘타헤르Mohamed Ali Eltaher였다. 그는 야파 구시가지 철거로 인한 참상과 영국의 총탄에 죽거나 다친 아랍인의 모습을 담은 사진집을 출간하려고 준비 중이었다. 당국은 인쇄용 판을 압수했지만, 그가 전보를 보내는 것까지 막을 수는 없었다. 전보의 내용은 다음과 같았다.

> 팔레스타인 아랍인은 지역의 적법한 소유자임. 모든 침해에 죽음으로 맞설 것임.[77]

# 예루살렘의 평화를 위한 기도

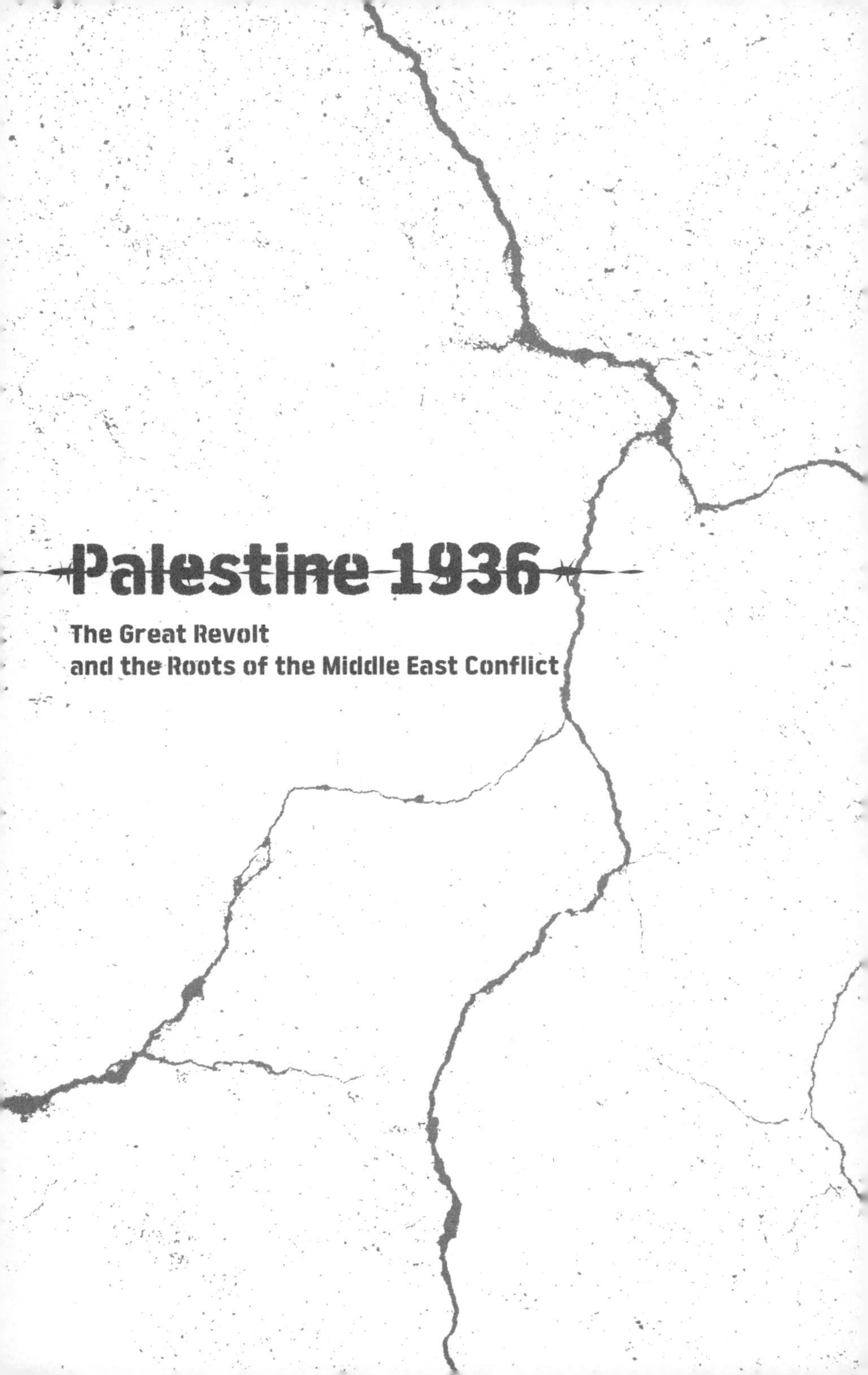
Palestine 1936
The Great Revolt
and the Roots of the Middle East Conflict

일반 사병에서 가장 높은 직급에 이르기까지 당시 팔레스타인에서 근무한 대부분의 영국인과 마찬가지로 저 또한 유대인을 존경했지만 그들을 좋아하기는 매우 어려웠습니다.

주로 가자에서 근무한 유창한 아랍어 실력의 한 팔레스타인 관리가 수년 후 회상한 내용이다.

그리고 대부분의 영국인과 마찬가지로 저도 아랍인을 좋아하고 그들에게 공감했지만 그들에게 존경심을 품는 것은 조금 힘들었습니다.[1]

팔레스타인에서 근무한 영국인들의 일기와 회고록, 서신을 보면 놀랍도록 광범위한 의견의 일치를 발견하게 된다. 많은 사람이 아랍인과 그들의 입장에 동조적이었고, 시온주의자에게는 마지못한 존경을 지니고 있었다.

한 육군 하급 장교는 아랍인을 두고 "친하게 지내거나 조금씩 놀려도 되는, 약간은 열등하고 진지하게 신경 쓸 필요는 없는 존재"로 표현했다. 유대인은 "속을 읽기 힘들고 거리를 둔다"고 표현했다. 그가 느끼기에 유대인은 필요한 게 있을 때만 영국인에게 접근했고, 우정을 나누는 일은 거의 없었다. 그러면서도 이 장교는 "병사들이 본능적으로 그들이 우리보다 훨씬 더 뛰어난 두뇌를 지닌 문명화된 인종이라는 사실을 깨달았다"고 덧붙였다.[2]

일부 장교들은 어느 정도 반유대주의적인 편견이 있었음을 인정했다.

> 어린 시절부터 유대인에게 지녔던 가벼운 반감은 누구에게나 존재했다. 억울해도 어쩔 수 없지만 유대인에게는 샤일록으로 대표되는 '고리대금업자'의 이미지가 있었다.[3]




예의를 언급한 이들도 많았다. 한 경사는 "아랍인은 예의라는 것을 거의 종교만큼이나 중요하게 여겼다. 반면 유대인은 천박하고 예의 없는 인종이었다"라고 말했다. 예루살렘에서 오랫동안 총독을 지낸 한 인물은 유대인에 대해 다음과 같이 기록하기도 했다.

> 유대인이 관용과 겸손의 미덕을 배웠으면 좋겠다. 또한 남에게 소리를 지르거나 밀치거나 끼어드는 일은 삼가고 자신이 얻은 모든 것을 당연하게 여기는 태도도 자제했으면 좋겠다.[4]

매력에 대한 이야기 또한 자주 등장한다. 이에 대해 도로시 칸은 "아랍인은 지극히 매력적인 사람들"이라며, "유대인은 보통 전혀 매력적이지가 않다"고 썼다. 그녀는 유대인은 아랍인의 매력에 당황하거나 심지어 수상쩍게 생각하는 경향이 있다고 생각했다. 반면 아랍인은 매력에 전혀 신경 쓰지 않는 유대인의 무신경한 태도를 무례하게 느끼기도 했다.

가장 평범한 아랍인에게서조차 마치 아우라처럼 발산되는 이 특성을 다른 단어로 설명하기는 어렵다. (…) 내가 일하는 사무실 건물 청소부의 딸에게도 아우라가 있다. 아이는 다섯 살이고 사무실 건물 뒤편 양철집에 살고 있다. 그런데도 마치 작은 공주 같은 품위와 굶주린 호랑이도 굴복시킬 만한 매력을 지니고 있다.

칸은 유대인은 늘 싸우고 뛰어야 직성이 풀린다고 설명했다. 이들에게는 옆 사람을 믿을 이유가 거의 없었다. 유럽에서 살던 시절 유대인은 넓은 들판과 하늘을 알 기회도 없이 어두운 곳에 틀어박혀 생활해야 했다. 약속의 땅에 온 후에도 이들은 너무 바빴다. 도시에서 생계를 꾸리고, 척박한 땅을 길들이고, 무엇보다 고향을 건설해야 했다. 그런 유대인에게 매력같이 사치스러운 것을 연마할 시간은 없었다.[5]

가자에서 일했던 영국인 관리는 이렇게 회상했다.

아랍인이 싸워 지키고자 하는 대의는 수긍이 가고 정당하게 느껴졌다. 그들의 수단과 방법, 특히 비무장 상태의 무고한 유대인이나 심지어 자기 민족을 공격하는 방식은 야만적이고 용납할 수 없는 행위로 느껴지기도 했다. 그러나 일반적으로 존경과 호의가 충돌하면 호의가 우세하기 마련이다.[6]

이쯤 되면 팔레스타인 당국의 관리들이 자동반사적으로 아랍인에게만 호의를 베푼다고 여겼던 유대인의 불만에도 나름의 이유가 있었던 듯하다. 그러나 영국의 위임통치가 시작되고 20년 동안 유대인은 자신들에게 가장 호의적인 관리가 언제나 가장 중요한 요직에 앉는 행운을 누려왔다. 워코프가 그랬고, 암살된 앤드루스도 그랬다. 1938년 초에는 찰스 테거트Charles Tegart 경이 왔다.[7]

테거트는 북아일랜드에서 성공회 사제의 아들로 태어났다. 스무 살에 콜카타에서 경찰 복무를 시작한 그는 약 10년 만에 청장의 자리에 올랐다. 사생활 공개를 극도로 꺼렸던 그는 사진 촬영을 거의 허락하지 않았고 언론과의 인터뷰도 사절했다. 그러나 (아일랜드와 벵골에서 갈고닦은) 독창적이고 단호한 봉기 진압 기술 그리고 여러 번의 암살 시도를 이겨낸 강인함은 그에게 영웅의 명성과 함께 기사 작위를 안겨주었다.

테거트의 취미 가운데 하나는 (이제는 레이디 테거트라 불리게 된) 아내 캐슬린과 자동차로 유럽을 여행하는 것이었다. 부부는 1935년 독일의 검은숲 근처에 있는 한 휴양지 마을을 방문했다. 마을에는 비非아리아인과 어린이의 나치식 경례를 금지한다는 현수막이 걸려 있었다. 이를 보고 안타까워하던 테거트의 마음에는 사면초가에 몰린 유럽 유대인을 향한 동정심이 싹텄다.

1937년 말, 팔레스타인에서 두 번째 공개 봉기가 일어나자 식민청은 테거트에게 팔레스타인 경찰 지휘를 부탁했다. 그러나 테거트는 팔레스타인이라는 지역과 그곳에서 분쟁 중인 종족에 대한 지식이 부족하다는 이유로 거절했다. 영국 정부는 그에게 후한 봉급을 제시했다. 첩보에 따르면 테거트는 팔레스타인 도착 즉시 암살의 표적이 될 가능성이 높았다. 정부는 이번 보직이 그의 마지막 복무가 된다면 아내에게 인도 연금의 3분의 2를 지급하겠다는 제안도 덧붙였다.[8]

테거트는 직접 지휘가 아닌 자문 역할을 한다는 조건하에 팔레스타인행을 수락했다. 그는 콜카타에서 배를 타고 이집트까지 간 후 리다로 가는 기차를 탔다.

1938년 첫날에는 팔레스타인 고고학 박물관의 개관 행사가 열렸다. 존 D. 록펠러 주니어John D. Rockefeller Jr.가 투자하고 영국의 유명 건축가들이 설계한 흰색의 멋들어진 석회암 건물이었다. 당일 연설이 예정된 인물 중에는 라키시 유적 발굴 책임자 제임스 스타키James Starkey도 있었다.

예루살렘 남서쪽에 위치한 라키시를 아시리아가 약탈한 것은 기원전 7세기였다. 아시리아인은 자신의 승리를 조각으로 기록해 남겼는데, 현재 영국박물관에 전시된 그 유명한 라키시 부조Lachish Reliefs가 바로 그것이다. 스타키의 발굴단은 적군에 포위된 병사들이 주고받은 것으로 보이는 귀중한 히브리어 통신 기록을 최근에 발굴한 참이었다. 발굴단 구성원은 대부분 아랍인이었고, 스타키 또한 그들의 언어를 유창하게 구사했다.

예루살렘으로 가는 도로 위, 헤브론 근처에서 무장한 남성들이 스타키가 탄 택시를 세웠다. 그들은 스타키를 차에서 내리게 한 후 아랍인 운전사는 보내주었다. 그러고는 스타키의 등에 대고 총을 여러 번 발사했다. 스타키를 아는 사람들은 아마도 무성하게 기른 수염 때문에 유대인으로 오인받은 것 같다며 안타까워했다.

테거트는 예루살렘 지역 주지사와 함께 탐지견을 데리고 사건 현장으로 출동했다. 몇 킬로미터를 달려 발견한 것은 스타키의 시신이었다. 그의 두개골은 총격의 여파로 거의 반으로 쪼개져 있었다.

스타키의 스승이었던 예루살렘의 저명한 이집트학자 플린더스 페트리Flinders Petrie는 "잔인한 괴한들의 어리석음이 팔레스타인의 친구를 죽였다"며 한탄했다. 친무프티 성향의 일간지 《알 디파》도 스타키가 친절한 "젠틀맨"이었다며, "모두의 사랑을 받은 발굴자"의 "비극적"인 최후를 애도했다.[9]

얼마 지나지 않아 테거트는 총 28개 조항으로 구성된 팔레스타인 평화회복계획을 수립했다. 테거트는 차량과 탐지견을 충원하고 경찰을 준군사적인 봉기진압군으로 개조하기로 했다. 또한 형사과를 확충 및 개선하고 아랍수사센터라는 완곡한 명칭의 심문 시설을 설치하기로 했다. 그 외에도 전국의 주요 거점에 수십 개의 영구적인 강화 콘크리트 경찰 요새를 건설하고 북쪽 경계선을 따라 철조망 울타리를 설치하자고 제안했다.[10]

가장 큰 저항에 부딪힌 것은 철조망 울타리 설치 계획이었다. 행정부의 예산 담당자들은 비용 대비 효과에 의문을 품었다. 테거트는 이에 굴하지 않고 자신의 제안을 흔쾌히 받아들일 만한 유대인의 준정부조직을 찾아갔다. 테거트는 오스만군 장교 출신의 히스타드루트 건설분과장 다비드 하코헨David Hacohen에게 면담을 요청했다.

테거트는 단도직입적으로 자신의 요청사항을 밝혔다. 보안을 위한 장벽을 건설할 생각인데, 그 일을 유대인이 좀 맡아달라는 것이었다.

그들은 신속하게 움직였다. 시온주의 노동 지도부는 건설 인력 1000명을 모집했다. 혹시 모를 사태에 대비해 하가나는 그중 300명을 노트림 대원으로 구성했다. 노트림은 영국 정부에서 무기를 지급받은 유대인 경찰로, 그 규모가 날로 커지고 있었다. 그들은 무솔리니에게서 철조망 3000톤을 구입했다. 아랍 대봉기에 무기와 자금을 지원한다며 무솔리니를 거듭 비난해온 유대인로서는 꽤 모순적인 행동이었다. 테거트가 구상한 철조망 울타리는 땅속으로 약 183센티미터, 땅위로 약 183센티미터였으며, 철조망 네 개가 서로 맞물린 형태였다. 유대인은 테거트에게 3개월 안에 장벽을 완성하겠다고 약속했다.[11]

한편 이 시기 영국은 팔레스타인 치안 유지에 이슈브 공동체를 점점 더 많이 활용하고 있었다. 분할안이 취소된 데다 대봉기 이전보다 유대인 이민자 수를 축소하면서 치안 사정이 예전보다는 나았지만, 가용자원의 부족과 유럽 전쟁이 임박해온다는 두려움이 영국을 불안하게 했기 때문이다. 유대인에게 있어 장벽 건설은 또 다른 성취를 의미했다. 장벽은 대봉기 기간 이루어진 텔아비브 항구 건설과 노트림 창설에 이은 세 번째 의미 있는 성과였다.

이렇게 건설된 장벽의 원래 이름은 '북쪽 울타리Northern Fence'였지만 모두가 '테거트 장벽Tegart's Wall'이라고 불렀다.

## 사람은 빵만으로 살 수 없다

달도 뜨지 않은 안개가 자욱한 1938년 2월 말의 어느 밤, 무사의 농장 부지에 건설된 즈비의 요새 키부츠의 독실한 농부들이 총소리를 듣고 잠에서 깨어났다. 철조망 울타리를 넘어 들어온 열 명의 무장한 남성이 참호 하나를 점거하고 중앙 정원 쪽으로 수류탄 두 개를 투척했다. 오스만제 폭탄에 담배를 도화선으로 쓴 수류탄은 불발했다. 그러나 또 다른 열 명의 무장한 남성이 농가 지붕 위의 서치라이트를 조준해 박살 냈고, 정착민들은 어둠 속에 남겨졌다. 도움 요청 신호를 보낼 수 없게 된 주민들은 무기를 들고 각자 지정된 위치로 달려갔다.

공격은 예상된 일이었다. 즈비의 요새는 베이산 지역의 유일한 유대인 정착촌으로, 도로에서도 철길에서도 멀리 떨어져 있었다. 아랍인들은 제1차 세계대전 후 독일이 남기고 간 소총을 주로 사용했지만, 시온주의자들은 영국제 최신 총기와 수류탄 대여섯 개로 무장하고 있었다. 영국제 총기는 합법이었지만 수류탄은 불법이었다. 합법은 아니었지만 유대인이 던진 수류탄은 아랍인의 수류탄과 달리 제대로 작동했다.

전투는 30분 만에 끝났다. 아랍인들은 최소 네 구의 시신을 남기고 퇴각했고, 유대인 측에는 사망자가 없었다. 하가나 측 보고서는 정착민들이 포화 속에서도 냉철한 대처로 "총알을 아꼈다"고 칭송했다. 이날의 공격은 베트셰안 계곡에 이주한 유대인들이 받은 최초이자 최후의 시험이었다. 얼마 지나지 않아 즈비의 요새 인근에는 다섯 개의 정착촌이 추가로 건설되며 아랍인 다수의 베이산 지역을 사방에서 압박했다.[12]

워코프 고등판무관은 자리를 굳건히 지켜낸 정착민들에게 축하의 전보를 보냈다. 그가 고등판무관으로 근무하는 마지막 날이었다.[13]

워코프는 팔레스타인방송국을 통해 송출된 퇴임 연설에서 "우리가 바랐던 이상과 지금까지 성취한 것들을 보면 그 큰 차이에 마음이 무겁다"고 청취자들에게 말했다. 그러고는 《성경》 구절을 인용했다.

> 예루살렘의 평화를 위해 기도하라. 예루살렘을 사랑하는 자는 형통하리로다.

워코프의 후임은 직전까지 다르에스살람 총독을 지낸 해럴드 맥마이클Harold MacMichael 경이었다.[14]

워코프와 맥마이클은 그야말로 정반대였다. 워코프가 고급 와인을 마시며 농담을 주고받는 문학 사교 모임을 즐겼다면 맥마이클은 집에서 혼자 읽는 추리 소설을 좋아했다. 맥마이클은 유능한 행정가였고 무엇보다 감정을 내세우지 않았다. 게다가 그는 팔레스타인 행정부의 구성원으로서는 드물게 영어가 아닌 지역 공식 언어 하나를 유창하게 구사할 수 있었다. 그 언어가 바로

아랍어라는 사실에 아랍인은 희망을 걸었고 유대인은 잠시 말을 잃었다.[15]

아랍인과 유대인 모두 맥마이클의 취임 후 첫 방송에 귀를 기울이며 그의 공감이 향하는 방향을 가늠해보고자 애썼다. 맥마이클은 자신의 첫 번째 임무가 "국왕 폐하 정부의 권위를 세우고 법과 질서를 확립하는 것"이라고 밝혔다. 이 말에 유대인이 기뻐했다. 그러더니 그는 팔레스타인의 최근 역사가 "역사를 순전히 경제적 관점으로만 바라보는 이들에게 어리둥절함을 안겨주었다"며 "인간이 빵만으로는 살아갈 수 없다는 것은 엄연한 진실"이라고 말했다. 이번에는 아랍인이 기뻐했다.

예루살렘 아랍여성위원회Arab Women's Committee는 그의 취임을 축하하며 "팔레스타인의 최근 역사를 더럽힌 개탄스러운 사건들의 기억이 각하의 현명한 판단으로 깨끗이 씻겨나가기를 기대한다"는 서한을 보냈다. 이슈브 공동체의 인사들은 그가 이스라엘을 적에게서 구원하기 위해 왔던 〈다니엘서〉의 "위대한 군왕" 미가엘 대천사장 같은 인물이라고 칭송하며 낙관적 태도로 첫인사를 보냈다.[16]

한편 런던에 있는 바이츠만은 재건된 유대 왕국의 통치자라도 된 것같이 바쁜 일정을 소화하고 있었다. 금요일에는 램버스궁에서 캔터베리 대주교를 만났고, 토요일에는 로이드 조지를 만났다. 밸푸어 선언 당시 총리였던 조지는 바이츠만을 서리에 있는 자신의 시골별장으로 초대했다. 필 위원회에서 분할안을 설계한 쿠플런드 교수는 옥스퍼드에서 바이츠만을 위한 파티를 열었다. 전쟁부에서는 (유대계) 장관 레슬리 호어 벨리샤Leslie Hore-

Belisha, 팔레스타인 영국군 지휘를 맡은 군정보국장 로버트 하이닝Robert Haining 장군이 참여하는 비밀회의가 열렸다. 바이츠만은 신임 외무장관 핼리팩스 경과도 처음으로 꽤 긴 면담을 가졌다(전임이었던 이든 장관은 파시즘에 유화적인 정부의 태도에 항의하며 막 사임한 참이었다).[17]

시온주의 운동 지도부 내에서 누구도 따라올 수 없는 인맥이었고, 아랍 지도부에서는 꿈도 꾸지 못할 수준이었다.

영국 고위 관료 중에서 바이츠만과의 만남을 피해온 인물이 딱 한 명 있었다. 바로 체임벌린 총리였다. 체임벌린은 취임 후 9개월 동안 바이츠만의 거듭된 면담 요청을 거절해왔다. 그러던 체임벌린이 마침내 바이츠만을 다우닝가로 초대했다.[18]

둘의 대화는 거의 한 시간 동안 이어졌다. 바이츠만은 여전히 분할안에 유대 국가 건설의 희망을 걸고 있었다. 총리는 영국이 여전히 분할안에 마음을 두고 있다고 말했다. 체임벌린은 바이츠만이 "지나치게 신경 쓰는 것 같다"며, 작별인사 자리에서도 "너무 걱정하지 말라"고 당부했다.[19]

바로 다음 날 히틀러는 오스트리아에 최후통첩을 보냈다. 독일제국에 합류하지 않으면 침공하겠다는 내용이었다. 그리고 그 다음 날 새벽, 독일군은 아무런 저항도 받지 않고 오스트리아 국경을 넘었다.

유대인들은 길거리에서 무릎을 꿇고 엎드려 구경꾼의 조롱 속에 바닥을 솔로 문질러 닦았다. 중앙 광장에서는 바닥에 엎드려 풀을 먹는 수모를 당하기도 했다.[20]

또다시 편치 않은 밤을 보낸 후세인 할리디는 세이셸의 집에서 눈을 떴다.

1938년 봄이었다. 봄은 팔레스타인에서 가장 아름다운 계절이었지만 세이셸의 새로운 거주지에서 맞이한 봄은 숨이 턱턱 막혔다. 세이셸은 후세인 할리디가 여전히 명목상의 시장으로 남아 있는 예루살렘보다 자이푸르에 더 가까이 위치한 곳이었다.

그는 일기장에 이렇게 적었다.

> 오늘은 이곳에 오고 일곱 번째 달의 첫날이다. 덥고, 덥고, 미치도록 덥다.

후세인 할리디는 예루살렘의 명문가 출신이었다. 그의 가문은 레반트 정복 때 최초의 이슬람 칼리프를 모신 할리드 이븐 알 왈리드Khalid Ibn al-Walid 장군까지 거슬러 올라갔다. 후세인 할리디는 팔레스타인에서 영국 학교를 다닌 후 시리아 프로테스탄트칼리지(현 아메리칸대학교)에서 의학을 공부했다. 졸업 후 제1차 세계대전에서 오스만군으로 복무했지만 아랍 독립을 위해 오스만 술탄에 대항하는 봉기에 참여하고자 오스만군을 나왔다. 그 후 팔레스타인 위임통치가 시작되자마자 예루살렘의 수석 의료담당관으로 일했다. 경찰 보고서에 따르면 그는 영국인 동료들 사이에서 "정직하고 신뢰할 만한 인물"로 널리 평가됐다.

1934년 후세인 할리디는 무소속으로 예루살렘 시장 선거에 출마했다. 무사가 주선한 면담에서 대무프티는 후세인 할리디의 출마를 지지했다. 유대인 또한 그의 출마를 반겼다. 아마도 두 진영이 같은 의견을 보인 거의 유일한 사안이었을 것이다. 후세인 할리디는 수월하게 시장에 당선됐다.[21]

필 위원회 청문회에서 쿠플런드 교수는 앤드루스에게 후세인 할리디가 반유대주의자인지를 물었다. 후세인 할리디가 아랍고등위원회에 속해 있었기 때문이다. 앤드루스는 "아니요, 후세인 할리디는 유대인 혐오자가 아닙니다. 온건파지요"라고 답했다. 그러나 9개월 후 앤드루스가 암살되면서 후세인 할리디는 다른 아랍고등위원회 임원들과 함께 인도양의 섬으로 추방됐다.[22]

후세인 할리디는 일기에 나폴레옹 시대부터 정치범들의 수용소로 쓰인 세이셸이라는 섬이 처음에는 에덴동산처럼 느껴졌다고 적었다. 추방자들은 언덕 위의 집 두 채를 함께 사용했다. 바다가 보이는 침실은 널찍했고, 큼직한 베란다도 갖춰져 있었다. 요리사에 가정부, 정원사까지 있었다.[23]

그러나 곧 숨도 쉬기 어려울 정도로 습한 겨울 우기가 찾아오고, 뒤이어 무더운 건기가 시작됐다. 의사로서 후세인 할리디가 스스로 내린 진단은 명확했다. 기후가 그를 죽이고 있었다.

세이셸 도착 당시 그는 영양 상태가 좋았고, 살집도 꽤 있는 편이었다. 그러나 지금은 광대뼈가 드러나고 있었다. 흰개미가 윙윙거리고 쥐가 달그락거리는 통에 잠을 잘 수가 없었다. 생전 겪어본 적 없는 최악의 기침 발작이 찾아왔다. 거기에 정신적·감정적 스트레스도 있었다. 가족과 친구들을 오랫동안 보지 못한 그리움도 있었지만 감시의 눈길을 늦추지 않는 경비요원들의 존재도 그를 지치게 했다. 경비요원은 그의 움직임을 엄격히 제한했고, 승인받지 않은 사회적 교류는 아무리 사소하더라도 무조건 금지했다. 이발사가 집으로 방문할 때도, 마을로 이동할 때도 현지인과의 대화는 엄격히 금지됐다.[24]

세이셸에 도착하고 얼마 지나지 않아 후세인 할리디는 일기를 쓰기 시작했다. 마땅히 다른 할 일도 없었다. 우편물은 뜸하게 왔고 제대로 된 책과 신문도 구하기 힘들었다. 라디오와 물담배 파이프를 구하는 데도 몇 달이 걸렸다. 극심한 치통으로 치료를 받아야 할 때도 별다른 선택의 여지가 없었다(후세인 할리디는 치통 또한 기후 탓으로 추정했다). 후세인 할리디는 냉소적인 태도로 "세이셸에 단 한 명뿐인 최고의 치과 의사"에게 진료를 받았다고 기록했다.[25]

고국 소식을 듣는 것도 여의치 않았다. 소식은 몇 주 지난 신문이나 로이터의 전보, 잡음이 심한 BBC 라디오나 팔레스타인 방송국 채널, 아니면 무솔리니가 바리에 설치한 아랍어 방송국을 통해 뒤늦게 띄엄띄엄 전해졌다.

1937년 말 후세인 할리디는 라디오에서 유대인 학교의 장학관이었던 아비노암 옐린Avinoam Yellin의 사망 소식을 들었다. 그는 후세인 할리디와 함께 케임브리지대학교에서 아랍어를 공부한 적이 있는 인물이었다. 옐린은 위임통치령 학교들과 공공기관 직원을 위한 표준 아랍어 교과서를 집필했는데, 그 작업을 함께한 루이스 빌리그의 장례식에서 추도사를 읽은 지 채 1년도 되지 않아 세상을 떠난 것이었다. 아직 마흔도 안 된 두 사람이 무장한 아랍인의 총에 맞아 살해당하고 땅에 묻혔다.

후세인 할리디는 일기에 이렇게 기록했다.

> 불쌍한 옐린. 결코 그런 일을 당할 인물이 아니었는데…. 옐린은 정말 좋은 유대인 가운데 한 명이었다.[26]

고고학자 스타키의 사망 소식 또한 라디오를 통해 들었다.

> 이런 악랄한 행위가 벌어지다니 너무나도 안타깝다. 이런 일은 아랍인에게 전혀 도움이 되지 않는다. (…) 사건을 벌인 놈들은 틀림없이 빌어먹을 머저리다.[27]

어느 봄날 저녁, 그는 또다시 정신없이 기침을 하다가 일기장에 이렇게 휘갈겨 썼다.

> 팔레스타인의 상황이 다시 악화되고 있다. 여기저기서 유대인이 일고여덟 명씩 총에 맞아 숨지고 있다. 많은 이가 다쳤다. 신이시여! 이 모든 비극에 끝은 없는 것입니까?[28]

하루는 유대인이, 또 하루는 영국인이나 아랍인이 죽고 다쳤다. 후세인 할리디는 자신의 도시와 조국을 생각하며 슬퍼했다.

하지 아민에 대한 애정은 이제 남아 있지 않았다. 후세인 할리디는 팔레스타인에서 도망친 대무프티의 행동이 비겁하다고 생각했다. 하지 아민은 하람 알 샤리프의 성소를 끝까지 지키거나 다른 유배자들과 함께 열대 섬으로 추방당하는 편을 택했어야 했다. 대무프티는 단지 아랍고등위원회의 구성원이었다는 이유로 유배지에서 정신적·육체적으로 썩어가고 있는 추방자들에게 5개월이나 지나서 연락을 보냈다. 베이루트에 자리를 잡은 대무프티는 이제 나머지 구성원의 동의도 없이 아랍고등위원회의 명의로 성명을 냈다. 추방자들은 모두 "하지 아민이 역할을 수행하는 모습은 그가 지도자로서 부적합한 인물이었음을 증명했다"는 데 동의했다.[29]

후세인 할리디는 일기에 이런 말을 남겼다.

> 대무프티가 진정한 지도자라면 팔레스타인 귀환을 거부해야 마땅하다. 당국이 제안하더라도 추방자들의 귀국이 먼저 이루어질 때까지 마땅히 거부해야 한다. 다시 만나면 내가 품은 생각을 모두 솔직히 말할 것이다.[30]

그렇다고 후세인 할리디가 대봉기에 반대했던 것은 아니다. 사실 후세인 할리디의 도시에서는 밸푸어 선언 이전부터 유대인이 다수를 차지하고 있었다.[31]

시온주의자들이 그의 시장 출마를 지지했던 것도 사실이었다. 아랍고등위원회의 동료 몇 명과 이전 시장들이 유대인에게 땅을 판 것도 사실이었다. 그러나 후세인 할리디 자신은 그런 적이 없었다. 그가 대대로 살아온 땅을 자기들의 민족적 고향으로 탈바꿈하고 있는 유대인에게 후세인 할리디는 추호도 고마워할 마음이 없었다.

후세인 할리디는 어느 날 밤 라디오 보도에서 알제의 시위대가 "유대인은 물러가라!"고 외치는 소리를 들었다. 그러고는 일기장에 이렇게 썼다.

> 물론 우리는 단순히 구호만 외친 것은 아니었다. 하지만 우리가 유배된 것은 모두 유대인 때문이다. 앞으로 유대인과 한자리에 있는 것을 견딜 수 없을 것 같다.

다음 날 일기에는 이렇게 썼다.

> 유대인은 모두 볼셰비키주의자다. 그들이 러시아를 멸망시켰다. 팔레스타인이 다음이 될지 누가 알겠는가?[32]

유대인이 이미 팔레스타인 거리를 가득 채운 상황에서 영구적인 소수로 유지하자는 논의는 무의미했다. 해결책은 간단했다. "유대인을 단 한 명도 더 받아들이지 않는 것"이었다.[33]



## 완벽한 대가관계

한편 팔레스타인에서 유대인은 역사상 가장 대담한 정착 계획을 세우고 있었다. 필 위원회가 보고서를 내놓은 게 지난여름이었는데, 외무부는 시간만 끌고 있었다. 시온주의자들은 영국 외무부가 약속한 땅을 축소하거나 분할안 자체를 폐기할까 봐 노심초사했다. 갈릴리 지역이 도마 위에 올랐다는 소문도 들려왔다. 갈릴리 서부와 중앙은 거의 순전한 아랍인 거주 지역에 가까웠고, 마을의 장로와 유지 들은 팔레스타인 안팎의 모든 아랍 지도자와 마찬가지로 분할에 대한 반대 입장을 분명히 밝힌 바 있었다.

> 갈릴리가 위험합니다.

1938년 첫 주, 벤구리온이 동료들에게 말했다. 토지 매입을 가속화해야 했지만, 단순히 사들이는 것만으로는 부족했다.

> 땅을 한 번에 정복해야 합니다. 정복 없이는 땅을 사들여도 가치가 없습니다.

정복은 유대인을 보내 정착시킨다는 의미였다. 목표는 레바논 국경 근처의 바위투성이 봉우리였다. 이 지역은 농업적인 잠재력이 거의 없고 다른 유대인 정착지에서도 멀리 떨어진 곳이었다.[34]

그러나 아랍 대봉기 시작 이후 새로 건설된 십여 개의 다른 정착촌과 달리 이번 정착촌은 이웃나라 정부에서 명시적인 동의를 받아 설립할 예정이었다.

이슈브 공동체의 실질적 외무장관 셰르토크가 레바논의 총리를 만난 것은 그로부터 몇 주 전이었다. 하이레딘 아다브Khaireddin Ahdab는 기독교계가 지배해온 레바논에서 무슬림으로서는 최초로 총리 자리에 오른 인물이었다. 하이레딘 총리는 베이루트 외곽에 머물고 있는 하지 아민의 체류가 길어질 때 그가 미칠 악영향을 우려하고 있었다. 나샤시비 가문 유력 인사의 예루살렘 자택에서 셰르토크를 만난 총리는 하지 아민이 레바논을 범아랍적 테러와 소요의 소굴로 만들고 있다며 불평을 쏟아냈다. 총리는 유대인의 자금 지원과 반무프티 성향 신문 창간을 위한 도움을 원했다. 그가 무엇보다 원하는 것은 하지 아민이 레바논을 떠나는 것이었다.[35]

얼마 지나지 않아 셰르토크는 하이레딘 총리에게 프랑스어로 서한을 보내 유대인들이 국경 근처의 산지에 정착하고자 한다고 알렸다. 그는 정착민은 아랍 언어와 관습에 능통한 사람들로 특별히 선발할 예정임을 밝히고 정착촌의 목표는 오직 평화와 우정, 협력이라고 강조했다. 셰르토크는 레바논에 단 한 가지만을 요청했다. 정착촌과 맞닿은 레바논 국경 지대의 안전을 지켜달라는 것이었다. 하이레딘 총리는 즉시 답장을 보내 레바논은 "완벽한 대가관계"의 정신으로 "정착민들과 최상의 선린관계" 구축을 위해 최선을 다할 것이라고 밝혔다.[36]

문제는 지주들이었다. 과거에는 부재지주들이 유대인이 제시하는 높은 가격에 앞다투어 땅을 팔곤 했다. 20년 동안 레바논의 수르소크Sursock 가문은 마르지 이븐 아메르Marj Ibn Amer 지역의 거의 대부분을 유대인에게 팔았다. 제즈릴 계곡이라고도 알려진 지역이었다. 그러나 이제 분위기가 완전히 바뀌었다. 유대인에게 땅을 파는 것은 아랍 민족에 대한 용서할 수 없는 죄악으로 간주됐다. 그러한 거래로 얻은 막대한 수익은 종종 목숨의 대가가 되기도 했다. 유대민족기금은 궁리 끝에 히브리족 땅을 '되찾으려는' 예루살렘 유대인으로 보이지 않기 위해서 토지 매입에 이탈

리아 이름과 여권을 가진 관리를 앞세웠다.[37]

정착촌의 이름은 '하니타Hanita'로 정해졌다. 탈무드에 등장하는 인근 유적지의 이름에서 따온 것이었다. 갈릴리 북부에서 유대인들의 선봉이 될 이 정착촌의 지형이 하니트(hanit, 창)를 닮았다는 것은 우연의 일치였다. 하가나의 공식 역사서는 이 지역의 정착 임무를 "정복단"이 이끄는 "군사 작전"으로 묘사했다.

히틀러가 빈에 입성하고 며칠 후인 1938년 3월 21일, 정착민들은 이동을 시작했다. 하이파 근처의 기지를 떠난 수송대는 총 400명 규모로, 그중 100명은 노트림, 100명은 여성이었다. 나무 판자와 철조망, 발전기와 서치라이트 등 하루 만에 정착촌을 짓기 위해 필요한 모든 물품을 나눠 실은 트럭 40대와 당나귀 40마리가 동행했다.

수송대는 한 시간 만에 아랍인들이 주로 사는 아크레에 도착했다. 즈비 브레너Zvi Brenner라는 이름의 시카고 출신 하가나 단원은 아크레 주민들이 잠옷 차림으로 발코니에 서서 혼란과 분노가 뒤섞인 표정으로 유대인 행렬이 지나가는 모습을 바라보았다고 회상했다. 행렬은 갈릴리 서부와 중부의 유일한 유대인 소유 구역인 나하리야를 지나 갓 포장된 도로를 따라 동쪽으로 향했다. 동이 트며 비포장도로로 접어든 행렬은 짐을 실은 당나귀의 뒤를 따라 가파른 비탈길을 힘겹게 오르기 시작했다.

언덕 꼭대기에 다다른 행렬은 천막을 치고 철조망 울타리를 두른 후 개척과 노동에 대한 찬가를 읊조렸다. 머리 위로는 파이퍼사 정찰기 두 대가 선회하며 마치 꿈과 같은 분위기를 연출했다. 이 정찰기는 이슈브 공동체가 새롭게 설립한 상업항공사 아비론(Aviron, 비행기)이 보유한 비행기였다. 해가 질 무렵 지붕과 성벽은 어느 정도 완성됐지만 벽에 자갈을 보강하는 작업과 주변 경계를 위한 철조망 울타리는 아직 마치지 못한 상태였다. 지친 정착민들은 잠자리에 들었다. 위치가 발각될 위험이 있으니 성냥불은 켜지 말라는 명령과 함께였다.

그날 밤 거센 바람에 천막이 뒤집히면서 누군가 잠시 손전등을 켰다. 그러자 바로 총성이 울렸다. 총소리가 연이어 울리며 점점 가까워졌고, 들려오는 쪽도 두 방향 그리고 다시 세 방향으로 늘어났다. 정착민들은 한 시간이 넘게 어둠 속으로 막연히 총을 쏘며 응사했다. 대치가 이어진 끝에 공격자들은 부상자 한 명을 데리고 국경을 넘어 철수했다. 공격은 실패했지만 정착민 한 명이 목숨을 잃었고, 부상을 입은 또 다른 정착민도 며칠 후 사망했다. 날이 밝자 주변을 살펴보던 정착민 경비병들은 어젯밤 자신들이 미끼로 피워둔 모닥불에 대고 총을 쐈다는 사실을 깨달았다. 하가나가 그동안 고수해온 방어 위주의 정책이 점점 한계를 드러내고 있었다.[38]

얼마 지나지 않아 정착촌으로 가는 도로를 닦던 인부들이 총격을 받았다. 거의 2년에 걸친 아랍 봉기로 숱한 공격을 경험한 유대인에게는 크게 특별한 일도 아니었다. 그러나 브레너는 그 공격 이후 "전례 없는 일"이 벌어졌다고 회고했다. 어디선가 두 무리의 유대인 경찰 부대가 나타나더니 국경 도로를 건너 산비탈을 뛰어올라가 공격자들의 양쪽 측면으로 돌진한 것이다. 언덕 아래에서는 동료 경찰들이 엄호 사격을 했다. 포위될 위기에 놓인 총격범들은 서둘러 후퇴했다.

이 노트림들도 겉보기에는 다른 유대인 경찰들과 비슷했지만, 사실 이들은 '야전분대Field Squad'라는 이름으로 새롭게 창설된 하가나의 불법 조직이었다. 열아홉 살의 이갈 알론Yigal Allon과 스물두 살의 모셰 다얀Moshe Dayan, 두 명의 젊은 하가나 대원이 지휘하는 이 부대는 시온주의 진영 최초의 공격 부대였다.[39]

야전부대는 이츠하크 사데Yitzhak Sadeh의 작품이었다. 건장한 체격의 그는 상트페테르부르크의 레슬링 챔피언이었으며 러시아 제국군과 붉은 군대를 지휘했다. 사데는 시온주의 지도부에서 전투 지휘 경험을 지닌 유일한 인물이었다. 아랍 봉기가 시작됐을 때 예루살렘 인근 하가나 지휘관이었던 사데는 주류 시온주의의 하블라가 원칙을 정면으로 위반하는 공격적 조치를 실험적으로 활용한 바 있었다. 그는 이러한 조치를 "울타리 벗어나기"라고 불렀다. 사데는 얼마 지나지 않아 대놓고 자신의 이름을 딴 야전분대를 창설했다[개명으로 얻은 히브리어 이름 사데는 '들판, 야전(field)'이라는 의미다]. 하니타 정착촌을 건설할 무렵 이 부대의 규모는 1000명에 달했다.[40]

1936년 이전까지 하가나는 이슈브 공동체에서 가장 덜 발전한 기관 가운데 하나였다. 초기에는 이민, 고용, 정착, 농업 등이 중요한 이슈였고, 시온주의자의 자금과 관심도 당연히 그에 관련한 활동에 집중됐다.[41]

게다가 위임통치령 정부는 유대인을 훈련시키거나 그들에게 총기를 주는 것을 꺼려 했다. 아랍인과 유대인의 분쟁에서 자칫 어느 한쪽의 편을 드는 것으로 보일 수 있었기 때문이다.

그러나 대봉기가 장기화되면서 영국이 계산하지 못한 상황이 발생했다. 영국은 팔레스타인의 치안 유지에 실패했지만, 유럽 전쟁이 임박한 가운데 본국의 병력과 자금을 더 동원할 수는 없었다. 시온주의 지도부가 고수해온 하블라가 정책이 마침내 결실을 맺었다. 그동안의 자제 정책을 지켜본 영국 정부가 유대인 수만 명에게 합법적인 무기를 쥐여주기로 결정한 것이다. 영국은 이것이 팔레스타인의 평화를 해치기보다는 치안 유지에 도움을 줄 것이라고 확신했다.

영국은 유대인에게 대대적인 훈련과 무기를 지원했다. 1936년에 몇천 명이었던 노트림은 1년 만에 1만 5000명으로 늘어났고, 이들은 모두 정식 허가하에 소총을 지급받았다. 이론적으로는 영국의 명령을 따르고 무기와 급여의 일부를 영국에서 지급받았지만, 노트림에 대한 실질적 통제권은 무장단체 하가나에 있었다.[42]

창설 초기 지역 야간 경비대의 느슨한 연합체였던 하가나는 점차 통합성과 기동성을 갖춘 전국 규모의 유대인 준군사조직으로 변모해갔다. 적에 대한 추격 의지 또한 점점 강해졌다. 물론 하블라가는 여전히 공식적인 정책이었고, 무고한 시민을 공격하지 않는다는 방침은 유지됐다. 그러나 수동적인 '자제'에 중점을 둔 방어적 태도는 공격적이고 호전적인 '정복' 등의 단어에 점점 자리를 내주었다. 이제 관심의 초점은 정착민, 농부, 노동자에서 히브리 전사로 옮겨갔다. 1938년이 시작될 무렵 하가나 대원의 수는 2만 5000명에 달했고, 다섯 명 가운데 한 명이 여성이었다.

하니타 키부츠는 새로운 시대의 핵심적 상징이었다. 시온주의자에게 하니타는 정착과 방어의 융합을, 쟁기와 칼의 결합을 상징하는 장소였다. 정착 첫 달에 열 명의 정착민이 사망했지만,

그들은 하니타를 떠나는 것은 고려하지 않았다. 하니타는 한번 조성된 정착촌은 절대 버리고 떠나지 않는다는 원칙의 교본과도 같은 장소였다.[43]

하가나 역사서는 하니타를 다음과 같이 설명했다.

> '벽과 탑' 방식의 정착은 하니타에서 절정에 달했다. 하가나는 이곳에서 날개를 달았다. 하니타에서 하가나는 정해진 자리와 방어벽을 벗어나기 시작했고, 다시는 예전의 방식과 전술로 돌아갈 수 없었다. 바로 이곳에서 야전분대가 그 모습을 갖췄다. (…) 이곳에서 하가나는 방어적인 민병대의 모습을 탈피하고 정복과 방어를 위한 군대의 씨앗으로 다시 태어났다.[44]

이러한 새로운 정신은 유대인의 무력감을 달래는 데는 도움이 됐지만 폭력 행위를 잠재우는 데는 거의 도움이 되지 않았다.

3월 말, 무장한 아랍인들이 아크레와 사페드 사이에 놓인 새 고속도로를 지나던 차량을 공격했다.[45]

이 공격으로 아버지와 열두 살짜리 아들, 나이든 여성과 그 딸 등 총 여섯 명이 죽었다. 여성들은 칼을 맞고 사망했다. 예루살렘 주재 미국 영사는 이 사건을 두고 "북미 인디언들의 습격이 떠오른다"고 말했다. 며칠 후 (미국 영사가 '키부츠 아메리카'라고 부르는) '판사의 샘' 정착촌에서는 디트로이트와 캐나다 출신의 정착민이 살해됐다. 유월절에는 총을 든 남성들이 하니타에서 나오는 차량을 공격해 세 명이 숨졌다.[46]

히브리어 신문들은 행동을 촉구했다. 《하레츠》는 정부에 "도적 떼의 소굴"과 폭력배 무리의 관계를 차단해야 한다고 주장했다. 베이루트에 있는 대무프티의 본부와 다마스쿠스에 있는 그의 심복들을 뜻하는 것이었다. 수정시온주의 기관지 《하야르덴Hayarden》은 한 걸음 더 나아가 본격적인 유대인 군대 창설을 촉구하며 군대의 창설로 "상황을 완전히 그리고 영원히 바꿔놓을 수 있다"고 주장했다.[47]

4월에는 영국의 또 다른 조사위원회가 업무를 개시했다. 위원회의 임무는 〈필 위원회 보고서〉의 분할 권고안을 실무적으로 검토하는 것이었지만, 정부는 이들에게 "수정안을 제시할 완전한 재량권" 또한 부여했다.[48]

그러나 조사위원단의 구성 자체가 영국의 관심 부족을 보여주고 있었다. 필 위원장은 내각의 여러 직책을 거친 상원의원이었던 반면, 실무 검토를 맡은 이번 조사위원회의 구성원은 대부분 인도 관리 출신의 중간급 관료들이었다. 위원장을 맡은 존 우드헤드John Woodhead도 마찬가지였다.

아랍인도, 유대인도, 영국인도 모두 이 새로운 위원회가 연극에 불과하다고 생각했다. 많은 이가 분할안을 추진하던 식민부를 외무부가 이기고 체임벌린 내각을 두 국가 해법론에서 멀어지게 했다고 의심했다. 외무부는 실패를 바라고 우드헤드 위원회를 보낸 것으로 보였다.[49]

그럼에도 유대인은 이전 위원회 때와 마찬가지로 기조발언문, 통계 차트, 정책 서류 등을 준비하며 다시 한번 영국의 정의와 공정성에 호소했다. 아랍인 또한 이전과 마찬가지로 거부를 계획했다. 팔레스타인의 아랍인 마을에서는 상점들이 문을 닫았다. 후세인 할리디는 아랍인의 "단결된 전선"에 감탄하며 "모두가 목숨을 걸고 분할에 반대한다"고 말했다.[50]

비록 망명 중이었지만 대무프티의 영향력은 여전히 건재했다. 대무프티는 레바논의 저택에서 아랍의 대중에게 거리로 나갈 것을 촉구했다. 카이로·베이루트·다마스쿠스·바그다드의 아랍인이 거리로 나왔다. 대무프티는 팔레스타인에 두 번째 총파업을 주문했다. 그는 새로운 위원회의 조사에 대한 협력은 반역으로 간주하겠다는 사실을 명확히 했다. 국경 너머에서도 의지를 관철시키는 대무프티의 능력을 아무도 의심하지 않았다.

길거리에는 아랍고등위원회 명의로 벽보가 나붙었다. 벽보는 반군에게 "우드헤드 위원회와 어떤 형태로든 접촉하는 모든 아랍인을 죽이라"고 지시했다. 하이파의 모스크에는 반역자를 지목한 블랙리스트가 게시됐다. 케임브리지대학교 출신의 예루살렘 부시장 하산 시드키 다자니Hassan Sidqi Dajani는 위원회에서 증언하려고 계획했지만 하지 아민의 측근들에게 증언할 때 장례식 수의를 가지고 오라는 메시지를 받은 후 생각을 바꿨다.[51]

팔레스타인에 도착한 영국의 위원들은 아랍 도시인 예리코, 유대인 소유의 사해탄산칼륨공장이 있는 소돔·야파·텔아비브 등 전국을 성실하게 돌아보았다. 트랜스요르단의 에미르 압둘라와는 예루살렘에서 함께 저녁식사를 했다.[52]

압둘라는 대무프티의 분노를 각오하고 위원단과 만난 유일한 아랍 측 대표였다. 그는 위원회에 12개의 조항으로 구성된 제안서를 제출했다. 요지는 팔레스타인과 트랜스요르단을 (압둘라 자신이 다스리는) 하나의 아랍 왕국으로 통합하고, 유대인에게는 인구에 비례하는 대표성을 부여해 자치를 누릴 수 있게 하겠다는 것이었다. 그는 유대인이 지정된 지역 내에서 토지를 구입할 수 있게 하고 "합리적 수준의" 이민을 허용하겠다고도 덧붙였다. 그리고 영국은 10년 안에 철수한다는 계획이었다.

압둘라의 제안을 전해 들은 팔레스타인 아랍인은 분노했다. 위원회를 만난 것은 단독행동이었을 뿐 아니라 그의 제안은 분할안을 사실상 수락한다는 의미였기 때문이다. 압둘라는 압둘라대로 당당했다. 그는 아랍인들이 "방탕하게 땅을 팔 때는 언제고 이제 와서 소용없이 울고 통곡한다"며 짧은 문장으로 비판했다.[53]

그러나 일견 타당해 보이는 압둘라의 주장 이면의 의도가 순수했다고만 보기는 어렵다. 비록 공개적으로 지지를 밝히지는 못했지만 여러 아랍 지도자 가운데 유독 압둘라만 여전히 필의 분할안과 비슷한 제안을 선호한 것은 그가 처한 특수한 상황 때문이었다. 그의 사막 왕국에는 돈도, 자원도, 거주민도 부족했다. 과학자나 부유한 사업가, 재정이나 산업은 말할 것도 없었다. 압둘라는 벌써 10년 넘게 유대인기구의 지원금으로 겨우 버티고 있었다. 팔레스타인 전체를 병합할 수 있다면 가장 좋겠지만 일부라도 자신의 영토로 만들 수 있다면 압둘라는 해상으로 나가는 출구와 성소들에 대한 관할권, 크게 강화된 국제적 영향력을 확보할 수 있었다.

속마음을 감추고 있기로는 압둘라의 지지자이자 대무프티 반대파인 유수프 한나도 마찬가지였다. 유수프 한나의 신문《필라스틴》은 매일 시온주의와 제국주의에 대한 비판을 쏟아냈다. 우드헤드 위원회의 팔레스타인 도착을 보도하면서는 영국을 "제자리만 빙빙 돌며 목적지에는 닿지 못하는 방앗간 당나귀"에 비유했다. 그러나 《뉴욕 타임스》 기자 레비와 주고받은 편지에서 굵은 글씨로 강조된 부분을 보면 그가 현실을 더 솔직하고 냉정하게 판단하고 있었음을 알 수 있다.

> 듣는 귀가 없는 데서라면 거의 모든 아랍인은 유대인이 민족적 고향을 건설하는 과정에서 팔레스타인과 아랍인에게 많은 풍요와 진보를 가져다주었다는 점을 인정할 것이네. (…) 트랜스요르단 사람들이 팔레스타인과 병합을 바라는 것은 나블루스나 베르셰바, 헤브론 때문이 아니라네. 그들은 **어느 날 갑자기 팔레스타인에 나타난 작은 유럽**과의 병합을 꿈꾸는 거라네.[54]



## 죽음이라는 특권

'베타르'는 수정시온주의 청년 조직이었다. 베타르라는 이름은 고대 유대인 반군이 로마에 맞서 최후 항전을 펼친 예루살렘 지역의 요새 이름에서 따온 것이었다. 또한 요세프 트럼펠도르연합Union of Joseph Trumpeldor의 히브리어 약자이기도 했다. 외팔의 전사 트럼펠도르는 1920년 갈릴리 최북단에서 아랍인의 손에 숨지며 시온주의 최초의 상징적 순교자가 됐다. 베타르 단원들은 군복을 입고 훈련했고, 요르단강 양쪽에 세워질 유대 국가를 꿈꿨으며, 지도자 자보틴스키를 지극히 존경했다.

베타르는 동유럽에서 강한 존재감을 뽐냈다. 전체 단원 가운데 절반에 이르는 7만 명이 폴란드 출신이었다. 그러나 팔레스타인에서는 벤구리온이 이끄는 노동계 시온주의 단체에 비해 영향력이 미미했다. 베타르의 존재감이 크지 않았던 팔레스타인에서는 검은 일요일 사건의 배후였던 무장단체 이르군이 빠르게 성장했다.[55]

샬롬 타바츠니크Shalom Tabacznik는 새로 팔레스타인에 도착한 스물네 살 유대인 이민자였다. 가난한 폴란드 전통 가정에서 자랐으며, 가장인 아버지는 몇 년 전 돌아가셨다. 불법 이민으로 팔레스타인에 도착한 그는 사페드 근처의 로시 피나에서 생활했다(수정시온주의자들은 유대인기구가 상습적으로 수정시온주의자에게 이민증 발급을 거부한다고 불평했다). 로시 피나는 베타르의 열성적인 추종자들이 뿌리를 내린 지 오래된 시온주의 농업 정착촌이었다.

팔레스타인에서 그는 슐로모 벤요세프Shlomo Ben-Yosef라는 이름으로 개명했다. 아마도 어딘가 외국인 같은 원래의 성보다 선조들의 뿌리를 느낄 수 있는《성경》적인 이름을 원했던 것 같다. 샬롬이라는 유순하고 온화한 이름은 이스라엘 성전을 건축하고 국경을 확장한 솔로몬왕의 히브리어 이름으로 바꿨다.

베타르 단원들은 낮에는 올리브밭과 담배밭에서 일하고 밤에는 보초를 섰다. 1938년 봄에 이르기까지 아랍인의 공격이 계속됐지만 시온주의 지도부는 여전히 하블라가 정책을 고수하고 있었다. 벤요세프는 많은 수정시온주의자와 마찬가지로 분노했다. 게다가 하니타에서 발생한 유월절 매복 공격의 사망자 가운데 한 명은 베를린에서 활동했던 베타르 지도자이자 벤요세프의 친구였다.

우드헤드 위원회가 팔레스타인으로 출발한 1938년 4월 21일, 벤요세프는 베타르 동료 두 명과 복수를 계획했다. 함께한 이는 열여덟 살의 아브라함 셰인Avraham Schein과 스물세 살의 샬롬 주라빈Shalom Zuravin이었다. 그들은 몇 주 전 아랍인의 공격이 발생한 카나안산 기슭에서 공격을 감행하기로 했다. 그들이 목표로 삼은 것은 아랍인 공격자들의 본거지로 추정되는 자우나 마을에서 나오는 버스였다.

어린 두 명이 먼저 권총을 쏘고 벤요세프는 수류탄을 던졌다. 어설픈 공격이었다. 총알은 빗나갔고 수류탄은 불발됐다. 버스는 계속 달렸고, 승객은 겁에 질렸지만 다치지는 않았다. 얼마 후 경찰은 무기를 들고 외양간에 숨어 있던 유대인 세 명을 발견했다. 연행된 세 명은 심문을 거쳐 아크레 교도소에 구금됐다.

야파 신문 《알 디파》는 "유대인 패거리, 사파에서 검거"라는 기사를 실었다.[56]

한 달 후 하이파에서 재판이 시작됐다. 재판은 앤드루스의 암살 이후 설치된 군사법원에서 열렸다. 용의자들에게는 사형이 선고될 수도 있었다. 무기를 불법 소지하고 타인을 살해 또는 상해할 의도로 발사하는 것은 최근 개정된 비상조치법하에서 사형에 처할 수 있는 범죄였기 때문이다.

대봉기 시작 이래 1000명에 가까운 아랍인이 비슷한 혐의로 체포되고 기소됐다. 그중 세 명이 교수형에 처해졌다(대봉기 발생 전인 1929년 헤브론 학살 사건 때도 세 명이 처형된 바 있었다). 그런데 영국의 위임통치가 시작된 이래 유대인이 처형된 경우는 단 한 번도 없었다. 5개월 전 베타르 단원이기도 했던 유대인 경찰이 아랍인이 탄 버스에 총을 쏘아 어린 소년이 사망한 사건의 경우에도 마찬가지였다. 범인에게는 사형이 선고됐지만 곧 종신형으로 감형됐다(결과적으로는 그중 6년만 복역하게 된다).[57]

교수형 밧줄은 아랍인의 목에만 걸리는 것인가!

섬에서 유배 중인 후세인 할리디가 한탄했다.[58]

군사재판에서는 여러 언어가 정신없이 오갔다. 변호인단은 저명한 텔아비브의 변호사들로 구성됐다. 한 명은 몬트리올 출신이었고, 다른 한 명은 팔레스타인의 세 가지 공식 언어에 모두 능통해 통역을 자청했다. 증인석에 불려 나온 한 경관은 영국인도 알아듣기 어려운 강한 북부 잉글랜드 억양으로 증언했다. 주라빈의 아버지는 아들이 정신질환을 앓고 있다고 이디시어로 증언했다. 아버지의 증언을 입증하기 위해 온 세 명의 의료 전문가는 독일어로 말했다. 세 용의자 가운데 영어를 알아듣는 사람은 가장 어린 셰인뿐이었다. 나머지 둘은 지루하고 어리둥절한 모습으로 끝없는 재판 내내 앉아 있었다.[59]

11일 후, 판결을 기다리는 방청객이 법원을 가득 메웠다. 주라빈은 정신질환을 이유로 모든 혐의에 무죄 판결을 받았다. 법원은 정신병원에 수용될 때까지 그를 정신질환 범죄자로 분류해 구금할 것을 명령했다. 나머지 두 명은 상해나 사망을 초래할 의도로 폭탄을 던진 혐의에 대해서는 무죄를 받았지만 총기 소지 및 발포에 대해서는 유죄가 인정됐다.

30분 후 형이 선고됐다.

법원은 아브라함 셰인에게 교수형을 선고한다. 법원은 슐로모 벤 요세프에게 교수형을 선고한다.

선고 내용이 여러 언어로 통역되는 동안 법정에는 침묵만이 흘렀다. 셰인의 누나는 흐느끼기 시작했다.

법정에 있었던 한 방청객은 당시의 상황을 이렇게 회상했다.

청년들은 재판 내내 거의 무관심해 보일 정도로 침착했습니다. 교수대의 공포도 그들의 무심함을 흔들지 못한 것 같았습니다. 거리에는 온갖 아랍인이 모여 있었습니다. 모두 판결을 기다렸죠. 아랍인은 지금껏 아랍인에게만 교수형을 선고해온 법정이 유대인에게도 같은 형을 내리기를 기다리고 있었습니다. 모두가 사형 판결을 아주 간절히 바라고 원했습니다. 그리고 원하던 것을 얻게 됐죠.[60]



런던에는 탄원서가 쏟아져 들어왔다. 유럽과 미국 유대인 단체, 팔레스타인과 영제국의 수석 랍비들, 교회와 성공회 주교들은 모두 자비에 호소했다. 시온주의의 열망을 오랫동안 지지해온 《더 가디언 오브 맨체스터The Guardian of Manchester》 또한 사면을 호소하는 논설을 실었다.[61]

이슈브 지도자들은 이 사건을 두고 2년 동안 유혈 공격을 당하며 참아온 끝에 판단 착오를 일으킨 청년들의 과격한 행동이라고 설명했다. 지도부는 사망자도 부상자도 없는 사건인데, 죄에 비해 너무 무거운 형벌이라고 호소했다.

바이츠만은 신임 식민장관 맬컴 맥도널드에게 전보를 보냈지만 소용없었다. 군법으로 형을 선고받은 경우 사면권은 팔레스타인 사령부의 새로운 수장 하이닝 장군에게 있었기 때문이다. 최연소 용의자 셰인은 폴란드에서 날아온 출생증명서 덕에 미성년자임이 확인되었고, 하이닝은 그를 사면했다(수십 년 후 이 증명서는 위조서류로 밝혀졌다). 그러나 벤요세프에 대해서는 꿈쩍도 하지 않았다.[62]

꿈쩍 않기로는 벤요세프도 마찬가지였다. 그는 그 어떤 자구책도, 심지어 자결까지도 배제했다. 그는 유대인이 죽음을 두려워하지 않는다는 사실을 온 세상에 보여주고자 했다.

그는 감방 벽에, 종지 쪽지에, 편지에 자신이 하고 싶은 말들을 적었다. 폴란드에 있는 어머니와 형제자매들에게는 이디시어로 편지를 썼다. 그는 자신의 운명을 "명예롭고 기쁜 마음으로" 받아들이기로 했다며, 가족들에게 자신을 자랑스러워할 게 아니면 차라리 잊어달라고 부탁했다.[63]

집행예정일 전날 밤, 벤요세프는 폴란드에 있는 옛 베타르 동료들에게 편지를 썼다. 그는 활기 넘치지만 어딘가 어설픈 히브리어로 "친구들아, 나는 내일 교수형으로 죽는다. 나보다 행복한 사람이 또 있을까?"라고 적었다.

벤요세프는 자신의 죽음이 민족 해방을 위한 "전쟁의 신호탄"이 될 것이라고 말했다.

> 나는 그 어떤 방해에도 굴하지 않고 유대 국가가 탄생할 것이라는 확신을 품은 채 죽을 것이다. (…) 제에브 자보틴스키 만세! 역사적 국경 안에 세워질 유대 국가 만세! 싸우는 히브리인 청년 만세! (편

지 하단에서는 "아직 우리말을 완전히 배우지 못했다"며 철자 실수에 대해 양해를 구했다.)

마지막 편지는 자보틴스키에게 썼다.

선생님, 제가 내일 베타르 단원으로서 이스라엘 땅에서 성스러운 마지막 임무를 완수하게 됐다는 사실을 알려드리게 되어 영광입니다.

벤요세프는 자보틴스키에게 그가 아버지처럼 단원들을 아낀다는 사실을 알지만 이미 정해진 일을 거스를 수는 없으니 너무 심려치 말라고 당부했다.

저는 마지막 순간까지 베타르 단원으로서 고개를 당당히 들고 교수대로 향할 것을 맹세합니다. 제게 너무나도 소중한 선생님의 이름을 입술에 새기고 마지막을 맞이할 것을 맹세합니다.[64]

편지가 자보틴스키에게 닿으려면 며칠, 몇 주가 걸릴 것이었다. 그러나 자보틴스키는 판결 이후 이미 집행을 유예하기 위해 동분서주 중이었다. 점점 급박해지는 마음으로 식민장관에게 세 차례나 서한을 보냈고, 집행예정일 하루 전날인 6월 28일 마침내 장관을 만날 수 있었다. 맬컴 맥도널드 장관의 입장은 확고했다. 하이닝 장군이 이미 결정을 내렸고, 자신도 그 결정에 동의한다는 입장이었다. 맬컴 맥도널드는 이미 판결을 받은 사형수를 살려주면 법을 무시하고 복수에 나서라고 부추기는 꼴이 된다며 벤요세프의 목숨만 달린 문제가 아니라고 설명했다.

그렇다면 제가 설득할 방법은 없군요.

자보틴스키가 말했다.

유감스럽지만 그렇습니다.

맬컴 맥도널드가 답했다.[65]

자보틴스키는 밤이 새도록 군사법원 판결에 대한 항소 사례를 미친 듯이 찾았다. 보어전쟁에서 유사한 사례가 있었다고 들었지만, 하원의회 도서관을 아무리 뒤져도 자료는 나타나지 않았다. 새벽 3시쯤, 아일랜드 의회의 한 유대인 의원이 아일랜드에 비슷한 사례가 있었다고 알려줬다. 자보틴스키는 촛불을 밝히고 고등법원 기록보관소에서 판례를 찾아냈다. 그러나 맬컴 맥도널드에게 연락이 닿지 않았고, 팔레스타인은 이미 날이 밝은 후였다.[66]

집행 예정 시간은 오전 8시였다. 이날 아침 고등판무관실에는 홀어머니인 벤요세프의 어머니가 보낸 전보가 도착했다. 마지막으로 아들을 만나 기도할 기회를 달라는 내용이었다. 그러나 고등판무관은 자리에 없었고, 군사법원 판결에 대해서는 개입하지 않겠다는 뜻을 이미 분명히 한 상태였다.[67]

벤요세프는 아침 일찍 일어나 차를 마시고 유대인 교관과 함께 〈시편〉을 몇 편 암송했다. 오전 7시에는 머리를 감고 이를 닦았다. 정해진 시간이 되어 교수대로 이동하며 그가 〈베타르 찬가〉와 〈하티크바〉를 부르자 다른 수감자들도 목소리를 더했다. 눈이 가려지는 순간, 벤요세프는 약속대로 마지막 말을 외쳤다.

자보틴스키 만세!

런던에서 자보틴스키의 아내는 처음으로 남편의 눈물을 보았다.[68] 후세인 할리디는 라디오에서 뉴스를 듣고는 일기장에 이렇게 적었다.

마침내 적어도 한 명의 유대인이 교수형에 처해졌다.[69]

팔레스타인 최초로 처형된 유대인 벤요세프의 소식이 전해지자 전 세계 유대인은 충격에 빠졌다. 텔아비브에서는 시위대가 경찰과 몸싸움을 벌여 수십 명이 머리에 부상을 입고 도시에는 통행금지령이 내려졌다. 《하레츠》는 벤요세프를 카도시kadosh, 즉 '성자'라 불렀다. 바르샤바에서는 유대교 회당을 가득 메운 수만 명이 단식에 들어갔다. 라트비아 리가 주재 영국 대사관에는 돌이 날아들어 창문이 깨졌다.[70]

다음 날 팔레스타인의 이르군 지휘관들이 한자리에 모였다. 한 분파는 영국인에 대한 보복 작전을 시작해야 한다고 주장했다. 또 다른 분파는 이번 사건으로 마침내 하블라가 정책의 무용성이 드러났다며 아랍인을 상대로 무제한 전쟁을 시작할 시간이 왔다고 주장했다. 이 주장을 펼친 지휘관은 이렇게 말했다.

아랍인을 쥐새끼처럼 죽일 수 있는 환경을 만들어야 합니다. 아랍인이 먼지만도 못하게 여겨지는 환경을 만들어야 합니다. 아랍인이 아닌 바로 우리 유대인이야말로 무시할 수 없는 강한 세력임을 보여줘야 합니다.

이날 호응을 얻은 것은 두 번째 주장이었다.

이르군 지도부는 "보복 행위로 영국 정부와 전 세계에 이슈브도 싸울 수 있다는 것을 보여주자"는 현수막을 걸었다. 그들은 "보복 행위가 아랍의 테러를 끊어낼 것"이라고 강조했다.

자보틴스키는 새로운 국면에 대비해 작전을 준비해둔 참이었다. 벤요세프의 사형 집행 몇 시간 전, 자보틴스키는 하이파에서 이르군 단원으로 활동 중인 조카에게 전보를 보냈다.

최종 결정 시 대거 투입할 것.

전보의 서명은 "멘델슨"이었다.[71]

팔레스타인의 이르군 단원들은 이미 준비되어 있었다. 그들은 자보틴스키와 달리 보복에 아무런 내적 갈등을 느끼지 않았다. 자보틴스키는 오히려 그의 갈등을 감지한 단원들이 통제를 완전히 벗어나 멋대로 행동할 것을 두려워했다.[72]

며칠 후 나자레스 출신의 기독교인 지리스 한나 자흐란Jiryis Hanna Zahran이 하이파에서 택시를 타고 가다 납치되어 도시 외곽의 판잣집에서 목이 매달렸다. 예루살렘 마하네 예후다 지구에서는 아랍인 버스가 폭탄 공격을 받아 네 명이 사망했다. 텔아비브와 야파의 경계선에 있는 카르멜 시장에서는 한 남성이 총에 맞아 사망했다.

하가나 정보국은 유대인의 테러 행위가 아랍인을 겁에 질려 굴복하게 만들기는커녕 오히려 온건파를 반군 쪽으로 밀어내 반군에 합류할 가능성을 높인다는 사실을 깨달았다.[73]

시장에서 폭발이 일어난 날, 툴카렘 근처에서는 유대인 농업공동체 모샤브 거주자 네 명이 죽었다. 얼마 지나지 않아 예루살렘 유대인 지구에서 한 상점 주인과 그 아들이 총에 맞아 숨졌다. 텔아비브에서는 기차에서 던진 폭탄이 폭발해 헤르츨 거리의 가판대에 있던 젊은 여성 한 명이 사망했다.

마지막 사건이 발생하고 90분 후, 아랍인 짐꾼 복장을 한 남성이 우유통 두 개를 들고 하이파 항구 옆 아랍 채소 시장에 들어섰다. 우유통 바닥에는 시한장치가 달린 지뢰와 쇠못 수천 개가 숨겨져 있었다. 첫 번째 폭탄이 먼저 터지고, 몇 분 후 두 번째 폭탄이 터졌다. 이르군의 공식 역사는 이 폭탄이 "이전 폭탄들과 치명성은 비슷했으나, 일반인의 공포심을 극대화했다"고 기록했다.

아랍인 21명이 사망하고 100여 명이 부상을 입었다. 이르군 역사에는 "시장에 있던 사망자와 부상자를 병원으로 이송하는 데 두 시간이 넘게 걸렸다"고 뽐내듯 기록되어 있다.[74]

폭탄이 터진 것을 본 토비아 다우니Tovia Dounie가 차를 몰고 달려왔다. 유명한 부동산 개발업자인 그는 팔레스타인에 30여 년간 거주하며 유대인, 기독교 아랍인 동업자들과 예루살렘의 대표 건물들을 지어왔다. 시내에 우뚝 솟은 YMCA 건물은 물론이고 필 위원회의 조사가 이루어진 팰리스 호텔, 안토니우스가 기거한 카름 알무프티도 그와 동업자들이 함께 만든 작품이었다.

부상자 중에는 경찰관인 무사 카미스Musa Khamis가 있었다. 행인들이 경관을 다우니의 차에 태우려고 하는데 누군가 폭탄 테러범이 차 안에 있다고 소리쳤고, 그 순간 총성이 울렸다. 《뉴욕타임스》는 다우니가 "심장에 총을 맞고 차의 바퀴 쪽으로 고꾸라진 채 발견됐다"고 보도했다. 그는 폭탄 테러 이후 이어진 혼란 속에서 사망한 여섯 명의 유대인 가운데 한 명이었다.

다우니는 바이츠만의 매부였다. 그러나 유력 시온주의 정치인 바이츠만은 그 어떤 보복 행위도 자제해달라고 호소했다. 식민장관은 정말 "끔찍한" 일이 벌어졌다며 자필 서한을 보내 위로했다.[75]

다음 주가 되자 폭력이 새로운 국면으로 접어들었음이 명백해졌다. 새롭게 펼쳐진 국면에 비하면 1년 전의 검은 일요일은 사소한 사건으로 느껴질 정도였다.

텔아비브와 하이파를 잇는 신설 해안도로에서 팔레스타인을 방문 중이던 인도계 무슬림 한 명이 총에 맞아 숨졌다. 예루살렘에서는 며칠 사이에 폭탄 테러가 두 건 발생해 아랍인 다섯 명이 죽고 수십 명이 다쳤다. 빈야미나 인근에서는 무장한 남성이 쏜 총에 유대인 경찰 두 명과 여성 정착민 한 명이 죽었다. 팔레스타인 최초의 유대인 자위대 창설자로 유명한 알렉산더 자이드Alexander Zaid는 제즈릴 계곡에서 살해됐고, 바로 인근에서 또 다른 유대인 다섯 명이 사망했다. 예루살렘 시장에서 터진 폭탄으로 아랍인 열 명이 죽고 30명이 다쳤다. 사망자 가운데 절반이 여성이었고, 한 명은 어린 아들과 함께 죽었다. 텔아비브에서는 차량 폭탄이 터져 20여 명의 유대인이 부상을 당했다.[76]

사건은 점점 격해지며 죽음의 대단원으로 향했다. 폭탄 테러가 있었던 하이파의 채소 시장에서 피클 저장통에 담긴 지뢰 약 29킬로그램이 폭발하면서 아랍인 53명이 사망하고 거의 동수의 부상자가 발생했다. 미국 영사는 "인간과 나귀, 말의 조각난 시체가 뒤엉켜 있었다"는 기록을 남겼다. 이르군 역사는 이 사건에 대해 "1936년 아랍 대봉기 시작 이래 가장 큰 피의 수확을 통해서 전 세계에 인상적인 반향을 불러일으켰다"고 기록했다. 미국 영사는 사망자 수를 53명으로 기록했지만, 이르군은 70명이라고 주장했다.[77]

어느 쪽이든 이날은 팔레스타인이 겪은 고난의 2년 가운데 가장 끔찍한 날이었다.

《알 디파》의 지면은 나블루스의 무함마드 말하스Muhammad Malhas, 가자의 알리 후세인 자라르Ali Hussein Jarar 등 사망자 명단으로 채워졌다. 네 명은 여성이었고 적어도 한 명의 어린이가 포함되어 있었다. 부상자 명단은 이송된 병원별로 게시됐다. 사페드의 아부 무함마드 헤자지Abu Muhammad Hejazi는 독일 템플러 병원, 레바논의 부트로스 지리스Boutros Jiryis는 정부 병원에 있었다. 신문에는 폭탄 테러 이후 보복 공격으로 사망한 유대인 두 명의 이름도 실렸다. 모셰 미즈라히Moshe Mizrahi와 도브 벤모셰Dov Ben-Moshe였다.[78]

1938년 7월 전국에서 사망한 유대인 숫자는 60명이었다. 아랍 대봉기 시작 이래 가장 피비린내 나는 달이었다. 그러나 이달

사망한 아랍인의 숫자는 100명이 넘었다. 봉기 시작 이후 처음으로 유대인에게 살해된 아랍인의 수가 그 반대의 경우보다 더 많아진 것이다.[79]

후세인 할리디는 유배지에서 공격과 반격의 "살육"을 개탄하며 "그곳은 그야말로 지옥 그 자체"라고 표현했다. 아랍어 언론은 늘어가는 아랍인 사망자 수에 별로 신경 쓰지 않는 듯한 영국의 태도를 이해할 수 없다며 다음과 같이 비판했다.

> 아무도 현 상황을 설명하려고 하지 않는다. 단 한 명의 의원도 단 한 개의 질문도 던지지 않고 있다.

1936년부터 유대인과 아랍인 사이에 생겨난 틈은 이제 메울 수 없는 골이 되어가고 있었다. 아랍인 버스 운전사들은 유대인 정착촌을 피하기 시작했고, 아랍인 우체부들은 무장 경호원을 동반하지 않고는 텔아비브 근처에 얼씬도 하지 않으려 했다.[80]

자보틴스키는 충격을 받았다. 그는 특히 집단 린치와 시장 폭탄 테러의 야만성에 경악했다. 그러나 그가 보복에 대해 보여온 모호한 태도와 이중화법 또한 분명 이 끔찍한 전개를 불러오는 데 적지 않은 역할을 했다.[81]

이슈브에 속한 많은 사람이 이런 피비린내 나는 사건이 유대인의 소행일 리 없다고 주장했다.

벤구리온은 조용히 말했다.

> 가난한 농민들이 땀 흘려 가꾼 과실을 팔러 시장에 갔습니다. 모두

성실하고 정직한 사람들입니다. 그런데 갑자기 유대인 무리가 몰려와서 이들을 죽입니다. 그 모습을 본 아랍인은 어떤 생각을 할까요? 이런 광경을 보면 당장 수십, 수백의 새로운 테러리스트가 생겨나지 않겠습니까?[82]

벤구리온 역시 벤요세프의 사형에 반대했었다. 사건으로 인한 사망자와 부상자가 없었고, 벤요세프가 순교의 상징이 되면 다른 유대인 청년들이 "광기 어린" 행동을 할 것이 뻔했기 때문이다. 그럼에도 벤구리온은 팔레스타인에 또 다른 벤요세프들이 존재한다는 사실을 알고 있었다.

이스라엘 땅에는 지금 나치 정당이 있습니다.

벤구리온이 말했다.[83]



## 무법이 곧 법이다

레바논과 국경을 맞댄 팔레스타인에 위치한 알바사는 기독교인과 무슬림 주민이 함께 거주하는 인구 2423명의 작은 마을이었다. 마을에는 교회 두 개와 모스크 하나, 카페 몇 개와 갈릴리 지역 유일의 기독교 고등학교가 있었다. 이곳 농부들은 주로 올리브를 재배했지만, 감귤류와 바나나·석류·사과·무화과도 경작했다.[84]

1938년 봄과 여름에는 새로운 이웃이 나타났다. 국경을 따라 테거트 장벽이 올라가고 거대한 경찰 요새가 지어지더니 유대인들의 새로운 국경 전초기지인 하니타 정착지 도로 바로 아래에 자리 잡았다. 경찰 요새, 즉 테거트 요새는 그 후 주변 지역 곳곳에 수십 개가 더 들어섰다.[85]

9월 초순 어느 밤, 군용 트럭 한 대가 알바사 인근에서 지뢰를 밟아 폭발했고, 영국 얼스터 소총부대 소속의 사병 세 명과 장교 한 명이 사망했다. 마을 주민이 연루되었다는 증거는 없었지만 대대 지휘관은 지역 장로들을 불러 모아 또다시 적대 행위가 발생할 경우 사건이 일어난 곳에서 가장 가까운 마을에 징벌적 조치를 취하겠다고 경고했다.

어느 아랍어 기록에 따르면 다음 날 아침 알바사에 군대가 도착해 네 명을 총으로 쏘고 주민들을 개머리판으로 구타한 후 집을 수색하고 약탈하기 시작했다. 군인들은 마을 주민 100명을 인근의 군대 막사로 끌고 갔다. 그곳에서 군인들은 남자 네 명의 옷을 벗겨 선인장 위에 무릎을 꿇게 하고는 구타하기 시작했다. 군인들은 "살점이 떨어져 나가고 남자들이 기절할 때까지 동정도 자비도 없이" 구타했다. 그사이 다른 군인들은 마을을 파괴하기 시작했다.

한 장교는 "제11경기병대의 롤스로이스 장갑차가 알바사에 기관총을 갈기던 광경이 지워지지 않는다"고 회상하며 다음과 같이 말했다.

사격은 20분 동안 계속됐습니다. 그러고 나서는 집 안에 들어가 숯

이 가득한 화로에 불을 붙였죠. 이 집 저 집 돌아다니며 불을 지르고 마을을 잿더미로 만들었습니다.

그러더니 얼스터 소총부대원들과 왕립 공병 대원 몇 명이 적어도 20명쯤 되는 남자 주민을 모아 버스에 태웠다. 한 경찰관은 회고록에 다음과 같이 기록했다.

> 겁에 질려 도망가던 주민들은 총에 맞았다. 군인들은 도로에 지뢰를 심고는 버스 운전사에게 그 위로 달리라고 했다. (…) 버스가 완전히 폭파되며 훼손된 시신이 사방으로 튀었다. 군인들은 다른 주민들을 불러 구덩이를 파게 하더니 시신을 모아 오라고 시켰다. 그러더니 시신을 구덩이에 아무렇게나 던졌다.

이런 일이 있고 얼마 되지 않아 제8보병사단에는 영국에서 온 버나드 몽고메리Bernard Montgomery가 새로운 사령관으로 취임했다. '몬티'라고도 불렸던 몽고메리는 알바사에서 벌어진 사건을 전해 듣고는 "다음번에는 조금만 살살하라"고 말했다.[86]

영국군은 알바사 마을 사건 외에도 수많은 과잉진압과 학대를 자행한 혐의를 받았다.

예루살렘의 성공회 부주교는 경찰이 자기 하인의 입안이 터져 피가 날 때까지 뺨을 때렸다며 항의했다. 예루살렘 아랍은행의 은행장은 어떤 군인이 자신의 동생을 근거리에서 사살했다며 세 명의 의사(아랍인 두 명, 유대인 한 명)에게 검안을 받아 사인을 밝힌 소견서를 제출했다. 의사들은 "화기의 탄환과 같은 단단

한 물체가 강력한 힘으로 여러 개의 장기를 관통함"이라고 기록했다.[87]

마을의 집을 수색하는 동안 주민을 야외 감옥에 가두는 일도 부지기수였다. 1939년 봄 헤브론 근처의 할훌에서 벌어진 사건은 특히 악랄했다. 군인들은 야외에 두 개의 우리를 설치했다. 둘 중 한 곳은 그늘과 음식, 물이 충분히 제공됐고, 나머지 한 곳은 땡볕에 그대로 노출됐다. 군인들은 총기를 자진 제출한 주민만 '좋은' 우리에 넣어줬다. '나쁜' 우리에 갇힌 주민에게는 하루에 한 잔도 안 되는 식수만 겨우 제공했다. 아랍인이 국제연맹에 제기한 진정에 따르면 주민들은 더위를 피하기 위해 "차가운 땅바닥에 얼굴을 파묻어야 했고, 비인간적인 구타에 시달리면서 소변을 마셔야 했다". 그러한 환경에 일주일 이상 갇힌 결과 최소 여덟 명이 사망한 것으로 알려졌다.[88]

철로 파괴가 발생하면 주변 마을의 남자들이나 할훌에서처럼 우리에 가뒀던 사람들을 끌고 와서 기관차 앞에 연결한 바퀴 달린 판 위에 앉혔다. 예루살렘 지역 주지사는 이렇게 하는 이유를 잔인할 정도로 간단하게 설명했다. 철로에 지뢰가 있으면 "앉혀둔 사람들이 먼저 폭파되지 않겠느냐"는 것이었다. 아랍인을 지뢰제거기로 이용하는 일이 계속되자 하이파와 아크레에서는 이를 중단해달라며 하루짜리 파업이 벌어지기도 했다.[89]

카르멜산에 거주하는 프랜시스 뉴턴Frances Newton은 정부 당국을 지속적으로 비판하는 선교사였다. 그가 제출한 수많은 탄원서 가운데 하나를 받은 식민부의 한 관리는 "거친 행위"가 어느 정도까지는 정당하고 허가된 것이라 볼 수 있다며 다음과 같이 답했다.

현재 우리가 팔레스타인에서 목도하고 있는 '준전시' 상황에서는 군대와 경찰의 거친 행위가 상당 부분 발생할 수밖에 없습니다. 또한 (공개적으로 인정할 수는 없지만) 주민들에게 테러 행위와 테러리스트 비호가 결코 이익이 되지 않음을 알리기 위한 수단으로써 그러한 행위는 일정 부분 정당화될 수 있습니다.[90]

1938년 봄부터 가옥 철거는 일상화됐다. 한 마을에서 하루 만에 10여 채의 가옥이 한꺼번에 철거되기도 했다. 하이닝 장군은 내각에 보고할 때, 무장단체 지도자의 집이나 무기가 발견된 집 또는 매복이 발생한 집에 국한해 이런 조치를 취한다고 했다. 그러면서도 공격이 한 마을과 연관되어 있지만 관련자를 특정할 수 없는 경우에는 집단적 책임을 물을 수밖에 없다고 주장했다. 하이닝은 "비판자들은 이해할 수 없겠지만 팔레스타인 아랍인은 집단적 처벌을 충분히 인정하며 이해하고 있다"고 말했다.[91]

영국의 팔레스타인 봉기 진압 활동을 둘러싼 법적 문제를 고찰한 역사학자 매슈 휴스는 다음과 같이 정리했다.

1936년 이후 영국은 체계적이고 침투적이며 공인된 파괴, 처벌, 보복과 폭력의 정책을 수립해 팔레스타인 인구의 분열과 빈곤을 야기했다.

영국법과 대봉기 이후 팔레스타인에 도입된 비상조치는 군대와 지휘관에게 막대한 재량권을 부여했고, 1937년 말이나 1938년 초부터 팔레스타인은 사실상 계엄령 상태에 놓이게 됐다.

휴스는 "무법이 곧 법이었다"고 말하며 당시 자행된 대부분의 탄압 행위는 법적으로 허용된 행위였다고 밝혔다.

> 영국은 합법적 수단, 도덕적으로 옳은 수단, 효과가 좋은 수단 사이에서 균형을 잡아야 했는데, 이것이 쉽지 않다는 게 문제였다.

휴스는 비슷한 봉기를 겪은 20세기 다른 강대국들이 훨씬 가혹하고 무차별적인 폭력으로 대응했다는 점을 지적했다.

> 물론 그러한 사실이 팔레스타인에서 영국이 벌인 폭력적 행위에 대한 변명이 되지는 않지만, 비교가 가능한 맥락을 제공하기는 한다. 간단히 말해, 영국은 종종 폭력적이기는 했지만 극도의 잔학 행위는 거의 저지르지 않았다. (…) 한마디로 영국도 다른 나라처럼 지독했지만 조금 덜 지독했다.[92]

맨체스터 연대 소속으로 팔레스타인에 파견됐던 한 병사는 이를 두고 이렇게 말했다.

> 군인들은 증오심 같은 것 때문에 전투에 나가는 게 아닙니다. 특정한 일, 즉 살상을 훈련받았고 그래서 전투에 나가는 겁니다. 고깃간 주인은 고기를 자릅니다. 우유 배달부는 우유를 배달하죠. 군인이 하는 일은 적을 죽이는 것 아니면 적어도 적의 손에 죽지 않기 위해

애쓰는 것입니다. 아뇨, 증오심 같은 것은 전혀 없습니다. 증오심이 드는 유일한 순간은 부대에서 누군가 '당했을' 때죠. 동료가 죽었다는 것을 알게 된 순간이요. (…) 그 사람들이 직접 죽인 게 아니더라도 어차피 그 친구나 형제가 죽인 거잖아요. 그러니 저희 입장에서는 어차피 저들은 다 쓰레기였고 누가 죽어도 상관없었습니다.[93]

팔레스타인 경찰들이 부르던 짧은 노래는 이러한 감정을 조금 더 가볍게 표현하고 있다.

이 지독한 성지에는 기독교도, 유대인, 아랍인이 살고 있다네
다정하기가 마치 방울뱀 떼 같지
우리 경찰들의 손에 하루 이틀만 맡겨놓으면
장담컨대 놈들을 모두 떨게 만들어주지
후세인 엘 무함마드, 모세스 모셰윅스
의원 나리들은 아마도 투팅에 안전하게 계시겠지
썩은 정치로 나라를 어지럽히면서
영국 경찰들은 총이나 맞으라고 내몰겠지
군대에 있는 형제들도 잘 알고 있다네
그들은 절대 고지식하게 싸우지 않지
"군홧발과 엉덩이를 써! 내려가서 지옥을 보여주자고!
저놈들이 시장에서 영국 경찰을 찔렀으니까."[94]

# 6장

# 유대의 로렌스

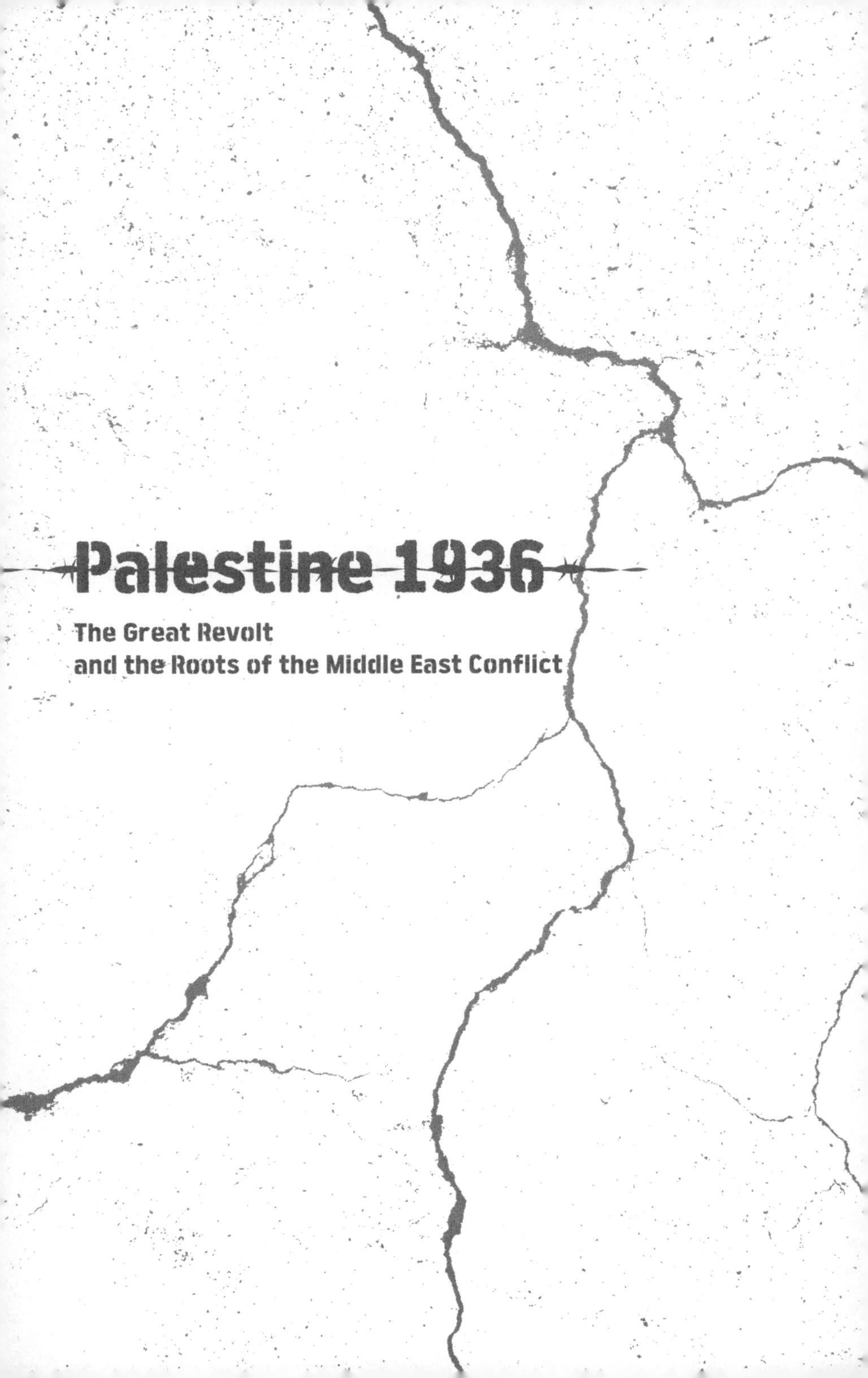
Palestine 1936
The Great Revolt
and the Roots of the Middle East Conflict

벤구리온은 타인과의 교류에 대한 욕망이 거의 없는 냉철하고 실용적인 사람이었다. 유대인의 전형적인 특성 가운데 하나로 꼽히는 유머 감각도 그에게는 거의 없었다. 바이츠만은 벤구리온을 "유머 감각이 없고 도덕적으로 경직된 사람"으로 묘사했고, 수십 년을 함께한 동료 골다 메이어도 그의 농담을 한 번도 들어본 적이 없었다. 그러나 벤구리온의 두뇌는 절제력과 분석 능력 면에서는 그 누구보다 탁월했다. 그는 같은 당의 동지들에게 "오늘 또는 내일 무엇을 할 것인가 같은 구체적인 질문을 대하면 내 두뇌는 마치 계산기처럼 움직인다"고 말하기도 했다. 어린 시절 벤구리온을 본 의사는 그의 부모에게 아이의 큰 머리에 엄청난 재능이 숨겨져 있을 수도 있다고 말했다.[1]

끊임없이 메모하고 성실하게 일기를 썼던 벤구리온은 명료함과 간략함의 표본이라 할 만한 수백만 건의 기록을 남겼다. 그는 즉흥 발언에서도 사전에 준비된 발언을 할 때와 마찬가지로 끝없는 우선순위와 목록을 자유자재로 인용했다. 전략적 목표에 집중하면서도 세부사항을 꼼꼼히 챙기는 능력 또한 뛰어났다(그는 유대인기구, 마파이당, 히스타드루트를 모두 이끌고 있었으며, 늘 어딘가의 위원회 회의에 참석해야 했다). 경찰 정보 보고서는 벤구리온을 두고 시온주의 지도자 가운데 명확한 계획을 지닌 유일한 인물로 평가했다.[2]

다른 동료들과 달리 벤구리온은 영국인이나 아랍인의 관점에서 상황을 바라보는 것을 전혀 어려워하지 않았다.

벤구리온은 대봉기 초기에 동료들에게 이렇게 말했다.

> 잠시 모든 것을 아랍인의 눈으로 바라봅시다. 아랍인은 모든 것을 다르게 봅니다. 우리와 정반대로 바라보죠. 그 관점이 옳고 그른지는 여기에서 중요하지 않습니다. 그저 그게 그들의 관점인 것입니다.[3]

그는 피로 물들었던 1938년 여름에는 이렇게 말했다.

> 소요사태가 이렇게 오래갈 것이라고는 누구도 생각지 못했을 것입니다. 아랍인이 그렇게 큰 힘을 보여주고 우리 유대인이 이렇게 엄청나게 오래 견딜 줄은 아무도 몰랐겠죠. 이제부터는 어느 쪽의 용기와 자제력이 더 오래 지속되는지가 관건이 될 것입니다.
> 착각해서는 안 됩니다. 우리가 현재 직면한 것은 테러가 아니라 전쟁입니다. 아랍인이 우리에게 선포한 것은 민족 전쟁입니다. 테러는 그 수단의 일부일 뿐입니다. (…) 이스라엘 땅 아랍인의 입장에서 이것은 그들의 고향을 강탈하려고 하는 유대인에 대한 적극적인

저항입니다. 그것이 아랍인의 관점이고 그들이 싸우는 이유입니다. (…) 한 민족은 자국의 몰수를 막고자 싸울 때 결코 쉽게 지치지 않습니다.

벤구리온은 유대인이 직면한 것은 무장 아랍인 수백 명도 수천 명도 아닌 아랍 민족 전체의 봉기라고 설명했다. 그는 무력 충돌이 수년간 이어질 것을 각오해야 하며 유대인을 저지하기 위한 전쟁이 점점 더 치열해질 것도 예상해야 한다고 강조했다. 벤구리온은 그 전쟁이 심지어 몇 세기 동안 지속될 수도 있다고 보았다.

이 피의 전쟁은 갈등이 표출되는 하나의 양상에 불과합니다. 아랍과 유대의 싸움은 근본적으로 정치적 싸움이며, 정치적 차원에서는 우리가 침략자고 그들이 방어자로 비칩니다. (…) 아랍인은 정치적 싸움에서 우위를 점하고 있습니다. 땅과 마을, 산과 도로가 모두 그들의 손에 있으며 그들이 그 안에 살고 있기 때문입니다. 그들의 눈에 우리는 그저 갑자기 나타나서 그들이 가진 것을 빼앗으려 하는 존재입니다. 그들의 땅 밖에서 그들의 손에 있는 땅을 빼앗으려고 하는 사람들인 것입니다.
팔레스타인에는 두 개의 민족이 있습니다.

그는 "두 개의 민족"이라는 말을 강조하듯 길게 끌었다.

팔레스타인이 계속 아랍 지역으로 남아 있기를 바란다고 해서 아

랍인을 비난할 수는 없습니다. (…) 그러나 우리의 목표는 이 땅을 유대의 땅으로 바꾸는 것입니다.[4]

벤구리온은 역경을 기회로 만드는 자신의 능력에 자부심을 지니고 있었다. 그는 아랍 대봉기를 시온주의의 두 가지 핵심 목표 실현을 위한 전례 없는 기회로 보았다.

첫 번째 핵심 목표는 경제적 분리였다. 벤구리온은 1936년부터 시작된 경제 분리를 영구화하고자 했다. 그는 아랍 노동력에 기대지 않고 유대인 스스로 식량과 주택, 고용을 해결할 수 있는 자급자족의 유대 경제가 미래 유대 국가 건설의 토대라고 확신했다. 그가 '히브리 노동'을 고집하고 텔아비브 항구 건설에 그토록 환호했던 이유도 여기에 있었다.

두 번째 핵심 목표는 영국에 대한 의존 없이 아랍의 공격을 막을 수 있게 해줄, 궁극적으로는 영국이 철수하더라도 홀로 설 수 있는 유대 방위군의 창설이었다. 그가 고수하는 하블라가 정책의 밑바탕에는 바로 이러한 동기가 깔려 있었다. 무차별적 폭력은 그동안 유대인이 만들어낸 진전을 망쳐버릴 수도 있었다. 방위군 창설처럼 영국 정부의 동의를 필요로 하는 진전을 이루기 위해서는 자제하는 모습을 보일 필요가 있었다.[5]

이에 관해 벤구리온은 다음과 같이 열변을 토했다.

그동안 우리는 과거에는 꿈도 꾸지 못했던 방어 체계의 진전을 이뤄냈습니다. 우리는 소극적 방어에서 적극적 방어로 나아가고 있습니다. 팔레스타인에서는 이제 영국군과 경찰을 합친 것보다 더 많은 유대인이 합법적으로 무장을 갖추게 됐습니다. 영국 정부의 도움으로 일종의 유대인 군대가, 수천 명 규모의 군대가 탄생한 것입니다.[6]

한편 제네바 호수 인근 에비앙에서는 독일제국에서 박해받는 소수민족 문제를 논의하기 위해 30여 개국 대표단이 모였다. 에비앙회의를 제안한 것은 루스벨트 대통령이었다. 소수민족을 돕고자 하는 순수한 마음도 있었지만, 미국의 이민자 허용치에 집중된 세계의 관심을 분산시키고자 하는 의도도 있었다. 미국은 의회의 강력한 지지 속에 10년이 훌쩍 넘도록 이민의 문을 꼭 닫아걸고 있었다.

장장 9일 동안 각국의 대표단이 차례로 일어나 자국이 유대인을 수용할 수 없는 이유를 설명했다. 프랑스는 이민자 인구가 "포화 상태"에 이르렀다고 말했다. 라틴아메리카 4개국은 난민을 더 이상 받아들일 수 없다고 강조하며, 특히 "상인이나 지식인"은 더욱 불가능하다고 못 박았다. 영제국 또한 더 이상 수용 불가라고 말했다. 영국 측 대표 단장은 케냐나 북로디지아에 몇백 명 정도는 정착시킬 수 있을지 모르지만, 기존 정착민의 반대가 심하다고 언급했다. 도미니카공화국은 유일하게 유대인을 농장 노동자로 받아주겠다고 말했다. 당시 도미니카공화국의 강압적 군사 정권은 인구의 백인화를 적극 추진하고 있었기 때문이다. 이슈브 특사로 참석한 노동계 대표 골다 메이어에게는 발언권이 주어지지 않았다. 회의가 끝나고 메이어는 기자들에게 이렇게 말했다.

죽기 전에 한번 보고 싶은 세상이 있습니다. 사람들이 우리 민족에게 더 이상 동정을 표하지 않아도 되는 세상입니다.[7]

그러나 벤구리온은 내심 안도했다. 그는 다른 국가들이 유대인 대량 수용을 결정해 유대인 문제 해법에서 팔레스타인이라는 선택지가 아예 제외될 경우 시온주의 운동에 닥칠 수 있는 "피해와 위험과 재앙"에 대해 내부적으로 경고해온 바 있었다. 그는 다시 한번 불행을 기회로 삼기로 했다. 물론 벤구리온도 나치의 위협이 사라지기를 바랐다. 그러나 그 위협이 어쩔 수 없이 존재해야 한다면 시온주의의 발전을 위해 활용하기로 했다.

벤구리온은 그해 말 이런 발언을 했다.

독일에 있는 유대인 어린이를 영국으로 옮겨 모두 구하는 것과 팔레스타인으로 옮겨 절반만 구하는 것 사이에 선택해야 한다면 저는 후자를 택할 것입니다. 왜냐하면 우리는 이 아이들뿐 아니라 유대 민족의 역사 차원에서 생각할 수밖에 없기 때문입니다.

다른 유대인과 마찬가지로 벤구리온 또한 고통받는 동족을 가능하면 한 명이라도 더 구하고 싶었다. 그러나 그에게 무엇보다 중요한 것은 "히브리 땅의 히브리 민족"을 구하는 것이었다.

에비앙회의를 통해 유대인을 독일제국에서 몰아낼 수 있다고 생각했던 히틀러는 회의의 실패를 바라보며 자신만의 결론을 내렸다. 유대인을 수용하겠다는 국가가 거의 없는 상황에서 대규모 강제 이주는 불가능했다. 이는 다른 해결책을 찾아야 한다는 얘

기였다.[8]

## 사실의 논리

하람 알 샤리프를 떠나 레바논에 둥지를 튼 지 9개월째에 접어든 하지 아민은 꽤나 들떠 있었다. 에비앙회의에서는 팔레스타인이 거의 언급되지 않았고, 팔레스타인에서는 〈필 위원회 보고서〉 실무 조사를 위해 구성된 우드헤드 위원회가 분할안 전면 취소를 고려한다는 추측이 나오고 있었다. 대무프티는 영국이 마침내 그 지독한 유대 민족 고향 건설 정책을 폐기하려는 것이라고 낙관했다. 그는 한발 더 나아가 영국이 팔레스타인을 다른 아랍 국가처럼 독립시키기 위한 절차를 시작할지도 모른다고 생각했다. 그렇게만 되면 사랑하는 고향으로 돌아갈 길이 열리게 된다.

한편 영국 정부 기관들은 팔레스타인에서 벌어진 참극의 책임자로 하나같이 대무프티를 지목했다. 식민장관은 체임벌린 총리에게 "아랍의 대의를 불명예스럽게 하는" 유혈사태의 배후 인물이 누구인지는 의심의 여지가 없다고 말했다. 팔레스타인 경찰은 대무프티가 "반군 운동 전체"를 좌지우지하고 있다고 보고했다. 영국의 정보기관 MI5 또한 "대무프티가 모든 사건의 길목에서 봉기를 제어하고 있으며, 모든 주요 사안에서 절대적인 복종을 받고 있다"고 보고했다.[9]

훗날 미국 중앙정보국이 작성한 인물 보고서는 대무프티를 두고 "마키아벨리, 리슐리외, 메테르니히를 연상시키지만 모두 딱 들어맞지는 않는다"고 평가했다.

> 대무프티는 팔레스타인 아랍인 사이에서 흔히 볼 수 있는 분홍빛 도는 흰 피부와 푸른 눈을 지닌 정력적이고 꼿꼿하며 자존심이 강한 인물이다. 머리카락과 수염은 여우 털같이 붉은색이다. 그의 매력 가운데 하나는 동양적인 예법에 있다. 그는 자신을 찾아왔던 손님이 돌아갈 때 방문이 아닌 대문까지 배웅하며 축복의 인사를 건넨다.

보고서는 그가 "품위와 매력을 지닌 인물임은 분명하지만 반대자에게는 무자비했다"며 아랍적 대의에 따른 그의 "신비롭기까지 한 헌신"은 "대무프티 개인과 그 가족의 권력 강화와 불가분의 관계에 있었다"고 평가했다. 보고서는 시온주의자들이 무프티를 "메피스토펠레스보다 약간 더 사악한" 인물로 보았다고 기록했다.[10]

신중한 하지 아민은 증거가 될 만한 서류를 남기지 않았다. 무프티가 저택에서 내린 지시는 다마스쿠스에서 망명 중인 측근과 팔레스타인 현지의 반군 지도자들에게 모두 구두로 전달됐다. 그의 메시지는 한결같았다. 낮은 수준의 폭력으로는 충분치 않다는 것이었다. 그는 이를 약하게 끓는 냄비가 요리사의 주의를 끌지 못하는 것에 비유했다. 그러면서 유대인과 영국인 그리고 민족에 방해가 되는 아랍인을 상대로 작전의 강도를 높일 것을 요구했다. 그의 전형적인 메시지는 다음과 같았다.

단호한 자세를 유지하고 숨 돌릴 틈을 주지 말라. 투쟁의 전환점이 다가오고 있다. 성공은 결연한 태도를 통해서만 얻을 수 있다.[11]

무사는 대무프티와 정기적으로 연락을 주고받았지만 둘의 성향은 완전히 달랐다(당시 무사는 대무프티의 저택에서 약 16킬로미터 떨어진 베이루트의 세인트조지스 호텔에 머물고 있었다). 내성적이고 이지적인 성향의 무사에게는 시온주의의 위협에 맞서 아랍인을 결집시킬 카리스마가 부족했다.

무사의 조카는 '무사 삼촌'이 하지 아민을 그렇게까지 좋아하지는 않았지만 당시 팔레스타인 아랍인을 이끌 수 있는 유일한 인물로 여겼다고 회상했다. 무사는 한 동료에게 민족적 대의를 위해서 팔레스타인 아랍인 수천 명을 끌어모을 수 있는 사람은 오직 한 명이며, 자신은 그 사람이 아니라고 말한 적이 있었다. 이 동료는 대무프티의 스타일과 정책이 무사에게는 "너무나도 낯설었지만" 무사는 "한 번도 대무프티의 의견에 반대하지 않았다"고 기억했다.[12]

당시는 비상한 조치를 필요로 하는 비상한 시기였다. 무사가 무프티의 리더십에 의구심을 품었을 가능성은 있다. 그러나 아랍 봉기가 진행되는 동안에는 공개적으로 대무프티와 결별하지 않았다.

안토니우스의 경우는 또 달랐다. 작가이자 탐미주의자였던 그는 광신적 믿음에 대한 낭만주의자 특유의 약점을 지니고 있었다. 아랍주의자이자 탐험가였던 프레야 스타크Freya Stark는 망명 중인 대무프티가 안토니우스를 "뱃사람을 홀리는 사이렌의 노래처럼 매혹시켜 눈을 가리고 위태로운 영역으로 끌어들였다"며 안토니우스가 종국에 가서는 눈 하나 깜짝 안 하고 대무프티의 "순수한 선함"을 말하더라고 전했다.[13]

안토니우스와 대무프티는 한 해 전 각자의 이유로 팔레스타인을 떠나기 전까지 주기적으로 만남을 가졌다(안토니우스는 영국군의 검열에 대한 두려움 때문에, 대무프티는 검거에 대한 두려움 때문에 팔레스타인을 떠났다). 둘은 한 시간 이상씩 대화를 나누곤 했다. 주로 안토니우스가 말을 하고 하지 아민이 듣는 식이었다. 하지 아민은 어쨌든 안토니우스가 사는 집의 주인이었고, 매일의 정세에 대한 안토니우스의 의견을 듣고 싶어 하기도 했다.[14]

이제 안토니우스와 대무프티는 각각 이집트와 레바논에서 망명 중인 신세였다. 수만 명에 달하는 팔레스타인 아랍인, 특히 엘리트 계층 아랍인이 난리를 피해 이웃 국가들로 피신했고, 그들도 그중 일부였다.[15]

안토니우스는 알렉산드리아와 카이로에서 원고를 마치는 데 전념했다. 그는 굴곡 많은 인생 중에서도 가장 힘든 시기를 보내고 있었다. 변덕스러운 아내 케이티와는 별거 중이었고, 딸 투투의 얼굴도 거의 보지 못했다. 가족생활이 파탄 난 가운데 글쓰기는 유일한 삶의 목적이 되었다.

안토니우스는 세상을 또다시 전쟁으로 몰아넣고 있는 유럽의 무시무시한 망령을 피해 글쓰기에 전념했다. 그는 집필을 통해 팔레스타인의 운명에 대한 불안감에서도, 그를 교육시킨 영국에 대한 실망감에서도, 그 대의명분을 말로 옮기기 위해 애쓰고 있는 아랍인에 대한 환멸에서도 벗어나려 애썼다. 무엇보다 집필은 아랍인과 유대인, 영국인 사이에 벌어지는 끝없는 유혈사태 소식, 그리고 점점 증가하는 아랍인 간 살해에 대한 보도를 잠시 잊게 해주었다.

여름이 되며 《아랍의 각성》 원고가 거의 완성됐다. 한 세기에 걸친 아랍의 역사를 담은 350페이지 분량의 책 마지막 부분은 "모든 위임통치 시도 가운데 가장 악명 높고 가장 성공적이지 못한" 팔레스타인에 대한 내용을 다뤘다.

안토니우스는 자신의 책이 서양에서 널리 읽히기를 바랐다(책은 영국에서 먼저 출간되고 그다음 미국에서 출간됐다). 그는 공감대 형성에 특별히 공을 들였다. 대무프티를 위시한 아랍인이 비타협적이라는 주장에 대한 함축적인 반론이었다. 책에는 유대인의 역사나 민족의식에 대한 부정도 없었고, 하지 아민의 발언을 장식하곤 하는 유대혐오적인 표현도 없었다. 아랍민족주의의 가장 유려한 대변인으로서 안토니우스는 시온주의를 비난하기에 앞서 그에 대한 존중을 표했다.

그는 "시온주의는 유대인의 위태로운 처지에 대한 인도주의적 관심에서 비롯됐다"며 "유대인이 2000년 세월 동안 성지 팔레스타인과 멀지만 살아 있는 관계를 유지했다는 사실은 신앙과 헌신의 인상적이고도 감동적인 사례"라고 언급했다.[16]

안토니우스는 또한 "유대인이 민족적 고향 설립 과정에서 고난을 견디고 위험에 맞서는 능력과 공공심을 이미 여러 번 증명했다"며 이를 통해 "유대인의 상당수가 시온주의적 이상을 소중히 여기고 그에 헌신한다는 점을 알 수 있다"고 덧붙였다.[17]

안토니우스는 팔레스타인에 대한 시온주의자의 주장이 고대의 연결성뿐 아니라 최근의 전시戰時 외교에도 기반을 두고 있다고 설명했다.

> 연합국 측은 전시에 유대인에게 중대한 지원을 받았다. 이는 밸푸어 선언이 아니었다면 아마도 제공되지 않았을 지원이다. 그러므로 연합국 측의 보답을 받을 자격이 있다는 시온주의자의 주장은 타당하다.

밸푸어 선언으로 구체화된 약속은 연합군과 미국의 승인을 받았으며, 그리하여 "광범위한 국제적 인정"을 누리게 됐다.[18]

안토니우스는 "그 동기는 전적으로 관대하고 인도주의적이었다"고 다시 한번 인정하면서도 "그렇게 제안된 해결책이 현명한 것이었는지는 의문의 여지가 있다"고 주장했다. 그는 "시온주의 입장에서는 대단히 안타깝지만 영국의 약속에는 실질적인 유효성이 결여되어 있었다"며 "그것이 팔레스타인 문제라는 비극의 전조가 되었다"고 지적했다. 그는 유효성 결여의 이유로 "영국이 그에 앞서 팔레스타인에서 아랍 독립을 인정하기로 약속"했다는 점을 들었다.[19]

안토니우스는 자신의 책에서 1915년부터 1916년까지 전시 상황에서 영국의 이집트 고등판무관 헨리 맥마흔과 메카의 셰리프 후세인이 교환한 서신을 최초로 공개했다. 서신에는 오스만에 대항해 봉기를 일으키면 아랍인의 독립을 보장하겠다는 내용이 담겨 있었다.[20]

20년이 지난 시점까지도 영국은 맥마흔의 약속에 팔레스타인은 포함되지 않는다고 주장하고 있었다. 그러나 안토니우스는 《아랍의 각성》이 출간되면 그 기만의 전모가 모두 밝혀질 것이라고 확신했다.

다음은 위임통치 자체에 대한 평가였다. 안토니우스는 영국인이나 유대인이 팔레스타인 아랍인에게 경제적으로 큰 이익을 가져왔다는 주장을 거부했다. 그는 일부 지주와 중개인을 제외한 보통 아랍인, 특히 농촌 대다수 아랍인의 경제적 사정은 몇 세대 동안 이어져온 것보다 더 나아지지도 나빠지지도 않았다고 주장했다.

마지막은 아랍 대봉기에 대한 내용이었다.

> 아랍인의 폭력은 그들에게 가해진 도덕적 폭력의 필연적 귀결이며, 도덕적 폭력 자체가 해소되지 않는 한 그 어떤 무자비한 탄압에도 절대 사라질 수 없다는 사실을 직시해야 한다.
>
> 봉기를 움직이는 원동력은 민족주의 지도자들이 아니다. 그들 대부분은 현재 망명 중에 있다. 그 원동력은 노동계급과 농업계급의 민중이다. 이들은 자신의 집과 마을을 지킬 유일한 수단으로써 봉기에 목숨을 걸고 있다. (…) 현장에서 봉기를 이끄는 이들은 땅을 팔아넘긴 아랍인 지주들 때문에 농민이 고통받고 있다고 비난한다. (…) 그 지주 중에 아랍민족주의 단체에서 활동한 사람이 있다는 사실은 지도층에 대한 혐오감을 더욱 높인다.

설명이 막바지로 접어들며 안토니우스는 초탈한 역사학자의 가면을 벗는다. 그는 대봉기가 아랍 민족 투쟁의 결정적 순간이었다고 주장하며 봉기의 절대적인 지지자로서 자신의 입장을 분명히 밝힌다.

> 민족의식이 완전히 각성된, 고향과 조국에 대해 결코 정복될 수 없는 애정을 지닌 한 민족이 이미 살고 있는 나라에 제2의 민족이 들어설 자리는 없다. (…) 팔레스타인을 독립된 아랍 국가로 구성하고, 그 안에 가능한 만큼의 유대인을 수용해 그들이 정치적·경제적 자유를 누리며 살아가게 하지 못할 타당한 이유가 없다. (…) 이 방식은 팔레스타인 아랍인의 자연권을 보호하고 그들의 정당한 민족적 열망을 충족시킨다. 또한 유대인은 정신적·문화적 의미에서 민족적 고향을 건설하고 그 안에서 유대적 가치를 꽃피우며 고대로부터 연결된 땅에서 받은 영감으로 유대인의 재능을 마음껏 펼칠 수 있을 것이다.

안토니우스는 유대인이 유럽에서 삶을 이어가는 게 불가능해졌다는 사실은 인정했다. 그러나 그 해결책을 팔레스타인에서 찾아야 할 필요도, 찾을 수도 없다고 주장했다. 그는 평소 인류애에 자부심을 가져온 에비앙회의 당사자들이 한심한 회의 결과를 바로잡아 "아랍 팔레스타인이 그동안 억지로 감내해야 했던 엄청난 희생의 일부분이라도 부담하는 데 동의해야 한다"고 말했다. 그는 팔레스타인에만 그 부담을 강요하는 것은 "문명 세계 전체의 의무에 대한 파렴치한 회피이며 도덕적으로도 부당한 행동"이라고 지적하면서 "한 민족의 박해를 완화하기 위해 또 다른 민족을 박해하는 것은 그 어떤 도덕률로도 정당화할 수 없다"고 일

갈했다.

사실의 논리는 명확하다.

그는 책을 마무리하며 이렇게 말했다.

이미 팔레스타인을 차지하고 있는 민족을 쫓아내거나 멸종시키지 않는 한 제2의 민족을 위한 자리는 만들어질 수 없다.[21]



## 시온의 군대

성지에는 수많은 기인이 흘러들었지만 팔레스타인 근대 역사에서 가장 독보적인 기인이 한 명 있었다. 오드 윈게이트Orde Wingate는 이슈브 외부 인물로서는 그 누구보다 유대인 군대 창설에 크게 기여했으며, 추후 나타나게 될 강경파 기독교 시온주의 현상의 독보적인 전조가 됐다. 근본주의자이자 개인주의자, 아랍주의자이자 시온주의자였던 그는 '아라비아의 로렌스'라고 알려진 T. E. 로렌스의 먼 사촌이었다. 윈게이트는 로렌스를 일종의 사기꾼으로 여겼지만, 나중에 '유대의 로렌스'라는 (본인은 혐오했던) 별명을 얻게 됐다.[22]

윈게이트의 가족적 배경은 그의 운명을 예고하는 듯했다. 그의 가족은 여러 세대에 걸쳐 종교와 군대에 헌신해온 집안이었다. 해운업 상속자였던 윈게이트의 할아버지는 아내가 너무 일찍 세상을 떠난 후 남은 일생을 유대인의 기독교 개종에 바쳤다. 인도 북서국경군에서 대령으로 근무한 윈게이트의 아버지는 금욕적인 비국교 분파 플리머스 형제교회Plymouth Brethren에 투신해 강성 무슬림 파슈툰족을 복음으로 이끄는 데 매진했다. 그는 마흔여섯 살에 자신보다 나이가 한참 어린 형제교회 출신의 여성과 결혼했다.

첫째 아들이었던 윈게이트는 여섯 명의 형제자매와 함께 런던 남쪽 시장 마을의 거대한 빅토리아식 저택에서 자랐다. 윈게이트의 여동생은 아버지를 자신이 아는 "가장 불행하고 외로운 사람"이었다고 묘사했다. 그는 자식들을 자주 때렸는데, 첫째인 '오디'가 늘 가장 심하게 구타당하곤 했다. 집에는 난방을 전혀 하지 않았다. 겨울에는 외투를 껴입고 활활 타오르는 지옥불("지옥살이에 대한 그 영원한 공포")을 상상하며 추위를 견디는 수밖에 없었다. 일요일에는 검은색 옷을 입었다. 오전 시간은 종교적 활동으로 채워졌고, 오후에는 《성경》 공부를 해야 했다. 윈게이트의 남동생 가운데 한 명은 자신이 자란 집을 "음울함의 성전"이라고 부르며 "상상할 수 있는 가장 해롭고 억압적인 종교적 환경"이었다고 회상했다.

상류층 학교인 차터하우스 재학 시절 윈게이트는 거의 눈에 띄지 않는 학생이었다. 한 친구는 그를 "작은 쥐 같은 녀석"이었다고 기억했고, 또 다른 친구는 "구부정하고 말이 없는 작고 지저분한 말썽꾼"으로 기억했다. 별다른 기록을 남기지는 않았지만 윈게이트는 아버지를 싫어했던 것으로 보인다. 그러나 가부장의 경건한 독실함은 윈게이트의 뼛속 깊이 스며들어 있었다. 다른 친구들은 쉬는 시간에 축구나 크리켓을 하고 놀기 바빴지만 윈게이트는 늘 예배당에 가서 기도를 했다. 한번은 친구가 부모님과 함께 일요일에 음악회에 다녀왔다는 얘기를 하자 공포에 질려 "그런 곳에 가면 영혼이 지옥불에 타버릴지도 몰라!"라고 외치기도 했다. 또 한번은 다른 친구가 눈에 잘 띄지 않는 작고 창백한 소년을 가리키며 그가 유대인이라고 하자 "정말 대단한데! 바로 저기 다윗의 후손인 사람이 있다니!"라고 감탄했다.

그는 가문의 군 복무 전통도 충실히 따랐다. 아버지의 사촌 중에는 헤자즈 주둔 영국군 지휘관으로 복무하고 수단과 이집트에서 총독을 지낸 레지널드 윈게이트Reginald Wingate 장군이 있었다. 윈게이트는 아버지의 '렉스 사촌'을 우러러보며 제2차 세계대전이 임박했다는 강렬한 예언에 사로잡혔다(윈게이트는 평생 레지널드 윈게이트의 집에 정기적으로 방문했다). 윈게이트는 사관학교 입학 후 스톤헨지 인근의 포병 기지에서 임관하고 사냥과 승마, 독서를 즐기며 별일 없는 나날을 보냈다. 그는 레지널드 윈게이트의 영향으로 런던대학교 동양학연구원에서 아랍어를 배운 후 '윈게이트'라는 이름이 이미 유명한 수단 지역으로 부임했다.

영제국의 한적한 구석에서는 별로 할 일이 없었다(대부분의 시간은 코끼리 밀렵 단속으로 보냈다). 윈게이트는 아랍어를 집중적으로 공부해 통역사 자격을 갖췄다. 6년 후 그는 마지막 유급휴가를 이용해 이집트와 리비아에 걸쳐 있는 시와사막으로 탐험을 떠났다. 아랍에는 이 사막 어딘가에 수천 마리의 새가 날아다니고 엄청난 보물이 숨겨진 오아시스가 있다는 전설이 있었다. 돌아오는 길에 윈게이트는 빼어나게 예쁜 열여섯 살 소녀를 만났다. 자기 나이의 절반도 되지 않는 소녀였다. 둘은 1935년 첼시의 작은 예배당에서 존 버니언의 〈순례자가 되기 위하여To Be a Pilgrim〉와 윌리엄 블레이크의 〈예루살렘〉을 찬양가로 들으며 결혼식을 올렸다.[23]

뛰어난 학생인 적이 없었던 윈게이트는 참모대학 입학에 실패했다. 대신 1936년 가을 팔레스타인에 정보 장교로 배치됐다. 봉기가 막 시작된 팔레스타인에서 그는 적어도 자신의 아랍어 실력을 봉기 진압에 활용할 수 있으리라 생각했다.

아랍의 언어와 문화에 익숙한 그였으니 다른 팔레스타인 관리들처럼 친아랍적 성향을 보여도 크게 이상할 것이 없는 상황이었다. 그러나 팔레스타인에 도착한 윈게이트에게 첫 몇 달 동안 가장 큰 충격을 준 것은 시온주의의 성과들이었다.[24]

> 유대인이 이곳에서 지금까지 이룬 것들, 이뤄내고 있는 것들은 정말 놀랍습니다.

그는 팔레스타인 도착 직후 어머니에게 이런 편지를 보내며 〈이사야서〉를 인용해 "사막이 정말 장미처럼 피어나기 시작했다"고 말했다.[25] 레지널드 윈게이트에게 보낸 편지에서는 이렇게 말했다.

> 저는 아랍어와 아랍인에 대해 무지하지 않고, 긍정적이든 부정적이든 그들에 대한 편견도 없습니다. 그런데 이곳 관리들은 반유대적이고 친아랍적입니다. (…) 이들은 유대인을 싫어하고 아랍인을

좋아합니다. 아랍인이 그들에게 총을 쏘고, 그러고는 다시 아부하고, 짐짓 중요한 사람인 양 허세를 떠는데도 좋아합니다.[26]

윈게이트는 히브리어를 배웠다. 어머니에게 보낸 편지에서는 유대인 하인과 더듬더듬 히브리어로 대화한다는 얘기를 했다. 물론 아랍어 실력이 훨씬 더 뛰어났고, 편지에는 (어머니가 읽을 수 없는) 아랍어로 맺음말을 썼다.

알라 이바리크 피키 Allah yibarik fiki.

'신의 축복이 있기를'이라는 의미였다.[27]

윈게이트의 세상을 형성한 기반은 전적으로《성경》이었다.《성경》에 등장하는 전투와 기적은 그에게 먼 과거의 전설이 아닌 최근의 사건과 다름없었다. 그럼에도 팔레스타인에 오기 전까지 그는《성경》밖의 유대인을 거의 만나본 일이 없었다(앞서 언급한 창백한 동급생은 드문 예외였다). 그가 팔레스타인에서 만난 최초의 저명한 시온주의 인사는 히스타드루트의 다비드 하코헨이었다. 둘은 하이파의 한 호텔에 마련되었던 임시 군사 본부에서 처음 만났다. 초면이었지만 윈게이트는 웃음기 없는 깊은 눈매 속 푸른 눈동자를 이글거리며 이렇게 선언했다.

저는 온 마음을 다 바쳐 시온주의를 신봉합니다. 여러분의 투쟁을 돕게 해주신다면 더없는 특권으로 알고 제 인생 최고의 시절을 바치겠습니다.

갑작스러운 선언에 당황한 하코헨은 윈게이트에게 시온주의에 관한 어떤 책을 읽어봤는지 물었다. 윈게이트는 "그 주제를 다룬 책 중 중요한 책은 단 한 권,《성경》뿐입니다. 저는《성경》을 아주 꼼꼼히 읽었습니다"라고 답했다.《쿠란》또한 아랍어로 모두 읽었지만 윈게이트에게는 그저 장황한 수사로만 느껴졌다. 그는 영원한 진리인《구약성경》은《쿠란》과 비교도 할 수 없다며,《성경》에 바탕을 둔 민족주의 운동과《쿠란》에 바탕을 둔 민족주의 운동이라면 어느 쪽을 선택해야 할지는 자명하다고 말했다.

하코헨의 기록을 보면 윈게이트는 이와 관련하여 다음과 같은 주장을 펼쳤다.



> 저는 유대 민족의 숭고한 창조물이자 이 땅에서의 삶에 대한 변치 않는 증언인《구약성경》을 즐겨 읽었습니다. 유대인이 오늘날까지 살아남은 것은 바로《구약성경》덕분입니다. (…) 인류의 지속적 존재는 구약의 도덕적 원칙에 따라 살 수 있는지 여부에 달려 있습니다. 유대인에 반대하거나 유대인의 땅, 유대 민족의 재건에 반대하는 자가 있다면 그게 누구든 맞서 싸워야 합니다. (…) 그러나 싸움은 여러분의 몫입니다. 저는 단지 여러분을 도울 특권만을 원할 뿐입니다. 제발 이 나라 유대인의 마음을 제게 열어주십시오.[28]

윈게이트는 얼마 지나지 않아 바이츠만과도 만났다. 윈게이트는 "이스라엘의 군주"이자 "왕보다 귀한 분"을 만났다며 감격했고, 나중에는 바이츠만에게 열의 어린 서한을 보냈다. 편지에서 그는 "벌써 밀림 이브리트(milim Ivrit, 히브리어 단어)를 1000개는 배웠습니다"라고 자랑하기도 했다. 윈게이트는 《구약성경》을 원문으로 읽는 기쁨을 표현하기도 했다.[29]

그의 공책에는 히브리어 단어와 이를 영어로 음역한 어휘 목록이 적혀 있었다. 그가 수단에서 아랍어를 배울 때와 비슷한 열정으로 히브리어를 독학했음을 보여준다.

브리우트(Briyut, 건강)

사카나(Sakana, 위험)

필 위원회가 분할안을 내놓자 윈게이트는 누가 요청하지 않았는데도 바이츠만에게 미래의 유대 국가 방어를 위한 군대 관련 제안서를 보냈다. 윈게이트는 군대가 전략적 항구도시 하이파에 배치되어야 한다며 유대인의 인력 부족 문제를 고려할 때 여성 인력 또한 가능한 한 최대로 입대해야 한다고 주장했다. 그는 이 미래의 군대에 이름까지 지었다. 유대국가방위군Jewish State Defense Force, JSDE이었다.[30]

이는 전적으로 윈게이트가 자율적으로 하는 근무 외 활동이었다. 만약 윈게이트가 뛰어난 분석력으로 당시 영국군의 골치를 썩이던 문제, 즉 이라크 석유회사 송유관 공격에 대한 해결책을 내놓지 않았더라면 그의 상관들은 진즉에 이러한 자율 활동을 중단시켰을 것이다.

송유관 파괴 공격 시 반군이 쓰는 방법은 매우 간단하면서도 효과적이었다. 그들은 거의 매일 밤 갈릴리를 통과하는 송유관 경로를 따라 이동하다가 적절한 지점에 땅을 파서 송유관을 노출시켰다. 그러고는 불붙인 헝겊을 밑에 깔고 안전거리에서 총을 쏘아 송유관에 구멍을 뚫었다. 그러면 송유관 속의 기름에 불이 옮겨붙으며 밤하늘로 불기둥이 치솟았다.

유대인들은 그 불기둥을 보면 "놈들이 또 메노라menorah•에 불을 붙였군"이라고 씁쓸하게 중얼거리곤 했다.

영국의 입장에서 송유관 파괴는 단순한 불편의 문제가 아니었다. 이라크에서 오는 송유관은 하이파까지 이어지며 지중해 함대 전체에 연료를 공급했기 때문이다.[31]

세계 전쟁의 위협이 또다시 조여 오는 가운데, 평소라면 무시했을 특이하고 파격적인 제안도 고려 대상이 됐다.

1938년 6월, 윈게이트는 야간에만 활동하는 특별부대 창설을 제안했다. 송유관을 공격하는 무장단체가 밤에 가장 활발히 움직이는데 군대가 밤에 잠을 자는 게 문제라는 거였다. 그는 반군에게 호의적인 아랍 경찰은 배제해야 한다고 주장했다. 영국 군인과 경찰은 팔레스타인에 대한 물리적·인적·언어적 지식이 부족했다. 윈게이트의 해결책은 갈릴리 지역에 익숙한 유대인 경찰 노트림 가운데 적임자를 선발해 활용하는 것이었다.[32]

윈게이트는 유대인 활용의 또 다른 장점도 설명했다. 이들에게 숙식과 필요한 물품을 제공하는 비용이 더 저렴하고, 기밀 유지에도 더 용이하다는 것이었다.

유대인 정착지는 현재 팔레스타인에서 유일하게 비밀리에 작전을

• 유대교 제식에 쓰이는 촛대.

논의할 수 있는 곳입니다. 무덤 속처럼 기밀이 지켜질 것입니다.

이 특별부대에서 가장 중요한 것은 소리를 내지 않는 것이었다. 소통이 꼭 필요한 경우에는 귓속말만 허용했고, 기침을 방지하기 위해 흡연도 금지했다(어두운 밤에 담뱃불이 보일 수 있다는 것도 이유였다).

어떤 경우에도 완전한 무소음을 원칙으로 한다. (…) 의심스러운 상황에서는 발포하지 않는 것을 원칙으로 한다.

각 그룹은 매일 밤마다 적어도 약 24킬로미터 이상을 행군했다. 이 부대의 이름은 '특수야간부대Special Night Squads, SNS'로 정해졌다.[33]

윈게이트는 《성경》 속 인물 가운데 기드온을 이상으로 삼았다. 《구약성경》의 〈사사기士師記〉에는 전사이자 선지자인 기드온이 이스르엘 계곡(제즈릴 계곡)의 하롯샘(에인 하로드)에서 용사들을 모아 "미디안" 군대, 즉 "동방"의 압제적인 "이스마엘 족속"에 맞서는 내용이 등장한다. 기드온은 용사들을 세 무리로 나눠 밤에 적진으로 쳐들어갔고, 용사들이 부는 뿔나팔 소리에 놀란 적들은 혼비백산해 흩어졌다.

윈게이트 역시 야간 전투에 투입할 전사들을 엄선해 세 개 분대로 나누고자 했다. 뿔나팔, 즉 쇼파르를 구하려는 계획이나 부대의 이름을 기드온 부대로 바꾸고자 했던 계획은 모두 실패로 돌아갔다[하급 장교들은 갑자기 쇼퍼(chauffeur, 운전수)를 구해달라는 그의 요청에 무척 당황스러워했다]. 그러나 이제는 '에인 하로드'라는 키부츠가 된 고대 하롯의 샘에 특별부대의 본부를 두는 것은 허락됐다. 키부츠의 구두 수선공들은 타이어를 잘라 만든 고무 밑창을 부대원들의 군화에 붙여 이동 시에 소리가 나지 않게 했다. 금속공들은 총검의 날을 갈아 날카롭게 벼렸다.[34]

에인 하로드의 무크타르는 하임 스터먼Chaim Sturman이라는 인물이었다(유대인과 아랍인 모두 마을의 장로를 부를 때 아랍어인 '무크타르'라는 표현을 썼다). 윈게이트가 보기에 스터먼은 부대원으로 적임이었다. 갈릴리 지역에 수십 년 거주해온 그는 아랍인 이웃과도 친분이 두터웠다. 이웃은 스터먼을 셰이크 알마샤예크sheikh almashayekh, 즉 '유대인의 셰이크 중의 셰이크'라고 불렀다. 그는 자만도, 아첨도, 불순한 동기도 없는 조용한 위엄과 존중으로 이웃의 마음을 사로잡았다. 대봉기 발발로 유대인과 아랍인이 서로 접촉을 꺼리게 되면서 스터먼은 아랍어를 완전히 잊을까 봐 걱정했다. 영어는 거의 못했지만 윈게이트는 별로 신경 쓰지 않았다. 그는 "스터먼과 조용히 있는 것이 다른 사람과 대화하는 것보다 낫다"고 말하곤 했다.

스터먼을 비롯한 일부 유대인 인사들은 처음에는 특수야간부대의 활동에 회의적이었다. 그들의 방식이 자칫 앞으로 수십 년간 이어질 적대감의 씨앗이 될 수도 있다는 우려 때문이었다.[35]

그러나 윈게이트의 변칙적인 방식이 반박 불가의 성과를 내면서 이러한 우려는 잦아들었다.

영국인과 유대인으로 구성된 윈게이트의 부대는 반군이 송유관에 접근하면 파이프에 구멍을 뚫을 때까지 지켜보다가 불꽃이 이는 순간 사격을 개시해 다수의 사상자를 냈다. 어느 임무에서는 카키색 반바지와 파란 셔츠로 구성된 키부츠 복장을 한 부대원 50명이 험준한 지형을 뚫고 약 19킬로미터를 행군해 하니타 공격의 배후로 추정되는 베두인 국경 마을에 도착했다. 이들은 마을에 있는 무장단체를 기습해 지휘관을 죽이고 지역 무크타르로 하여금 유대인 정착민들에게 평화의 메시지를 보내게 했다. 이를 보고받은 팔레스타인의 최고 군지휘관 하이닝 장군은 "아주 인상적인 활약"이라고 평했다.[36]

용기를 얻은 윈게이트는 더 대담한 시도를 이어갔다. 7월에는 반군들이 숙영 중일 것으로 추정되는 타보르산 기슭의 다부리야 마을을 공격했다. 영국군 30명과 유대인 경찰 55명으로 구성된 세 개 분대가 모두 투입되는, 특수야간부대로서는 최대 규모의 작전이었다.

세 개 분대를 나누어 실은 트럭 세 대가 어둠 속을 쉼 없이 달려 다부리야를 둘러싼 각각의 지점에 부대원들을 내려줬다. 그러나 곧 상황이 꼬이기 시작했다. 남쪽에서 접근하던 분대는 어둠 속에서 길을 잃었다. 동쪽에서 접근하던 분대는 너무 일찍 움직이는 바람에 마을 외곽의 탈곡창고에 예정보다 빨리 도착했고, 이들을 발견한 반군과 총격을 주고받다가 잠입 사실을 들키고 말았다. 진흙 건물 옥상에서 총탄과 함께 수류탄이 쏟아졌고, 부대원들도 반격했다. 반군이 하나둘 땅에 쓰러졌고, 윈게이트의 부대에서 수류탄병의 역할을 했던 한 지휘관의 수행원도 적의 공격에 쓰러졌다. 동지들은 부상당한 수행원에게 주민이 버리고 간 흰 담요를 둘러주고 자신들도 추위에 대비해 몸을 감쌌다.

윈게이트는 차량을 불러 부상자를 태워 보내고는 나머지 병력을 모아 산 위쪽으로 도망간 반군을 추적했다.[37]

특수야간부대에는 루이스 기관총이 두 대 있었는데, 그중 한 대는 부대 뒤쪽 얼스터 소총부대 소속의 덩치 큰 대원이 담당했다. 담요로 몸을 감싼 윈게이트의 대원들은 휘날리는 케피예 자락을 뒤쫓았다. 대원들이 타보르산을 오르자 반군이 총을 쏘기 시작했다. 땅에 맞은 총알이 이리저리 튀었고, 윈게이트는 팔과 다리에 다섯 발을 맞았다. 영국인 부대원 두 명과 유대인 한 명도 부상을 당했다. 유대인 대원은 심각한 몸통 부상으로 곧 사망했다.[38]

윈게이트는 탈곡창고 바닥에 앉았다. 분대장이었던 렉스 킹 클라크Rex King-Clark는 나중에 그 모습을 이렇게 기록했다.

> 그는 백지장처럼 창백해진 얼굴로 피투성이가 된 채 건초 더미 위에 앉아 영어와 히브리어로 비교적 침착하게 명령을 내렸다.

윈게이트는 철수를 거부하고 행방불명된 유대인 대원을 찾아 나섰다. 부대원들은 나중에 에인 하로드에 다시 모여 아침을 먹었다.

> 식탁 옆에는 담요 밑으로 군화가 삐져나온 채 누워 있는 죽은 유대인 부대원의 시체가 있었다.

부상을 당한 수행원도 며칠 후 사망했다.

킹 클라크는 이 작전을 두고 "다소 처참한 실패였다"는 결론을 내렸다.[39]

윈게이트는 라믈라 인근의 사라판드 군 병원에 입원했지만 환자로 지낼 생각이 없었다. 전투가 끝나고 며칠 후 윈게이트는 부대의 성과들을 기록한 보고서를 작성했다. 그가 기록한 성과는 다음과 같았다. 50~160명 규모의 무장단체와 다섯 차례의 주요 전투를 진행했고, 그 결과 최소 60명의 반군이 사망하고 그 두 배 이상이 부상을 입었다. 윈게이트는 성과에 대한 증거로 반군의 시신 23구를 가지고 왔다(그는 "근거 없는 주장은 믿을 수 없다"고 말하곤 했다).[40]

윈게이트는 병원에서 2주 남짓 쉬는 듯 마는 듯하더니 퇴원해 버렸다. 어머니에게는 심한 부상은 아니라며 감염을 피한 것은 다행이라는 편지를 보냈다. 그는 "아무래도 제 피가 순수해서 그런 건가 봐요"라고 썼다. 그러고는 "늘 소중히 생각하고 있다"며 어머니의 기도에 감사한다고 말했다.[41]

윈게이트가 복귀하고 부대는 그야말로 승승장구했다. 하이닝 장군은 특수야간부대 지도부의 진취성과 용기, 유대인 경찰관 출신의 부대원들의 "완벽한 활약" 덕분에 야간 임무가 "훌륭하게" 진행되고 있다고 극찬했다. 장군은 부대 전체가 "모든 관련자의 진취성과 독창성 향상에 큰 기여를 했다"며 칭찬을 아끼지 않았다. 윈게이트는 장군의 추천으로 육군에서 두 번째 높은 무공 훈장을 받았다.[42]

이른 가을, 윈게이트는 제즈릴 중심부 아풀라 인근의 키르벳 리드에서 정교한 급습 작전을 계획했다. 자정이 지난 시각 특수야간부대는 다섯 팀으로 나뉘어 약 800미터의 거리를 두고 마을을 포위했다. 부대원들은 마을 옆 베두인족 천막 사이에 배치되어 해가 뜰 때까지 땅에 등을 대고 누워 대기했다. 동이 트자 키부츠 트럭이 푸른 셔츠 차림의 키부츠 농업 노동자 같은 사람들을 내려줬다. 사실 이들은 반군을 불러내는 미끼 역할을 할 윈게이트의 부대원들이었다. 계략은 성공했고 반군들은 밖으로 나왔다.[43]

킹 클라크는 그곳에서 놀라운 광경을 목격했다.

> 말을 탄 아랍인이 케피에 자락을 휘날리며 극적인 모습으로 천막에서 나와 평원을 가로지르며 달려갔다.

약 183미터쯤 달렸을까, 동쪽에 있던 부대원들이 말 탄 남자 쪽으로 기관총을 난사하기 시작했다. 그러자 남자는 "말의 뒷발쪽을 능숙하게 조종해 방향을 돌리더니 마을 쪽으로 질주해 사라졌다".

남자를 추격해 마을로 들어간 부대원들은 낮은 담장 뒤에 숨어 있는 반군 한 명을 발견했다. 킹 클라크는 유대인 부대원에게 총검으로 몸짓을 했다. 다음은 킹 클라크의 기록이다.

> 그러자 그가 자기 총검을 가리키며 눈을 동그랗게 떴다. 나는 얼른 고개를 끄덕였다. 그가 담장 쪽으로 다가갔고 우리는 그 모습을 지켜봤다. 잠시 후 유대인 부대원은 자루까지 피에 젖은 총검을 들고 자신이 저지른 일에 대한 충격으로 얼이 빠진 채 돌아왔다.[44]

포위된 채 수적으로 열세에 몰린 반군은 탈출구를 찾으려고 분대와 분대 사이를 이리저리 헤맸지만 소용없었다. 이날 14명이 사망했고, 윈게이트는 늘 하던 대로 시신을 수거했다. 자세히 살펴보니 사망자 중에는 벌써 몇 달째 유대인 농장을 괴롭혀온 무장단체의 부지휘관 셰이크 타하Sheikh Taha도 있었다. 능숙하게 말을 타던 바로 그 아랍인이었다.

셰이크는 카키색 팔레스타인 경찰 제복에 은색 박차가 달린 검은색 승마 부츠 차림이었고, 훔친 영국제 소총과 지휘관인 유수프 아부 도라Yusuf Abu Dorra의 동선을 적은 종이를 가지고 있었다. 유수프 아부 도라는 적은 물론 같은 아랍인에게도 잔인하기로 악명이 높은 인물이었다. 죽은 셰이크의 주머니에서는 가죽 제본의 작은 필사본 《쿠란》이 나왔다.

킹 클라크는 그 장면을 떠올리며 다음과 같이 회상했다.

> 《쿠란》이 그에게 큰 도움이 되지는 못한 것 같았다. 하지만 그는 용감한 적이자 빼어난 기수였다.

또 다른 분대장은 조금 더 솔직한 감상을 털어놓았다.

> 반군들이 소총을 등에 메고 망토를 휘날리며 말을 달리는 모습은 너무나도 멋졌다. (…) 그들을 죽이는 게 아깝다고 느낄 정도였다.[45]

특수야간부대에게 이 작전은 완벽한 성공이었다. 윈게이트는 본부로 귀환하는 길에 아풀라에 들러 처음으로 부대원들에게 이

른 아침 술 한잔의 여유를 허락했다.[46]

윈게이트는 영국인과 시온주의자에게 팔레스타인에는 적절한 훈련과 기회만 주어지면 얼마든지 싸울 수 있는 유대인이 있다는 점을 증명하고 있었다. 그는 하가나가 야전분대를 통해 이제 막 조심스럽게 시작하고 있던 공격 작전을 새로운 차원으로 끌어올렸다. 이를 통해 야전분대는 새로운 역량과 전문성을 갖추게 됐다.[47]

창설 당시 영국이 그저 봐주는 수준이었던 하가나는 이제 세계 최고 수준을 자랑하는 영국군의 인정과 지도를 받고 있었다. 특수야간부대의 성공은 강력하고 치명적인 군사력 확보를 목표로 1936년 봄에 시작된 시온주의자의 꾸준한 전진에 있어 확실한 이정표가 되었다.

그러나 윈게이트는 만족하지 않았다. 그는 유대인의 부사관 입대를 가능케 할 최초의 교육 과정을 개설했다. 유대인 부사관 교육은 영국군 지휘부의 허가하에 운영됐지만, 100명의 후보자는 모두 하가나가 직접 선발했다. 윈게이트는 이 과정을 통해 유대인이 앞으로 겪어야 할 전쟁에서 활용할 수 있는 지휘 체계를 만들고자 했다. 그 전쟁의 상대는 히틀러가 될 수도, 아랍인이 될 수도, 심지어 윈게이트가 속한 영국군이 될 수도 있었다.[48]

교육 이틀째 되던 날, 한창 강의 중이던 윈게이트를 누군가 황급히 찾았다. 다음 '벽과 탑' 정착촌 부지를 살펴보려고 베트셰안 계곡을 정찰하던 하가나 지도부 차량이 지뢰에 당했다는 소식이 전해졌다. 윈게이트가 총애하던 하임 스터먼을 포함해 세 명이 사망했다.[49]

아무 말 없이 서 있던 윈게이트는 갑자기 부대원들에게 차에 타라고 고함을 쳤다. 반군의 거점으로 지목된 베이산에 도착한 그는 무기를 든 사람은 모조리 검거하고 탈출을 시도하는 자에게는 무조건 발포하라고 명령했다. 브레너는 당시의 상황을 이렇게 기억했다.

> 우리는 앞을 막는 사람을 모조리 구타하고 짓밟기 시작했다. 윈게이트 또한 통제 불능 상태였다. 그는 아무 상점에나 들어가 눈에 보이는 것을 모조리 부숴버렸다. 우리는 한 시간 후 귀환했다.

브레너의 회고에 따르면 윈게이트도 나름 자신의 폭주에 대해 양심의 가책을 느꼈다고 한다. 일부 기록에 따르면 이 사건으로 아무 죄 없는 행인들이 죽기도 했다. 그러나 윈게이트는 얼마 뒤 부하들을 앉혀놓고 집단 응징의 도덕성과 효과성에 대해 특유의 길고 긴 강의를 했다. 윈게이트는 반군을 돕고 방조하는 마을에 대한 억제책으로써 집단 보복의 효과를 믿었다. 그는 팔레스타인 아랍 민족 전체를 하나의 반항적인 마을로 생각하는 경향이 있었다. 이와 관련해서 윈게이트는 "이것은 100만 명의 반군이다. 아랍인 인구 전체가 우리에게 맞서고 있다"고 기록하기도 했다.[50]

군사적 측면에서 윈게이트 작전은 성과를 보였다. 특수야간부대가 투입된 지 3개월 만에 송유관 공격이 50퍼센트 감소했다. 1938년 하반기에는 반군 사살과 무기 압수 건수 가운데 5분의 1을 윈게이트의 부대가 차지했다. 제한된 공간과 시간에만 활동하는

150명 이내의 경무장 부대라는 점을 감안하면 이는 놀라운 기록이다.[51]

그러나 그 성과 속에는 마땅히 비난받아야 할 요소도 많았다.[52]

부대원들은 윈게이트가 송유관 공격에 대한 대응으로 마을 사람들의 입에 석유에 찌든 흙덩이를 넣으라고 지시한 적이 있다고 기억했다. 마을 사람들을 약 8~16킬로미터씩 뛰게 만든 적도 있었다. 한 참모는 부대를 향해 발포한 한 마을에서 집 70여 채를 철거하라는 명령을 받기도 했다. 윈게이트의 부대 지휘관은 자전거를 타고 지나가던 아랍인을 사살하거나, 소총을 넘겨주지 않는다는 이유로 마을 주민을 처형한 적도 있었다. 스터먼은 그러한 징벌적 조치도 똑같이 비도덕적이고 비생산적이라며 반대하곤 했다.[53]

"이상하다. 사람들과 잘 어울리지 못한다. 지저분하다. 용감하다. 유능하다. 특별하다. 천재적이다. 무자비하다." 윈게이트와 함께 복무했거나 그를 알았던 사람들의 증언에서 자주 등장하는 표현이다.[54]

다양한 평가가 있었지만, 시온주의자 대여섯 명과 부하들이 하나같이 입을 모은 표현은 "광적이다"였다.[55]

분대장 세 명은 모두 윈게이트가 호감 가는 사람은 아니었지만 그를 존경하기는 했다고 말했다.

분대장 가운데 한 명은 이런 일화를 들려주었다.

하여간 온갖 것에 화를 냈어요. 한번은 장교들을 위한 선상 칵테일 파티가 열렸는데 평소와 똑같이 지저분한 차림새로 수류탄 한 자루를 어깨에 메고 나타났습니다.

자리에 있던 장교들이 순간 긴장하며 바라보았다. 그러나 남자의 정체가 밝혀지자 모두가 안심하며 말했다.

아, 소문 들었지? 저 사람이 윈게이트야.[56]

윈게이트는 양파를 사과처럼 씹어 먹고 옷도 제대로 갖춰 입지 않은 채 손님을 맞이하는 사람이었다. 그러나 그런 괴짜 같은 모습 뒤에는 단순히 비유적인 의미에서가 아닌, 실제로 치명적인 진지함이 숨어 있었다. 벤구리온과 마찬가지로 그는 오직 한 가지 목표만 바라보는, 유머 감각이라곤 눈곱만큼도 없는 냉정한 사람이었다. 또한 벤구리온과 마찬가지로 그의 시선은 정치적·군사적 측면에서 온전한 유대 국가 건설을 실현하는 데 맞춰져 있었다.

유대인 부사관 교육 첫날 환영 연설에서 윈게이트는 그 야망을 선명히 드러냈다. 연설은 결연하지만 서툰 히브리어로 이루어졌다. 그는 이 연설에서 특유의 직설적인 태도로 유대인들조차 감히 입 밖에 내지 못하는 말을 했다.

우리는 이곳에서 시온 군대의 기초를 세우고 있습니다.[57]

9월 12일은 나치 독일에서 매년 열리는 뉘른베르크 전당대회의 마지막 날이었다. 1938년 전당대회의 주제는 '위대한 독일'이었다. 6개월 전 오스트리아를 병합한 히틀러는 이번에는 주데텐란트로 시선을 돌렸다. 주데텐란트는 체코슬로바키아의 독일 쪽 국경을 둥글게 둘러싼 지역으로, 수백만 명의 독일계 주민이 살고 있는 곳이었다. 히틀러는 이것이 유럽에서 하는 최후의 영토적 요구라고 맹세하며 독일계 주민들이 독일제국의 품으로 들어오는 것은 기필코 필요하고 정당한 일이라고 주장했다.





> 팔레스타인의 불쌍한 아랍인들은 무기도 없고 누구의 도움도 받지 못하는 처지입니다. 그러나 주데텐란트의 독일인은 그렇지 않습니다!

히틀러는 100만 명 가까이 모인 군중 앞에서 말했다.[58]

다음 날 체임벌린은 히틀러에게 회담을 요청했다. 두 사람은 그 주에 히틀러의 바이에른 별장에서 처음 만나고, 그다음 주에는 본 근처의 호텔에서 만났다. 히틀러는 주데텐란트 독일계 주민들이 호소하고 있다는 고통에 대해 점점 더 크게 분개하는 척하며 병합 요구를 높여갔다. 9월 30일, 체임벌린은 프랑스와 파시스트 이탈리아의 대표단이 자리한 가운데 뮌헨의 삭막한 신고전주의풍 총통의 전당Führerbau에서 히틀러에게 주데텐란트를 할양했다.

영국은 물론 유럽의 많은 국가에서 체임벌린의 외교적 수에 찬사를 보냈다. 전쟁을 피했다는 안도감이 넘쳐나는 가운데, 유화정책에 반대하던 이들도 입을 다물거나 마지못해 축하 인사를 건넸다. 한 내각 관료는 처칠이 하원 건물 밖에서 체임벌린의 손을 잡고 "그것 참 운 좋은 양반이군요!"라며 축하하더라고 더그데일에게 전했다.[59]

팔레스타인의 반응에는 긍정과 부정이 공존했다. 대무프티의 추종자들은 런던의 항복을 보며 만족스러워했다. 그러나 《필라스틴》은 히틀러가 아랍인의 권리에 신경이나 쓰는지 의구심을 가졌다. 팔레스타인의 많은 유대인은 이 소식을 듣고 잠시 안도했지만 뒤이어 찾아온 불길한 예감을 떨칠 수 없었다.[60]

벤구리온도 마찬가지였다. 나치라는 호랑이에게 먹잇감을 던져줌으로써 세계 전쟁을 간신히 막았으니 "재앙, 즉 쇼아shoah를 피했다는 생각에 기쁘기는 했다". 그러나 영국과 서방 민주주의 국가들은 자기들의 편의에 따라 작지만 용감한 체코슬로바키아라는 나라를 희생시켰다. 다음 차례는 이슈브가 될 수도 있다는 생각이 벤구리온의 머리에서 떠나지 않았다.[61]



## 디베랴와 타바리야

헤롯 안디바는 헤롯 대왕(성전 건축자이자 로마의 임명을 받아 갈릴리를 다스린 총독)의 아들이다. 안디바는 서기 20년경 갈릴리 호숫가에 수도 디베랴Tverya•를 건설했다. 디베랴라는 도시 이름은 로마의 2대 황제 티베리우스Tiberius의 이름에서 따온 것이었다. 티베리우스는 칙령을 내려 개종에 지나치게 열심인 유대인을 도시에서 영원히 추방한 냉혹한 황제였다. 추방 후 1000년 동안 예루살렘은 완전히 파괴되었고 유대인은 약속의 땅에서 뿔뿔이 흩어져 근근이 그 존재를 이어갔다. 그러한 상황에서 디베랴는 유대인의 정치적·종교적 거점 역할을 했다. 산헤드린Sanhedrin••의 장로들이 회합한 곳도, 학자들이 탈무드를 집필한 곳도, 아키바Akiva와 마이모니데스Maimonides를 비롯한 위대한 현인들이 묻혀 잠든 곳도 바로 디베랴였다.

1740년대 지역의 베두인 족장이었던 자헤르 알 오마르Zaher al-Omar는 타바리야Tabariya•••를 통치하며 오스만제국 내에서 사실상의 아랍 자치를 누렸다. 자헤르는 검은 현무암으로 벽을 세우고 하얀 돌을 올린 화려한 대모스크를 건설했다. 내부는 어두운색과 밝은색 돌을 번갈아 사용한 맘루크 양식의 아블라크ablaq 아치로 장식했다. 그는 경제적인 이유로 유대인의 정착을 장려했다. 19세기 후반에 이르러서는 미즈라히Mizrahi••••와 아시케나지 유대인을 합쳐 고대 이래 처음으로 유대인이 도시의 다수를 차지하게 됐다. 영국의 위임통치 초기, 지역 출신으로 아랍어를 구사하는 자키 알 하디프Zaki al-Hadif가 아랍인의 지지를 받아 시장에 선출되

• 지금의 티베리아스.
•• 고대 유대 사회의 자치 조직.
••• 티베리아스의 아랍명.
•••• 전통적으로 중동과 남아시아에 거주해온 유대인.

며 근대 팔레스타인 최초의 유대인 시장이 됐다.

1938년 알 하디프가 이끄는 도시의 인구는 약 1만 명이었다. 그중 6000명가량이 유대인이었고, 소수의 기독교인을 제외한 나머지는 무슬림이었다.[62]

구시가지 북서쪽 언덕의 새로운 유대인 지구 키르야트 슈무엘에 위치한 호화로운 파인골드 호텔에는 육군 중대가 주둔하고 있었다.

뮌헨 협정 이틀 후이자 욤키푸르 이틀 전인 10월 2일은 일요일이었다. 여느 주말과 다름없이 군인들은 호텔의 영화관을 메웠고 장교들은 갈릴리 호수 근처 카페로 나들이를 떠났다.

오후 9시, 무장한 남자 세 무리가 호숫가 도로를 걸어 도시로 남하했다. 호루라기 소리가 울렸다. 남자들은 그 소리를 신호로 갈라지더니 두 무리는 구시가지로, 한 무리는 키르야트 슈무엘로 향했다.[63]

그렇게 공격이 자행되고 팔레스타인과 인근 지역 전역에는 벽보가 붙었다. 모두 "티베리아스 정복"에 참가한 전사들의 영웅적인 활약상을 담은 벽보였다. 내용은 다음과 같다. 완전 무장한 무자헤딘mujahideen••••• 300명이 도시로 향하는 모든 도로를 막고 통신선을 차단한 후 세 방향에서 진입했다. 이들은 튀르크에 대항한 대봉기에서 휘날렸던 흑색·녹색·적색의 아랍기에 경례를 하고 대무프티와 이즈, 그리고 세이셸의 유배자들을 생각하며 만세를 외쳤다. 그러고는 "알라후 아크바르(Allahu Akbar, 신은 위대하

••••• '성전의 전사'라는 의미.

시다)!"라고 세 번 읊조렸다. 용맹한 전투가 이어졌다.

> 전사들의 총알이 유대인이 사는 집의 창문을 뚫고 지나갔다. (…) 무자헤딘들은 주민을 모두 몰아낸 후 치안 법원과 정부 건물, 유대인 상점과 시온주의 무역회사에 불을 질렀다.

벽보는 자세한 설명 없이 약 70명의 유대인이 죽었다고 주장했다.[64]

그러나 실제 이루어진 공격은 벽보의 선전보다 훨씬 소규모였다. 공격에 참여한 반군의 전체 규모는 100명 남짓이었고, 키르야트 슈무엘로 진입한 이들은 수십 명에 불과했다. 무기는 주로 단검과 방화를 위한 성냥이었고, 사망자 수 또한 이들의 주장보다 훨씬 적었다.

그러나 사망자들은 더 긴밀하고 잔인한 방법으로 살해됐다. 라헬 미즈라히Rachel Mizrahi는 다섯 자녀와 함께 칼에 여러 차례 찔렸고, 집도 불탔다. 예호슈아 벤아리에Yehoshua Ben-Arieh와 아내, 두 자녀도 비슷한 방법으로 살해됐다. 당시 부부의 집에 머물고 있었던 레이메르Leimer가의 세 자매 또한 같이 살해됐다. 뉴욕 출신의 메나헴 맥스 코틴Menachem Max Kotin과 그 아내 마샤Masha가 살해되며 대봉기 최초의 미국인 희생자가 나오기도 했다. 반군들은 회당지기가 안에 있는데도 유대교 회당에 불을 질렀다. 집 안에서 살해당한 유대인 17명 가운데 총에 맞은 사람은 네 명이었다. 나머지는 모두 불에 타거나 칼에 찔려 죽었다. 그중 열 명은 어린이었다.[65]

고등판무관은 식민장관에게 "이 잔혹하고 혐오스러운 학살"의 전말을 정리한 전보를 보냈다.[66]

공격이 지속된 시간은 40분가량이었다. 일부 목격자는 공격자들이 식당에 침입해 음식을 먹거나 길거리에서 갑자기 다브케dabke•를 췄다고 증언하기도 했다.[67]

분명한 것은 이 작전이 체계적인 계획을 통해 실행에 옮겨졌다는 점, 그리고 영국과 유대인 측의 저항이 전무했다는 점이다.[68]

지휘관으로 지목된 아부 이브라힘 알 카비르(Abu Ibrahim al-Kabir, '위대한' 아부 이브라힘)는 다마스쿠스를 본부로 대무프티의 추종자들이 운영하는 반군 단체인 민족성전중앙위원회에 속해 있기도 했다.[69]

《팔레스타인 포스트》는 이 사건의 교훈은 명확하다며, 유대인을 아랍 국가 속 소수로 남겨두는 것이 사형 선고나 다름없다는 점이 확인됐다고 주장했다.

> 티베리아스 학살의 비열한 악몽은 가까이, 그리고 멀리 있는 모든 유대인에게 정신이 온전한 사람이라면 결코 무시할 수 없는 암울한 교훈을 다시금 일깨워줬다.

3주 후, 대모스크 근처의 집무실을 나서는 알 하디프 시장에게 세 남자가 접근해 등 뒤에서 총을 쐈다. 시장은 며칠 후 사망해 땅에 묻혔다. 시장의 암살은 두 번째 "암울한 교훈"을 주었다.

• 아랍 문화권의 전통춤.

바로 새로운 팔레스타인에는 유대인이면서 아랍인이었던 알 하디프 시장 같은 사람이 설 자리가 없다는 교훈이었다. 오직 한 민족이 다른 민족을 지배할 운명이었다. 문제는 누가 누구를 지배할 것인가였다.[70]

## 대무프티의 미소

반군의 권위는 정점에 달했다. 맥마이클 고등판무관은 1938년을 "전쟁 이후 팔레스타인 역사상 최악의 해"라고 표현했고, 그 전 달은 "대봉기 발생 이후 모든 면에서 최악"이었다고 평가했다. 팔레스타인은 이제 "아랍 공동체의 모든 계급이 참가하는 민족 봉기로 공공연한 저항 상태"였다. 시민들은 정부보다 무장단체를 더 존경하고 두려워했다. 베르셰바와 가자, 예리코는 반군이 장악했고, 야파는 "테러의 온상"이 되었다. 무장세력은 심지어 기독교가 우세한 베들레헴까지 일시적으로 장악해 길거리를 누비며 정부 건물을 불태웠다. 행정부의 한 관리는 이제 팔레스타인의 많은 지역이 반군 영토에 속한다고 인정하기도 했다.[71]

《이브닝 스탠더드》는 환하게 웃는 하지 아민의 사진과 함께 "대무프티의 미소"라는 제목으로 다음과 같은 기사를 실었다.

> 레바논의 한 마을에 은신한 팔레스타인 '무관의 제왕'은 지난 한 세기 동안 영국 당국에 대항한 수많은 봉기세력 가운데 아마 자신을 가장 성공적인 인물로 평가하고 있을 것이다.[72]

어딜 가나 눈에 들어오는 케피예는 새로운 현실을 상징했다. 대봉기가 진행될수록 타르부시는 존경받는 아랍 남성 모자로서의 지위를 잃어갔다. 타르부시는 토지를 소유한 (그리고 그 토지를 파는) 도시 기득권층의 상징이 됐다. 농민 출신이 압도적으로 많은 전사, 목숨을 걸고 적과 싸우는 전사들은 타르부시를 쓰지 않았다. 1938년 늦여름, 반군은 일반 시민 속에 스며들기 위해 음료수 가판대 상인부터 대법원 법관에 이르기까지 전국의 모든 아랍 남성에게 케피예 착용을 지시하기도 했다.

라말라에 위치한 아메리칸퀘이커학교의 할릴 토타Khalil Totah 교장은 이 체크무늬 스카프, 즉 케피예를 프랑스혁명 때 귀족들이 강제로 썼던 '자유의 모자'에 비유했다. 그는 미국 영사에게 보낸 편지에서 "반군들이 나름 민주주의 방향으로 크게 한발 나아갔다"며 "펠라(농부)들은 에펜디(나리)들이 체면을 잃고 자신들과 같은 모습을 하게 된 것에 기쁨을 감추지 않는다"고 전했다.[73]

무장단체들은 주민들로 하여금 위임통치령 법원과의 관계를 끊도록 종용하기도 했다. 대신 반군은 자체적인 사법 체계를 만들었다. 사법 체계는 다마스쿠스의 대무프티와 측근들을 최고에 두고 4단계로 구성됐으며, 처벌은 벌금에서 태형, 유배, 심지어 사형까지 다양했다.

재판소를 꾸미는 데 필요한 물품은 마을에서 징발하고 타자기는 영국의 사무실 같은 곳에서 훔쳤다. 하이닝 장군은 갈릴리의 한 반군 재판소를 두고 "깃발에 문서, 가발, 교도관, 증인까지 갖출 것은 다 갖췄더라"고 말했다. 하이닝 장군은 이들이 "자신들의 사법 체계가 영국 법정보다 더 공정하고 무엇보다 신속하다

는 점을 알리기 위해 지속적으로 대대적인 홍보를 벌이고 있다"고 설명했다.[74]

한번은 한 무장단체가 해안도로를 달리던 예호슈아 다프나Yehoshua Dafna라는 유대인 기술자를 붙잡아 약식 재판에 처한 후 사형을 선고한 일이 있었다. 그러나 반군 법원은 항소를 허락했고, 5일에 걸친 재판 끝에 남성을 살려주기로 결정했다. 이유는 다음과 같았다.

> 신뢰할 수 있는 많은 아랍인이 피고에게 유리한 증언을 했다. 이 남성은 우리가 증오하고 혐오하는 시온주의 사상과의 연관성을 부정했다. 사형은 피고의 가족과 어린 자녀들에게 큰 불행이 될 것이다.

법원은 불안에 떠는 남성에게 팔레스타인 화폐로 5리라를 주고 아랍식 옷을 입힌 후 그가 처음 끌려왔던 장소로 데려다주었다. "아랍인은 모든 일을 고결하게 행한다는 점을 널리 알리기 위한 행동"이었다.

법원은 '총사령관'을 자처하는 소수의 반군 지도자 가운데 한 명의 관할하에 운영되는 경우가 많았다.[75]

그 자리를 놓고 경쟁했던 두 명은 여러 면에서 특히 치열한 라이벌 관계였다.

한 명은 압델 라힘 알 하지 무함마드였다. 봉기 기간 내내 그는 내부적인 보복을 피하고 대무프티 진영에서 내려오는 부당한 갈취나 처형 명령을 거부하며 대체로 강직한 모습을 보였다. 영국인들조차 마지못해 그의 기개를 인정했다. 하이닝은 그를 반군 지도자 가운데 "가장 애국심 강하고 성실한 인물"로 평가했다. 팔레스타인 경찰은 공식 역사 문서에서 그를 파우지 이후 가장 뛰어난 전사로 묘사하며 "신앙심이 깊고 아랍적 대의에 진심으로 헌신하는 인물이었다"고 평가했다.[76]

두 번째 인물인 아레프 압델 라지크는 압델과 같은 지역 출신이었지만 둘은 정반대였다. 아레프는 대무프티의 충성스러운 추종자로, 하이닝의 표현에 따르면 유배된 대무프티가 "테러리스트로서 지배력을 유지할 수 있도록 돕는 주요 대리인"이었다. 마을 주민에게서 강제로 거둔 기부금은 그의 주머니로 들어가기 일쑤였다. 아레프가 부하들에게 "민족에 반대하는 반역자를 처단하라"는 명령을 내린 통신 기록이 나오기도 했다. 압델은 아레프의 방식이 부당하며, 그것이 아랍 혁명을 위험에 처하게 한다고 격하게 비난하기도 했다.[77]

1938년 9월, 경쟁관계에 있던 두 인물을 비롯한 지휘관 몇 명이 라말라 인근의 데이르 가사네에 모여 연합전선을 펴기 위한 방안을 논의했다. 회의 결과 시리아에 있는 대무프티의 측근들을 명목상의 지휘부로 두고 압델과 아레프가 번갈아 지휘권을 갖는 일종의 합동군사본부인 아랍봉기지휘국Bureau of the Arab Revolt이 탄생했다.[78]

그러나 지휘국 설치 후에도 대개의 무장단체는 재량에 따라 활동을 이어갔다. 엄격한 위계가 없다 보니 각 단체는 인력이나 자원 부족으로 영국군의 손길이 미치지 않는 곳을 찾아 거의 본능적으로 움직이는 것처럼 보이기도 했다.

티베리아스 공격을 전후한 며칠 동안 수백 명의 반군이 팔레스타인 중심 중의 중심, 예루살렘 구시가지에 입성했다. 이들은 성문을 닫고 경찰서에 불을 지른 후 다마스쿠스 문 위로 아랍기를 휘날렸다. 구시가지는 5일 동안 반군의 손에 있었다. 대봉기가 시작된 후 반군이 올린 가장 크고 상징적인 군사적 성과였다.

이즈 알 딘 알 카삼 밑에서 복무했던 한 반군은 그날의 광경을 이렇게 묘사했다.

> 혁명가와 자유의 투사, 자발적 지원군이 완전무장한 모습으로 환호하며 성스러운 알 아크사 모스크에 입성하는 모습은 그 무엇보다 내 영혼을 기쁘게 하고 마음을 따뜻하게 했다. 예루살렘 점령은 팔레스타인 해방에 큰 희망을 걸고 있는 아랍 공동체 전반에 심오하면서도 기쁨에 찬 울림을 주었다.[79]



한편 영국은 나름의 준비를 하고 있었다. 뮌헨에서 교착상태가 종료되고 유럽에 드리웠던 전쟁의 그림자가 일시적으로나마 걷히면서 영국은 그동안 팔레스타인이 절실히 필요로 했던 지원 병력을 보낼 수 있게 됐다. 영국 전쟁부는 두 개 사단 총 3만 명 규모의 이동을 승인했다. 며칠 후 도착한 선발대는 하이파로 이동해 바로 임무에 투입됐다.[80]

영국군의 예루살렘 포위 작전은 10월 19일, 동트기 전 시작됐다(역사적으로 예루살렘은 20번이 넘는 공성전을 치렀다). 다윗의 성채와 록펠러 박물관 위에 영국군이 배치됐다. 발소리를 내지 않기 위해 테니스용 신발을 신은 두 개 대대가 성벽 밖에서 대기했다. 작전이 시작되고, 한 대대는 서쪽에서 야파 문을 통해, 또 다른 대대는 남쪽에서 시온 문과 분문糞門을 통해 진입했다. 병사들은 구시가지를 반으로 가르는 알와드(Al-Wad, 계곡) 거리를 따라 남북으로 저지선을 만들어 무슬림 지구를 다른 지구들로부터 차단했다. 군대는 저격수를 막기 위해 주민들을 앞세워 무슬림 지구의 골목을 샅샅이 훑어나갔다. 반군은 성벽을 넘어 도망치거나 영국군이 여전히 진입하거나 발포하지 못하는 하람 알 샤리프로 숨어들어 갔다.

상황은 비교적 적은 인명 피해를 내며 며칠 만에 정리됐다. 점령됐던 구시가지는 회복됐고 영국군은 주민에게 빵 수천 개를 나눠줬다.

영국군 대대가 반군을 도망치게 한 것은 사상 처음이었다. 같은 달 말에는 야파를 되찾았다. 유대인들은 2년 반 전 야파 유혈 사태 이후 처음으로 도시에 돌아왔다. 하이닝 장군은 주요 도시의 수복을 두고 팔레스타인 재점령 작전의 희망적인 첫 공격이라며 치하했다.[81]

한편 영국의 내각 장관들은 모두 한마음이었다. 핼리팩스 외무장관을 비롯한 각료들은 근본적으로 팔레스타인 문제는 군사적 문제가 아닌 정치적 문제이며, 아무리 무력을 쏟아부어도 장기적인 해결책이 될 수 없다는 데 동의했다. 핼리팩스는 이중 정책이 필요하다고 말했다. 그는 정부가 새로 강화된 군대에 반군 진압을 위한 충분한 권한을 부여하는 동시에 "정치적 유화책에 희망을 열어두기 위해 모든 노력을 기울여야 한다"고 강조했다.[82]

## 다시, 필

필 위원회가 처음 분할을 권고하고 벌써 1년이 훌쩍 넘어가고 있었다. 그 후임인 우드헤드 위원회는 팔레스타인에서 3개월째 머물며 영국인과 유대인 증인 50여 명을 만났다. 끊임없이 위원회만 구성하는 영국의 모습에 아랍인도 유대인도 할 말을 잃었다. 어떤 사람들은 영국이 또 위원회를 만들었다면서 우드헤드 위원회를 '리필(Re-Peel, 다시, 필)'이라 부르며 비꼬았다.[83]

하지 아민이 또다시 위원회 조사 거부를 선언한 가운데, 증언에 나서는 아랍인은 아무도 없었다. 한때 증언을 고려했던 예루살렘의 대무프티 반대파 하산 시드키 다자니 부시장은 도시 외곽의 철로 옆에서 양손이 부러지고 이마에 총알을 두 방 맞은 모습으로 발견됐다.[84]

위원들은 기밀을 철저히 유지하려 애썼지만 여름이 지나고 가을이 오며 위원회가 분할안을 대폭 수정하거나 아예 폐기할지도 모른다는 소문이 다시 돌았다. 유대인 이민을 축소하거나 막을 것이라는 소문과 함께였다.[85]

식민장관은 10월 중순 팔레스타인에 전보를 보냈다. "우드헤드 위원회 보고서가 분할안을 폐기할 것 같다"는 내용이었다. 재무장관은 보고서가 분할안에 "치명타"를 가할 것이라며 아랍인이 이 새로운 정책을 보면 팔레스타인에 마침내 법과 질서가 돌아올 것이라고 내각 각료들에게 말했다.[86]

보고서 발표 시점이 임박해오고 있었다. 중동 지역에는 이제 지정학적으로 새롭게 고려해야 할 중요한 세력이 있었다. 바로 미국이었다.

보스턴 금융가 출신의 런던 주재 미국 대사 조지프 케네디 시니어Joseph Kennedy Sr.는 팔레스타인에서 6만 5000여 통에 이르는 전보가 백악관으로 쏟아져 들어오고 있다고 불평했다. 케네디는 웨스턴 유니언Western Union•에 그렇게 많은 전보가 몰린 것은 미국 대법원 자리를 두고 벌어졌던 소동 이후 처음이라고 말했다. 뿌리 깊은 반유대주의자였던 케네디는 "언론을 장악한 유대인들"이 반나치 열기를 지나치게 부추기고 있다고 불편한 심기를 드러냈다.[87]

케네디의 역할에 대응하는 워싱턴 주재 영국 특사는 미국 언론 대부분이 팔레스타인 이민 중단에 반대하고 있다고 말했다. 그는 "뉴욕 언론은 예상대로 확고한 친유대 성향으로 보인다"며 "소유주는 유대인이지만 친영국적 성향인"《뉴욕 타임스》조차도 이민 중단에 반대하는 사설을 실었다고 전했다. 그는 "유대인 소유"인《워싱턴 포스트》도 비슷한 움직임을 보였다고 덧붙였다.

이러한 여론은 미국과 유대계 너머로도 확산되고 있었다. 영국 특사는 기독교계도 비슷한 입장이며, 자유주의자들 또한 히틀러 치하에서 유대인이 받고 있는 고통에 동요하고 있다고 전했다. 루스벨트 대통령에게도 전보가 쏟아졌다. 발신인은 주지사와 상원의원 20명, 하원의원 60명, 조지아주 호킨스빌의 우체국장과 보안관, 세금징수원까지 다양했다. 특사는 미국과의 마찰을 피하기 위해 보고서 발표를 11월 8일 중간 선거 이후로 미룰 것

• 미국의 금융기업으로, 원래는 전신 회사로 출범했다.

을 제안했다.[88]

발표는 그렇게 연기됐고, 〈우드헤드 위원회 보고서〉는 1938년 11월 9일, 그리니치 표준시로 오후 4시에 공개됐다. 300여 페이지의 보고서는 예상대로 〈필 위원회 보고서〉보다 무미건조했고, 야심 찼던 (또는 무모했다고도 볼 수 있는) 목표 한 가지가 빠져 있었다. 그리고 예상대로 보고서의 결론은 영국 정부의 분할 반대론자들이 도출하고자 부단히 애썼던 바로 그 결론이었다.[89]

보고서는 세 가지 방안을 제시했다. 첫 번째 방안은 필 위원회의 노선과 대체로 유사했는데, 위원 네 명 모두가 반대 의견을 냈다. 이 계획이 실현되려면 갈릴리 중심부를 비롯한 여러 지역에서 〈필 위원회 보고서〉가 권고한 인구 이동이 이루어져야 하기 때문이다. 영국은 이미 1년 전 강제 이주를 배제한 바 있었고, 우드헤드 위원회가 보기에 자발적 이동은 실현 가능성이 없었다. 보고서는 아랍의 농민들이 "전 세계의 다른 농민들과 마찬가지로 조상의 땅에 대한 깊은 애착을 지니고 있다"고 서술했다.[90]

두 번째 방안은 아랍 인구가 가장 많이 집중된 갈릴리 서부와 중앙부 산지를 유대 국가에서 제외하는 것이었다. 그러나 이 지역이 아랍 국가의 일부가 되면 유대 국가의 안보를 위협할 수밖에 없기 때문에 영구적인 위임 관리 구역으로 한다는 것을 전제로 달았다. 위원 가운데 한 명은 이 방안을 선호했지만 나머지 셋이 반대해 채택되지 못했다. 유대인의 독립을 보장하기 위해 10만 명에 가까운 아랍인이 독립을 포기해야 하는 상황이 "근본적으로 옳지 않다"는 판단에서였다.[91]

세 번째 방안은 갈릴리 전체를 위임 관리 구역으로 두고 유대인에게는 텔아비브에서 지크론 야코브에 이르는 작은 해안 국가와 남쪽 레호보트 주변의 유대인 거주지를 주는 것이었다. 전체 영토를 합해도 약 1295제곱킬로미터가 되지 않았다. 그 외 예루살렘과 주변 지역, 네게브는 위임 관리 구역으로 남기고 나머지는 모두 새로운 아랍 국가로 구성하는 제안이었다.

그 외 인도에서 소환된 찰스 테거트가 제안한 "네 번째 방안"도 그가 직접 그린 풍자적인 지도와 함께 비공개로 공유됐다. 그가 그린 그림에는 "베두인 입법 위원회", "공산주의 연합", "(위원회에 참여했던 모든 위원을 위한) 보호구역" 등이 네모, 세모, 아치 모양으로 그려져 있었다. 중앙 해안 구역에는 "광고 게재 가능"이라는 문구가 쓰여 있었다.[92]

우드헤드를 포함한 두 명의 위원은 그들이 고안할 수 있는 최선의 분할안이라며 세 번째 방안을 지지했다(또 다른 한 명은 세 방안 모두 결함이 너무 커서 어느 것에도 동의할 수 없다고 말했다). 세 번째 방안을 지지한 위원들의 결정조차도 사실은 반신반의에 가까웠다. 그들은 세 번째 방안도 문제가 많아서 신념을 갖고 권고하기는 어렵다고 밝혔다. "궁극적으로 자립적인 아랍 국가와 유대 국가 수립의 합리적인 전망을 제시할 경계선을 권고하는 것이 불가능하다고 보고하는 것 외에는 다른 대안이 없다"는 것이 결론이었다.[93]

체임벌린 정부는 보고서 검토 후 분할이 가져올 정치적·행정적·재정적 어려움이 극복 불가할 정도로 거대하다는 확신을 가지게 되었다고 밝혔다.

정부는 "팔레스타인의 평화와 진보를 위한 가장 확실한 토대는 아랍인과 유대인 사이의 상호이해"라며 "이민 문제를 포함한" 향후 정책을 논할 런던 원탁회의를 제안했다. 영국은 해당 원탁회의 참가자로 팔레스타인 아랍인, 주변 국가, 유대인기구의 대표를 언급하면서 "암살이나 폭력적인 작전에 연루된" 지도자의 참석을 금지할 수도 있다고 밝혔는데, 이는 누가 봐도 대무프티를 겨냥한 발언이었다.[94]

이민에 대한 내용은 사실 막판에 추가된 것이었다. 보고서가 공개되기 며칠 전 팔레스타인 고등판무관은 식민장관 맬컴 맥도널드에게 이민이 "이 문제의 가장 핵심적인 사안이며 나머지는 모두 부수적인 것"이라는 내용의 전보를 보냈다. 카이로 주재 영국 대사도 거의 같은 시간에 긴급하게 의견을 보내왔다. 그는 "이민이 계속되는 한" 현실성 있는 정책을 내놓는 것은 불가능하다며, "밸푸어 선언이 유대인에게 약속한 것은 민족적 피난처가 아닌 민족적 고향이었으므로 선언은 이미 적절히 이행됐다"고 주장했다.[95]

불과 몇 주 전 맬컴 맥도널드가 아랍 지도자들에게 유대인이 영구적인 소수 지위를 받아들일 리가 없다며 유대인 이민 중단은 논외라고 말했던 것을 고려하면 상당히 빠른 방향 전환이었다. 바이츠만은 식민장관이 분명 밸푸어 선언의 공약 파기에 대한 소문은 "말도 안 되는 소리"라고 자신에게 말했었다며 허탈해했다.[96]

리필Re-peel은 말 그대로 리필(Repeal, 폐지)을 권고했고, 아랍인들은 안도했다. 팔레스타인 땅이 온전히 유지될 것이라는 생각과 어느 부분도 유대인의 지배를 받지 않을 것이라는 생각에서였다.

게다가 영국이 제안한 런던 원탁회의는 아랍 국가들이 팔레스타인 문제에 대한 공식적인 협상자로 인정받게 될 최초의 자리였다. 이민이 완전히 중단되지 않는다는 점은 실망스러웠지만, 적어도 회의에서 논의할 수는 있었다. 많은 아랍인이 이러한 성과가 아랍 대봉기와 그로 인해 치른 희생의 정당성을 입증한다고 여겼다.[97]

대무프티는 보고서에 대한 논평을 냈다. 아랍고등위원회는 분할이 실행 불가하다는 보고서의 결론을 환영하면서도 "제안이 나온 첫날부터 너무나도 자명했던" 진실을 깨닫는 데 그렇게나 오래 걸린 제국의 입안자들에게 유감을 표했다.

아랍고등위원회는 "그릇됨에 근거한 모든 것은 그릇될 수밖에 없다"며 "아랍인을 희생시켜 유대인을 이롭게 하려는 모든 계획은 앞으로도 같은 운명을 맞이할 것"이라고 말했다. 또한 영국이 유대인에게 가지는 모든 의무가 "힘과 악"에 근거한 것이라며 그 적법성을 인정할 수 없다고 주장했다. 그러면서 아랍인만이 "그들 나라의 주인"이며 유대인의 주장은 "영국의 총검만이 지지하는 꿈"에 불과하다고 말했다.

런던 원탁회의에 대해서는 "아랍인은 유대인을 문제의 당사자로 인정할 수 없으므로 그들과 해결책을 논하지 않겠다"고 말했다. 회의에 참석할 팔레스타인 아랍인 대표 문제 또한 언급했다. 그들은 자신들이 "아랍인의 전폭적인 신뢰"를 받고 있다며 아랍고등위원회만큼 아랍인을 대표할 수 있는 "다른 조직"은 없다고 주장했다.[98]

영국 관리들은 이 주장이 부인할 수 없는 사실임을 암암리에 인정했다. 아랍 팔레스타인에서 대무프티의 동의 없이 손을 들 만한 사람은 없었다. 문제는 어디까지가 두려움에서 비롯된 것이고 어디까지가 지지에서 비롯된 것인지 알 수 없다는 것이었다.[99]

하지 아민은 지옥 같은 에덴정원에서 고생하고 있는 아랍고등위원회의 구성원들을 두고 마치 자신이 혼자 위원회를 대표하는 양 이야기하고 있었다. 후세인 할리디는 일기장에 그에 대한 "분노"를 쏟아냈다.

> 대무프티는 또 옛날과 똑같은 말만 반복하고 있다. (…) 수십 개의 영국군 부대가 팔레스타인 사람들을 체포하고, 교수형 시키고, 궤멸시키고, 집을 부수며 전국을 개판으로 만들고 있는데 대무프티는 마치 패배한 적에게 이래라저래라 하는 승자처럼 굴고 있다.[100]

〈우드헤드 위원회 보고서〉의 내용에 가장 분개한 것은 역시 시온주의자였다. 배피 더그데일은 이 보고서가 시온주의자에게 "막대한 타격이자 아랍인에게는 엄청난 격려"라고 개탄했다. 바이츠만은 보고서를 두고 "이기주의의 민낯"이라고 한탄했다. 유대인기구는 이 보고서가 절대 협상의 근거가 될 수 없다고 강조했다. 《팔레스타인 포스트》는 보고서가 제안한 작은 영토를 두고 "강제수용소"라며 비꼬았다.[101]

보고서가 발표되고 30분 후, 며칠 전 유대인 청소년이 쏜 총에 맞은 파리의 한 독일 외교관이 사망했다. 단 몇 시간 만에 나치 돌격대와 히틀러 청소년단이 독일제국 전역의 유대인 재산을 때려 부수고 약탈하고 불태웠다. 유대교 회당 1400여 개가 피해를 입었고, 그중 250개는 완전히 파괴됐다. 유대인 상점 7000여 곳이 파괴됐다. 3만 명에 이르는 유대인이 구금되어 다하우, 작센하우젠, 부헨발트로 실려 갔다. 이렇게 나치의 대규모 강제수용이 시작됐다. 100여 명이 사망했고, 이후 부상과 자살로 수백 명이 더 죽어 나갔다.

나치는 이 포그롬을 대중의 우발적 폭발로 규정하고 크리스탈나흐트Kristallnacht, 즉 '깨진 유리의 밤'이라는 완곡한 표현을 사용해 심각성을 축소했다. 나치는 사건의 책임을 유대인에게 묻고 그들에게 10억 라이히스마르크Reichsmark•라는 손해배상금을 물렸다.[102]

강박적인 메모 습관을 지닌 벤구리온은 그 충격에 12일 동안 아무런 글도 쓰지 않았다. 마침내 정신을 차린 그는 동료들을 불러 모았다. 그는 유대인이 과거 로마에 대항해 봉기를 일으킨 이래 전례 없는 전쟁에 직면했다고 말했다. 그는 이스라엘 민족이 이스라엘 땅 없이는 존재할 수 없다는 사실을, 이스라엘 땅 밖에서는 살아갈 수 없다는 사실을 그 어느 때보다도 확신했다. 합법적이든 불법적이든 대량 이민만이 유일한 살 길이었다.

> 1938년 11월, 우리 민족이 지금껏 겪어온 고통의 역사 속에서도 한 번도 본 적 없는 새로운 시대가 열렸습니다. 독일에서는 60만 유대인 공동체를 상대로 가학적인 학대를 동반한 조직적이고 물리적인 제거가 이루어지고 있습니다. 이는 단순한 조직적 파괴가 아닌 전

• 나치 제국에서 유통되던 독일 화폐 단위.

세계 유대인의 절멸을 알리는 신호탄입니다. 저도 제가 틀렸기를 바랍니다. 그러나 이것이 그저 시작에 불과할까 봐 두렵습니다.[103]

# 7장

# 불타는 땅

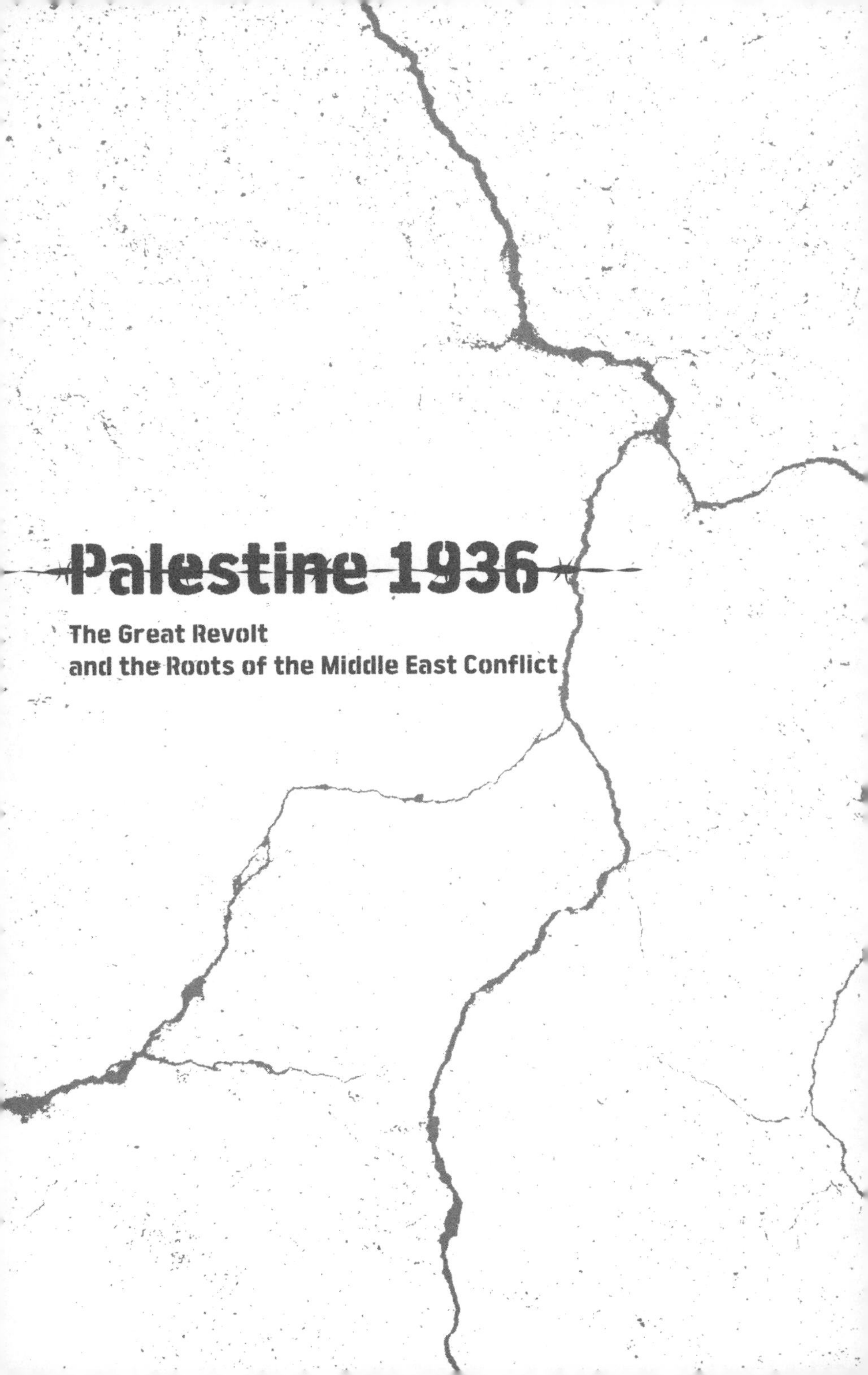
Palestine 1936
The Great Revolt
and the Roots of the Middle East Conflict

하일랜드 지역 농장 일꾼과 하녀의 사생아로 태어난 램지 맥도널드는 영국 최초로 노동당 출신 총리가 됐다. 불같은 이념가이자 웅변가였던 그의 총리 재임 기간 식민부는 영국의 시온주의적 실험을 대폭 축소하고자 했다. 이러한 축소는 1929년 헤브론 폭동 이후 발간된 백서를 통해 구체화됐다.

분노한 시온주의자들은 격렬한 로비를 펼쳤다. 램지 맥도널드의 아들이자 초선의 하원 평의원이었던 맬컴 맥도널드는 그러한 로비의 집중적 대상이 됐다. 시온주의자들의 작전은 먹혀들었고, 총리는 결국 계획을 다시 뒤집는다는 내용의 유명한 서한을 바이츠만에게 보냈다. 총리의 변심에는 아들의 역할도 결코 작지 않았다. 맬컴 맥도널드는 팔레스타인에서 노동당의 자매당을 이끌고 있는 벤구리온과 서로 격의 없이 이름을 부르고 지낼 정도로 친했다. 그리고 그 또한 다른 동료들과 마찬가지로 바이츠만의 마법에 걸려 있었다.

맬컴 맥도널드는 바이츠만에게 이렇게 말하기도 했다.

저는 언제나 공감 어린 마음으로 그곳 상황을 지켜보고 있겠습니다. 언제든 제 도움이 필요하면 말씀만 주십시오.[1]

1938년 봄, 체임벌린은 서른여섯 살의 젊은 맬컴 맥도널드를 식민장관으로 임명했다. 이로써 그는 전 세계에서 팔레스타인 문제에 가장 책임 있는 인물이 됐다. 이 소식에 팔레스타인의 유대인은 안도했고, 아랍인은 고개를 저으며 한숨을 쉬었다.

세이셸의 후세인 할리디는 일기장에 이렇게 썼다.

맬컴 맥도널드는 뼛속까지 유대주의자다. 그의 임기 동안은 어떤 개선도 기대할 수 없다.[2]

그러나 연말이 되며 우드헤드 위원회가 분할안과 시온주의 프로젝트의 지속적인 추진에 우려를 표했던 체임벌린 정부의 입장에 다시 힘을 실어주었다. 맬컴 맥도널드는 노동당이고 총리는 보수당이었지만, 맬컴 맥도널드는 당파를 초월한 연정에 충실한 장관이었다. 당시까지만 해도 '유화'는 유럽에서도 중동에서도 오염된 단어가 아닌 공식적인 정책이었다.[3]

11월 말, 맬컴 맥도널드는 의회 연설에 나섰다.

우선 영국군에 경의를 표하며 연설을 시작했다. 그는 지난 몇 주간 영광스러운 나팔소리도 없이 베르셰바와 가자, 예리코를 차례로 수복한 군을 치하했다. 그다음으로는 유대인이 팔레스타인에 구축한 민족적 고향을 칭찬했다. 그는 황무지를 과수원으로 바꾸고, 모래밭에 텔아비브를 세우고, 대공황으로 멍든 세계 경제에서 보기 드문 재정 흑자를 내고 있는 유대인의 놀라운 업적을 강조했다. 역사가 '깨진 유리의 밤'이라는 이름으로 기록한 광기 어린 사건이 불과 두 주 전의 일이었다. 맬컴 맥도널드는 "나라 없는 민족의 비극이 이토록 깊었던 적이 없다"며 안타까워했다.

그다음 아랍인에 대한 이야기가 이어졌다.

> 부정하고 싶어 하는 이도 많지만, 팔레스타인 아랍인은 밸푸어 선언으로 큰 물질적 혜택을 입었습니다.

그는 현대적인 의료와 위생의 도입으로 과거라면 포기해야 했을 많은 아이의 생명을 이어갈 수 있었다는 점을 강조했다. 이 모든 사실에도 불구하고 아랍인은 근 20년 동안 완고하고도 철저하게 그러한 실용적 측면을 부정하고 있었다.

> 아랍인들은 두려워하고 있습니다.

맬컴 맥도널드가 말했다.

> 그들은 새롭게 나타난 정력적인 사람들에게 자신이 태어난 바로 그 땅에서 경제적으로, 정치적으로 완전히 지배당하게 될까 봐 두려워하고 있습니다. 제가 아랍인이었어도 분명 불안했을 것입니다.

그는 팔레스타인에는 두 당사자가 있다고 말했다. 또한 다가오는 회의에서 유대인과 아랍인에게 기회가 주어질 것이라며, 각자가 과거의 약속과 현재 상황에 대한 인식을 바탕으로 위임통치의 변화 방향에 대한 의견을 내달라고 요청했다. 서로 의견을 교환하는 과정에서 양측이 합의에 이르지 못한다면 영국 정부가 결정해주는 수밖에 없다는 것이 그의 주장이었다.[4]

물질적 이득이 자결권을 대신할 수 없다는 맬컴 맥도널드의 주장은 현대인의 입장에서는 너무 당연해서 진부하게 느껴질 정도다. 그러나 당시 팔레스타인을 둘러싼 공식적인 담론에서는 꽤나 급진적인 전환이었다.

이는 몇 해 전 오래된 참나무 아래에서 무사가 벤구리온에게 했던 말과 똑같은 논리였다. 안토니우스가 자신의 책에서 유려하게 풀어낸 주장 또한 같은 논리였다. 라말라퀘이커학교의 할릴은 맬컴 맥도널드의 연설을 두고 "전쟁 이후 아랍인의 권리에 대해 가장 우호적이고 이해심 있는 연설"이라 극찬하고는 "정부가 달라진 태도를 보이고 있다"고 기뻐했다.[5]

같은 날 무사는 런던 트라팔가광장 근처의 호텔에서 차를 마시고 있었다. 한 남자가 다가오더니 자신이 맬컴 맥도널드의 특사라고 밝혔다. 그러고는 맬컴 맥도널드 장관이 꼭 만나고 싶어 한다고 전했다.

그렇게 그들은 다음 날 아침 화이트홀에 있는 맬컴 맥도널드의 집무실에서 만났다. 무사는 전투태세를 갖추고 갔다. 몇 년 전 시온주의자와 탐색적 회의 이후 그의 입장이 전보다 강해진 것도 있었고, 무엇보다 영국의 선의와 그들이 하는 말의 가치에 대해서도 신뢰를 잃은 상태였다. 그는 맬컴 맥도널드가 의회 연설에서 보인 새로운 태도에 만족해하면서도 영국 정부가 아랍인의 정당성을 깨닫는 데 무려 20년이라는 시간이 걸린 데에는 유감을 표했다. 무사는 영국이 계획 중인 런던 원탁회의의 가치를 이해할 수 없다며 위원회와 회의를 끝없이 소집하는 영국의 태도에 의문을 표했다. 게다가 영향력 있는 아랍 측 인물은 거의 모두 팔레스타인 외부에 있었다. 무사가 말하는 대표는 세이셸의 유배자들, 그리고 영국 당국이 어떻게 생각하든 아랍 팔레스타인에서는 누구보다 강한 영향력을 행사하고 있는 대무프티였다.

맬컴 맥도널드는 무사에게 간곡히 요청했다. 그는 자신이 여전히 시온주의적 이상에 동조적인 것은 맞다고 인정하면서도 원탁회의를 통해 아랍인의 두려움을 완전히 해소할 수 있기를 진심으로 바란다고 말했다.

그 후 2주 동안 무사와 맬컴 맥도널드는 거의 매일 만났고, 얼마 지나지 않아 일종의 예비적 합의를 도출했다. 맬컴 맥도널드는 합의 내용을 문서로 작성해 무사에게 제공하는 데 동의했다. 여기에는 세이셸의 유배자들이 런던 원탁회의에 참여할 수 있도록 유배를 풀어준다는 내용, 그리고 심지어 이들이 레바논의 대무프티와 회의에 관해 논하는 것을 허용한다는 내용이 담겼다. 문서에는 아랍 측이 원하지 않는다면 유대인과 직접 협상을 강요하지 않으며, 주최자인 영국과만 협상하게 해준다는 내용도 넌지시 들어갔다. 또한 이 문서는 궁극적으로 영국이 '팔레스타인의 독립'을 고려할 의향이 있다는 점을 최초로 밝혔다. 그 독립의 형태는 이민에 대한 완전한 통제권을 지닌 주권 아랍 국가를 포함해 다양한 형태가 될 수 있었다. 무사의 표현에 따르면 그 문서는 "당시 아랍인이 바랄 수 있는 모든 것"을 담고 있었다.

무사가 베이루트 외곽 대무프티의 저택에 도착해보니 세이셸의 유배자들은 이미 와 있었다. 그들은 자신들을 풀어준 무사에게 감사의 마음을 표했다. 무사는 맬컴 맥도널드와 작성한 문서를 읽으며 한 문장씩 아랍어로 옮겼다.

동료들의 눈이 점점 커지더니 나중에는 몇몇이 뛰어올라 나를 꼭 껴안았다.

런던 원탁회의를 거부하겠다는 생각은 이제 사라졌다.

팔레스타인을 위한 전투는 이미 절반쯤 이긴 것이나 다름없게 느껴졌다.[6]

그러나 하지 아민은 여전히 회의 참석 금지 상태였다. 그는 체면을 살리기 위한 방법을 생각해냈다. 대무프티 자신이 아랍 대표단의 단장을 맡되, 사촌이자 무사의 매형인 자말을 자신의 대행으로 임명한다고 "양해"를 구하는 것이었다. 후세인 할리디와 세이셸의 유배자 두 명, 그리고 대무프티 진영의 세 명이 더해져 대표단이 구성됐다.

처음에는 회의에 의심을 품었던 무사도 대표단에 합류하기로 했다. 그는 책 홍보행사로 뉴욕을 방문 중이던 절친한 친구 안토니우스에게 전보를 보냈다.

대표단 총무로 만장일치 선출됨. 즉시 런던으로 올 것.[7]

맬컴 맥도널드도 그 가능성의 희박함을 인정하기는 했지만 회의를 통해 어떤 식으로든 합의를 도출하려는 의지는 굳건했다. 그는 "팔레스타인 문제에 대한 시각을 근본적으로 바꿔야 할 때가 왔다"는 주장을 담아 체임벌린 내각의 동료 장관들에게 돌릴 22페이지짜리 의견서를 작성했다.

> 지금까지 영국 정부와 의회는 유대인의 지칠 줄 모르는 영리한 선전전, 팔레스타인에 건설되고 있는 새로운 유대 문명에 대한 순수한 열의, 그리고 유대인의 자금과 정착민이 일궈낸 감탄스러운 성과에 경도되어 온 경향이 있습니다. (…) 저 또한 그러한 열의와 감탄을 지니고 있습니다. 시온주의 반대론자가 아닌 그 옹호자로서 말하건대, 우리는 그동안 팔레스타인 아랍인의 권리에 대해 너무나도 무심했습니다. 우리는 그들을 가난하고 약한, 별로 주목할 필요가 없는 사람들로 무시해온 경향이 있습니다.[8]

그는 런던 원탁회의의 논의가 안토니우스가 《아랍의 각성》에서 강조한 1915년부터 1916년까지 작성된 맥마흔-후세인 서한의 내용을 중심으로 전개될 것이라고 예상했다(런던 원탁회의를 앞두고 안토니우스의 책은 불티나게 팔리고 있었다. 벤구리온조차 한 권 가지고 있을 정도였다). 그동안은 전후 아랍 독립을 약속한 그 서한에서 팔레스타인은 제외된다는 것이 영국의 일관된 입장이었다.[9]

그러나 맬컴 맥도널드는 의견서에서 영국이 그동안 "해당 사안에 대해 다소 혼란을 겪었다"며 당시의 서한들이 아랍인에게 "팔레스타인은 저들의 것이 될 수 없다"는 사실을 명확히 하는

데 실패했다면 "아마도 이는 전쟁의 긴급성 때문에 벌어진 유감천만한 일"이라고 언급했다.[10]

현실적으로 영제국은 또 다른 세계 전쟁의 문턱에 서 있었다. 그런 상황에서 아랍인과 무슬림의 협력 확보는 무엇보다 중요했다. 그 협력을 얻기 위해서는 이민 제한을 통해 유대인 다수화에 대한 아랍인의 두려움을 누그러뜨리고 영국이 현재는 물론 미래에도 팔레스타인을 유대 국가로 만들 계획이 없음을 천명해야 했다. 맬컴 맥도널드는 내각이 "아랍 대표단을 만나기 위해 먼 길을 가야 할지도 모른다"며 "합리의 범위 내에서 가능한 한 멀리까지 갈 각오를 해야 한다"고 강조했다.[11]

맬컴 맥도널드가 예상하는 가장 유력한 결과는 유대 국가도 아랍 국가도 아니었다. 그는 현지 주민들의 대표성을 강화하고 토지 매매를 제한하는 대폭 수정된 위임통치안 채택이 가장 유력하다고 생각했다. 가장 까다로운 주제인 이민 문제에는 두 가지 제안을 내놓았다. 첫 번째는 10년 후를 기준으로 유대인이 40퍼센트(협상 하한선은 35퍼센트)에 도달할 때까지만 허용하는 것이었다(당시 유대인 인구 비율은 29퍼센트였다). 두 번째 제안도 비율은 같았지만 한 가지 큰 차이점이 있었다. 바로 10년 후 유대인 이민 진행에 대해 "아랍인에게 거부권을 부여"한다는 점이었다.

체임벌린은 맬컴 맥도널드의 의견서를 두고 "훌륭"하다며 극찬했다.[12]

분위기가 아랍 쪽으로 유리하게 바뀌는 것이 분명히 느껴졌다. 맬컴 맥도널드는 빅토리아역에서 신사 모자를 쓰고 아랍 대표단을 맞이했다. 유대인을 맞이할 때 썼던 평범한 중절모와는

차이가 났다.[13]

아랍 대표단은 도체스터·사보이·리츠·칼튼 호텔 등 호화로운 숙소에 머무르고, 유대인에게는 좀 더 저렴한 가격의 숙소가 주어졌다. 런던의 상류층 여성들이 케피예 스카프를 두르기 시작했다. 팔레스타인 고등판무관에게는 다음과 같은 보고가 들어오기도 했다.

> 여성들은 동방의 셰이크들이 매력적이라고 하는 반면 유대인에 대해서는 그저 평범하다며 지루해한다고 함.[14]

《이브닝 스탠더드》는 "아랍인들 도착하다"라는 제목과 함께 "영국의 통치에 성공적으로 봉기를 일으킨 저항군 여섯 명이 런던에 왔다"고 보도했다. 기사는 "그중 세 명이 완벽한 영어를 구사한다"고 전하며 "한 명은 케임브리지대학교 출신, 한 명은 뛰어난 역사학자, 나머지 한 명은 의료 서비스 분야 권위자"라고 소개했다(각각 무사와 안토니우스, 후세인 할리디였다). 신문은 서구의 예법을 익히고 "동양의 정치"에 투신한 이들 세 명이 지난 3년간 팔레스타인에서 두려움을 초래한 대무프티의 "두뇌 집단"이라고 주장했다. 기사는 다음과 같은 내용도 전했다.

> 그러나 이들은 런던에서 범죄자도 탄원자도 아닌 승자로 대우받을 것이다. 맬컴 맥도널드 장관의 제안을 검토하고 결정하는 쪽은 대무프티 쪽이 될 것이다.[15]

런던 원탁회의는 1939년 2월 7일 세인트 제임스 궁전에서 시작됐다. 19세기에 왕가가 더 몰The Mall 거리 바로 아래의 널찍한 버킹엄 궁전으로 옮겨가기 전까지 런던의 공식 관저로 사용했던 붉은 벽돌의 튜더 양식 건물이었다. 초상화실에는 헨리 8세까지 거슬러 올라가는 죽은 군주들의 거대한 초상화가 전시되어 있었다. 체임벌린은 양옆에 외무장관과 식민장관을 앉히고 중앙 탁자에서 개회를 선언했다. 아랍인이 유대인과의 직접적인 접촉을 거부하는 바람에 총리는 거의 같은 내용의 짧은 환영 연설을 두 번 반복해야 했다.

> 우리는 모두 팔레스타인에 대해 아주 깊고 특별한 애착을 지니고 있습니다.

체임벌린이 말했다.

> 앞으로 알게 되겠지만 평화에 대한 제 접근법은 이해를 통한 것입니다. 그리고 이해의 가장 중요한 첫 단계는 바로 직접적인 접촉입니다.

체임벌린은 거기까지 말하고는 총리로서 처리해야 할 공무가 많아서 아쉽게도 어려운 일은 동료들에게 맡겨야 할 것 같다고 양해를 구했다.[16]

회의 진행은 맬컴 맥도널드가 맡게 될 것이 분명해졌다.

바이츠만이 먼저 입을 열었다. 그는 팔레스타인 대표단뿐 아니라 미국과 영국, 유럽의 지지자들까지 포함한 유대인기구의 이름으로 식민장관의 한결같은 배려에 감사를 표했다.

그러나 인사말을 끝내자마자 바이츠만은 준비해온 발언문에서 한참을 벗어나 즉흥적인 발언을 시작했다. 꼼꼼한 성격의 벤구리온은 깜짝 놀랐지만, 바이츠만의 이러한 연설은 신기하게도 늘 영국인을 사로잡곤 했다.

바이츠만은 우드헤드 위원회가 〈필 위원회 보고서〉의 분할안을 갑작스럽게 중단함으로써 분할안은 물론 유대인의 자체적인 이민통제권 획득 가능성 또한 요원해진 것을 한탄했다. 그는 "600만 명의 운명"이 걸린 일임을 강조하며 필 위원회에서 인용했던 수치를 다시 강조했다.

> 장관님, 제가 이민자 수를 아주 파격적으로 요청해도, 예를 들어 향후 5년간 매년 7~8만 명을 요청해서 받아들여지더라도, 파멸의 운명에서 우리가 구해낼 수 있는 사람이 5퍼센트밖에 안 된다는 사실을 알고 계십니까? 그들 또한 여기 이 멋진 회의장에 앉아 있는 우리와 같은 사람들입니다. 그런 사람들이 파멸의 위험에 처해 있습니다!

바이츠만은 "원시 국가"는 유대인을 대량으로 흡수할 수 없다고 말했다. 설령 가능하다고 하더라도 유대인은 팔레스타인이 아닌 다른 곳에서는 "같은 열정, 같은 사도적인 헌신"을 보이지 못할 것이라고 덧붙였다.

> 만약 애초에 모세가 저희를 미국으로 인도했었다면 문제는 더 쉬웠겠죠. 하지만 모세는 그러지 않았습니다. 게다가 여기 함께 앉아서 그 문제를 논의할 수도 없죠.

바이츠만의 연설은 두 시간 동안 이어졌다. 그는 마지막으로 영국의 영적 과거와 제국적 현재에 호소했다.

> 영국은 위대한 국가가 되었습니다. 그것은 여러분이 일을 하고 정책을 개발함에 있어 저희 유대인이 팔레스타인에서 쓴《성경》을 바탕으로 했기 때문에 가능했습니다. (…) 영국은 정의와 공정, 좋은 정부의 이상을 전 세계 구석구석에 전파했습니다. 영국은 모든 백인의 짐을 자진해 짊어졌습니다. 바로 그러한 여러분께 요청합니다. 모든 존경과 겸손을 담아, 제게는 이것을 요청할 권리가 분명히 있습니다. 어둠의 시간을 지나고 있는 우리 민족에게 그 정의를 행해주십시오.[17]



전형적인 바이츠만식 연설이었다. 맬컴 맥도널드는 이성과 감성을 절묘하게 엮어낸 그의 발언에 흠뻑 빠져 시간이 가는 줄도 몰랐다. 맬컴 맥도널드는 "3주 동안 진행될 우리의 논의가 어떤 식으로 마무리될지는 알 수 없다"면서도 지금까지 그래왔듯 솔직하고 성실하게 대화에 임하겠다고 덧붙였다.[18]

맬컴 맥도널드는 다음 날 아랍인들과 만났다. 팔레스타인 아랍인 여덟 명에 이집트·이라크·사우디아라비아·트랜스요르단·예멘 등 아랍 5개국 대표들이 동석했다. 그중 세 명은 전현직 총리였고, 왕자도 몇 명 있었다. 대부분 진홍색 타르부시를 썼지만 예멘 대표는 터번을 두르고 사우디아라비아 대표는 흰색 두건 위에 검은색 아칼aqal•을 두르고 있었다.[19]

아랍과 영국을 연결하는 가교라는 자신의 역할을 의식한 안토니우스만이 머리에 아무것도 쓰지 않고 왔다.

이웃 국가들까지 포함한 팔레스타인 대표단의 구성은 실로 화려했다. 이날의 모임은 이제 팔레스타인 문제를 세계 유대인의 문제로 보는 것을 넘어 아랍 세계 전체의 문제로 보겠다는 영국 정부의 암묵적 동의를 보여줬다.

대무프티가 지정한 대표단장 자말이 기조발언을 했다.

> 저희는 아랍 팔레스타인 문제가 자명한 정의의 문제라고 생각합니다. 자국 영토에 대한 소유권을 방해받지 않고 지키는 것은 모든 인간의 자연권에 속합니다. 저희의 주장은 반유대주의와는 아무런 상관이 없습니다. 또한 영국이나 다른 민족에 대한 적대감에서 비롯된 것도 아닙니다. 이것은 그저 팔레스타인에 사는 주민을 위한 주장입니다. 천성적으로 온화하고 친절한 팔레스타인 사람들이 자기 나라를 온전히 보존하고자 하는 노력이며, 깊은 애착을 지닌 그 땅이 강제로 다른 민족의 민족적 고향이 되는 것을 막고자 하는 노력입니다.

• 두건을 고정하는 끈.

자말은 아랍인이 맥마흔-후세인 서한에서 팔레스타인을 약속받은 바 있으며, 이후 밸푸어 선언과 위임통치가 자행한 약속 위반에 대해서는 결코 동의한 적이 없다고 주장했다. 그러고는 유대인의 민족적 고향 포기, 유대인 이민과 토지 매매 전면 중단, 위임통치 종료와 아랍 독립 국가 수립이라는 핵심적인 요구사항을 다시 한번 강조했다.

아랍 측 기조발언은 그렇게 마무리됐다. 맬컴 맥도널드는 "매우 간결하고 명료한 발언"에 감사를 표하며, 이의가 없으면 해당 내용을 유대인 측에 전달하겠다고 말했다.

그 말을 들은 자말이 답했다.

> 사실 저쪽 회의의 존재는 가능하면 무시하고 싶군요.

그러자 안토니우스가 당황한 기색으로 끼어들었다.

> 그러니까 저희 단장께서 하려는 말씀은 오늘 우리의 발언은 다른 누구도 아닌 영국을 대상으로 이루어진 것이므로 해당 주제를 굳이 유대인 대표단 측과 상의할 필요성이 없다는 것이었습니다.[20]

유대인 측과 아랍인 측이 첫 회의에서 보인 모습은 양측이 지닌 외교적 기술의 차이를 너무나도 극명히 드러냈다. 무사는 그 모습에 분노했다. 아랍인이 수십 년 만에 처음으로 유리한 지형에 서게 됐는데, 어렵게 올라온 자리에서 내부의 이견을 드러내며 사소한 일로 신경전을 벌이고 있었기 때문이다. 그 후 회의가 진행되는 동안에도 대표단 구성을 놓고 잡음이 끊이지 않았다. 대무프티는 반대파인 나샤시비 쪽 인사를 계속 거부했다.[21]

독립을 위한 성숙함을 보여야 할 자리에서 결코 바람직하지 않은 모습이었다.

체임벌린은 미혼인 두 누이에게 매주 보내는 편지에서 아랍의 첫 태도가 "너무나도 비타협적이고 극단주의적이어서 합의 도출의 가능성을 의심할 수밖에 없다"면서 "만약 양측이 합의에 도달하지 못한다면 어쩔 수 없이 영국이 준비한 타협안대로 진행해야 할 것 같다"고 전했다.[22]

어쨌든 회의는 계속됐다. 이라크의 총리 누리 사이드Nuri Said는 "세계 유대인이 유례없는 불행을 겪고 있는 가운데 회의가 개최된 것"에 대해 깊은 유감을 표하며 "하필 이러한 시기에 유대인의 팔레스타인 입국을 거부할 수밖에 없는 상황이 된 것이 매우 안타깝다"고 말했다.

그는 이슬람 세계가 언제나 유대인의 지위를 보장해왔으며, 기독교계가 그들을 추방했을 때도 피난처를 제공했다고 강조했다. 누리 총리는 이라크 또한 늘 유대인의 지위를 보장해왔다며, 한때 팔레스타인과 마찬가지로 위임통치를 받았으나 6년 전 마침내 독립을 맞았다고 설명했다. 그는 팔레스타인 역시 이라크와 같은 정의를 누릴 권리가 있으며, 유럽에서 발생한 사태가 그 정의를 박탈할 구실이 되어서는 안 된다고 강조했다.

이 회의는 결단코 실패를 용납할 수 없을 만큼 큰 기대를 받고 있습니다.

맬컴 맥도널드는 안토니우스와 함께 아랍 측 주장의 핵심 근거인 맥마흔-후세인 서한을 면밀히 검토할 소위원회를 구성하는 데 동의했다.[23]

회의가 시작되고 일주일 후, 맬컴 맥도널드는 시온주의자들에게 준비한 폭탄을 떨어뜨렸다. 아직은 구체성 없는 단순한 '제안' 단계였지만, 이민 제한을 통해 유대인 비율을 일정 수준 이하로 유지하는 방식으로 아랍인의 두려움을 달래자는 것이었다. 게다가 이 제안에 따르면 10년 후에는 아랍인의 동의 없이 이민은 불가능하고 토지 매매도 제한된다. 언젠가는 각자가 독립 국가를 이루게 되겠지만, 우선은 아랍 국가도 유대 국가도 아닌 양측이 동수의 대표성을 가지는 국가를 설립하자는 제안이었다.

유대인들은 어안이 벙벙했다. 바이츠만은 상상도 할 수 없는 일이라고 딱 잘라 말했다.[24]

안타깝게도 아랍인들 또한 맬컴 맥도널드의 제안에 시큰둥한 반응을 보였다. 자말은 영국의 침공 전까지는 아랍인과 유대인이 팔레스타인에서 수 세기 동안 평화롭게 살아왔다며 아랍 독립국하에서의 삶이 유럽에서의 삶보다 훨씬 나을 것이라고 말했다. 그러면서 다수인 아랍 민족이 침입자인 유대인과 같은 수준으로 강등되는 굴욕을 흔쾌히 받아들일 리가 없지 않느냐고 반문했다. 아랍인에게도 그것은 논외의 일이었다.[25]

체임벌린은 또다시 누이들에게 편지를 썼다.

빛이라곤 보이지 않는구나. 유대인은 감탄스럽도록 합리적으로 행동하며 잔인한 현실 앞에서도 눈물겨운 인내심을 보이고 있다. 반면 아랍인은 비타협적이고 불공정하며 편향되고 신뢰할 수 없는 모습을 보이고 있다.

그러나 그 "잔인한 현실"이 체임벌린 총리의 마음을 크게 괴롭히지는 않았던 것으로 보인다. 같은 편지에서 그는 다음과 같이 말했다.

요즘 나는 오랜만에 가벼운 마음으로 지내고 있다. 내게 들어오는 모든 정보가 평화의 방향을 가리키고 있다.

그는 파시스트 세력이 "불만 사항을 고려해달라고 요청할 충분한 근거가 있었던 것으로 보인다"며 "만약 내가 현장에 나타났을 때 정중히 요청했다면 이미 어느 정도 만족할 만한 결과를 얻을 수 있었을 것"이라고 말했다. 체임벌린은 아내 앤과 함께 독일 대사관에 갔던 이야기를 전하며 "우호적인 분위기에서" 식사를 했고, 최근 로마 방문에서 무솔리니를 만난 것에 대해 "이탈리아 전역이 환호했다"고 전했다. 또한 체임벌린은 국민투표로 수립된 좌파 정부가 항복 직전에 몰려 있는 "스페인에 대해서도 매우 희망적"이라고 말했다. 그는 "아무래도 순서상 항복을 먼저 주선하는 것이 최선일 것 같다"며 "프랑코와는 좋은 관계를 구축할 수 있을 것 같다"고도 말했다

체임벌린은 많은 것이 "내가 원하는 방향으로 진행되고 있다"며 "3~4년 정도만 더 주어진다면 평온한 마음으로 은퇴할 수 있을 것 같다"고 전했다.[26]

맬컴 맥도널드가 2주 동안 설득한 끝에 팔레스타인 아랍인을 제외한 아랍 대표단이 유대인과의 면담에 동의했다. 단, 만남을 비공개로 한다는 단서를 달았고, 자신들은 유대인기구가 아닌 팔레스타인 문제와 관련한 일군의 저명인사들과 대화하려는 것이라는 점도 재차 강조했다. 물론 그 인사들은 모두 유대인이었다.

회의에 참석한 이집트 대표는 파루크Farouk 국왕의 수석 고문이자 전 총리인 알리 마헤르Ali Maher였다. 알리는 자신이 이집트의 유대인을 형제로 생각한다는 점을 강조하며 말문을 열었다. 그러면서 유대인은 평생 이집트인의 이웃이었고, 경제적으로도 정치적으로도 충분한 대표성을 누리고 있다고 설명했다. 그는 팔레스타인의 경우 비록 여러 사정이 있기는 하지만 이미 정착한 유대인 40만 명은 기꺼이 받아들일 의향이 있다고 밝혔다. 알리는 팔레스타인의 과거를 두고 다시 송사를 벌일 게 아니라 미래를 결정하는 게 중요하다고 강조했다. 문제는 언제나 그래왔듯 이번에도 이민이었다.

벤구리온은 팔레스타인에서 유대인의 위치는 이집트와는 다르다고 말했다. 그는 팔레스타인이 "유대인의 땅"이고, 자신들은 당연히 그곳에 있을 권리가 있다고 강조했다.

알리가 끼어들었다.

유대인의 땅이라니 무슨 의미입니까?

벤구리온이 설명하기 시작했다.

유대인은 3000년 동안….

알리가 다시 말을 잘랐다.

그럼 아랍인도 스페인을 되찾으러 갈까요?

회의 후 벤구리온과 셰르토크는 누리를 비롯한 이라크 대표단과 따로 이야기를 나눴다. 그들은 전쟁 전에 그랬듯 오스만 튀르크어로 대화했다. 셰르토크는 대화의 분위기가 화기애애했다고 기록했지만 별다른 성과는 없었다.[27]

며칠이 더 지나며 맬컴 맥도널드의 제안은 점점 과감해졌고, 내용은 매번 아랍인에게 유리한 방향으로 움직였다.[28]

이제 동수 대표는 협상 테이블에서 아예 사라졌고, 연간 이민 허용치 또한 삭감됐다. 영국 장관들이 내부적으로 논의해둔 유대인 비율은 향후 10년간 최대 35~40퍼센트였다(이민자 수로 따지면 총 15~30만 명 증가였다). 그러나 맬컴 맥도널드가 아무리 설득해도 아랍 대표단에게 이 숫자를 납득시키는 것은 "절대 불가능"해 보였다. "대단히 까다로운" 팔레스타인 아랍인들은 두말할 것도 없었다.[29]

마침내 2월도 다 저물어가던 어느 날, 맬컴 맥도널드는 자신의 마지막 제안을 공개했다.

궁극적인 목표는 팔레스타인 독립 국가 설립을 염두에 두고 위임통치를 종료하는 것이었다. 질서가 어느 정도 회복되면 팔레스타인 사람들은 독립 전까지 정부에서 점진적으로 더 큰 역할을 맡게 될 것이다. 유대인 비율은 전체 인구의 최대 3분의 1로 제한하고, 입국 가능 기간은 향후 10년까지가 아닌 5년까지로 한다(이는 7만 5000명까지만 입국할 수 있다는 얘기였다). 그 이후의 추가적 이민은 아랍인의 동의가 있는 경우에만 허용한다.[30]

이집트 언론이 이 계획을 풍문으로 듣고 그 내용을 부풀려 보도했다. 독립이 코앞에 다가왔다고 보도한 것이다. 주말 내내 팔레스타인 전역에서 사람들이 거리로 쏟아져 나와 체임벌린과 하지 아민의 이름을 연호하고 경찰들을 어깨에 태워 행진했다. 나블루스에서는 축하의 모닥불을 피우고 나자레스는 공휴일을 선포했다.

시온주의자들의 반응은 낙담부터 분노까지 다양했다. 유대인 대표단은 회의 중단과 전면 철수를 고려했다. 미국인들을 이끌고 온 개혁 유대교 랍비 스티븐 와이즈Stephen Wise는 뮌헨협정에서 체코인이 겪은 일이 유대인에게 고스란히 재연되고 있다고 한탄했다.[31]

팔레스타인에서는 이르군이 네 개 도시에서 동시에 공격을 개시했다.[32]

3월 초 회담이 재개되자 자말은 아랍인의 정당성을 인정해준 영국 정부에 감사를 표했다. 그러나 독립이라는 방향을 약속하는 것만으로는 충분하지 않았다. 아랍인은 너무 많이 속아왔기 때문이다. 아랍인에게는 구체적인 약속, 무엇보다 독립을 위한 시간표가 필요했다.[33]

맬컴 맥도널드는 영국이 매우 큰 양보를 하는 것이라고 강조하며 적절한 때가 되면 "자유 팔레스타인"이 탄생할 것이라고 말했다. 그러면서 유대인은 평범한 소수민족이 아닌 "특수"한 소수민족이므로 특수한 안전 보장이 필요하다고 강조했다.[34]

그러자 자말은 유대인은 "천성이 공격적"이기 때문에 오히려 보호가 필요한 것은 아랍인이라고 답했다. 그러면서 영국이 "유대인을 버릇없는 아이 다루듯 하지만 않으면" 모든 일이 잘 풀릴 것이라고 말했다. 그는 "신도 만족시키지 못한 유대 민족을 맬컴 맥도널드 장관이나 체임벌린 총리가 어떻게 만족시키겠냐"며 팔레스타인 대표들은 이미 원칙을 밝혔고 "단 1인치"도 물러날 생각이 없다고 못 박았다.[35]

맬컴 맥도널드의 설득으로 아랍 국가 대표들은 유대인들을 마지막으로 한 번 더 만났다. 알리는 조용한 어조로 "민족적 고향을 재건하려는 시온주의자들의 이상을 존중한다"고 밝히며 만약 팔레스타인이 빈 땅이었다면 자신과 다른 아랍 정부들도 유대 국가 설립을 환영하고 "기꺼이 협력"했을 것이라 말했다. 이집트 대표 알리는 유대인의 "끈기와 능력"을 인정한다면서도 이제 현실을 직시해달라고 간청했다. 그러면서 유대인이 이민을 잠시 중단하거나 줄임으로써 현재의 전진 속도를 조금 늦춘다면 평화를 확보할 수 있다고 강조했다. 알리는 나중에 조금 더 나아진 환경에서 무력이 아닌 아랍의 선의로 더 크게 전진할 수 있지 않겠냐며 유대인을 설득했다.

바이츠만은 그 말에 안심했다. 그는 파이살과의 첫 면담 이후 지난 20년간 영향력 있는 아랍 인사에게서 이렇게 유화적인 말을 들어본 적이 없다며 감사를 표했다. 바이츠만은 알리의 제안을 시작점으로 한다면 대화가 가능하다고 말했다. 그의 입장에서는 이민 속도를 늦춤으로써 평화와 타협을 촉진할 수 있다면 기꺼이 받아들일 의향이 있었다.

그러나 벤구리온의 생각은 달랐다. 그는 "즐거운 분위기를 방해해서 미안하다"며 그러한 제안을 바탕으로는 합의점을 찾을 수 없다고 잘라 말했다. 상호 양보에 대한 바이츠만의 말은 옳지만, 이민 속도를 늦추는 것은 일방적인 양보이므로 불가능하다는 얘기였다. 벤구리온은 지금은 속도를 늦추는 것이 아니라 높이는 것, 심지어 두 배로 늘리는 방안을 논의해야 할 때라고 말했다. 맬컴 맥도널드는 짜증을 내며 벤구리온을 싸늘하게 비난했다.[36]

한편 맥마흔-후세인 서한을 검토하기 위해 구성된 영국-아랍 소위원회의 작업도 마무리되어 가고 있었다. 그 결과는 시온주의자들에게 다시 한번 타격을 주었다. 소위원회는 서한에 대한 아랍 측의 해석이 "지금까지 생각했던 것보다 큰 타당성"을 지니고 있으며 아랍 독립에 대한 언급 시 팔레스타인을 제외한다는 내용이 "그렇게까지 구체적이고 명백하게" 드러나지 않았다는 사실을 보고서를 통해 발표하기로 했다.[37]

맬컴 맥도널드는 내각 장관들에게 회의가 "거의 막바지에 다다랐다"고 보고했다. 핼리팩스 외무장관은 "유대인은 지금까지 아랍인과 협조하려는 그 어떤 시도도 하지 않았다"며 아랍 측에 이민 거부권을 부여하는 제안에 선호를 밝혔다. 체임벌린 총리 또한 "약간의 망설임"이 있다고는 언급했지만 맬컴 맥도널드의 제안을 지지했다. 체임벌린은 "지난 몇 년간 유대인이 품었을 여러 기대"를 고려해볼 때 그들에게 이번 안이 "다소 힘겹게 느껴질 수도 있다"며 "유대인에게 더 많은 것을 해줄 수 있었다면 좋

았을 것"이라고 아쉬워하기도 했다.[38]

바이츠만은 마지막으로 총리에게 비공개 면담을 요청했다. 그는 "다우닝가로 향하는 고난의 길via dolorosa•"을 따라 마지막 발걸음을 옮겼다. 그는 모든 것이 끝난 것을 알고 있었다. 이제 작별을 고할 시간이 다가오고 있었다. 체임벌린은 유대인의 용기를 존경한다고 말했다. 그러면서 결론이 다른 방식으로 났다면 좋았겠지만, 내각의 조언자들이 내놓은 논거를 반박할 수 없었다고 설명했다.

바이츠만은 체임벌린을 단단한 대리석 조각상에 비유했다.

> 그는 이미 아랍인 유화정책 쪽으로 기울어 있었고, 무엇으로도 그 경로를 바꿀 수 없었다.[39]

다음 날 이른 아침, 일곱 개의 독일 군단이 아무런 저항도 받지 않고 체코슬로바키아의 심장부까지 진격해 들어갔다. 명백한 뮌헨협정 위반행위였고, 자신이 원하는 것은 이웃 국가 정복이 아닌 독일인의 통합이라는 히틀러의 거듭된 공언에 대한 노골적인 파기였다. 오전 9시 30분, 히틀러의 군대는 프라하에 입성했다.

그로부터 30분 후 체임벌린은 주간 내각 회의를 소집했다. 첫 번째 안건은 체코슬로바키아였다. 그다음은 이탈리아, 즉 무솔리니가 히틀러의 최근 공격을 지지할 것인가에 대한 논의였고, 그 다음 안건은 스페인에서 벌어지고 있는 프랑코의 최근 공세에

• 예수의 십자가 수난의 길.

대한 내용이었다. 팔레스타인에 대한 맬컴 맥도널드의 제안은 다섯 번째 안건으로 밀려났다. 맬컴 맥도널드는 장관들에게 자신의 제안이 "아랍인의 권리와 지위"를 인정하는 데 있어 큰 진전이라고 강조하며, 아랍인이 "공정하고 정의로우며 올바르다"고 보장했다. 내각은 맬컴 맥도널드의 제안을 승인했다.[40]

맬컴 맥도널드는 그날 오후 아랍인들을 만나 내각을 통과한 계획안을 설명했다. 아랍인들의 반응은 또다시 시큰둥했다. 안토니우스는 아랍 국가도 유대 국가도 아닌 국가를 설립한다는 것에 문제를 제기했다. 그는 모든 민주주의는 특정 집단의 우선권을 법으로 명시하지 않는 한 결국 "다수의 색채를 띠게 될 수밖에 없다"고 지적했다.

무사 또한 속았다는, 심지어 배신당했다는 느낌을 받았다. 앞서 맬컴 맥도널드와 직접 대면했던 여러 회의에서 그는 아랍 국가 건설과 유대인 이민 중단이 빠른 시일 내에 이루어질 것이라는 인상을 받았기 때문이다. 아랍인에게 유대인 이주에 대한 거부권을 주겠다고는 했지만, 이제는 영국이 과연 그 약속을 지킬지 의심하지 않을 수 없었다. 무사를 더욱 놀라게 한 것은 맬컴 맥도널드가 아랍인의 거부권과 균형을 맞추기 위해 제안한 유대인의 거부권이었다. 그의 제안대로라면 유대인은 자신들의 권리가 침해당했다고 느낄 시에 팔레스타인의 독립에 대한 거부권을 행사할 수 있었다. 무사는 이러한 "상호 거부권"이 실현되면 시온주의자들이 팔레스타인 독립을 지연시키기 위해 아랍인과의 협력을 보류하는 등 가능한 한 모든 조치를 취하게 될 것이라고 우려했다.[41]

후세인 할리디는 맬컴 맥도널드의 제안에서 분위기 전환을 감지했다. 회의 내내 거의 말이 없었던 후세인 할리디가 입을 열었다. 그는 "과도기" 이후에는 유대인의 민족적 고향 건설에 대해 영국 정부가 지는 의무도 종료되는 것이냐고 물었다.

맬컴 맥도널드는 그렇다고 답했다.

> 7만 5000명 이후에는 단 한 명의 이민자도 더 받아들이지 않아도 되는 겁니까?

맬컴 맥도널드는 "어떤 경우에도 그 이상은 단 한 명도 받아들이지 않아도 된다"고 확언했다. 그는 이것이 "영국의 정책에 있어 혁명적인 변화"이고 "가장 중요한 문제에 대한 정책의 전환"이라고 강조했다. 그러고는 이렇게 말했다.

> 유대인은 이제 그들에게 가장 중요한 문제에 있어 영국의 지지를 기대할 수 없게 될 것입니다.

> 그러면서 이렇게 덧붙였다.

> 이로써 마침내 유대인이 아랍 다수와의 협력에 더 적극적으로 나서게 될 것이라는 게 저희 영국 정부의 견해입니다. 이민 관련 제안이 이번에 얼마나 큰 폭으로 변했는지 봐주십시오. 유대인은 이를 확실히 인지하고 있습니다.[42]

맞는 말이었다. 이날 저녁 맬컴 맥도널드가 계획안을 설명하기로 한 자리에 바이츠만과 벤구리온은 참석을 거부했다. 대신 이슈브의 외무장관인 셰스토크를 보냈다.

맥도널드가 제안서의 내용을 읽어내려 갔지만 셰르토크는 침묵을 지켰다. 잠시 후 둘은 자리에서 일어나 관례에 따라 차를 마시기 위해 옆방으로 이동했다.

최후의 만찬 자리에 가는 건가요?

셰르토크가 물었다. 그의 비유적 표현을 놓친 맬컴 맥도널드는 조만간 다시 함께 만찬을 즐길 수 있다면 좋겠다고 답했다.

궁전 안뜰에서 클래식 연주자들이 연주를 시작하자 셰르토크는 그것이 유대인들을 위한 장례 행진곡인지를 물었다.

이번에는 그의 뜻을 읽어낸 맬컴 맥도널드가 이렇게 답했다.

유대인의 장례식이라고요? 제 장례식이겠죠.[43]

유대인 대표단은 거절의 뜻을 한 문장으로 밝혔다.

유대인 대표단은 1939년 3월 15일 영국 정부가 전달한 제안을 신중히 검토했으나 협의의 근거로 받아들이기 어려움에 유감을 표하며 이에 따라 해산하기로 결정한다.[44]

아랍 측의 마지막 발언은 자말이 맡았다. 그는 맬컴 맥도널드의 제안이 정당성 측면에서도 실행 가능성 측면에서도 심각한 문제 요소를 지니고 있다고 말했다. 자말은 위임통치 종료까지의 과도기 기간이 명확히 정해지지 않은 것에 문제를 제기했다. 정해진 기간이 없으면 소수인 유대인이 협력을 거부함으로써 독립을 지연시킬 수 있다는 것이었다. 토지 매매 또한 제한보다는 전면적인 금지가 필요했다. 자말은 영국 정부가 마침내 유대인 이민 종료의 필요성을 인지한 것에는 만족했지만, 그 조치를 뒤로 미룰 수는 없다고 주장했다. 그가 보기에 현재 유대인 인구는 "이미 팔레스타인이 감당할 수 없을 만큼 너무 많았기 때문"이다.[45]

유수프 한나는 야파에서 팔레스타인 현지의 반응을 살폈다. 그는 레비에게 보낸 편지에서 이렇게 말했다.

> 유대인의 주장에도 나름 타당한 부분이 있긴 하다네. 꽤나 설득력 있는 부분도 있고. 그러나 유대인 측 주장은 주로 인류애나 공식 문서나 약속 등을 근거로 대고 있어. 그러한 것들은 지금 같은 거친 현실주의 시대에 거의 무의미하지.

유수프 한나는 아랍인의 경우 문서나 약속 따위가 아닌 "자연권"을 가지고 있음을 강조했다. 자기 땅에 살고자 하는, 스스로를 통치하고자 하는 자연권이었다. 유수프 한나는 아랍의 독립을 갈망했지만, 팔레스타인 지도자들의 역량에는 의문을 품었다. 나샤시비 일파는 능력과 청렴성이 부족했다. 유수프 한나는 비타협적이고 편협하며 무자비한 대무프티 일당에게도 혐오감을 느끼고 있었다.

유대인의 지배를 받고 싶어 하는 아랍인은 한 명도 없을 것입니다. 그러나 지각 있는 아랍인이라면 암살자의 지배도 원치 않을 것입니다.[46]

## 3인방의 죽음

압델은 다마스쿠스로 갔다. 민족성전중앙위원회라 불리는 대봉기 지휘부를 찾아가 대무프티의 측근들을 만나기 위해서였다. 압델은 위험을 무릅쓰고 팔레스타인을 종단해 이동했다. 그는 바닥을 드러내고 있는 자금이나 무기, 탄환 보충을 요청하고자 그곳에 간 것이 아니었다. 압델이 원하는 것은 담판이었다. 날이 갈수록 더 많은 아랍인이 동족의 손에 죽고 있었다. 압델은 조직의 관계자를 만나 암살 중단을 약속하지 않으면 전장을 떠나겠다고 선언했다.

그는 다른 반군 지휘관에게 "우리가 이렇게 각자 움직이다가 대의를 실현하지 못할까 봐 두렵다"는 편지를 보내기도 했다. 그는 "무엇보다 우리의 일이 개인의 이익을 위한 것이 되어버렸다는 점이 우려스럽다"고 했다.[47]

몇 달 전 반무프티 진영의 젊은 정치인 파크리 나샤시비Fakhri Nashashibi는 공개서한을 발표했다. 〈아랍 팔레스타인의 무덤에서 들려오는 목소리〉라는 제목의 이 서한은 수천 명에 달하는 동료 아랍인의 죽음에 대해 하지 아민의 책임을 물었다. 그는 서한에서 아랍인의 마음속 깊은 곳에 대무프티를 향한 증오가 쌓여가고 있지만, 목소리를 높인 사람들은 모두 죽거나, 협박으로 회유되거나, 나라를 떠나는 결과를 맞았다고 주장했다.

파크리는 자신도 수없이 많은 살해 협박을 받았다고 밝혔다. 예루살렘에서 외신 기자들을 맞이한 그는 케피예 착용을 거부하고 오스만식 타르부시를 썼다.

> 언젠가 팔레스타인의 모든 아랍인이 자유롭게 말할 수 있는 날이 올 것입니다. 그러나 대무프티의 복귀를 허락한다면 이날은 오지 않을 것입니다.[48]

영국은 파크리가 내세우는 고결한 의도를 별로 믿지 않았다. 그의 과장된 웅변은 팔레스타인의 구원보다는 개인과 가문의 야망을 위한 것에 가까웠다. 영국의 눈에 파크리와 그의 삼촌 라게브(나샤시비 가문의 수장이자 예루살렘의 전 시장)는 양심도 영향력도 부족한 인물이었고, 유대인의 지원을 받고 있을 가능성이 높아 보였다.[49]

영국의 직감, 특히 유대인의 지원에 대한 직감은 옳았다. 라게브는 대무프티와의 언론전과 물리전에 필요하다며 벤구리온에게 자금을 요청한 적이 있었지만, 그를 신뢰할 수 없다고 판단한 벤구리온은 이를 거절한 바 있었다.[50] 시온주의자들은 젊은 파크리를 한번 믿어보기로 했다. 파크리에 대해서는 "성급하고 경박하며 때로는 바람둥이에 술꾼"이라는 평가가 있었지만, 아랍인 사이에서 점점 커져가는 대붕기에 대한 환멸을 활용하고 하지 아민에 대항할 자생적 세력을 키우기 위해서는 투자가 필요했다.

시온주의자들은 베이루트에서 대학 동창이었던 세파르디계 하가나 대원을 통해 파크리에게 무기 상자를 여러 개 보냈다.

파크리는 얼마 지나지 않아 '평화단'이라는 이름의 무장대를 창설했다. 영국군은 조심스럽게 이들을 지원했다. 헤브론 인근의 야타에서 열린 평화단과 영국군의 공동 행사에는 아랍 농민 수천 명이 참석했다. 연단에 선 파크리는 시골 사람들이 잘 알아듣지도 못하는 고전 아랍어로 대무프티에 대한 비난을 늘어놓았다. 영국군 장교들은 연설 내내 고개를 끄덕이며 듣더니 법과 질서 이야기를 몇 마디 덧붙였다.

평화단의 표면적인 목적은 무장단체로 인해 황폐화된 아랍 마을의 평화 회복을 돕는 것이었다. 그러나 그보다는 정치적 경쟁자나 가문의 숙적에 대한 보복을 위해 움직이는 것처럼 보이는 경우가 많았다. 아랍 대봉기를 피의 보복 기회로 본 것은 하지 아민과 그의 부하들뿐이 아니라는 사실이 곧 드러났다.[51]

1939년 3월 말 시온주의자들의 첩보와 영국군의 도움으로 파크리의 평화단이 사마리아 인근 사누르 마을에서 압델을 찾아냈다. 그는 그곳에서 최후를 맞았다. 압델과 그의 부관은 영국군의 총에 심장을 관통당했다.

팔레스타인 전역의 상점들이 그를 애도하며 문을 닫았다.

한 농부는 "덩치 큰 어느 경찰관이 주머니에서 손수건을 꺼내 압델의 얼굴을 덮어주는 모습을 보았다"고 당시의 상황을 전했다. 경찰관은 인근 예닌의 경찰서장 제프리 모턴Geoffrey Morton이었을 가능성이 크다. 모턴은 압델에 대해 다음과 같이 평가했다.

그는 비교적 높은 원칙을 지닌 사람이었으며 자신이 싸우고 있는 대의를 진심으로 믿었다. 압델에게는 자신만의 원칙이 있었으며, 많은 추종자에게 그 원칙을 최대한 지키게 하려고 애썼다.

한편 모턴은 아랍 대봉기를 점차 진압해가는 영국의 성과에 만족스러워했다. 그는 마치 사냥에 성공한 사냥꾼처럼 "성공이 성공을 부른다"며 의기양양한 모습을 보였다.

2주 후, 압델의 숙적 아레프가 팔레스타인과 시리아 국경 근처에서 프랑스군에 투항했다. 공식 보고에 따르면, 영국군에 쫓기던 그는 며칠 동안 아무것도 먹지 못해 "신체적으로 완전히 탈진한 상태"였다.[52]

압델, 아레프와 함께 '3인방'으로 불린 또 다른 인물은 유수프 아부 도라였다. 모턴에 따르면 "검은 수염에 40대 중반의 체격이 작은 남자"였던 유수프 아부 도라는 "남자, 여자, 어린아이 가리지 않는 잔인하고 후안무치한 살인자"였다.

대봉기가 절정이었던 1년 전 여름까지만 해도 유수프 아부 도라는 수백 명의 부하를 지휘했다. 당국은 그의 머리에 거액의 현상금을 걸었고, 두 번 정도는 거의 잡을 뻔했다. 대대적인 추적에 더 이상 피할 곳이 없어지자 그는 강을 건너 트랜스요르단의 건조한 황야로 도망쳤다.

그러던 1939년 7월 말, 유수프 아부 도라는 영국군의 매복에 걸려들어 체포됐다. 병사들은 그의 짐에서 붉은 소매장식과 견장까지 달린 장군 제복 일체를 발견했다. 군중은 재판을 받기 위해 요르단강을 건너오는 그에게 환호를 보냈지만, 유수프 아부 도라의 검거는 아랍 대봉기의 종식 그 자체를 상징했다. 봉기는 영국군의 활약뿐 아니라 내분과 투옥, 망명 그리고 봉기 그 자체에 대한 피로감이 쌓이며 치명적으로 약화됐다.[53]

하이파에서 장군을 꿈꾸던 또 다른 군사령관 버나드 몽고메리는 영국의 동지들에게 다음과 같은 내용을 담은 편지를 보냈다.

> 조직된 움직임으로써의 대봉기는 이제 끝났다네. 팔레스타인 이쪽 끝에서 저쪽 끝까지 전투를 찾아다녀도 싸울 대상이 없어. 다들 실컷 두들겨 맞고 코가 납작해졌는지, 죽일 만한 아랍인을 찾기가 아주 어려워졌어.[54]



대봉기는 팔레스타인에 엄청난 피해를 남겼다. 약 500명의 유대인이 사망했고, 1000명가량이 부상을 입었다. 영국군과 경찰은 250명 정도가 사망했다. 그러나 가장 큰 대가를 치른 것은 아랍인이었다. 아랍인 사망자 수는 최소 5000명, 많게는 8000명 이상에 달한 것으로 추정된다. 그중에서 최소 1500명이 아랍인의 손에 죽었을 가능성이 있다. 중상을 입은 사람도 2만 명 이상이었다.[55]

아랍인이 소유하고 있던 총기 최소 7500정, 폭탄과 수류탄 1200개, 탄약 16만 5000개가 압수됐다. 대봉기 기간 무슬림 남성은 다섯 명 가운데 한 명이 구금된 것으로 보인다.[56] 철거된 가옥의 수도 2000채에 달했다.[57]

4만 명 가까운 사람이 팔레스타인을 떠났다. 그중 레바논의 베이루트로 향한 사람만 2만 5000명이었는데, 정치나 상업에 종

사하는 상류층과 지주의 비율이 상당히 높았다.[58]

아랍 경제는 그야말로 회복 불능 상태가 됐다. 지주들은 피난을 떠나고 농민들이 수천 명에 달하는 무장세력의 식량과 자금을 대느라 정신이 없는 동안 농작물은 모두 말라버렸다. 세수가 감소하고 정부에서 일하던 아랍인 수천 명이 충성을 의심받으며 직장을 잃었다. 아랍인 마을에서는 대봉기 기간 내내 비공식적으로 유대인 상점에 대한 불매운동과 유대인 손님에 대한 판매 거부운동이 이어졌다. 유대인에게는 물건을 팔지 않다 보니 아랍 상인들의 수입이 크게 줄었다. 한때 야파 항구를 통과했던 화물의 절반이 이제 텔아비브로 갔다.[59]

영국이 밸푸어 선언에서 물러나게 만든 것은 아랍 대봉기의 부인할 수 없는 유일한 성과였다. 그러나 그 과정에서 팔레스타인의 정치적·사회적·군사적·경제적 토대는 돌이킬 수 없을 정도로 처참하게 망가졌다.

대봉기 과정에서 저지른 범죄로 아랍인 100명 이상이 교수형에 처해졌다. 유수프 아부 도라는 그렇게 처형된 마지막 사형수 대열에 합류했다. 모턴의 말에 따르면 "그가 저지른 수많은 잔혹한 범죄 가운데 단 한 건"인 마을 장로 살해로 받은 선고였다.

사형 집행일, 유수프 아부 도라는 자신의 두 손으로 모턴의 손을 따뜻하게 감싸고는 그에게 축복을 내렸다.

앗살라무 알라이쿰(As-salaamu aleikum, 당신에게 평화가 있기를), 모턴 에펜디.

모턴은 양손이 묶인 유수프 아부 도라가 고개를 똑바로 들고 얼굴에는 미소를 지은 채 교수대 위로 뚜벅뚜벅 올라가던 모습을 떠올렸다.

> 힘을 가진 짧은 몇 년 동안 그는 무자비한 살인자였지만, 죽는 순간은 남자답게 죽었다.[60]

## 흩어진 마음




맬컴 맥도널드가 세인트 제임스 궁전에서 내놓은 제안 소식이 전해지자 이미 잦아들고 있던 대봉기의 기운은 더욱 약화됐다. 맬컴 맥도널드는 이 제안이 공식 정책문서인 백서로 발간되면 봉기는 완전히 정리될 것이라 기대했다.

그러나 아직 유대인 문제가 남아 있었다. 맬컴 맥도널드는 장관들에게 "이번 제안으로 아랍인은 달랠 수 있겠지만, 몇 년에 걸쳐 쌓아온 희망이 송두리째 날아가는 모습을 본 팔레스타인 유대인이 봉기를 일으킬 수도 있다"고 이야기했다. 맬컴 맥도널드는 다가오는 전쟁 압박이 아니었더라면 "장점을 확신할 수 없는" 일부 조건에는 동의하지 않았을 것이라고 시인했다. 그러나 그는 조만간 발표될 백서의 "본질적인 현명함과 공정함"을 확신한다며 "이제 밸푸어 선언의 과장된 해석에 선을 그어야 할 때"라고 말했다.[61]

맬컴 맥도널드는 유대인을 달래기 위해 영국이 즉각 영제국 식민지의 일부 또는 전부를 개방해 유대인 정착촌, 필요한 경우 유대 주권 국가를 세울 수 있게 해야 한다고 주장했다. 장관들은 영국령 기아나와 남미의 대서양 연안을 가장 유력한 후보지로 보았다. 이미 몇 달 전 영미 조사위원단이 파견되어 현지 사정을 파악 중이었고, 다행히 초기 보고서는 이주가 완전히 불가능해 보이지는 않는다는 의견이었다. 맬컴 맥도널드는 백서 출간에 앞서 기아나에 대한 보고서를 먼저 발표하자고 제안했다. 체임벌린도 이에 동의했다.[62]

맬컴 맥도널드는 차를 마시자며 바이츠만을 자신의 에식스 시골집으로 초대했다. 반백의 바이츠만은 마지못해 맬컴 맥도널드의 초대에 응했다.

이 만남은 모두에게 꽤나 불쾌한 경험이 됐다. 바이츠만은 수년 동안 우정을 공언했던 맬컴 맥도널드가 유대인을 암살자들의 손에 넘겨주고 있다고 비난했다. 히틀러는 적어도 복잡한 법리 뒤에 숨지 않고 유대인 경멸을 당당히 드러내기라도 했다며 그는 분통을 터뜨렸다. 젊은 맬컴 맥도널드는 팔레스타인 외의 가능성을 언급하며 바이츠만을 설득하려 애썼다. 그러나 그의 입에서 '기아나'라는 단어가 나오자마자 바이츠만은 더 들을 것도 없다는 듯 손을 내저었다. 바이츠만은 편지를 주고받던 윈게이트의 장모에게 그날의 만남을 "내 인생에서 가장 불쾌한 오후"였다고 묘사했다. 바이츠만은 자신이 그날 태어나서 처음으로 누군가에게 굉장히 무례한 말을 했다고 털어놓았다.[63]

맬컴 맥도널드의 기억 또한 그에 못지않게 불쾌했다. 당시는 노동 시온주의를 초기부터 지지해온 맬컴 맥도널드의 아버지 램지 맥도널드가 죽은 지 얼마 되지 않은 시점이었다. 맬컴 맥도널드는 언제나 아버지를 깊이 존경해왔다. 그런데 이날 대화 가운데 바이츠만이 "아들이 이렇게 신의를 저버린 것을 아시면 아버님께서 무덤에서 돌아누우시겠습니다"라고 말한 것이다.

맬컴 맥도널드는 "내가 들은 말 중 가장 잔인한 말이었다. 그 말이 세상에서 가장 친절한 사람의 입에서 나왔다"고 말했다. 그리고 이렇게 덧붙였다.

> 그 순간 바이츠만이 나를 증오하고 경멸하게 되었다는 것을 알게 됐다. (…) 나는 나를 미워하는 바이츠만을 존중했고, 그에 대한 존경심을 잃지 않았다. 하지만 그 일은 정말 슬펐다.[64]

1939년 5월 17일, 체임벌린 내각은 오후 7시에 〈팔레스타인 정책 성명서〉를 발표하도록 승인했다.[65]

'맥도널드 백서'로 더 잘 알려진 이 성명서는 런던 원탁회의에서 맬컴 맥도널드가 제안한 내용을 거의 그대로 반영했다. 그가 회의에서 했던 것과 마찬가지로 백서는 "세계인의 감탄" 속에 "유대 민족의 자부심"이 된 민족적 고향에 대한 찬사를 쏟아냈다. 또한 "동료 아랍인과 유대인을 상대로 아랍 테러리스트들이 사용한 방법들"을 "전적으로 규탄"하면서도 유대인의 무제한 이주가 팔레스타인을 고향으로 여기는 두 민족 사이에 영구적이고 "치명적인 적대감"을 심을 위험이 있다고 경고했다.

성명서는 팔레스타인을 유대 국가로 만드는 것은 영국 정부의 정책이 아님을 분명히 밝혔다. 대신 영국은 10년 이내에 영국의 전략적 이익 보호를 위한 조약 체결과 함께 명시적으로 아랍 국가도 유대 국가도 아닌 독립적인 "팔레스타인 국가"를 설립하기로 약속했다. 독립 국가 설립 전까지는 현지 주민의 통치 참여를 대폭 확대하고 토지 매매를 제한하는 방향으로 나아간다는 계획과 함께였다.

백서는 이민의 전면 중단을 요구하는 아랍인의 요구는 수용할 수 없었다고 밝혔다. 팔레스타인의 유대인과 아랍인 모두에게 큰 경제적 타격을 줄 것이기 때문이었다. 백서는 현재 유럽 유대인이 겪고 있는 고난을 무시할 수는 없으며, 이를 완화하기 위해 팔레스타인이 "더 많은 기여를 할 수 있고, 또 해야만 한다"고 강조했다.

달라진 점이 있다면 유대인 이민에 제한이 생겼다는 사실이었다. 이민은 향후 5년간 세인트 제임스 궁전에서 논의한 총수치인 7만 5000명으로 제한하고, 이후 추가는 모든 당사자의 동의가 있을 때만 이루어지게 했다. 영국 정부는 그러한 동의가 없는 상황에서 "아랍 인구의 바람에 대한 고려 없이 이민을 통한 유대인의 민족적 고향 발전을 촉진하거나, 그러한 발전을 촉진할 의무를 지지 않는다"고 명시했다.[66]

마지막으로 맬컴 맥도널드가 런던에서 제안했던 내용에서 달라진 한 가지 중요한 내용이 있었다. 원래는 상호 거부권이었던 것이 아랍인의 단독 거부권으로 바뀐 것이다.[67]

백서를 읽은 더그데일은 "예상했던 대로 최악"이라며 한탄했다. 유대인기구는 백서가 "완전한 배신"이며 "아랍 테러리즘에 대한 항복"이자 유대인이 가장 절실히 도움을 구하는 시기에 날아온 "잔인한 타격"이라고 평했다. 예루살렘의 유대인 군중은 이민국에 폭탄을 던졌다. 텔아비브에서는 지구 사무소를 습격해 가구를 거리로 내던지고 불을 질렀다. 한 유대인은 마우저 반자동소총으로 로렌스라는 이름의 경관을 살해했다. 벤구리온은 이러한 행위를 비난했지만, 하이닝 장군에게 지금 영국이 목격하고 있는 것은 "유대인 저항의 시작"이라고 경고했다.[68]

미국의 반응도 유대인에 비해 아주 조금 나을 뿐 거의 비슷했다. 루스벨트 대통령은 백서를 읽은 후 "상당히 당황스럽다"며 "미국으로서는 승인할 수 없는 내용"이라는 서한을 국무장관에게 보냈다. 《뉴욕 타임스》는 사설을 통해 "아랍인의 요구를 충족시키는 방향이기는 하지만 극단주의자들은 만족하지 않을 것"이라고 지적했다. 신문은 "시온주의자들은 더더욱 만족하지 못할 것"이라며 "유대인은 지금껏 위대한 열정으로 놀랍도록 성공적으로 개척해온 조국에서 영구적인 소수가 됨으로써 필수적인 권리를 부정당하게 됐다"고 말했다.[69]

한편 하지 아민은 베이루트 외곽에 위치한 자신의 저택으로 아랍고등위원회 구성원들을 소집했다. 위원들은 몇 주에 걸쳐 종일 회의를 했다. 회의는 대무프티의 식탁에서 풍성한 점심을 즐길 때만 잠시 멈췄다. 예루살렘 탈비야 지구에 살았던 기독교계 의사 이자트 탄노우스Izzat Tannous는 런던에서 아랍 공보실을 이끌고 있었다. 회의에 참여한 그는 당시의 분위기를 이렇게 회고했다.

> 다들 들떠 있었고, 미래에 대한 기대가 높았다. (…) 그러나 달콤한 꿈은 오래가지 못했다. 위원 가운데 몇 명이 하지 아민이 백서의 제

안에 반대한다는 사실을 깨달으며 논의는 껄끄러워졌다. (…) 하지 아민을 제외한 나머지 열네 명은 강력히 찬성했고, 아랍 지도부가 그때까지 채택해온 부정적인 정책을 끝내고자 하는 마음이 강했다. (…) 그때부터 위원들의 노력은 하지 아민을 설득하는 데 집중됐다. 위원들은 그의 반대가 아랍의 대의 실현 방해를 넘어 시온주의적 대의 실현에 도움을 주게 될 것이라고 설득하려 애썼다.

하지 아민은 백서는 빠져나갈 구멍과 모호한 문구로 가득하다고 주장했다. 그러면서 독립 이전의 과도기가 너무 길고, 국가 설립 이후 유대인의 민족적 고향에 "특수 지위"를 부여해야 한다는 조건도 모욕적이라고 말했다.[70]

그러나 하지 아민이 시간을 끄는 데는 다른 이유가 있었을 가능성이 크다. 바로 영국 정부에 대한 불만이었다. 하지 아민은 팔레스타인으로의 득의양양한 귀환을 계속해서 가로막는 영국 정부에 불만이 깊었다.[71]

백서가 영국의 공식 정책으로 채택되기 위해서는 또 하나의 산을 넘어야 했다. 바로 영국 의회였다. 의회가 늘 "유대인에게 유리한 방향으로 상당히 기울어져 있다"고 불평해온 맬컴 맥도널드로서는 상당한 난항이 예상되는 과제였다. 하원 연설에 들어가기 전, 그는 평소 잘 피우지 않던 담배를 한 대 피웠다.[72]

저도 진심으로 팔레스타인이 텅 빈 땅이었으면 좋겠습니다. 그래서 오직 그 땅의 경계만이 유대인이라는 저 헌신적인 민족이 놀랍고도 창조적인 능력으로 재건하는 민족적 고향의 유일한 한계였으면 좋겠습니다.

이어서 말했다.

그러나 안타깝게도 팔레스타인은 한 번도 빈 땅이었던 적이 없습니다. 20년 전 영국이 팔레스타인에 도착했을 때 그곳은 이미 '조상 대대로 그 땅을 평화롭게 점유해온' 60만 영혼의 고향이었습니다.

맬컴 맥도널드는 그 후 시온주의에 대한 아랍인의 우려가 점점 심해져 3년 동안이나 지속된 "맹렬한 봉기"로 폭발했고, 이것이 "영구적인 마찰과 갈등의 원천"이 될 수도 있는 증오를 중동 전역에 심었다고 설명했다.

그는 이미 존재하는 유대인의 민족적 고향에 대해서는 우려하지 않는다고 밝혔다. 현재까지 건설된 유대인의 민족적 고향은 비판론자들이 생각하는 것처럼 약하지 않고, 경제적 역량만으로도 감히 누군가 "정복할 수 없는" 능력 있고 질서 있는 공동체였기 때문이다. 맬컴 맥도널드는 팔레스타인의 두 공동체가 이번 백서의 제안을 통해 서로를 종속시키지 않으면서 계속 발전할 것이라는 확신을 밝혔다.

다음 날은 처칠의 차례였다. 처칠은 10년간의 정치적 광야 생활을 벗어나 예순네 살의 나이에 체임벌린의 유화정책에 가장 맹렬하고 신랄한 비판자로 거듭나며 새로운 전성기를 누리고 있었다.

처칠은 "저는 처음부터 밸푸어 선언의 충실한 지지자였습니다"라고 말했다. 그는 밸푸어 선언은 "신중한 고려 없이 이루어진 감상적인 결정"이 아닌 진지한 숙고 끝에 탄생한 약속이었다며, 발표 당시에는 체임벌린도 선언의 내용을 기꺼이 지지했다고 덧붙였다. 처칠은 이민 제한에 대해서도 언급했다. 그는 맬컴 맥도널드의 제안이 1922년 처칠 백서에서 정한 "경제적 흡수 능력"을 자의적으로 인용해 팔레스타인의 이민자 허용치 결정에 사용한 것으로 보인다며, 처칠 백서의 "주된 목적이자 취지"는 유대인의 민족적 고향 건설을 지원한다는 "최우선적인 공약과 의무"를 보장하는 데 있었다고 강조했다.

처칠은 새로운 백서에 반대할 내용이 너무나 많지만 우선 한 가지만 지적하겠다고 말했다. 바로 아랍의 거부권이었다. 그는 다음과 같이 말했다.

> 이것은 위반입니다. 공약의 위반이자 밸푸어 선언의 포기입니다. 비전과 희망, 꿈의 종말입니다.

그는 "현지의 무질서가 상당 부분 정리되고 있는 상황"에서 영국이 팔레스타인을 외면하는 것은 참으로 이상한 일이고, "위대한 실험과 눈부신 꿈, 그 역사적인 꿈이 성공의 역량을 증명한 지금" 그것을 외면하는 것은 더욱 이상한 일이라고 지적했다.[73]

노동당 주도의 야당도 새로운 정책에 일제히 반대했다. 톰 윌리엄스Tom Williams 하원의원은 맥도널드 백서가 밸푸어 선언의 "모든 목적과 목표"의 폐기를 의미한다고 말했고, 허버트 모리슨Herbert Morrison은 미래에 들어설 노동당 정부가 이 "유해한" 법령을 존중한다고 보장할 수는 없을 것이라고 경고했다. 투표 결과 야당 의원 159명은 전원 반대표를 던졌다. 보수당에서도 반대표가 20표 나왔으며, 110명은 기권했다.[74]

법안은 89표 차이로 통과됐다. 체임벌린의 보수당이 장악한 하원에서 평소 250표가량 차이가 났던 것을 감안하면 불안할 정도로 아슬아슬한 표차였다.[75]

몇 년 후, 맬컴 맥도널드는 백서 이면에 있었던 본인의 진짜 동기를 다음과 같이 밝혔다.

> 히틀러와의 싸움에서 유대인은 어쨌든 우리 편을 들 수밖에 없었다. 그런데 아랍의 독립 국가들이 과연 같은 태도를 취해주었을까?

그는 아랍 국가들이 영국에 반대하면 "우리는 분명 전쟁에서 패배하고, 그렇게 되면 유대인은 민족적 고향을 잃을 수밖에 없었다"며 "그 모든 것에 이기주의적인 요소가 있었을 수는 있지만, 그것은 앞을 멀리 내다보려는 시도였다"고 말했다.[76]

《필라스틴》의 편집실에서 맥도널드 백서를 읽은 유수프 한나는 그 안에 담긴 변화를 보고 놀라움을 금치 못했다. 그는 편지에 이렇게 썼다.

> 이렇게 많은 것을 얻게 되리라고 어느 아랍인이 상상이나 해보았겠나? 이민은 끝났고 토지 매매도 이제 끝이야. 유대인 다수의 위협과 그 모든 말도 안 되는 일들이 이제 끝난 거라네.

그는 3년 전 "민족이 잠들어 있었을 때" 그리고 아랍 국가들이 팔레스타인 문제를 눈감았을 때는 무력이 필요했지만 이제는 "내가 펜대를 놀려 논란을 만드는 것도 내 사랑하는 조국에 대한 범죄로 느껴진다"고 말했다. 또한 아랍인 열 명 가운데 아홉 명이 백서를 환영한다며, 이를 거부하는 사람은 필시 "아랍의 멍청이이거나 아랍의 배신자"라고 말했다.[77]

다른 이들도 동의했다. 대무프티 반대파인 나샤시비 측도 내부적으로 새로운 정책이 "좋은 조짐"이라고 평하며 "만장일치로 환영"했음을 밝혔다. 안토니우스는 맥도널드 백서가 이전 제안들과 비교했을 때 "놀라운 진전"이라며 합리적인 논의의 근거가 될 것이라고 평했다.[78]

다마스쿠스의 반군 지도자들 또한 같은 말을 하며 하지 아민이 이기적인 목적을 위해 "성스러운 봉기를 더럽혔다"고 강하게 비난했다. 반군 전사이자 연대기 작가였던 수브히 야신Subhi Yasin은 "충성스럽고 지각 있는 아랍인 중에 백서에 찬성하지 않은 이는 단 한 명도 없었다"고 기록했다.[79]

그러나 백서가 영국 의회를 통과하고 일주일 후인 5월 30일, 대무프티가 이끄는 아랍고등위원회는 백서에 공식적인 반대 의사를 밝혔다.

성명서의 내용은 다음과 같았다.

유대인의 민족적 고향은 팔레스타인이 지금까지 겪어온 모든 재앙과 봉기, 유혈사태, 그 외 파괴의 근본적 원인이었다. 아랍인은 이민에 관한 영국 정부의 새로운 이해를 높이 평가하지만, 이민을 즉시 중단하지 못할 이유를 찾을 수 없다. 이민 중지가 유대인에게 부당한 조치라는 주장은 터무니없다. 그들의 민족적 고향 자체가 불의 위에 세워진 것이며, 불의한 대의는 감히 정의를 들먹일 수 없다. 앞으로의 유혈사태는 신과 역사 그리고 인류 앞에 영국의 책임이 될 것이다.

우리는 아랍 민족으로서 우리의 의지를 분명히 표현했으며, 강하고 단호한 태도로 전달했다. 우리는 신의 도움으로 원하는 목표에 다다를 것이다. 팔레스타인은 아랍 연방 내에서 독립을 이룰 것이며, 영원히 아랍으로 남을 것이다.[80]



## 라헬, 내 민족을 사랑하는

주류 시온주의 지도자들은 백서에 완전하고 단호한 거부를 선언했다. 이르군은 그들만의 방식으로 새로운 정책과 기존 지도자에 대한 불만을 표현했다. 백서가 발표되고 한 달가량은 거의 매일 민간인을 겨냥한 공격이 발생했다.

어느 날 아침, 이르군 단원 몇 명이 바이츠만 형의 차를 훔쳐 타고 하이파의 로어 시티로 가서는 아랍인 세 명을 총으로 쐈다. 또 다른 단원들은 아랍 무장단체의 거처가 있다며 비야르 아데스라는 마을에 쳐들어갔지만, 반군을 발견하지 못하자 어느 집에 있던 여성 네 명과 남성 한 명을 살해하고 시온주의 깃발을 땅에 꽂았다.

예루살렘의 렉스 극장에서는 《타잔의 복수》가 상영되던 중

폭탄 두 개가 터졌다. 나중에 조사해보니 폭탄은 누군가 2층 좌석에 놓아둔 사탕 상자 안에 숨겨져 있었다. 18명이 부상을 당했다. 대부분 아랍인이었고, 나머지는 이르군의 표현에 따르면 "아랍인과 어울리는 것을 즐기던" 유대인이었다. 예루살렘의 러시아인 거주 지구에서는 머리에 베일을 쓰고 아랍어를 구사하는 한 젊은 여성이 들고 있던 과일 바구니에서 강력한 시한폭탄이 발견됐다. 여성은 재판에서 진술을 거부했지만 자신의 이름이 라헬Rachel이며 성은 오헤베트 아미(Ohevet-Ami, 내 민족을 사랑하는)라고 얘기했다.

이미 여러 차례 사건이 있었던 하이파의 채소 시장에서도 폭탄이 터졌다. 당나귀에 실려 있던 폭탄이 터지는 소리는 약 24킬로미터 떨어진 아크레에서도 들렸다고 한다. 사망자 20여 명 가운데 절반이 여성과 어린이였다.

봉기가 이어진 3년 동안 이르군의 공격으로 목숨을 잃은 아랍인은 최소 250명이었으며, 부상자 또한 수백 명이었다.[81]

예루살렘의 맥마이클 고등판무관은 최근의 살상 테러 활동이 "시기적으로 가장 적절하지 않은 시점에 발생했다"는 전보를 보냈다. 백서 발표 이후 아랍 측에서는 온건파의 의견이 막 영향력을 키우고 있었기 때문이다. 맥마이클은 "물론 대부분의 유대인은 의심의 여지없이 이러한 공격을 전술적·도덕적으로 진정성 있게 비난하고 있다"면서도 "아랍의 선의를 바란다면 유대인 측이 테러를 막기 위해 더 강력한 조치를 해야 할 것"이라고 말했다. 그러면서 "평소에 그렇게나 규율과 조직, 품위를 강조하는 이슈브가 이번 사태를 중단시키기 위한 조치는 전혀 하지 않고 있

다"고 지적했다.[82]

맥마이클은 맥도널드 백서가 기존 시온주의자들을 수정시온주의 쪽으로 옮겨가게 했다는 사실을 간과했다. 하가나는 사데의 야전분대와 윈게이트의 특별야간부대 활동에서 얻은 지식을 활용해 벤구리온 직속의 비밀 특수 작전 분과를 신설했다.

하이파만 근처에서 유대인 기차 차장이 살해되는 사건이 발생했다. 특수 작전 부대는 하가나의 첩보를 바탕으로 수배 중인 무장단체 지휘관과 그 부관들이 머물고 있는 발라드 알셰이크에서 집결했다. 벤구리온은 동료들에게 작전의 경과를 다음과 같이 설명했다.

> 수배자 명단 입수 후 대원들이 야간에 마을로 들어가 수배자들을 밖으로 끌고 나왔습니다. 모두 다섯 명이 발견됐고, 전원 총살됐습니다.

이것은 하가나가 그동안 한 번도 시도한 적 없는 표적 보복 공격이었다. 느슨해진 교전 조건을 복수의 욕망을 채울 기회로 삼은 이들도 있었다. 한 특수부대의 지휘관은 갈릴리 호수 근처에서 키부츠 구성원 한 명이 살해당하는 일이 발생하자 부하들을 이끌고 부르야 마을로 쳐들어가 무작위로 선택한 집의 창문에 총을 쏘고 수류탄을 던져 세 명을 죽였다.[83]

맥마이클은 "여성과 어린이를 냉혹하게 살해하는 존재는 공포를 조성하고, 그러한 이들과의 협력은 혐오를 자아낸다"며 유대인이 "어느 쪽이 더 유리한지를 잘 판단해 온건 세력이 승자가

되기를 희망할 뿐"이라고 말했다.[84]

## 다시 만납시다

맥도널드 백서는 영국의 팔레스타인 문제를 해결하지는 못했지만 적어도 미뤄둘 수 있게는 했다. 어쨌든 백서의 목표는 전쟁이 시작되기 전에 대봉기를 종식시키는 것이었다. 백서는 영국의 군사력 투입과 아랍인의 내부적인 불화로 잦아들고 있던 대봉기의 종식을 돕기 위한 일종의 외교적 지원이었다. 이제 전쟁이 불가피하다는 것은 모두가, 심지어 유화정책을 추진했던 체임벌린도 알고 있었다. 그저 언제 터질지의 문제만 남았을 뿐이었다.

윈게이트는 영국으로 소환됐다. 하이닝 장군은 윈게이트가 시온주의에 너무 깊게 빠져 점점 "쓸모없고 곤란한" 인물이 되고 있다고 판단했다. 팔레스타인을 떠나기 전 윈게이트는 수첩에 짧은 글을 하나 적었다. '예언'이라는 제목의 이 글은 "히틀러가 늦여름이나 초가을에 폴란드를 정복하면 체임벌린과 달라디에(Daladier, 체임벌린과 함께 뮌헨협정에 서명한 프랑스 총리) 정부가 무너지고 다른 행정부가 들어서 팔레스타인 정책을 뒤집을 것"이라는 내용이었다.

하이파를 떠나는 배 안에서도 윈게이트는 누가 청하지도 않은 장황한 제안서를 작성했다. 다가오는 전쟁에서 팔레스타인을 어떻게 해야 할지에 관한 내용이었다. 윈게이트는 맥도널드 백서를 뒤집고 팔레스타인에서 영국군이 철수한 다음 유대인 군대를 창설해 나라를 지키게끔 해야 한다고 긴급하게 조언했다. 그는 지브롤터에서 중동 지역 신임 최고 사령관 에드먼드 아이언사이드Edmund Ironside에게 제안서를 전달했다.

최근 팔레스타인을 방문한 바 있는 아이언사이드는 윈게이트의 제안에 별 반응을 보이지 않았다. 그는 추후 "팔레스타인에서 시온주의의 힘과 간절함에 약간 두려움을 느꼈음을 고백한다"며 "그렇게나 많은 유대인을 보는 일은 다소 섬뜩한 일이었다"고 털어놓았다.[85]

몽고메리 사령관 또한 사단의 지휘관으로 소환됐다. 그는 "이곳에서의 '전쟁'을 즐겼던 나로서는 팔레스타인을 떠나게 되어 여러모로 아쉽다"면서도 "고향에서는 더욱 막중한 임무가 나를 기다리고 있다"고 편지에 적었다.

몽고메리는 팔레스타인을 떠나기 전 하급 장교들을 모아놓고 "이곳 임무를 마치면 즐거운 휴가를 보낸 후 신속하게 복귀해 독일군과 싸우는 법을 익히라"며 "시간이 많지는 않을 것"이라고 경고했다.[86]

맥도널드 백서를 기획했던 영국 정부는 대무프티의 거부에도 불구하고 아랍 세계가 민주주의 진영과 이해를 같이한다는 선언을 발표해주기를 바랐다. 그러나 이들의 기대는 채워지지 않았다. 유수프 한나는 일부 팔레스타인 아랍인이 보인 독일제국에 대한 예상 밖의 열렬한 지지에 대해 다음과 같이 설명했다.

> 아랍인은 자신들이 유대인 때문에 영국에 탄압받고 있다고 느꼈다. 그런데 히틀러는 유대인을 박해하고 대영제국에 저항했다. 아

랍인 스스로가 할 수 없었던 일을 히틀러가 해주고 있었던 셈이다. 이것이 대중의 심리다. (…) 아랍인은 현재 약한 자신들이 강대국 영국에 부당한 대우를 받는다고 여기고 있다. (…) 히틀러에 대한 아랍인의 사랑은 바로 이런 생각에 근거한 것이다.[87]

벤구리온은 "히틀러의 시대에 우리는 전투적 시온주의의 필요성에 직면했다"고 선언했다. 이는 하가나에 대한 투자 확대와 정착촌의 신속한 확장, 합법과 불법을 가리지 않는 대규모 이민을 의미했다(팔레스타인에는 새로운 정착촌이 하루에 일곱 개씩 건설되기도 했다).

이제 우리는 이 땅에 없는 유대인을 위한 전쟁을 벌입니다. 바로 이민 전쟁입니다.

벤구리온은 영국에 대한 희망을 버리기 시작했다. 그는 제국의 태양이 저물고 바다 건너에서 새로운 태양이 떠오르는 모습을 보았다. 더불어 "지금 우리를 구할 수 있는 단 한 사람은 루스벨트 대통령"이라고 말했다.

벤구리온은 바이츠만에게 보낸 편지에서 이렇게 말했다.

전쟁이 다가오고 있습니다. 끔찍한 비극이 바로 우리 문 앞에 와 있습니다.[88]

1939년 8월 16일, 35개국에서 온 1500명의 유대인이 화려한 제네바 대극장에 모였다. 국제연맹에서 몇 킬로미터 떨어진 그곳은 에비앙에서 배를 타면 금방 도착하는 곳이었다. 이곳에서 2년에 한 번씩 개최되는 시온주의자총회가 열렸다.

회의 진행은 바이츠만이 맡았다. 그는 맥도널드 백서의 채택과 엄청난 파괴를 몰고 올 세계대전이라는 두 개의 위협을 앞에 두고 "정신이 멍해지는 비현실성"을 느꼈다.

회의 시작 사흘째 되던 날 독일군의 첫 번째 물결이 폴란드 국경 근처로 집결했다. 그로부터 사흘 후 독일이 러시아와 불가침 조약을 맺었다는 놀라운 사실이 드러났다. 영토 분할에 대한 양국의 비밀 조항은 몇 년이 지난 후에야 알려졌지만, 조약 체결 사실만으로도 충분히 경악할 만한 일이었다. 이제 히틀러의 동유럽 정복을 막을 장애물은 없었다. 그리고 세계 유대인의 대다수가 동유럽에 거주하고 있었다.

바이츠만은 총회를 황급히 마무리했다. 그의 마지막 연설은 8월 24일 밤 이루어졌다.

> 미래에 드리운 먹구름을 뒤로하고 무거운 마음으로 여러분께 작별 인사를 건넵니다. 제 소원은 단 하나, 우리가 살아서 다시 만나는 것입니다. 꼭 다시 만나서 우리의 일을 계속하며 어둠 사이로 빛이 비치는 날을 기다릴 수 있기를 바랍니다.

그는 이슈브의 대표들에게 격려의 말을 건넸다.

> 팔레스타인에서 여러분의 위치는 위태롭습니다. 그러나 여러분 뒤

에는 전 세계의 유대인이 있습니다.

동유럽의 동료들에게는 그들의 운명이 독일의 형제들과는 다르기를 이디시어로 기도했다.

> 제 마음이 넘쳐흐르고 있습니다. (…) 우리 민족은 영원하고 우리의 땅은 변치 않습니다. 우리는 재앙의 날들이 지나갈 때까지 함께 일하고, 싸우고, 살아갈 것입니다. 평화 속에 다시 만납시다.

많은 청중이 눈물을 흘렸다. 더그데일은 "살면서 이보다 더 가슴 아픈 장면은 보지 못했다"고 적었다. 연단 위에서 바이츠만은 "절대 놓아주지 않겠다는 듯" 다른 대표들을 끌어안았다.

대부분의 동유럽 유대인은 다시 볼 수 없었다.[89]

정확히 일주일 후 독일 전함 한 척이 폴란드 해군 기지를 공격했고, 2000대의 항공기와 탱크가 150만 명의 충성스러운 독일군과 함께 국경선을 넘어 쏟아져 들어왔다. 이틀 후 영국과 프랑스는 선전포고를 했고, 세계는 전쟁의 지옥으로 빨려 들어갔다.

○마치는 글○

# 끝나지 않은 봉기



나치 독일과 그 협력자들이 저지른 범죄의 극악무도함은 4분의 3세기가 흐른 지금까지도 인간의 이해 범위를 뛰어넘는다. 대가족 전체, 심지어 마을의 주민 전체가 구덩이 앞에서 기관총으로 난사당한 것은 물론, 놀라운 잔인성과 견줄 데 없는 효율성을 결합한 산업화된 학살 시스템 속의 가스실에서 학살당한 후 소각됐다. 헝가리·체코슬로바키아·리투아니아·라트비아에서는 유대인 열 명 가운데 세 명만이 살아남았다. 독일의 경우는 열 명 가운데 두 명이었다. 유럽 내 최대 유대인 공동체가 있었던 폴란드에서는 전쟁이 끝날 무렵 유대인 열 명 가운데 한 명만이 살아 있었다.[1]

팔레스타인의 유대인 중에도 영향을 받지 않은 이는 없었다. 대봉기의 시작이 된 사건의 피해자 하잔의 아내와 아들은 테살로니키 유대인 95퍼센트와 함께 아우슈비츠의 가스실에서 죽었다. 교수형에 처해진 벤요세프의 어머니는 2만 5000명의 유대인

과 함께 루츠크 외곽 숲에서 학살됐다.[2]

시인이자 투사였던 그린베르크는 부모와 형제자매를 다시는 만나지 못했다. 전쟁 중 팔레스타인에 폴란드 군복을 입고 나타나 이르군을 이끌었던 메나헴 베긴Menachem Begin도 마찬가지였다.

벤구리온은 수년에 걸쳐 대부분의 친족을 팔레스타인으로 이주시킨 덕에 비교적 가족들의 피해가 적었다. 친척 중에는 그가 아끼던 조카 셰인델레Sheindele만 나치에게 목숨을 잃었다.

그러나 벤구리온은 시온주의를 포기한 영국을, 그리고 전쟁이 가져온 6년이라는 암흑의 시간 동안 팔레스타인의 문을 걸어 잠근 맥도널드 백서를 좀처럼 용서하지 못했다. 그는 나중에 이렇게 주장하기도 했다.

> 1937년 〈필 위원회 보고서〉의 분할안이 실현됐더라면 유럽의 600만 유대인은 학살당하지 않았을 것이다. 대부분은 팔레스타인에서 살아남았을 것이다.

이는 안타까운 마음을 담은 주장이지만 궁극적으로는 설득력이 떨어진다. 1930년대 말과 1940년대 초 팔레스타인은 수백만 명의 이민자를 한꺼번에 흡수할 준비가 되어 있지 않았다. 필이 유대인의 몫으로 제안했던 작은 땅덩어리는 말할 것도 없었다. 그럼에도 "수십만 명, 어쩌면 더 많은 유대인을 구할 수 있었을 것"이라는 골다 메이어의 주장은 부정하기 어렵다.[3]

많은 작품을 남긴 헝가리 태생의 독특한 영국계 유대인 작가 아서 쾨슬러Arthur Koestler는 전체주의를 비판한 소설《한낮의 어둠

*Darkness at Noon*》으로 잘 알려져 있다. 그는 제1차 세계대전과 제2차 세계대전 사이에 팔레스타인에 머물며 지금은 잊힌 《밤의 도둑들 *Thieves in the Night*》이라는 소설을 쓰기도 했다. 이 작품의 배경은 대봉기 시기였다.

그는 위임통치령의 역사를 날카롭게 관찰한 또 다른 책에서 "팔레스타인으로 향하는 유대인의 탈출로를 막은 영국의 부인할 수 없는 죄"는 인정하면서도 이것이 "유대인에 대한 히틀러의 잔혹한 위협이 진심이었음을 알아채지 못한 상상력의 부족"에서 기인한 것이라고 주장했다. 당시 영국은 "다가오는 학살에 대한 유대인의 두려움을 그저 일종의 히스테리로 치부"했다.

쾨슬러는 이 주장으로 영국에 면죄부를 주기보다는 당시의 결정에 맥락을 부여하고자 했다. 그는 광기를 표출한 독일, 그 광기에 동조한 소비에트, 유럽 문제를 외면한 미국 등 다른 강대국들에 비해 영국의 백서 채택은 "의도적인 죄라기보다 태만의 죄"에 가깝다고 주장했다. 쾨슬러는 그렇기 때문에 당시 영국의 정책을 "절대적인 윤리적 기준이 아닌 당시 유럽의 도덕적 부패를 배경으로 평가해야 한다"고 결론지었다.[4]

쾨슬러의 분석에 덧붙여 당시 영국 관료들 사이에 만연했던 반유대주의적 정서 또한 고려할 필요가 있다. 전쟁 초기 팔레스타인의 맥마이클 고등판무관이 식민부에 보낸 다음의 서한은 이례적으로 솔직하기는 하지만 내용 자체는 크게 이례적이지 않다.

> 제가 보기에 현재 유대인은 중대한 오류를 범하고 있습니다. 그들은 다른 이의 권리는 아랑곳하지 않고 자신들의 민족성과 영토에

대한 권리만 주장하고 있습니다. 이들의 이러한 공격성은 역사적으로 볼 때도 주기적으로 포그롬의 원인이 되어 유대인 자신의 희생을 불러오곤 했습니다. 전쟁이 언제 끝날지는 모르지만, 현재 팔레스타인에 정어리 떼처럼 몰려 있는 유대인에게 전후에 다른 고향을 찾아준다면 상황은 크게 나아질 것입니다.[5]

맬컴 맥도널드는 미출간 회고록에서 백서의 내용 가운데 일부는 눈물을 흘리며 작성했다고 고백했다. 하지만 그러면서도 "감정에 지배당할 수는 없었다"며 "절대적이고 이성적이며 이기적이라고까지 할 만한 현실주의"를 바탕으로 행동해야 했다고 강조했다. 회고에 따르면 그는 외무부와 군 수뇌부를 포함한 여러 전문가에게 최선의 조언을 구한 끝에 전쟁 직전의 영국이 아랍 세계, 나아가 무슬림 세계를 적으로 돌리는 위험을 감수할 수는 없다는 결론을 내렸다.

어쨌든 전문가는 그들이었다. 식민장관이기는 했으나 서른일곱 살의 내가 어떻게 그들이 모두 틀렸다고 말할 수 있었겠는가? 당시 나의 선택에 비판하고 싶은 유일한 점은 유대인 이민자 허용치를 더 높게 잡았어야 한다는 점이다. 가끔은 양심의 가책을 느끼기도 했다. 그러나 솔직히 나는 최선을 다했다. (…) 만약 전쟁에서 영국이 지고 히틀러가 승리했다면 그때까지 만든 민족적 고향 자체가 사라졌을 것이다. 팔레스타인의 유대인들 또한 2000년 전처럼 학살되거나 추방됐을 것이다.

그는 내심 이런 생각을 하기도 했다고 고백했다.

영국이 승리하면 시온주의자들에게 더 나은 조건을 제시할 수 있다고 생각했다. 이는 백서의 폐기와 또 다른 정책 변경을 의미했지만, 영국의 팔레스타인 정책 변경이야 늘 있어온 일이었다.
시온주의자들의 입장에서는 당연히 나를 반대할 만했지만 나는 유대인도 시온주의자도 아니었다. 나는 영국과 민주주의라는 대의를 먼저 생각해야 했다. 백서가 옳았다고 주장하려는 것이 아니다. 그저 당시 그런 결정을 내린 이유를 설명하는 것이다. 돌이켜 생각해도 그때 내가 더 할 수 있는 일은 없었다.[6]



홀로코스트에 대한 역사적 문헌은 방대하다. 그만큼 방대하지는 않지만 하지 아민의 제2차 세계대전 중 행보에 대해서는 꽤나 자세한 기록이 남아 있다.

여장을 하고 레바논을 탈출한 하지 아민은 이라크로 피신했다. 그곳에서 친추축親樞軸 쿠데타를 지원한 그는 다시 영국의 추적을 피해 도망쳤다(총리가 된 처칠은 하지 아민의 암살을 승인했다). 하지 아민은 무솔리니의 이탈리아를 거쳐 마침내 제3제국 나치 독일로 향했다.[7]

하지 아민은 베를린에서 히틀러를 만났다. 히틀러는 유럽 정복 후 중동에서 독일의 유일한 목표는 "영국의 비호 아래 아랍권에서 사는 유대인을 철저히 파괴하는 것"이라며 하지 아민을 안심시켰다.

그다음에는 나치 독일의 이인자 하인리히 힘러를 만났다.

힘러는 독일에서 엄청난 중요성을 지닌 인물이었다.

하지 아민은 추후 아랍어로 작성한 회고록에 다소 건조한 문체로 이렇게 기록했다.

> 그는 독일제국의 내무부장관이자 그 유명한 나치무장친위대의 친위대장이었으며 공안과 국가비밀경찰 게슈타포의 수장이었다. (…) 나는 힘러를 여러 차례 만났는데, 그의 영리함과 수완, 지식이 마음에 들었다.

하지 아민은 유대인 난민이 팔레스타인에 들어오는 것을 막기 위해서라면 뭐든지 했다. 1943년 여름에는 헝가리에 "유대인의 위협에서 우리를 지키기 위해서는 적극적인 통제가 이루어질 수 있는 폴란드 같은 곳으로 보내야 한다"고 촉구하기도 했다. 얼마 지나지 않아 그는 나치가 이미 유대인 300만 명을 학살했다는 사실을 알게 됐다. 그의 회고록에는 이 사실을 힘러가 이야기해주었다고 무심하게 기록되어 있다.[8]

그는 무엇보다 아랍 세계와 이슬람권을 대상으로 활동하는 선전가이자 모집책으로 나치에게 유용했다. 힘러는 하지 아민의 도움으로 보스니아 무슬림 두 개 사단을 나치무장친위대에 입대시켰다. 하지 아민은 아랍어로 송출되는 나치 라디오 방송을 고정적으로 진행하기도 했다.

방송의 내용은 대개 이런 식이었다.

만약 불행히도 영국이 승리한다면 유대인이 세계를 지배하게 될 것입니다. 결코 일어나서는 안 될 일이지만, 만약 미국과 연합군이 승리한다면 아랍인은 다시는 일어나지 못할 것입니다.[9]

또 다른 방송에서는 이렇게 말하기도 했다.

유대인은 성격 특성상 신의를 지키지 못하며, 다른 민족과 어울리지 못합니다. 그들은 우리 사이에 섞여 지내며 기생충처럼 다른 사람의 피를 빨고 재산을 훔치고 도덕을 무너뜨립니다. 그러면서도 뻔뻔하게 원래의 거주민과 동일한 권리를 요구합니다.



하지 아민은 무슬림은 모든 아랍 세계와 무슬림 국가에서 유대인을 몰아내는 것을 목표로 삼아야 하며, 그것만이 유일한 구원의 길이자 선지자께서 말씀하신 모범이라고 주장했다.

레바논의 학자 질베르 아슈카르Gilbert Achcar는 자신의 저서《아랍인과 홀로코스트*The Arabs and the Holocaust*》에서 "대무프티의 반유대주의와 나치 협력은 맹목적이었다"고 주장했다.

그러나 하지 아민은 회고록에서 자신이 나치와의 협력을 통해 겨냥한 것은 유대인이 아닌 시온주의였다고 주장하려는 시도를 보였다.

나는 독일에서 팔레스타인의 대의에 도움이 되는 일은 무엇이든 하려 애썼다. (…) 독일과 추축국이 승리하게 되면 팔레스타인과 아랍 땅에서 시온주의자가 모두 사라질 것이라 확신했고, 지금도 그

렇게 믿고 있다.[10]

안토니우스는 제2차 세계대전이 진행 중이던 시기 예루살렘에서 갑작스럽게 사망했다. 그의 나이 겨우 쉰 살이었다. 한때 그의 고용주였던 찰스 크레인은 안토니우스가 직장도 잃고 사이가 소원한 아내에게 이혼서류까지 받은 후 인생의 마지막 몇 달을 "혼란과 아픔" 속에서 보냈다고 전했다. 책은 큰 성공을 거뒀지만, 그는 유언장도, 재산도, 어린 딸에게 줄 그 무엇도 남기지 않았다.

학자이자 활동가인 앨버트 후라니Albert Hourani는 안토니우스가 "사람들이 그를 가장 필요로 하는 순간에 죽었다"며 "평생을 준비해온 그 순간이 다가왔는데 세상을 떠나버렸다"고 안타까워했다.

그는 시온산의 그리스정교 공동묘지에 묻혔다. 묘비에는 그의 책《아랍의 각성》제목을 따온 아랍어 시 한 줄이 새겨졌다.

일어나라, 아랍인이여, 깨어나라!

묘비에는 그 외 다른 말은 새기지 않았다.

무사는 안토니우스의 관을 운구했다. 비록 안토니우스는 떠나갔지만 그의 책이 남아 아랍 팔레스타인의 투쟁에 오래도록 기여할 것이라는 사실을 위안으로 삼았다. 안토니우스가 떠나버린 가운데, 무사는 이제 가장 중요한 국면으로 접어든 투쟁에서 팔레스타인의 입장을 영어로 대변할 거의 유일한 아랍 인사가 됐다.

그는 전쟁이 모든 상황을 바꿔놓았다는 사실을 깨달았다. 나치의 야만성이 날날이 밝혀지며 국제 사회와 미국이 시온주의 지지를 강화하고 있었다. 그와 동시에 하지 아민은 외교적으로 따돌림을 당하는 신세가 됐다. 전쟁이 끝난 직후 무사는 영국 관리와 하지 아민에 대해서 대화하던 중 "영국이 그를 완전히 몰아내지 않은 것은 실수"라는 말을 하기도 했다.[11]

그러나 옳고 그름을 떠나 많은 팔레스타인 아랍 대중에게 대무프티 하지 아민은 여전히 민족 운동의 가장 강력한 상징으로 남아 있었다. 민족적 연대감 때문이었는지 목숨을 잃을지도 모른다는 두려움 때문이었는지는 모르지만, 무사도 하지 아민에 대한 깊어가는 환멸을 감히 대놓고 드러내지는 못했다.[12]

백서는 어디로 갔을까?

무사는 전쟁 이후 한숨을 내쉬며 말했다.

꿈에라도 그것을 되찾을 수 있을까?[13]

전쟁 이후 무사는 바빠졌다. 1945년 그는 막 신설된 아랍연맹Arab League의 팔레스타인 대표로 임명됐다. 아랍의 공보력 부족을 뼈저리게 느낀 그는 런던과 워싱턴, 뉴욕에 연맹의 공공외교 사무소 개설을 앞장서서 추진했다. 뉴욕은 당시 막 창설된 국제연합의 본부로 지정된 곳이기도 했다.

무사는 아랍연맹에서 기금을 조성해 팔레스타인 농촌의 경작과 위생, 문맹, 의료 문제를 개선하고, 소농들이 절망에 빠져 유대인에게 땅을 팔지 않도록 돕고자 했다. 이는 유대민족기금을 참고해 만든 사업이었다. 무사는 팔레스타인의 아랍인 엘리트 가운데 유일하게 적을 배우고자 했던 인물이었다. 시온주의자들은 분명 적이었지만 그 성과는 부정할 수 없었기 때문이다. 그러나 고귀한 목표에 비해 현금은 더디게 들어왔다. 25만 파운드를 출연하겠다는 공약을 이행한 국가는 이라크뿐이었다.[14]

제2차 세계대전 후 지쳐버린 영국은 팔레스타인에 대한 통제력을 점차 잃어갔다. 휴전 이전부터 우려했던 결과가 현실로 나타나고 있었다. 팔레스타인의 아랍인 봉기가 유대인 봉기로 대체된 것이다. 봉기 초기에는 주로 이르군과 그 분파인 이스라엘 자유전사[Freedom Fighters of Israel, 레히(Lehi)라는 히브리어 약자로 더 잘 알려짐]가 공격을 이끌었으나, 평화 이후에는 하가나도 합류했다. 사실 하가나는 제2차 세계대전 중 영국과 긴밀히 협력하기도 했다. 그러나 전후 유대인 생존자들이 난민수용소에서 머물며 고생하고 있는데도 팔레스타인의 문을 열어주지 않자 영국에 대한 분노가 커졌다. 친시온주의를 표방한 노동당이 다시 영국의 정권을 잡은 후에도 상황이 달라지지 않는 것을 보고 하가나는 봉기에 합류했다.

새로 취임한 해리 트루먼 미국 대통령이 유대인 생존자 10만 명을 팔레스타인으로 보내달라고 요청하자 영국은 팔레스타인이라는 무거운 십자가를 이제는 함께 져달라는 요청을 미국에 보냈다. 팔레스타인 문제의 해결에 있어 미국의 중요성이 점점 커지고 있는 것을 반영해 양국은 영미 조사위원회Anglo-American Committee of Inquiry를 구성했다.

위원회의 보고서는 팔레스타인에 대한 영국의 관리를 유지하는 가운데 유대주와 아랍주로 분리할 것을 권고했다. 그러나 양측은 모두 이 권고안을 거부했고, 지쳐버린 영국은 이 모든 사안을 국제연합에 떠넘겼다.

아슈카르는 대무프티를 언급하며 다음과 같은 글을 썼다.

> 하지 아민의 형편없는 지도력 아래 패배가 누적되고 있었다. 팔레스타인 아랍인이 나크바, 즉 재앙을 피할 유일한 방법은 이 불명예스러운 인물의 정치적 영향력을 완전히 박탈하는 것이었다. (…) 그러나 팔레스타인은 그 길을 선택하지 않았다.[15]



1947년 봄, 국제연합은 팔레스타인 특별위원회Special Committee on Palestine를 소집했다. 팔레스타인은 이번에도 대무프티의 주장으로 참여 거부를 선언했다. 무사는 비공식적인 증언을 통해 시온주의자들에게 영토를 조금이라도 내준다면 팔레스타인은 전쟁으로 빠져들게 될 것이라고 경고했다. 그러면서 "국제연합이 자의적으로 옹호한다고 해서 명백한 불의가 정의가 되지는 않는다"고 강조했다.[16]

9월, 조사를 마친 팔레스타인 특별위원회는 10년 전 필 위원회의 핵심적인 권고와 정신은 그대로 반영하되 영토나 다른 세부적인 부분은 수정해 새로운 분할안을 내놓았다.[17]

11월 29일, 국제연합총회에서 분할안이 통과됐다.

그리고 다음 날 아랍인과 유대인 사이에 본격적인 내전이 발발했다. 아랍 대봉기의 방랑 영웅 파우지가 다시 나타나 사마리아와 갈릴리에서 민병대를 이끌었다. 처음 몇 달간은 아랍 측이 우세한 듯 보였다. 그러나 1948년 4월 영국이 발표한 철수 일자가 가까워지자 하가나가 공세에 나섰다. 몇 주 만에 티베리아스·하이파·야파·사페드·베이산 등 주요 아랍 도시와 혼합 도시들이 차례차례 함락됐다. 그렇게 팔레스타인 내전은 갑작스럽게 막을 내렸고, 승리는 유대인의 것이 되었다.

위임통치 종료를 몇 시간 앞둔 5월 14일 오후, 벤구리온은 이스라엘 건국을 선언했다.

다음 날 아침, 트랜스요르단과 이집트·시리아·레바논의 군대가 이스라엘을 침공했다. 이라크와 사우디아라비아의 파견대 또한 뒤를 따랐다. 팔레스타인 아랍인들의 패배를 목격한 아랍 국가들은 아랍의 명예를 회복하고자 했다. 가능하면 그 과정에서 팔레스타인의 일부를 점령하겠다는 속내도 있었다.

이스라엘과 아랍 국가들 사이에 벌어진 이 2차전은 치열한 전투로 시작해 양측 모두에 많은 사상자를 냈다. 그러나 전쟁 시작 한 달 후 국제연합의 중재로 첫 휴전이 이루어질 때까지 신생 유대 국가 이스라엘은 네 방향에서 닥쳐오는 공격을 방어하며 초기의 위태로웠던 상황을 안정화했고, 병력과 무기를 대폭 증강했다. 그해 여름 전투가 재개되자 주도권은 이스라엘로 넘어갔다. 아랍 국가들과의 전쟁은 이듬해까지 이어졌지만, 이스라엘은 주도권을 끝까지 유지하며 국제연합이 승인한 국경 너머의 땅까지 정복해버렸다.

1947년부터 1949년까지 이어진 전쟁과 유대 이스라엘의 승리, 아랍 팔레스타인의 파괴와 해산에 대해 다룬 책은 도서관을 가득 채울 만큼 많다. 팔레스타인 갈등의 구체적인 측면, 그중에서도 70만 명에 이르는 난민이 피난길에 오르게 된 이유에 대해서는 여전히 뜨거운 논쟁이 이어지고 있다. 그 내용을 이 책에서 모두 다루기에는 무리가 있을 것이다.[18]

그런데 여기서 중요하지만 일반적으로 간과되는 내용이 하나 있다. 팔레스타인 아랍인이 이스라엘 건국 10년 전에 이미 전쟁에서 패배하고 영토 대부분을 잃은 상태였다는 점이다.

제2차 세계대전에 앞서 발생한 대봉기에서 팔레스타인의 아랍인들은 이미 치명상을 입었다. 이는 전쟁이 끝난 후 예정되어 있던 시온주의와의 결전에서 불리하게 작용할 수밖에 없었다. 이미 수만 명이 죽고, 투옥되고, 망명 중인 상태였다. 정치적·경제적 엘리트나 지주 계층은 내분 중이었고, 거의 모든 소읍과 마을에서도 극심한 내부 불화가 일어나고 있었다. 경제는 파탄에 이르렀다. 더 심각한 것은 민족적 사기가 바닥에 떨어진 상태였다는 점이다.

이스라엘의 역사학자 베니 모리스Benny Morris는 당시의 팔레스타인 사회가 "시온주의 사회와 극명한 대조를 보였다"고 말했다.

> 시온주의 사회만큼 자립적이고 의욕이 강한 민족 집단은 없었다. (…) 이슈브는 아마도 세계에서 가장 정치 의식이 높고 의욕적이며 조직력 있는 공동체 가운데 하나였을 것이다.

유대인은 분명 피의 대가를 치렀지만 대봉기를 자신들에게 유리한 방향으로 활용했다. 3년 동안 유대인은 단 한 곳의 정착촌도 포기하지 않았다. 오히려 '벽과 탑' 사업으로 전략적 요충지에 60개의 정착촌을 추가로 건설했다. 아랍의 유대인 불매운동은 벤구리온이 달성하고자 했던 자급자족적이고 독립적인 유대인 농업과 산업을 만드는 데 직접적인 도움이 됐다. 시온주의 금속 산업과 무기 산업이 등장하면서 지뢰와 수류탄을 생산할 수 있었고, 곧 박격포와 폭탄의 생산까지 가능해졌다.[19]

게다가 하가나는 당시 세계 최강의 군대였던 영국군에게서 훈련과 무기를 제공받았다. 윈게이트는 버마 정글에서 발생한 비행기 추락 사고로 짧은 생을 마감하는 바람에 그렇게도 바라던 유대국가방위군의 창설을 직접 목격하지는 못했다. 그러나 그가 키운 다얀과 알론 등의 인물은 이스라엘방위군의 간부가 되어 활약했다.[20]

아랍 대봉기를 거치며 유대인에게 나타난 가장 큰 변화는 아마도 심리적인 변화였을 것이다. 그들은 계속되는 강력한 공격을 견디고 살아남아 자신의 이야기를 전함으로써 변화를 겪게 됐다. 이 시기 시온주의 지도자들의 생각을 다룬 책 가운데《환상을 버리다*Abandonment of llusions*》라는 적절한 제목의 책이 있다. 이 책에 따르면 물질적 이익을 제공함으로써 아랍인의 동의를 받아내겠다는 시온주의자들의 최초 생각은 순진했고, 나아가 위험했다. 대봉기가 끝나고 제2차 세계대전이 시작될 무렵 유대인 주류 세력은 결국 팔레스타인의 운명은 힘으로 결정되고 유지될 수밖에 없다는 사실을 받아들이게 됐다.[21]

팔레스타인계 미국인 역사학자 라시드 할리디Rashid Khalidi는 다음과 같이 기록했다.

> 1939년이 되며 이슈브는 향후 10년 이내에 지역을 장악하기 위한 발판, 즉 인구 비율, 전략적 요충지에 대한 통제권, 무기와 군사조직을 대부분 확보하게 됐다.

또한 1947년부터 1949년까지 발생한 팔레스타인의 재앙은 과거에서 축적된 일련의 실패에서 기인한다며 다음과 같이 주장했다.

> 지도부는 심하게 분열하고, 재정은 극도로 제한적이었다. 중앙에서 조직된 군대나 행정기관도 없었고, 신뢰할 만한 동맹도 없었다. 팔레스타인의 유대인 공동체는 아랍인 공동체에 비해 작기는 했지만 정치적으로 단합되어 있었고, 중앙화된 준국가기관을 갖추고 있었으며, 매우 일사분란하고 의욕적이었다.

라시드 할리디는 어처구니없는 군사적 패배와 영토의 몰수, 민족의 분산이라는 나크바는 이미 예견된 결론이었다고 주장했다. 1948년을 마무리한 일련의 불행한 사건들은 "1936년부터 1939년의 참혹한 패배가 가져온 비극적인 최종 악장에 지나지 않았다".[22]

## 교훈을 얻다

팔레스타인 내전으로 무사는 겨울을 보내던 예리코의 집에서 생활하게 됐다. 1949년 중반 휴전 직후 무사는 엄중한 내용을 담은 짧은 글 한 편을 내놓았다. 처음에는 아랍어로, 그다음에는 영어로 내놓은 〈팔레스타인의 교훈The Lesson of Palestine〉이라는 이 소론은 팔레스타인 전쟁을 주제로 출간한 최초의 글 가운데 하나인데, 수십 년이 지난 지금까지도 팔레스타인의 실패 원인을 솔직하고 자기비판적으로 다루고 있는 몇 안 되는 아랍 측 이야기로 남아 있다.[23]

무사는 글에서 다음과 같이 말했다.

> 아랍인은 시험에 직면했다. 외세의 통치를 벗어난 이후 직면한 첫 난관이었지만 이를 극복하지 못했다. 투쟁의 과정에서 시온주의와 그 위협을 완전히 끝장낼 기회가 있었지만, 우리는 그 기회를 잡지 않았다.

그가 보기에 유대인은 고도로 조직적이었으며 성공에만 집중했다. 반면 아랍인은 "성난 고함만으로 승리할 수 있을 것이라 여기며" 대봉기 초기를 대표했던 즉흥적인 게릴라 전술에만 의존했다.

> 우리의 가장 큰 정치적 실패는 재앙에 직면한 가장 중요한 순간에, 그 역사적이고 결정적인 순간에, 단결된 적에 맞서 싸울 수 있는 진

정한 통합을 우리 안에서 만들어내지 못한 것이다.

그는 전쟁으로 발생한 난민의 운명에 비통해했다.

팔레스타인 아랍인들이 결국 조국을 떠난 것은 비겁함 때문이 아니었다. 그들은 기존의 방어 체계에 대한 모든 신뢰를 잃었기 때문에 떠난 것이다. (…) 게다가 그들 앞에는 데이르 야신에서 벌어진 끔찍한 사건이 유령처럼 떠돌고 있었다.

1948년 4월 이르군과 레히가 하가나의 지원을 받아 예루살렘 지역의 데이르 야신을 점령하며 최소 100명이 사망했다. 민간인 사망자 비율은 여전히 논란이 있지만 여성과 어린아이를 포함한 상당수의 비전투원 주민이 의도적으로 처형되었다는 사실은 누구도 부인하지 않는다. 조금씩 나라를 떠나던 난민은 데이르 야신 사건 이후 거센 물결이 되어 팔레스타인을 빠져나갔다.[24]

팔레스타인 주변의 아랍 국가들도 무사의 비난을 피하지 못했다.

아랍 국가의 정부들이 자국에서 아랍 난민이 일하는 것을 막고, 면전에서 문을 걸어 잠그고, 수용소에 가두는 것은 부끄러운 일이다.

그러나 무사는 팔레스타인의 패배를 더 심층적인 부족함이 표출된 일종의 '증상'으로 보았다. 〈팔레스타인의 교훈〉은 정치·경제·과학·사회 등 "아랍인의 삶과 사고방식의 모든 측면에서 완전한 현대화”가 필요하다는 말로 마무리된다. 표현의 자유, 사회적 안전망, 여성에 대한 동등한 대우 등이 그 첫걸음이 될 것이다.

> 내게는 아랍 민족과 그 위대한 역량에 대한 뿌리 깊은 믿음이 있다. 이 재난은 우리를 완전히 뒤흔들어 놓았다. 우리에게 깊은 상처를 남기고, 심각한 위험의 문을 열었다. 그 충격이 우리를 깨우고 단결시키고 힘의 원천이 되어 새로운 삶으로 이끈다면 상처는 치유되고 위험은 빗겨가며 팔레스타인은 회복될 것이다. 그렇게 되면 불행은 축복이 될 것이다.
>
> 그러나 그렇지 않다면 그 결과는 화가 될 것이다.[25]



무사에게는 남은 게 거의 없었다. 재산 대부분은 이제 이스라엘 영토가 된 곳에 있었고, 예리코는 (곧 요르단이 될) 트랜스요르단이 점령해 ‘서안지구’라고 불리고 있었다. 아내 사디야는 훗날 요르단의 총리가 된 무사의 젊은 비서관 와스피 탈Wasfi Tal과 함께 도망가 버렸다. 그에게는 자식도 없었다.[26]

무사는 본능적으로 난민을 도울 방법을 찾았다. 난민과 마찬가지로 무사도 망명생활이 일시적이라고 믿었다. 대봉기 시절에도 수만 명이 팔레스타인을 떠났다가 상황이 안정되면 다시 돌아가곤 했기 때문이다. 그러나 돌아가기 전까지 난민에게는 생산적인 일이 필요했다. 그는 무익하게 한탄만 하며 시간을 보내봤자 좋을 것이 없다고 생각했다.

다행히 이라크가 아랍연맹에 기부했으나 농업 개선 사업에 쓰지 못한 기금이 그대로 남아 있었다. 무사는 요르단 당국을 설득해 예리코와 요르단강 사이의 건조한 황무지에서 지하수를 개발하기 위한 허가를 받았다.

> 나는 난민이 만든 커다란 밀짚모자를 쓰고 다녔다. 수용소를 오가는 난민이 웬 미친 남자가 사람들한테 돈을 주고 사막에서 땅을 판다는 소문을 들었다며 웃었다. (…) 아마 땅을 파던 인부들도 나를 비웃었을 것이다.

모두의 예상을 뒤엎고 땅속 깊은 곳에서 물줄기가 나왔다. 무사는 이곳에 아랍개발협회Arab Development Society라는 이름의 농장을 만들어 처음에는 채소와 곡식을 키우고 나중에는 가금류와 소를 키웠다.

그는 농장에 팔레스타인 전쟁으로 부모를 잃은 아이들이 지낼 작은 고아원을 지었다. 입소를 원하는 아이들은 많았지만 자리가 부족했다. 그렇게 소년 18명을 돌보며 시작된 고아원은 곧 50명, 100명, 마침내 160명 규모로 늘어났다. 비싼 대가를 치른 잔인한 전쟁이 가져온 예상치 못한 결과였다. 이렇게 자식 없는 남자는 부모 없는 아이들을 키우며 물도 없던 땅에서 함께 식량을 재배했다.

고아원이 설립되고 20년 동안 600명 이상의 아이들이 '무사 삼촌'의 돌봄을 받았다. 굶주림과 괴로움 속에 길을 잃고 버려졌던 아이들은 농업과 직업 기술, 사회성을 익혀서 사회에 기여하는 생산적인 청년으로 거듭났다. 무사의 농장은 포드재단의 지원금을 받아 사우디아라비아의 석유기업 아람코Arabian-American Oil

Company, ARAMCO와 농작물 공급계약을 체결했다. 팔레스타인의 비극이 이러한 교훈적인 이야기로 이어진 사례는 이전에도 이후에도 거의 없다.

무사의 전기를 쓴 작가는 다음과 같이 기록했다.

> 무사는 아팠다. 그는 자주 아픈 편이었다. 그러나 머릿속으로는 늘 농장의 크고 작은 문제들, 확장과 개발을 위한 야심 찬 계획들, 축산이나 소년들의 복지에 대한 아주 사소한 일들까지 많은 것을 생각하느라 바빴다.

농장과 고아원은 그에게 삶의 이유가 되어주었다. 무사는 거의 모든 것을 잃었지만, 기억할 수 있는 그 어느 때보다 충만한 감정을 느꼈다.

1967년 6월, 서안지구에는 다시 탱크가 들어왔다. 추후 '6일 전쟁'이라고 불리게 된 이 전쟁의 세 번째 날, 이스라엘방위군의 장갑차가 농장을 휩쓸고 지나가며 농작물과 우물 수십 개가 파괴됐다. 자주개자리는 여름 태양에 시들었다. 소는 사료를 먹이지도 젖을 짜지도 못한 채 방치됐다. 닭 2만 마리가 죽었다.[27]

어느덧 80대에 접어든 전직 총리 벤구리온에게는 세계 곳곳에서 축하 전보가 날아들었다. 이스라엘은 이 전쟁에서 다시 한 번 놀라운 속도로 아랍 군대들을 물리친 것은 물론, 요르단의 서안지구, 시리아의 골란고원, 이집트의 가자지구와 시나이반도까지 점령했다. 그러나 벤구리온의 마음은 다른 곳에 있었다. 그는 새로 점령한 영토들이 이스라엘이 지금껏 필요로 했지만 한 번도 가져본 적 없는 협상 카드가 될 수 있다고 확신했다. 낭비할 시간이 없었다.

> 런던의 한 호텔에 있는데 텔아비브에서 전화가 왔다고 해서 받아보니 벤구리온 선생이었습니다.

무사는 아마도 유일한 인터뷰였던 한 녹음 인터뷰에서 이렇게 회상했다.

> 벤구리온 선생과는 40여 년을 알고 지냈습니다. 한때는 거의 매일 만났고, 저는 그의 솔직함을 좋아했죠. 물론 아랍의 운명과 미래에 대한 견해를 밝힐 때는 그 솔직함이 조금 두렵기도 했습니다. 그러나 저희는 서로 다른 의견 속에서도 항상 공통점을 찾으려고 노력했습니다.[28]

전화를 걸었지만 통신 상태가 좋지 않았다. 벤구리온은 당시의 통화를 이렇게 회상했다.

> 저는 상대편 목소리가 들렸는데 무사 선생은 제 말을 듣지 못하는 것 같았습니다. 그러다 좀 나아지는 것 같더니 이번에는 저쪽은 들리는 것 같은데 제가 무사 선생의 말을 듣지 못했죠.

벤구리온은 통화 후 전보를 보냈다.

이스라엘과 이웃 국가들 사이에 평화를 완결 지을 유례없는 기회가 찾아왔습니다. 선생의 존재가 꼭 필요합니다. 선생이야말로 그 누구보다 평화를 가져오는 데 도움을 줄 수 있는 인물입니다. 당장 고향으로 돌아와 주시기를 간절히 청합니다. 오시는 일정을 전보로 알려주시면 예루살렘이나 예리코 중 편하신 곳에서 뵙겠습니다. 벤구리온.[29]

그러나 무사는 돌아갈 수 없었다. 농장이 군사구역이 되어 폐쇄됐다는 이유도 있었지만 자존심 때문이기도 했다. 그는 서안지구의 지위가 확정되기 전까지는 돌아가지 않겠다며 거절했다. 무사는 벤구리온에게 따로 전언을 보내 대화를 하고 싶으나 이스라엘 점령 영토를 방문하는 최초의 아랍인이 될 수는 없다는 입장을 밝혔다.[30]

무사는 런던에 머물며 농장을 위한 모금 활동에 집중했다.

그리고 2년이 지났다. 영국에 간 벤구리온은 도착하자마자 이스라엘 대사에게 무사를 찾아달라고 요청했다. 대사가 남긴 기록에 따르면 무사와 벤구리온은 벤구리온이 머물던 호텔에서 "매우 우호적이고 따뜻한 포옹과 함께" 만났다.

둘의 마지막 만남 이후 20년이 훌쩍 지나 있었다. 무사와 벤구리온은 국제연합이 팔레스타인의 미래를 고민하고 있던 1947년의 격동적인 운명의 시기에 마지막으로 만난 바 있었다. 벤구리온을 만난 무사는 자신이 구상한 평화 구축 계획을 밝혔다. 우선 필요에 따라 국제연합의 후견하에 팔레스타인 아랍인에게 대표를 선출할 수 있는 투표권을 부여하고, 그 후 자치권을 주거나 요르단과 통합한다는 계획이었다.

벤구리온은 무사가 그런 구체적인 제안을 해오리라고는 예상치 못했다. 벤구리온은 자신은 이제 공직에서 물러난 몸이지만 "무사의 친구"로서 더 듣고 싶다고 말했다. 둘은 그 후로 몇 차례 더 만났다.[31]

벤구리온의 일기에는 이 만남에 대한 기록이 없다. 그러나 무사의 기록에 따르면 이 나이 든 시온주의자는 이스라엘의 승리를 활용해 주변국과 화해를 교섭하려는 예상 밖의 의지를 강하게 드러냈다. 벤구리온은 평화를 위해서는 예루살렘과 전략적 요충지 골란고원을 제외하고 이스라엘이 전쟁으로 정복한 모든 영토를 포기해야 한다고 주장했다.[32]



벤구리온은 극비 서한을 통해 이 논의 내용을 이스라엘 외무부에 보고했다. 그의 의견이 예루살렘에서 누군가의 관심을 끌었을지는 알 수 없다. 벤구리온의 정치 경력은 거의 끝나 있었고, 영향력 또한 현저히 줄었으며, 신체적·정신적 건강 또한 쇠퇴를 드러내고 있었기 때문이다.

1930년대 중반 무사와의 대화는 벤구리온이 팔레스타인 아랍인과 공통점을 찾아보고자 했던 첫 시도였다. 그리고 런던에서의 만남은 그의 마지막 시도가 됐다.[33]

1970년, 벤구리온은 한 텔레비전 방송에 처음이자 유일하게 등장했다(이스라엘에서 텔레비전 방송이 시작된 것이 불과 2년 전이었다). 그는 방송에서 아랍인의 마음을 사로잡으려는 노력을 충분히 했는지에 대한 질문을 받았다. 벤구리온은 대답 대신 40년 전 처음 만난 한 아랍인에 대한 이야기를 들려줬다. 그는 "아주 공정하고 정직한 그 사람"이 100년이 걸리더라도 아랍인 스스로 나라를 발전시킬 수 있을 때까지 가난하고 황폐한 상태로 있는 편이 낫다고 답했던 것에 대해 말했다.

저는 그를 이해했습니다.

벤구리온은 미소를 지으며 말했다.

저는 마음속으로 '내가 저 사람 입장이었으면 나도 똑같이 말했겠구나'라고 생각했습니다.[34]

그리고 얼마 지나지 않아 1973년 욤키푸르 전쟁이 일어났다. 아랍 연합군은 기습공격으로 심각한 손실을 입히며 그때까지 무적으로 보였던 이스라엘의 전력에 처음으로 균열을 냈다. 몇 주 후 벤구리온은 텔아비브에서 뇌출혈로 쓰러졌고, 얼마 후 여든일곱의 나이로 세상을 떠났다. 그로부터 6개월 후에는 하지 아민이 베이루트에서 숨을 거뒀다.

벤구리온은 상상을 초월하는 수준으로 시온주의 운동을 이끌었다. 그의 이름은 지금도 이스라엘의 국제공항과 거의 모든 도시에 거리의 이름으로 남아 있다. 하지 아민은 생의 마지막 40년 동안 요르단이 통치하는 동예루살렘에 단 한 번 방문 허가를 받았다. 도시의 대로에도, 난민수용소의 학교에도, 군부대에도 그의 이름은 붙어 있지 않았다. 최고 권력자이자 대봉기의 상징이었던 하지 아민은 나치와의 뻔뻔한 협력 후에도 지도자 자리를 지켰지만,

1948년의 대실패 속에 잃어버린 위신은 되찾을 수 없었다.

아슈카르는 팔레스타인의 집단기억 속에서 하지 아민이 차지하는 위치를 두 단어로 요약했다. 바로 "난처한 침묵"이다.[35]

무사는 1984년 암만에서 사망했다. 조문객들이 그의 관을 운구하며 요르단강을 건널 때 이스라엘방위군 병사들이 그의 관과 시신을 수색했다. 무사는 자신이 태어난 예루살렘에 묻혔다.[36]

헌사가 줄을 이었다.

무사를 존경했던 한 영국인은 그가 "1948년의 대실패 이후 패배 속에서 쓸모 있는 일을 시작한 유일한 인물"이라며, 상실과 실향, 점령 속에 "놀라운 품위와 인내심으로 모든 것을 견뎌낸" 그를 경이로워했다.[37]

무사의 삶은 길고도 다사다난했다. 그의 삶은 한편으로 외로움과 환멸, 치명적인 실수로 얼룩지기도 했다. 하지 아민과 제대로 갈라서지 못하고 우유부단하게 관계를 유지한 것은 그의 인생에서 가장 눈에 띄는 실패로 꼽힌다.

무사와 하지 아민은 시온주의에 대한 저항으로 뭉쳤지만 둘의 세계관과 감각은 그야말로 극과 극이었다(대봉기의 자금과 무기를 조달하기 위해 무사가 수행했던 일은 그의 사망 이후까지 비밀로 유지됐다). 이들의 대비는 1948년 이후 더욱 극명해졌다. 무사는 점점 더 많은 이스라엘인을 친구로 여기게 됐다. 1967년 이후에는 루스 다얀Ruth Dayan과 가까운 친구가 되었는데, 평화활동가였던 다얀의 남편은 이스라엘의 국방장관이었다. 무사도 종국에 가서는 하지 아민의 근본적인 극단주의를 인식했지만 이미 너무 늦은 후였다(이때가 무려 1970년대 후반이었지만 무사는 하지 아민이 자신을 암살할지도 모른다는 두려움을 느꼈다).

가까운 한 지인은 "하지 아민은 무사의 비극이었다"고 평하기도 했다.[38]

아랍주의자이자 무사의 절친한 친구였던 워싱턴 주재 초대 이스라엘 대사 엘리아후 엘라스Eliahu Elath는 무사를 위해 쓴 추도사에서 "그에게는 누구도 따라올 수 없는 인간적인 매력이 있었다"고 추억했다.

> 탁월한 분석력은 그의 재능이었다. 그는 내용에서부터 결론에 이르기까지 자신의 생각을 명확하게 표현할 줄 알았다. 무사는 상대의 의견에 동의하지 않아도 늘 인내심을 가지고 대했다. (…) 그는 적과의 협상에서도 상대가 소중히 여기는 가치나 존엄성을 깎아내리지 않기 위해 늘 신중히 행동했다.

엘라스는 무사에 대해 다음과 같이 설명하기도 했다.

> 무사는 시온주의 지지자도 아니었고, 유대 민족이 고대의 고향을 되찾아야 한다는 생각에 동조하지도 않았다. 오히려 그는 인생의 여러 시기에 시온주의에 맞서 싸웠고 유대 민족 고향의 성장과 발전 기회를 제한하기 위해 애썼다. 팔레스타인은 그와 그의 선조들이 태어난 땅이었고, 무사는 그곳을 아랍의 땅으로 여겼다.

무사는 자신의 인생과 능력을 팔레스타인의 대의를 위해 바쳤다. 그러나 그 모든 것에 앞서 열망의 중심에 늘 인류를 두고 생각한 인도주의자였다. 그런 그를 엘라스는 이렇게 평가했다.

> 물론 무사의 원칙들 또한 몇 번이나 어려운 시험대에 오르기는 했다. 그가 모든 시험을 통과하지는 못했지만, 그 실패는 결코 개인적인 동기나 이해관계에서 기인한 것이 아니었다.

엘라스는 자신의 추도사를 "정의와 평화를 추구했던 한 인물에 대한 기억"에 바쳤다.[39]



## 승리의 기쁨, 패배의 아픔

1987년 12월 어느 날 아침, 이동 중이던 이스라엘방위군 탱크 수송차량이 승합차량 행렬과 충돌하는 일이 벌어졌다. 승합차량에는 이스라엘로 가던 가자 노동자들이 타고 있었는데 이 사고로 네 명이 사망했다. 사고가 고의적이었다는 소문이 돌면서 수십 년간 쌓여온 정치적·경제적 불만이 폭발했다. 수천 명이 길거리로 쏟아져 나와 타이어를 불태우고 화염병을 던졌다. 제1차 인티파다(Intifada, 봉기)의 시작이었다.

반세기라는 시차가 존재하지만 인티파다는 1936년의 아랍 대봉기와 여러 지점에서 닮아 있다.

우선 두 번 모두 대중에 의해 풀뿌리식으로 나타난 자발적인 저항이라는 점, 그리고 그 저항이 지속되면서 팔레스타인 지도자들이 뒤늦게 따라왔다는 점이 닮았다. 하지 아민과 마찬가지로 팔레스타인해방기구Palestine Liberation Organization의 수반 야세르 아라파트Yasser Arafat도 아래에서 올라온 대중의 분노를 뒤늦게 깨닫고 이를 지휘하기 위해 허둥대는 모습을 보였다.

이전 대봉기와 마찬가지로 인티파다 역시 파업, 시민 불복종, 공공시설 파괴 등을 특징으로 전개됐다. 상점은 문을 닫고 시민은 납세를 거부했다. 유대인 경제에 대한 불매운동이 벌어지고, 숲과 작물이 불탔다. 군인과 민간인에 대한 폭력도 다시 발생했지만, 이번에 시위자들이 손에 든 것은 소총이 아닌 돌이었다. 야세르는 매스미디어 시대에 이미지가 지닌 힘을 알고 있었다. 무자비한 유혈사태가 벌어지면 팔레스타인 아랍인은 몰수와 점령에 저항하는 희생자가 아닌 잔인하고 비이성적인 테러리스트로 비칠 수 있었다. 인티파다가 발생하고 첫 3년 동안 이스라엘인 약 60명이 사망했다. 물론 이 또한 큰 피해였지만, 1930년대 대봉기에서 같은 기간 발생한 사망자의 8분의 1 수준이었다.[40]

(영국에서 이스라엘로 바뀐) 점령 세력은 이것이 전례 없는 규모의 전국적이고 장기적인 민란이라는 사실을 파악했다. 이스라엘은 대규모 병력을 동원한 막강한 무력으로 영제국에서 물려받은 수단과 비상조치법을 활용해 대응했다. 1000여 채의 가옥이 철거됐고, 1만 4000명이 영장이나 기소도 없이 6개월이나 그 이상 행정구금됐다.[41]

이전과 마찬가지로 봉기 초기에 결속했던 아랍인은 시간이 흐를수록 심각한 분열을 보였다. 도시와 지방 사이에, 경쟁 가문들 사이에, 현대주의자와 전통주의자 사이에, 무슬림과 기독교인 사이에 균열이 발생했다. 봉기는 또다시 몇 년 만에 내부 갈등으로 변질됐다. 이 기간에 사망한 팔레스타인 아랍인 1500명 가운데 3분의 1가량이 동족의 손에 희생된 것으로 추정되고 있다.[42]

인티파다의 충격은 이스라엘로 하여금 팔레스타인 아랍인과 잠정적인 대화에 임하게 했고, 그 결과 이스라엘은 한때 숙적이었던 야세르와 1993년 오슬로협정을 맺었다. 여러 핵심 쟁점에 대한 이견 때문에 협정 내용 가운데 일부는 의도적으로 모호한 상태로 남겨졌다. 그럼에도 이 협정을 바탕으로 처음부터 야세르의 파타Fatah당이 주도한 팔레스타인 자치정부Palestinian Authority가 탄생했고, 자치정부는 가자지구와 서안지구에서 임시적으로 자치권을 행사하기 시작했다. 사상 처음으로 협상을 통한 갈등 종식이 가능할 것으로 보였다.

그러나 다시 아랍 대봉기 때와 마찬가지로 합의를 뒤집으려는 극단주의 세력이 나타났다. 가자의 무슬림형제단Muslim Brotherhood에서는 아랍어 약자 이름 '하마스Hamas'로 더 잘 알려진 이슬람저항운동Islamic Resistance Movement이라는 분파를 창설했다. 하마스의 군사조직에는 1930년대 중반에 활동한 원조 반제국주의자, 반시온주의자, 이슬람주의 전사이자 순교자였던 이즈 알 딘 알 카삼의 이름이 붙었다. 알 카삼 여단은 희망이 가득했던 오슬로 시대를 자살 폭탄 테러와 자체 제작한 카삼 로켓 포격으로 채웠다.[43]

2000년, 새로운 초강대국 미국은 캠프데이비드 회담을 소집했다. 예전 영국이 소집했던 세인트 제임스 궁전 회의의 새로운 버전이었다. 그러나 그때와 마찬가지로 전쟁 중인 양측의 간극은 좁힐 수 없는 것으로 판명됐다.

오슬로 프로세스의 붕괴는 더 과격하고 피비린내 나는 두 번째 인티파다를 불러왔다. 이번에는 민간인의 피해가 더 확대되어 이스라엘인 사망자 1000여 명 가운데 민간인이 3분의 2을 차지했다.[44]

까맣게 불타 뼈대만 남은 민간인 버스는 '알 아크사 인티파다'라고도 불리는 제2차 인티파다의 4년에 걸친 폭력사태를 보여주는 음울한 상징이 됐다.

최초의 대봉기에 대한 기억은 여전히 가까이 남아 있다. 2002년 3월 초 어느 아침, 한 저격수가 서안지구의 라말라와 나블루스 사이 와디 알 하라미야(Wadi al-Haramiya, 도둑의 계곡)에 있는 검문소를 조준했다. 제2차 세계대전 당시 사용된 마우저 반자동소총으로만 무장한 이 저격수는 한 명씩 차례로 정확히 조준해 총 열 명의 이스라엘인을 쓰러뜨렸다.

일부 지역 원로들은 "예전의 방식"이라며 "분명 오래된 반군 가운데 하나"라고 확신했다. "1939년부터 숨어 지낸 노익장 전사"라고 주장하는 이들도 있었다. 범인이 파타 측의 저격수로 밝혀진 후에도 지역 원로들은 예전 이야기를 더 믿고 싶어 했다. 이스라엘 교도소에서 복역한 활동가이자 학자인 소니아 님르Sonia Nimr는 이렇게 말했다.

> 그들은 영웅을 필요로 했다. 그리고 그들이 생각해낼 수 있는 영웅은 1936년에서 1939년 대봉기 시절의 반군이 유일했던 것이다.[45]

몇 주 후 이스라엘은 6일 전쟁 이후 최대 병력을 동원한 방벽 작전Operation Defensive Shield을 개시했다. 대봉기 시절 건설된 테거트 요새 가운데 하나에 자리 잡은 야세르의 라말라 본부를 탱크가 포위했다(나머지 수십 개는 이스라엘군이 사용하고 있다).[46]

서안지구에서는 보안 장벽 건설이 시작됐다(이 장벽은 나중에 수백 킬로미터 길이로 연장됐다). 새로운 위협에 맞선 새로운 테거트 장벽이었다. 군대는 통행금지령을 내리고 팔레스타인 도시들을 다시 점령했다. 케피예를 두른 민병대와의 거리 전투는 과거 영국군과 반군의 전투를 연상시켰다.

과거 두 차례의 대봉기는 팔레스타인 아랍인에게 실질적인 이익을 가져다준 바 있다. 1930년대에는 맥도널드 백서였고, 1980년대와 1990년대에는 평화 회담과 자치권 확대였다. 그러나 이번 봉기는 무의미하고 심지어 허무해 보이기까지 했다. 하마스와 파타당의 추종자들은 서로를 동포가 아닌 파멸시켜야 할 숙적으로 간주하게 됐다. 제2차 인티파다로 사망한 약 5000명의 팔레스타인 아랍인 가운데 약 12퍼센트는 내분으로 인한 희생자였을 가능성이 높다(대봉기 때 발생한 희생자에 대한 가장 일반적인 추산 또한 5000명이다). 라시드 할리디는 봉기를 두고 "이스라엘인도 많은 고통을 겪었겠지만 모든 면에서 가장 큰 패배자는 팔레스타인 아랍인이었다"는 결론을 내렸다.[47]

키멀링Kimmerling과 미그달Migdal은 인티파다가 "이스라엘의 점령뿐 아니라 팔레스타인 자치정부의 비효율성과 부패, 권위주의적 통치에 대한 불만의 표출이기도 했다"고 주장하며 "대중의 분노가 외부와 내부로 모두 표출된 알 아크사 인티파다는 아랍 대봉기를 연상케 한다"고 덧붙였다.[48]

제2차 인티파다는 2005년 이스라엘이 가자지구에서 철수하며 잦아들었다. 그러나 2년 후 이슬람주의자들이 가자지구를 점령하고 경쟁자를 추방하면서 하마스와 파타당의 대립은 극에 달했다. 그 후 몇 년간 이스라엘과 세 차례에 걸친 대규모 전투가 벌어지며 영토는 공습으로 초토화됐고, 로켓포 공격은 멀리 텔아비브, 심지어 하이파까지 공포와 파괴의 씨앗을 뿌렸다.

2021년 5월, 또다시 전쟁이 발발했다. 이번에는 공격이 21세기의 새로운 전쟁터인 소셜미디어로까지 번졌다. 서로가 서로를 비난하는 가운데, 양쪽 진영의 타임라인은 과거와 유사한 언어들로 채워졌다.

극우 성향의 한 이스라엘 국회의원은 "아랍인 적들이 폭동을 일으켜 우리의 시간을 아랍 대봉기 시기로 돌려놓고 있다"며 이스라엘 정부가 위임통치령 시기의 영국 정부처럼 테러에 느슨하게 대응한다고 비난했다.[49]

가자와 서안지구, 이스라엘의 팔레스타인 아랍인들이 하루 동안 총파업에 돌입하자 지지자들은 지나간 과거에서 온 비유를 꺼내 들었다. 한 저명한 팔레스타인 활동가는 트위터에 이런 게시물을 올렸다.

> 내일 팔레스타인 전역에 총파업이 선포됩니다. 실로 역사적인 순간입니다. 마지막으로 이런 일이 진행됐던 것은 1936년 5월 16일, 정확히 85년 전입니다. (…) 이것은 저항의 유산입니다.[50]

무스타파 카브하는 대봉기의 전사와 지휘관에 관한 정보를 담은 아랍 인명사전에서 다음과 같은 주장을 펼쳤다.

> 아랍 대봉기는 최초의 진정한 '인티파다'였다. 유대인의 민족적 고향 철폐나 점령군 추방이라는 목표를 이루지는 못했지만 그 봉기는 분명 팔레스타인 혁명의 시작을 알렸다. 그리고 그 혁명의 불꽃은 내가 이 글을 쓰고 있는 지금까지도 타오르고 있다.

그는 대봉기에서 사용된 상징과 구호들이 "팔레스타인 민족적 수사의 초석이 되어 오늘날까지도 사용되고 있다"고 주장했다.[51]

실제로 대중이 즐기는 춤과 노래에는 여전히 옛 반군들을 기리는 것들이 있다. 〈라자트 알 바루데(Raj'at al-Baroudeh, 총이 돌아왔다)〉가 대표적이다. 요르단 수도 암만의 팔레스타인 아랍인 지역에는 최근 대봉기의 지휘관이었던 압델의 이름을 딴 거리가 생겼다. 툴카렘의 카두리기술대학교는 압델의 기일에 맞춰 대대적인 기념행사를 갖기도 했다.[52]

그러나 예리코 동쪽 황량한 요르단 계곡에는 전투와 공격성이 아닌 실용주의, 회복성, 결단력을 기리는 다른 종류의 기념물이 있다. 요르단 계곡 끝자락, 현지 주민들이 '무사 교차로'라고 부르는 검문소를 지나면 한 노인의 농업 기획에서 탄생한 푸른 들판과 과수원이 갑작스럽게 펼쳐진다. 이 농장에서 생산된 라브네labneh•는 여전히 나블루스에서 암만에 이르기까지 많은 곳에서 인기를 누리고 있다. 그리고 축사 너머로는 수만 에이커에 달하

• 중동 지역에서 즐겨 먹는 치즈.

는 유명한 대추야자밭과 최첨단 태양열 발전소의 반짝이는 집열판 펼쳐져 있다.[53]

거의 90년 전, 무사는 벤구리온에게 아랍인이 스스로 땅을 일굴 수 있게 되기까지 기꺼이 한 세기를 기다리겠노라고 말했다. 그의 농장은 물 한 방울 없이 건조했던, 그럼에도 한 외로운 남자와 전쟁고아들의 노력으로 사막에서 꽃을 피웠던 바로 그 자리에서 오늘날까지 끈질기게 버티고 있다.

6일 전쟁이 끝난 후 녹음된 인터뷰에서 무사는 평화의 전망을 성찰했다.[54]

그때나 지금이나 운명론에 빠질 이유는 넘쳤지만, 무사는 절망의 유혹을 딛고 희망의 메시지를 비쳤다. 이스라엘의 이웃을 향해 정면으로 던진 그의 메시지는 수십 년이 지난 지금까지도 깊게 울린다. 살아 있었다면 그는 아마 지금도 거의 같은 말을 했을 것이다.

> 지금 여러분은 승리의 기쁨을 만끽하고 있고 우리는 패배의 아픔에 빠져 있습니다. 어찌 보면 우리는 둘 다 정상적인 상태를 벗어나 있다고 볼 수 있지요. 저는 여러분도 우리만큼이나 비정상적인 상태에 있다고 생각합니다. 여러분은 미래를 생각하지 않고 현재만을 보고 있습니다. 그리고 우리는 먼 미래를 생각하지 않고 현재의 고통만 바라보고 있습니다. 그러나 저는 지금도 이 나라가 평화를 만들어낼 잠재력을 지니고 있다고 믿습니다.

# ◦감사의 말◦



우선 로먼앤리틀필드 출판사의 편집자들에게 감사의 마음을 전한다. 케이틀린 터너, 수전 맥이천, 잔 슈바이처, 앤 세이퍼트와의 작업은 더할 나위 없이 즐거운 경험이었다.

귀한 시간과 의견, 팔레스타인 위임통치령에 대한 전문 지식을 아낌없이 나눠준 마이클 J. 코헨에게도 감사한다. 요시 클레인 할레비 또한 귀한 조언을 아끼지 않았다. 예루살렘의 모하메드 다자니와 사리 누세이베는 귀중한 역사적·정치적 통찰은 물론 따뜻한 환대의 마음 또한 나눠주었다. 매슈 코튼, 돈 제이콥스, 데이비드 A. 와인버그, 에릭 트레거는 프로젝트의 초기 단계에서, 요시 알퍼, 에마누엘 베스카, 야르데나 슈워츠는 후기 단계에서 의미 있는 도움을 제공해주었다. 책에 실린 자료를 제공해준 하산 엘타헤르에게도 감사한다.

애덤 라스곤은 아랍어에 대한 전문 지식을 통해, 데이비드 다우드는 우정을 통해 이 책의 집필을 도왔다. 스티븐 B. 와그너는 최근 기밀 해제된 필 위원회 비밀 증언록이라는 보물 창고를 선물해주었다. 라미 하잔은 대봉기의 첫 번째 사망자였던 조부 이스라엘 하잔에 대한 가족들의 추억을 공유해주었다.

옥스퍼드대학교 세인트앤터니칼리지의 중동연구소 기록보관소에 근무하는 데비 어셔에게도 큰 신세를 졌다. 하루 두 차례 차와 비스킷을 나눴던 데비의 유명한 강제 휴식 시간은 지금도 가끔 떠올리는 즐거운 기억이다. 세계시사연구소ICWA의 레베카 피카드는 연구소의 일원이었던 조지 안토니우스의 서신들을 너그럽게 공유해주었다. 미국 의회도서관의 아프리카·중동 열람실은 근사한 환경과 히브리어 서가의 샤론 호로비츠, 근동 서가의 무한나드 살히 같은 헌신적인 직원들 덕에 안정적이고도 생산적인 업무 공간이 되어주었다.

이 책을 나의 부모님, 루스 트라우브너 케슬러와 데이비드 케슬러에게 바친다. 내용 측면에서도, 정서적이고 실질적인 측면에서도 부모님의 애정 어린 지원이 없었다면 이 책은 쓸 수 없었을 것이다. 형인 야린 케슬러의 조언도 없어서는 안 될 요소였다. 형은 내 글이 진부하거나 늘어질 때마다, 혼란스럽거나 논점을 놓칠 때마다 있는 그대로 콕 집어 알려주었다.

가족과 더불어 나의 또 다른 든든한 감수자가 되어준 파트너 클라라에게도 감사의 마음을 전한다. 클라라는 내 글의 모든 단어를 하나하나 읽으며 수백 가지 실수에서 나를 구해주었다. 거기에 더해 클라라는 내가 지금껏 해온 일 중 가장 어려운 일을 하며 좌절과 의심, 절망에 빠져 있을 때 사랑과 인내, 이해가 무엇인지를 누구보다 모범적으로 보여주었다. 테 아모Te amo.

# 주

## 들어가는 글 : 역사에서 사라진 팔레스타인 대봉기

1. 대봉기를 아랍-이스라엘 충돌의 전조이자 이후 충돌의 원형으로 본 이 구도는 다음 저작의 영향을 받았다. Kenneth W. Stein, "The Intifada and the 1936–39 Uprising: A Comparison," *Journal of Palestine Studies* 19, no. 4 (July 1, 1990): 64–66, passim.
2. "팔레스타인을 지배하려는 아랍의 첫 번째 주요 시도는 1940년대 후반이 아닌 1930년대 후반에 이루어졌는데, 이는 여러 가지 면에서 매우 흥미롭다. 팔레스타인은 이 시기에 아랍의 인식에서 중심적 위치를 차지하게 됐다." James P. Jankowski, "The Palestinian Arab Revolt of 1936–1939," *Muslim World* 63, no.3 (July 1973): 220, 230.
3 "대봉기는 민족 형성을 도왔지만 사회적·정치적 기반을 무너뜨렸다." Baruch Kimmerling and Joel S. Migdal, *The Palestinian People: A History* (Cambridge, MA: Harvard University Press, 2003), 102, 131. 1972년 이스라엘에서 암살된 소설가이자 팔레스타인해방인민전선 대변인인 가산 카나파니(Ghassan Kanafani)는 "팔레스타인 투쟁의 역사에서 무장 대중 봉기는 승리에 가장 가까이 다가간 순간이었다"고 주장했다. Kanafani, *The 1936–39 Revolt in Palestine* (London: Tricontinental Society, 1972, 1980), 48.
4. 아니타 샤피라(Anita Shapira)는 주류 시온주의가 이 시기 방어적 태도에서 공격적 태도로 변화했다고 주장한다. "기본적인 심리적·도덕적 결정은 아랍 반란 시기에 내려졌다." Shapira, *Land and Power: The Zionist Resort to Force, 1881–1948* (Oxford; New York: Oxford University Press, 1992), 219–22, 250–54, 270. 시온주의자들의 환상에 대한 내용은 다음을 참고. Yehoyada Haim, *Abandonment of Illusions: Zionist Political Attitudes Toward Palestinian Arab Nationalism, 1936–1939* (London; New York: Routledge, 1983), passim.
5. "아랍어·영어·히브리어 할 것 없이 대봉기 관련 문헌은 희박하다." Matthew

Hughes, "The Banalityof Brutality: British Armed Forces and the Repression of the Arab Revolt in Palestine, 1936–39," *English Historical Review* CXXIV, no. 507 (April 1, 2009): 315.

6. Ted Swedenburg, *Memories of Revolt: The 1936–1939 Rebellion and the Palestinian National Past* (Minneapolis: University of Minnesota Press, 1995), xxii. 대봉기 발생 10년 만에 이를 다루는 책이 한 권 출간됐다. John Marlowe, *Rebellion in Palestine* (London: Cresset Press, 1946). 그러나 해당 도서는 역사적 기록이 아닌 개인적 경험과 대화를 기반으로 했으며, 자연스레 기밀로 분류됐다.
7. Yuval Arnon-Ohanah, *Mered Arvi be-Eretz Israel 1936–1939* [The Arab Revolt in the Land of Israel, 1936–1939] (Jerusalem: Ariel, 2013). 또 다른 히브리어 저작은 매슈 휴스의 책과 마찬가지로 대봉기에 관한 군사 역사적 연구다. Yigal Eyal, *Ha-Intifada ha-Rishona: Dikui ha-Mered ha-Arvi al-Yede ha-Tsava ha-Briti be-Eretz-Yisrael, 1936–1939* [The "First Intifada": The Oppression (*sic*) of the Arab Revolt by the British Army, 1936–1939] (Tel Aviv: Maarachot, 1998).
8. Mustafa Kabha, "The Courts of the Palestinian Arab Revolt, 1936–39," in *Untold Histories of the Middle East*, ed. Amy Singer, Christoph K. Neumann, and Selçuk Akşin Somel (London; New York: Routledge, 2011), 197. 카브하는 최근 몇 년간 아랍어권 연구의 격차를 메우는 데 누구보다 큰 활약을 했다. 2009년에는 대봉기에 관련한 최초의 중요한 아랍어 저작을 공동 집필했다. 기록 문서와 구술 증언을 바탕으로 대봉기의 전사들과 지휘관에 대한 정보를 담은 1000페이지 분량의 아랍 인명사전이었다. Mustafa Kabha and Nimer Serhan, *Sijil al-Qadah wal-Thuwar wal-Mutatawi'in li-Thawrat 1936–1939* [Lexicon of Commanders, Rebels, and Volunteers of the 1936–1939 Revolt] (Kafr Qara, Israel: Dar Elhuda, 2009). 그에 앞서 집필된 또 다른 아랍어 책으로는 Subhi Yasin, *Thawrah al-Arabiyah al-Kubra* [The Great Arab Revolt] (Cairo, 1959)가 있다. 스웨덴버그는 야신(Yasin)의 작품이 특정 세부사항에 대해서는 유용하지만 그 외에는 "신뢰성이 매우 떨어진다"고 언급했다. Swedenburg, *Memories of Revolt*, 21, 215n36.
9. Matthew Hughes, Britain's Pacification of Palestine: The British Army, the Colonial State, and the Arab Revolt, 1936–1939 (Cambridge: Cambridge University Press, 2019). Matthew Kraig Kelly, The Crime of Nationalism:

Britain, Palestine, and Nation-Building on the Fringe of Empire (Oakland: University of California Press, 2017). At the time of this book's publication, Charles W. Anderson was also writing a history of the revolt "from below"; see Anderson, "State Formation from Below and the Great Revolt in Palestine," Journal of Palestine Studies 47, no. 1 (November 1, 2017): 50.
Matthew Hughes, *Britain's Pacification of Palestine: The British Army, the Colonial State, and the Arab Revolt, 1936–1939* (Cambridge: Cambridge University Press, 2019). Matthew Kraig Kelly, *The Crime of Nationalism: Britain, Palestine, and Nation-Building on the Fringe of Empire* (Oakland: University of California Press, 2017). 이 책의 집필 당시 찰스 W. 앤더슨(Charles W. Anderson) 또한 "아래로부터의" 반란의 역사에 대해 집필 중이었다. 이에 대해서는 다음을 참고. Anderson, "State Formation from Below and the Great Revolt in Palestine," *Journal of Palestine Studies* 47, no. 1 (November 1, 2017): 50.

10. 이는 궁극적으로 국가 건설을 희망하거나 유럽에서의 대량 학살을 두려워하는 유대인이 없었다는 주장도 아니고, 시온주의자에 의한 박탈과 추방을 두려워하는 아랍인이 없었다는 주장도 아니다. 그저 당시에는 그 누구도 그 두려움이 현실화될지 여부도, 만약 현실이 된다면 언제 어떤 방식으로 이루어질지도 몰랐다는 이야기다. 대부분의 팔레스타인 주민은 위임통치령이 적어도 몇십 년은 더 지속될 것으로 예상했다.
11. 윌리엄 포크너(William Faulkner)의 말이다.



### 1장 평온한 사막의 지배자들

1. Simon Sebag Montefiore, *Jerusalem: The Biography* (London: Weidenfeld & Nicolson, 2011), 305–6n, 370, 522n. 한국어판은 《예루살렘 전기》(사이먼 시백 몬티피오리, 유달승, 시공사, 2012). Yehoshua Porath, *The Palestinian Arab National Movement*, vol. 2, *From Riots to Rebellion, 1929–1939* (London; New York: Routledge, 1977), 60. Geoffrey Furlonge, *Palestine Is My Country: The Story of Musa Alami* (New York: Praeger, 1969), 6–10.
2. Johann Büssow, *Hamidian Palestine: Politics and Society in the District of Jerusalem 1872–1908* (Leiden: Brill, 2011), 554. Montefiore, *Jerusalem*, 433–44. 한국어판은 《예루살렘 전기》(사이먼 시백 몬티피오리, 유달승, 시공사, 2012).

3. Furlonge, *Palestine*, 33–34.

4. Eliahu Elath, "Conversations with Musa al-'Alami," *Jerusalem Quarterly* no. 41 (Winter 1987): 37. Furlonge, *Palestine*, 6–15, 33–34, 86.

5. 이 시온주의 지도자는 빅토르 야콥슨(Victor Jacobson)이었다. Yaakov Sharett and Rina Sharett, eds., *Shoher Shalom: Hebetim u-Mabatim al Moshe Sharett* [A Statesman Assessed: Views and Viewpoints About Moshe Sharett] (Tel Aviv: Moshe Sharett Heritage Institute, 2008), 536ff.

6. Philip Mattar, *The Mufti of Jerusalem* (New York: Columbia University Press, 1992), 6–8. Furlonge, *Palestine*, 6.

7. Kenneth Stein, *The Land Question in Palestine*, 1917–1939 (Chapel Hill: University of North Carolina Press, 1984), 233. Tom Segev, *One Palestine, Complete* (New York: Henry Holt, 2001), 275.

8. Amin al-Husseini, *Mudhakkirat Al-Hajj Muhammad Amin al-Husayni* [The Memoirs of Hajj Amin al-Husseini], ed. Abd al-Karim al-Umar (Damascus: Al-Ahali, 1999), 10. 다음도 참고. "Haj Amin al-Husayni, the Mufti of Jerusalem," U.S. State Department confidential file, April 24, 1951, in CIA files on Husseini, vol. 4, no. 160, http://archive.org/details/HusseiniAminEl; Mattar, *Mufti of Jerusalem*, 8–15, 142.

9. 맥마흔-후세인 서한은 1938년과 1939년 팔레스타인 정책 논쟁에서 다시 등장한다. 이는 상당 부분 조지 안토니우스의 노력 덕분이었다. 관련 내용은 6장과 7장 참고.

10. Furlonge, *Palestine*, 38–47. Elath, "Conversations," 37.

11. 이 시대에 대해서는 예를 들어 다음을 참고. Benny Morris, *Righteous Victims: A History of the Zionist-Arab Conflict, 1881–2001* (New York: Vintage, 2001), 68–72; Howard M. Sachar, *A History of Israel*, 3rd ed. (New York: Knopf, 2007), 94–111.

12. 밸푸어 선언 이면에 존재하는 동기들은 논쟁적이며 이 책의 범위 내에서 다루기에 무리가 있다. 바이츠만의 역할을 강조한 유용한 내용은 다음의 저술에서 찾아볼 수 있다. Jonathan Schneer, *The Balfour Declaration: The Origins of the Arab-Israeli Conflict* (New York: Random House, 2010), passim. 영국의 전략적 이해관계에 대한 내용은 다음의 저술에서 찾아볼 수 있다. Michael J. Cohen, "Centenary of the Balfour Declaration," in Cohen, *Britain's Hegemony*

in *Palestine and the Middle East, 1917–56: Changing Strategic Imperatives* (London; Portland, OR: Vallentine Mitchell, 2017), 7–20. 다음도 참고. Benny Morris, "Mandate Palestine in Perspective," *Bustan: The Middle East Book Review* 5, no. 2 (January 1, 2014): 142–43.

13. 1937년 로이드 조지는 밸푸어 선언의 동기에 대한 비공개 증언에서 러시아와 미국의 유대인에 대한 전시 프로파간다의 영향을 강조했다. 관련하여 다음을 참고. Oren Kessler, "'A dangerous people to quarrel with': Lloyd George's Secret Testimony to the Peel Commission Revealed," *Fathom*, July 2020. 그는 다음의 비밀 의견서에서도 유사한 의견을 밝혔다. "The Origins of the Balfour Declaration," Foreign Office Research Department, November 6, 1944, TNA FO 492/18.
14. W. F. Stirling, *Safety Last* (London: Hollis and Carter, 1953), 118–19. Ronald Storrs, *Memoirs* (New York: Putnam, 1937), 439. 바이츠만 본인의 기술은 다음을 참고. *Trial and Error: The Autobiography of Chaim Weizmann* (New York: Schocken, 1966), chap. 14–18.
15. 다음을 참고. Morris, *Righteous Victims*, 76, 90. Yasin, *Thawrah*, 11, 15.
16. Furlonge, *Palestine*, 67.
17. 파이살-바이츠만 협정과 그에 따른 논란에 대해서는 다음을 참고. Ali A. Allawi, *Faisal I of Iraq* (New Haven: Yale University Press, 2014), 116–18, 186–89; Oren Kessler, "Book Review: 'Faisal I of Iraq,'" *Wall Street Journal*, April 14, 2014. 다음도 참고. Michael J. Cohen, "Colonial Intrigue in the Middle East: The Faysal—[Lawrence]—Weizmann Agreement, January 1919," in *The British Mandate in Palestine: A Centenary Volume, 1920–2020*, ed. Cohen (London; New York: Routledge, 2020), 13–28.
18. 다음에서 인용. "Cmd. 5479: Report of the Palestine Royal Commission" (His Majesty's Stationery Office, 1937), 24.
19. 국가 설립 이전 시온주의 정치 단체에 대한 유용한 설명은 다음을 참고. Kelly, *Crime of Nationalism*, 188n15.
20. Colin Shindler, *The Triumph of Military Zionism: Nationalism and the Origins of the Israeli Right* (London: I.B. Tauris, 2006), 21. 팔레스타인아랍총회는 1920년대에 몇 차례 개최됐다. 영국 당국은 이 총회를 인정하지는 않았으나 그 존재는 용인했다.

21. Elath, "Conversations," 38, 68. Furlonge, *Palestine*, 73, 78.
22. Gawain Bell, *Shadows on the Sand* (London: C. Hurst, 1983), 97.
23. Khalil Sakakini, *Kadha Ana ya Dunya* [Such Am I, O World] (Beirut: Al-Ittihad, 1982), 193–94. Segev, *One Palestine, Complete*, 127–28.
24. *The Times*, April 8, 1920. Mattar, *Mufti of Jerusalem*, 17. Yasin, *Thawrah*, 16. Segev, *One Palestine, Complete*, 135–39. Yehuda Taggar, *The Mufti of Jerusalem and Palestine: Arab Politics, 1930–1937* (New York: Garland, 1986), 16. 하지 아민은 1920년의 사건들을 "최초의 예루살렘 반란"이라고 불렀다. 다음을 참고. *Mudhakkirat*, 12.
25. Kessler, "Faisal I." Morris, *Righteous Victims*, 77.
26. 톰 세게브는 다음과 같이 썼다. "영국은 밸푸어 선언을 발표했을 때와 동일한 고려를 기반으로 행동했다. 즉, 영국은 팔레스타인이 프랑스의 손에 들어가는 것을 막기 위해 시온주의자의 압력에 굴복했다." Segev, *One Palestine, Complete*, 142.
27. 처칠과 트랜스요르단에 관련된 내용은 다음을 참고. Morris, *Righteous Victims*, 99–100.
28. 더 자세한 내용은 다음을 참고. Oren Kessler, "The 1921 Jaffa Riots 100 Years On: Mandatory Palestine's First 'Mass Casualty' Attack," *Times of Israel*, May 1, 2021, https://www.timesofisrael.com/1921-jaffa-riots-100-years-on-mandatory-palestines-1st-mass-casualty-event.
29. Yehuda Slutsky, *Sefer Toldot ha-Haganah* [The Haganah History Book], vol. 2 (Tel Aviv: Maarachot, 1963), 80–81. "Cmd. 1540: Reports of the Commission of Inquiry with Correspondence Relating Thereto" (His Majesty's Stationery Office, 1921), 22, 27, 46. Michael J. Cohen, *Britain's Moment in Palestine: Retrospect and Perspectives, 1917–1948* (London; New York: Routledge, 2014), 86. Yasin, *Thawrah*, 16–17.
30. Slutsky, *Sefer Toldot*, 2:103–4, 1110.
31. Ari Shavit, *My Promised Land: The Triumph and Tragedy of Israel* (New York: Spiegel & Grau, 2015), 73.
32. "Cmd. 1540," 54–55. "Cmd. 1700: Correspondence with the Palestine Arab Delegation and the Zionist Organization" (His Majesty's Stationery Office, June 1922), passim. 다음도 참고. Kessler, "1921 Jaffa Riots."

33. Joseph B. Schechtman, *Rebel and Statesman: The Jabotinsky Story—The Early Years* (New York: Yoseloff, 1956), 25 – 44. 다음도 참고. Oren Kessler, "Scion of Zion," *Foreign Policy*, May 3, 2012, http://foreignpolicy.com/2012/05/03/scion-of-zion.

34. 새뮤얼의 회고록에는 하지 아민이 등장하지 않는다. 하지 아민을 대무프티와 무슬림최고위원회 의장으로 임명한 일 또한 언급되지 않는다. 아들인 에드윈은 하지 아민이 "시온주의뿐 아니라 영국에도 원수가 되었다"며 아버지의 결정이 "형편없는 정치적 실수"였다고 평가했다. Herbert Louis Samuel, *Memoirs of Viscount Samuel* (London: Cresset Press, 1945), 157 – 59, 167. Edwin Samuel, *A Lifetime in Jerusalem: The Memoirs of the Second Viscount Samuel* (London: Vallentine Mitchell, 1970), 17 – 18.

35. 새뮤얼이 하지 아민을 높은 지위에 임명한 것에 대해서는 다음도 참고. Bernard Wasserstein, *Herbert Samuel: A Political Life* (Oxford: Clarendon Press, 1992), 266. "체임벌린이 히틀러를 신뢰하는 우를 범한 것과 같이 대무프티에 대한 새뮤얼의 신뢰는 중대한 개인적·정치적 판단 오류였다."

36. 무사 또한 아랍인기구 반대에 동참했다. 아랍인기구 설치로 인한 장점이 무엇이든 간에 그러한 제안 자체가 아랍인을 "침입자"와 동일 선상에 놓는다고 여겼기 때문이다. Furlonge, *Palestine*, 86 – 87.

37. "Moussa Eff. Alami," ISA M-758/25.

38. Furlonge, *Palestine*, 77, 87, 94 – 95.

39. 수치는 *Census of Palestine 1931* (Alexandria: Palestine Government, 1933)을 기반으로 함. 다음도 참고. "Cmd. 5479," 279ff; Segev, *One Palestine, Complete*, 273 – 83. 평온함은 1920년대 후반 팔레스타인의 경제난 때문이기도 했다. 예를 들어 1928년에는 팔레스타인으로 이주한 유대인보다 팔레스타인을 떠난 유대인의 수가 더 많았다.

40. Hillel Halkin, *Jabotinsky: A Life* (New Haven; London: Yale University Press, 2014), 141. Vladimir Jabotinsky, "The Iron Wall," November 4, 1923, JI. Morris, *Righteous Victims*, 108, 112 – 13. 다음도 참고. Kessler, "Scion of Zion."

41. "Moussa Eff. Alami," ISA M-758/25.

42. "Cmd. 3530: Report of the Commission of the Palestine Disturbances of August 1929" (His Majesty's Stationery Office, 1929), 31. Mattar, *Mufti of*

*Jerusalem*, 34–41. Segev, *One Palestine, Complete*, 307.

43. "Cmd. 3530," 50–54. Cohen, *Britain's Moment*, 216.
44. Gudrun Krämer, *A History of Palestine: From the Ottoman Conquest to the Founding of the State of Israel* (Princeton: Princeton University Press, 2011), 230. Mattar, *Mufti of Jerusalem*, 46. "Cmd. 3530," 54–57.
45. Hillel Cohen, *Year Zero of the Arab-Israeli Conflict 1929* (Waltham, MA: Brandeis University Press, 2015), 89–90. "Cmd. 3530," 56–57.
46. "Cmd. 3530," 61. *Edward Keith-Roach, Pasha of Jerusalem: Memoirs of a District Commissioner under the British Mandate*, ed. Paul Eedle (London; New York: Radcliffe Press, 1994), 122–23. "Arabs Opened Attack after Noon Prayers," *New York Times*, August 25, 1929. Krämer, *History of Palestine*, 231.
47. 정확히는 사건 당일에 59명이 사망했고, 부상자 가운데 여덟 명이 며칠에서 몇 주 후 사망했다. Joseph Levy, "12 Americans Killed by Arabs in Hebron," "Moslems in Open Revolt," and "Troops Seize Arab Chiefs at Gates of Jerusalem," *New York Times*, August 26, 29, and 30, 1929. "Eye Witnesses Describe Horrors of the Moslem Arabs' Attacks at Hebron," *JTA*, September 1, 1929. Bruce Hoffman, *Anonymous Soldiers: The Struggle for Israel, 1917–1947* (New York: Knopf, 2015), 30–32. Cohen, *Year Zero*, xxi. Segev, *One Palestine, Complete*, 320. Yasin, *Thawrah*, 17–18.
48. "Arabs in Hebron who Saved or Assisted Jews" and "List of Arabs of Hebron Who Behaved Well Towards Jews" (both undated), CZA S25/3409–5/6. *Megillat Hebron (The Hebron Scroll)*, https://hebron1929.info/Hebronletter.html. Hoffman, *Anonymous Soldiers*, 32.
49. 아랍인 사망자 수는 116명으로 추산됐다. 심하 힌키스(Simha Hinkis)와 요세프 우르팔리(Yosef Urfali)라는 두 유대인이 민간인 살해 혐의로 사형을 선고받았다(추후 감형). 다음을 참고. Cohen, *Year Zero*, 24–25, 45–46.
50. "1,000 Sign Up Here to Fight the Arabs," and "Hoover Message of Sympathy Read at Garden; Urges Generous Relief for Palestine Victims," *New York Times*, August 29 and 30, 1929.
51. "British are Urged to Quit Palestine," "British to Uphold Prestige in East," and "2,000 Tribesmen Menace Jerusalem," *New York Times*, August 27 and 28, 1929. Hoffman, *Anonymous Soldiers*, 32–34. Morris, *Righteous Victims*,

114.

52. "Cmd. 3530," 185–89, 499, 527.

53. "Cmd. 3530," 108–10. 자보틴스키의 추방과 정부의 결정을 되돌리려 했던 그의 미약한 노력에 대해서는 다음을 참고. Halkin, *Jabotinsky*, 168–70.

54. "Cmd. 3530," 50, 63, 74, 82, 152–61. 무프티의 책임에 대해서는 다음도 참고. Bernard Wasserstein, *The British in Palestine: The Mandatory Government and the Arab-Jewish Conflict 1917–1929* (Hoboken, NJ: Blackwell, 1991), 230–34. "폭동에서 대무프티가 맡은 역할의 정확한 성질은 여전히 불분명하지만 성소들이 위협받고 있다며 무슬림을 1년 내내 선동한 대무프티의 작전이 핵심적인 역할을 했다는 데는 의심의 여지가 없다."

55. "Cmd. 3686: Palestine: Report on Immigration, Land Settlement and Development" (His Majesty's Stationery Office, 1930), passim.

56 영국 정부의 경제적 어려움, 미국 시온주의자들의 반감에 대한 두려움 등 램지 맥도널드 서한 이면의 복잡한 사정에 대해서는 다음을 참고. Michael J. Cohen, "The Strange Case of the Palestine White Paper, 1930," in Cohen, *Britain's Hegemony*, 81–106.

57. "Prime Minister's Letter," HC Deb, February 13, 1931, vol. 248, col. 751–57.

58. Donald Lankiewicz, "Mein Kampf in America: How Adolf Hitler Came to Be Published in the United States," *Printing History* 20 (July 2016): 5. Sachar, *History of Israel*, 109.

59. Adolf Hitler, Mein Kampf (New York: Reynal & Hitchcock, 1941), 84, 984. 한국어판은 《나의 투쟁》(아돌프 히틀러, 황성모, 동서문화사, 2014). 더그데일이 내놓은 1933년 요약본에는 첫 번째 인용문은 등장하지만 두 번째 인용문은 등장하지 않는다.

60. Francis R. Nicosia, *Nazi Germany and the Arab World* (Cambridge: Cambridge University Press, 2014), 72. Tom Segev, *The Seventh Million: The Israelis and the Holocaust* (New York: Henry Holt, 2000), 15, 21. Porath, *Palestinian Arab*, 76.

61. Nicosia, *Nazi Germany*, 72.

62. Lankiewicz, "Mein Kampf," 12–16.

63. "Haavara Winds Up Reich-Palestine Transfer Operations; Handled $35,000,000 in 6 Years," *JTA*, September 10, 1939. Segev, *Seventh Million*,

24.

64. Hitler, *Mein Kampf*, 447–48. 한국어판은 《나의 투쟁》(아돌프 히틀러, 황성모, 동서문화사, 2014).

65. 1935년부터 1937년까지 팔레스타인 영국군 지휘관이었던 존 에베츠(John Evetts) 중장은 추후 워코프에 대해 이렇게 말했다. "사람은 참 좋은데 늘 한꺼번에 양쪽 편을 들려고 애쓴다는 인상이었다. 아랍인, 유대인, 아랍인, 유대인, 아랍인, 유대인. 둘 중 어느 편을 들어야 할지 갈피를 못 잡고 오락가락했다. 사실 워코프는 고등판무관이었으므로 어느 편도 지지할 수 없는 입장이었다." "Evetts, John Fullerton," IWMSA 4451/2. Elath, "Conversations," 45–47. Weizmann, *Trial and Error*, 335.

66. Hanna to Levy, December 1935, ISA P-695/5. 이집트에서 시리아인 부모 슬하에 태어난 유수프 한나는 1931년 신문사에 입사한 후 곧 편집장 대행 겸 칼럼니스트가 됐다. 신문의 설립자 가운데 한 명인 야파의 유수프 한나 알 이사(Yusuf Hanna al-'Isa)와 혼동되곤 한다. 다음을 참고. Mustafa Kabha, *The Palestinian Press as Shaper of Public Opinion 1929–1939* (London: Vallentine Mitchell, 2007), 7, 65n6, 272. 레비에 대해서는 다음을 참고. Jerold S. Auerbach, *Print to Fit: The New York Times, Zionism and Israel, 1896–2016* (Boston: Academic Studies Press, 2019), chap. 2.

67. "Moussa Eff. Alami," ISA M-758/25. Furlonge, *Palestine*, 98.

68. Elath, "Conversations," 45–46.

69. Furlonge, *Palestine*, 98–100. Elath, "Conversations," 47.

70. W. F. Abboushi, "The Road to Rebellion: Arab Palestine in the 1930's," *Journal of Palestine Studies* 6, no. 3 (Spring 1977): 26. "Cmd. 5479," 279.

71. Porath, *Palestinian Arab*, 43–45.

72. Ian Black, *Enemies and Neighbors: Arabs and Jews in Palestine and Israel, 1917–2017* (New York: Atlantic Monthly, 2017), 68. Porath, *Palestinian Arab*, 44. Yasin, *Thawrah*, 18–19.

73. Elath, "Conversations," 52. Hoffman, *Anonymous Soldiers*, 44.

74. Taggar, *Mufti of Jerusalem*, 169.

75. "Moussa Eff. Alami," ISA M-758/25. 무사의 조카는 회고록에서 무사가 수십 년 동안 당뇨병을 앓았다고 밝혔다. 다음을 참고. Serene Husseini Shahid, *Jerusalem Memories*, ed. Jean Makdisi Said (Beirut: Naufal, 1999), 223.

76. Furlonge, *Palestine*, 100－102. Philip Mattar, *Encyclopedia of the Palestinians* (New York: Infobase, 2005), 17.
77. "Arab Named Gov't Advocate for Palestine," *JTA*, February 28, 1934.
78. Shabtai Teveth, *Ben-Gurion and the Palestinian Arabs* (New York: Oxford University Press, 1985), 5－7, 22.
79. Teveth, *Palestinian Arabs*, 101－3, 118－19. 벤구리온의 빠른 튀르크어 습득과 지지부진했던 아랍어 습득 시도에 대한 내용은 다음을 참고. Shabtai Teveth, *Ben-Gurion: The Burning Ground, 1886–1948* (Boston: Houghton Mifflin, 1987), 67－69, 76－82.
80. David Ben-Gurion, *My Talks with Arab Leaders*, ed. Misha Louvish, trans. Aryeh Rubinstein (New York: Third Press, 1973), 15. Ben-Gurion to Weizmann, August 5, 1934, and to Louis Brandeis, December 6, 1940, BGA.
81. Black, *Enemies and Neighbors*, 70. 1930년대 중반 벤구리온이 유대인기구 의장이 되며 셰르토크는 정치분과의 단독 국장이 됐다.
82. Neil Caplan, *Futile Diplomacy*, vol. 2, *Arab-Zionist Negotiations and the End of the Mandate* (London; New York: Routledge, 2015), 189－92. Teveth, *Burning Ground*, 133.
83. Ben-Gurion, *My Talks*, 15－17. Teveth, *Palestinian Arabs*, 132－34.
84. Ben-Gurion diary, September 4, 1934. BGA. Ben-Gurion, *My Talks*, 15. Teveth, *Palestinian Arabs*, 132－34.
85. Furlonge, *Palestine*, 103. 무사는 셰르토크에게 벤구리온에 대해서 유사한 발언을 했다. 다음을 참고. Shertok to Mapai Central Committee, June 21, 1936, LPA 2－23－1936-13.
86. Handwritten notes between Ben-Gurion and Alami, in "Arab individuals," BGA STA file 871, 69ff.
87. 무사와의 대화에서 벤구리온은 "유대 국가"를 명확히 언급했으나 추후 매그네스에게 보낸 단신에서는 "에레츠-이스라엘 국가"에 대해서만 언급했다. Ben-Gurion diary, September 4 and September 7, 1934, BGA. Ben-Gurion, *My Talks*, 24－34. Teveth, *Palestinian Arabs*, 137－42. Segev, *One Palestine, Complete*, 375.
88. 벤구리온에게는 특유의 선견지명이 있었다. 이스라엘의 유대인 인구

는 2024년 800만 명에 도달할 것으로 예측된다. Ben-Gurion, *My Talks*, 35 – 39. David Ben-Gurion, *Zichronot* [Memoirs], 6 vols. (Tel Aviv: Am Oved, 1971 – 1987), 3:253, 3:283. Teveth, *Palestinian Arabs*, 142 – 46. (벤구리온의 분노가 단지 "체면 세우기"에 불과했다는) 회의적인 입장은 다음을 참고. Teveth, *Burning Ground*, 490.

89. Ben-Gurion diary, June 11, 1969, BGA. Ben-Gurion, *My Talks*, 40. Teveth, *Palestinian Arabs*, 147 – 48, 197. 벤구리온은 추후 1937년 필 위원회 비공개 증언에서 이러한 면담들에 관해 얘기했다(3장 참고).

## 2장 피로 물든 야파

1. Shai Lachman, "Arab Rebellion and Terrorism in Palestine, 1929 – 1939: The Case of Qassam and his Movement," in *Zionism and Arabism in Palestine and Israel*, ed. Elie Kedourie and Sylvia G. Haim (London; New York: Routledge, 2015), 59 – 62. 라시드, 무함마드 등 다른 이슬람 근대주의자들이 이즈에게 준 영향에 대해서는 다음도 참고. Mark Sanagan, "Teacher, Preacher, Soldier, Martyr: Rethinking 'Izz al-Din al-Qassam," *Die Welt des Islams* 53, no. 3 – 4 (2013): 326 – 28.
2. Abdullah Schleifer, "The Life and Thought of 'Izz-Id-Din Al-Qassam," *Islamic Quarterly* 23, no. 2 (1979): 63.
3. Ibid., 65. Kedourie and Haim, *Zionism and Arabism*, 59 – 60. Yasin, *Thawrah*, 19 – 20.
4. Ted Swedenburg, "Al-Qassam Remembered," *Alif: Journal of Comparative Poetics*, no. 7 (Spring 1987): 17. Sonia Nimr, "The Arab Revolt of 1936 – 1939 in Palestine: A Study Based on Oral Sources" (PhD diss., University of Exeter, 1990), 66 – 67. Basheer M. Nafi, "Shaykh Izz al-Din al-Qassam: A Reformist and a Rebel Leader," *Journal of Islamic Studies* 8, no. 2 (February 1, 1997): 194 – 95. Kabha, *Palestinian Press*, 169.
5. 이들 공격에 대한 이즈의 인지와 가담 여부에 대한 여러 주장은 다음을 참고. Kedourie and Haim, *Zionism and Arabism*, 64 – 66; Porath, *Palestinian Arab*, 134 – 35; Yasin, *Thawrah*, 26. 마사예크는 '셰이크들' 또는 '장로들'이라고 번역된다.

6. 1918년 유대인은 하이파 전체 인구의 8분의 1에 불과했으나 4년 후 두 배로 증가했고, 넉넉히 잡아도 1938년에는 도시의 과반수가 됐다. Maya Seikaly, *Haifa: Transformation of an Arab Society 1918–1939* (London: I.B. Tauris, 2002), xvii–xix, 47–51, 240ff. Tamir Goren, "The Judaization of Haifa at the Time of the Arab Revolt," *Middle Eastern Studies* 40, no. 4 (July 2004): 141. Cohen, *Britain's Moment*, 262n17.
7. Mahmoud Yazbak, "From Poverty to Revolt: Economic Factors in the Outbreak of the 1936 Rebellion in Palestine," *Middle Eastern Studies* 36, no. 3 (July 2000): 106–7.
8. Schleifer, "Life and Thought," 63–71, 75.
9. "Cmd. 5479," 279–80. Sachar, *History of Israel*, 189; Krämer, *History of Palestine*, 240, 264; Kedourie and Haim, *Zionism and Arabism*, 53, 67–68; Abboushi, "Road to Rebellion," 28–29; Stein, *Land Question in Palestine*, 182.
10. Cohen, *Britain's Moment*, 245–48.
11. *Al-Difa*, September 30, 1935. Kedourie and Haim, *Zionism and Arabism*, 68–69.
12. Hathorn Hall to MacDonald, October 22, 1935, TNA CO 733/278/13. 다음도 참고. Kedourie and Haim, *Zionism and Arabism*, 69–70. *Thawrat Filastin Ama 1936* [The Palestine Revolt 1936] (Jaffa: Matba'at al-Jamia al-Islamiya, 1936), 24–26.
13. 로젠펠트 살해는 이즈가 미리 계획하거나 지시한 것이 아닌 우발적인 사건으로 보인다. 다음을 참고. Sanagan, "Teacher, Preacher," 345. Kedourie and Haim, *Zionism and Arabism*, 71. Porath, *Palestinian Arab*, 136.
14. 영국 순경 R. C. 모트(R. C. Mott) 또한 목숨을 잃었다. Sanagan, "Teacher, Preacher," 347. Yasin, *Thawrah*, 29–30.
15. *Al-Difa*, November 20, 1935. *Filastin*, November 22 and 24, 1935. 기독교인이었던 유수프 한나는 개인 서신에서 "테러리즘은 이슬람에 뿌리를 두고 있다"며 이즈를 "최초의 테러리스트"라고 비난했다. 다음을 참고. Hanna to Levy, November 28, 1935, ISA P-695/5, and May 28, 1937, ISA P-695/6.
16. Ben-Gurion to Mapai Central Committee, December 2, 1935, LPA 2-3-1929-22. 다음 또한 참고. Ben-Gurion to Mapai Central Committee,

September 29, 1936, LPA 2–023–1936-14; and July 6, 1938, LPA 2–23–1938-20. Ben-Gurion, *Zichronot*, 2:531. Teveth, *Palestinian Arabs*, 151.

17. "Palestine," HC Deb, March 24, 1936, vol. 310, col. 1079, 1083, 1094–95, 1103–4, 1113–16, 1123–26, 1147–48. "Palestine," HL Deb, February 26, 1936, vol. 99, col. 753, 766, 790.
18. 입법의회는 아랍인 절반, 유대인 4분의 1, 영국인 및 "기타" 4분의 1로 구성될 예정이었다. 아랍 인사 다수가 비록 조건부였을지언정 이 안을 지지했지만 대무프티는 토지 매매와 이민을 전면 중단하지 않는 한 입법의회는 "독이 든 음식"일 뿐이라며 반대했다. 다음을 참고. Abboushi, "Road to Rebellion," 30–33; Elath, "Conversations," 41–47; Zvi Elpeleg, ed., *Through the Eyes of the Mufti: The Essays of Haj Amin*, trans. Rachel Kessel (London; Portland, OR, 2009), 39, 41.
19. Rami Hazan (Israel Hazan's grandson) to the author, August 16 and October 3, 2017. "Zvi Dannenberg," Israel Ministry of Defense, https://www.izkor.gov.il.
20. *Palestine Post*, *Filastin*, and *Al-Difa*, April 17, 1936.
21. "The robbery and murder on the Nur Shams-Anabta road," April 1936, HA 8/36/26. 차량에 탑승했던 제3의 인물 예호슈아 나프키(Yehoshua Nafkhi)의 회상은 다음을 참고. Alexander Zauber, *Dam Kedoshim be-Afar ha-Kvish* [Blood of Martyrs on the Dirt Road] (Tel Aviv: Sefer, 1936), 12–15. Akram Zuaytir, *Yawmiyat Akram Zuaytir* [Diaries of Akram Zuaytir] (Beirut: Institute for Palestine Studies, 1980), 53–54.
22. Ofer Aderet, "The Intifada That Raged More Than 10 Years Before Israel Was Established," *Haaretz*, April 16, 2016.
23. "Nablus Bandits Seen as Izz ed Din's Followers," and "The Desert vs Civilization," *Palestine Post*, April 17 and 24, 1936. *Do'ar Hayom*, April 17, 1936.
24. 총격범들은 이르군 단원으로 보인다(이르군 관련 내용은 4장 참고). Slutsky, *Sefer Toldot*, 2:631–32, 657. Bracha Habas, *Me'ora'ot Tartzav* [The 1936 Events] (Tel Aviv: Davar, 1937), 420. Zuaytir, *Yawmiyat*, 55.
25. "The disturbances and their development," April 1936, HA 8/36/427–430.

Habas, *Me'ora'ot*, 421－22. Slutsky, *Sefer Toldot*, 2:632－33, 1192.

26. 정부 관점에서 본 사건은 다음을 참고. "Col. 129: Report by His Majesty's Government [⋯] to the Council of the League of Nations on the Administration of Palestine and Trans-Jordan for the Year 1936" (His Majesty's Stationery Office, 1937), 7. 유대인기구의 관점은 다음을 참고. Weizmann to Wauchope, July 18, 1937, WA.
27. "Disturbances and their development," HA 8/36/431－432. Habas, *Me'ora'ot*, 424－25. Slutsky, *Sefer Toldot*, 2:632－33. Ben-Gurion, *Zichronot*, 3:122. "Col. 129," 7. Weizmann to Wauchope, July 18, 1937, WA. 다음도 참고. Kelly, *Crime of Nationalism*, 11－12.
28. "Robbery and murder," HA 8/36/27－33. "Disturbances and their development," HA 8/36/433－435. "Col. 129," 7. Weizmann to Wauchope, July 18, 1937, WA. Joseph Levy, "11 Killed, 50 Hurt in Palestine Riots," *New York Times*, April 20, 1936. *Al-Liwa* and *Al-Difa*, April 20, 1936. *Filastin*, April 21, 1936. Kelly, *Crime of Nationalism*, 11－12.
29. "Disturbances and their development," HA 8/36/441－444. Habas, *Me'ora'ot*, 4, 14－18, 637. 비처스키(Bichutsky)를 살해한 범인은 15년의 강제노역형을 받았다. *Haaretz*, June 10, 1936.
30. "Robbery and murder," HA 8/36/27, 33－36; "Disturbances and their development," HA 8/36/438, 442－444. 짐마차꾼이었던 요세프 리버만(Yosef Lieberman) 또한 아자미의 경찰서 근처에서 살해됐으나, 사건의 정확한 발생 시간과 장소, 살해 방식은 밝혀지지 않았다. Habas, *Me'ora'ot*, 4－5, 17－19, 638－40. "Shambadal, David," The Haganah— Official Site, http://irgon-haagana.co.il.
31. Slutsky, *Sefer Toldot*, 2:634. Habas, *Me'ora'ot*, 4－6, 14－16, 19－22.
32. "Robbery and murder," HA 8/36/37, 436. "Col. 129," 7. *Al-Difa*, April 20, 1936. *Filastin*, April 21, 1936. 바이츠만은 유대인들이 차량에 돌을 던졌다는 혐의에 대해 "근거 없는 주장"이라고 말했다. Weizmann to Wauchope, July 18, 1937, WA.
33. 하우란인들은 처음부터 폭력사태에서 주도적인 역할을 했던 것으로 보인다. "Robbery and murder," HA 8/36/26－32; "Disturbances and their development," HA 8/36/434－444. Joseph Levy, "11 Killed, 50 Hurt in

Palestine Riots," and "Deaths Rise to 20 in Palestine Riots," *New York Times*, April 20 and 21, 1936. Krämer, *History of Palestine*, 277.

34. 목격자들은 "수백 명"의 아랍인이 예루살렘으로 향하는 차량에 돌을 던졌다고 증언했다. 영국 고위 관료 두 명의 배우자가 중상을 입었다. Tamir Goren, "The Destruction of Old Jaffa in 1936 and the Question of the Arab Refugees," *Middle Eastern Studies* 55, no. 6 (November 2, 2019): 1007. *Filastin*, April 21, 1936. Habas, *Me'ora'ot*, 10. Levy, "11 Killed, 50 Hurt in Palestine Riots."

35. *Al-Difa*, April 20, 1936. *Filastin*, April 21, 1936. Zuaytir, *Yawmiyat*, 64–65, 68–69. "Palestine: The Disturbances of 1936 Statistical Tables" (Jerusalem: Jewish Agency for Palestine, December 1936).

36. "Disturbances and their development," HA 8/36/442–443. Habas, *Me'ora'ot*, 4, 19–20. 640. 희생자들의 이름은 요세프 하임 젤리코프(Yosef Haim Zelikov)와 셰마야후 크레이머(Shemayahu Kramer)였다.

37. *Davar*, April 20, 1936. Yasin, *Thawrah*, 30–31. "Jaffa's Shame," *Palestine Post*, April 20, 1936.

38. *Al-Difa*, *Filastin*, and *Al-Jamia al-Islamiya*, April 20, 1936. *Davar*, April 21, 1936.

39. "Col. 129," 9–10. Abboushi, "Road to Rebellion," 36–37. Official Communiques, April 19–21, 1936, ISA M-567/3.

40. 《뉴욕 타임스》는 "현재는 사태가 진정됐지만 내일 어떤 일이 벌어질지는 아무도 모른다"고 보도했다. Levy, "11 killed, 50 Hurt in Palestine Riots." Albert Viton, "Why Arabs Kill Jews," *The Nation*, June 3, 1936.

41. Trial notes for Levinson-Marsum murders, ISA P-197/18. 다음도 참고. "Robbery and murder," HA 8/36/37, "Disturbances and their development," HA 8/36/442–443; Habas, *Me'ora'ot*, 9, 641. "2 More Jews Die of Riot Wounds; 10 Wounded in New Jaffa Attacks," and "18 Jews, 12 Arabs Dead in 4 Days of Palestine Riots; Strike Spreads," JTA, April 22 and 23, 1936. 갓 이주한 이들의 이름은 투비아 프루삭(Tuvia Prusak)과 대니얼 코헨(Daniel Cohen)이었다.

42. "Robbery and murder," HA 8/36/37, "Disturbances and their development," HA 8/36/442–444. Habas, *Me'ora'ot*, 4–12, 20, 642. 이들의 이름은 심하

시만 토프(Simha Siman-Tov), 샬롬 하다드(Shalom Haddad, 첫째 날 입은 부상으로 추후 사망), 이츠하크 자이틀린(Yitzhak Zeitlin)이었다. 이스라엘은 추후 킹 조지 거리의 명칭을 '예루살렘 대로'로 바꿨다.

43. "Highwayman's Second Victim Dead," *Palestine Post*, April 21, 1936.

44. "Col. 129," 9 – 10. 둘째 날 살해된 아랍인 가운데 한 명의 이름은 압드 알 라카(Abd al-Laqa)로 밝혀졌으나, 그 외 희생자에 대해서는 보도마다 내용이 다르다. *Al-Difa* and *Al-Liwa*, April 21, 1936.

45. Susan Silsby Boyle, *Betrayal of Palestine: The Story of George Antonius* (Boulder, CO: Westview, 2001), 24 – 25, 85 – 86, 102 – 3, 127 – 28, 136 – 46. Fouad Ajami, *The Dream Palace of the Arabs: A Generation's Odyssey* (New York: Vintage, 1999), 17 – 18. Forster to Antonius, January 28, 1917, ISA P-1053/11. 크레인의 보고서와 관련된 1차 자료들은 다음을 참고. "King-Crane Commission Digital Collection," Oberlin College Archives, https://www2.oberlin.edu/library/digital/king-crane/.

46. George Antonius, *The Arab Awakening* (New York: Lippincott, 1939), 54 – 55, 79 – 91, 107 – 21, 164 – 83, 237 – 42, 276 – 78, 413 – 27, passim.

47. 이 계획에서 갈릴리를 포함한 다른 지역의 운명은 불분명하다. Ben-Gurion, *My Talks*, 42 – 44, 49 – 62. Ben-Gurion, *Zichronot*, 1:3, 130 – 31, 232 – 33, 254. 벤구리온은 추후 필 위원회 비공개 증언에서 이러한 면담들에 관해 얘기했다(3장 참고).

48. 워코프는 안토니우스에게 직접적인 정치적 영향력이 거의 없다는 점을 들어 이러한 면담의 가치를 회의적으로 보았다. 셰르토크는 "지성적인" 수준의 합의 정도로도 가치가 있다고 여겼다. 다음을 참고. Moshe Sharett, *Yoman Medini* [Political Diary], vol. 1 (Tel Aviv: Am Oved, 1968), May 22, 1936. 샤브테이 테베스(Shabtai Teveth)는 이들의 면담이 양측 모두에게 그저 "학문적 활동"에 지나지 않았다고 주장했다. 다음을 참고. Teveth, *Burning Ground*, 538 – 40, and *Palestinian Arabs*, 159 – 67, 192 – 93. 다음도 참고. Michael J. Cohen, "Secret Diplomacy and Rebellion in Palestine, 1936 – 1939," *International Journal of Middle Eastern Studies* 8, no. 3 (July 1977): 380 – 85.

49. Zuaytir, *Yawmiyat*, 61 – 67, 76 – 82. "Cmd. 5479," 96 – 97. Yasin, *Thawrah*, 31. *Al-Liwa* and *Al-Difa*, April 20, 1936. Arnon-Ohanah, *Mered Arvi*, 34. Porath, *Palestinian Arab*, 169 – 70. Mattar, *Mufti of Jerusalem*, 147.

50. Wauchope to Ormsby-Gore, May 8, 1936, TNA CAB 24/262. Porath, *Palestinian Arab*, 220–21.
51. Hillel Cohen, *Army of Shadows: Palestinian Collaboration with Zionism, 1917–1948*, trans. Haim Watzman (Berkeley: University of California Press, 2008), 15–17, 99–112, 109. Fadi Eyadat, "Haifa Honors First Mayor's Legacy of Coexistence," *Haaretz*, February 18, 2010. Police investigators' report (likely 1937), MECA Tegart Papers 1/3c/111ff. "배신자" 처단에 대한 내용은 다음도 참고. Yasin, *Thawrah*, 37–38.
52. *Davar*, April 22, 1936. Porath, *Palestinian Arab*, 175–76.
53. Kenneth Stein, "Palestine's Rural Economy, 1917–1939," *Studies in Zionism* 8, no. 1 (1987): 45. Arnon-Ohanah, *Mered Arvi*, 255. In Avigdor Hameiri, ed., *Shirat ha-Damim; Kovetz Shirim mi-Tovei Meshorerenu al Me'ore'ot 5696* [Poem of Blood: A Collection from Our Best Poets on the Events of 5696] (Tel Aviv: Sifrut La'am, 1936), 32. 필자 직접 번역.
54. 텔아비브 항구는 "유대인 바다"의 시작을 상징했다. 야파 항구는 유대인 없이는 "사라질 운명"이었다. Ben-Gurion, *Zichronot*, 3:343. Ben-Gurion to Mapai Central Committee, September 29, 1936, LPA 2-023-1936-14. Teveth, *Burning Ground*, 547–48. Ben-Gurion diary, July 11, 1936, BGA.
55. 하블라가에 대한 내용은 다음을 참고. Slutsky, *Sefer Toldot*, 2:833–46; Ian Black, *Zionism and the Arabs, 1936–1939* (London; New York: Routledge, 1978, 2015), 365–380; Meir Chazan, "The Dispute in Mapai over 'Self-Restraint' and 'Purity of Arms' During the Arab Revolt," *Jewish Social Studies: History, Culture, Society* 15, no. 3 (Spring/Summer 2009): 92–93. 다음도 참고. "*Havlagah*," BGA STA file 57, passim.
56. Sakakini, *Kadha Ana ya Dunya*, 286–87. 사미가 범인이라는 사실을 알았던 할릴은 그의 행동이 "이즈가 보였던 영웅적 행동에 버금간다"고 추켜세웠다. 다음을 참고. Segev, *One Palestine, Complete*, 365–66. 경찰의 조사에 대해서는 다음을 참고. MECA Tegart Papers 1/3c, 37ff.
57. Sharett, *Yoman Medini*, vol. 1, June 21, 1936. Shertok undated memo, CZA S25/3435. Ben-Gurion, *My Talks*, 55, 85–91. Caplan, *Futile Diplomacy*, 213–15.
58. Porath, *Palestinian Arab*, 184ff.

59. Hala Sakakini, *Jerusalem and I: A Personal Record* (Amman: Economic Press, 1990), 58. Kedourie and Haim, *Zionism and Arabism*, 74. 압델의 생애에 대한 자세한 내용은 다음을 참고. Sonia Nimr, "A Nation in a Hero: Abdul Rahim Hajj Mohammad and the Arab Revolt," in *Struggle and Survival in Palestine/Israel*, ed. Mark LeVine and Gershon Shafir (Berkeley: University of California Press, 2012), 144ff. Ezra Danin, ed., *Teudot u-Demuyot mi-Ginze ha-Kenufyot ha-Arviyot bi-Me'ore'ot 1936–1939* [Documents and Portraits from the Arab Gangs' Archives in the Arab Revolt in Palestine 1936–1939], 2nd ed. (Jerusalem: Magnes Press, 1981), 30–48, 91–104. 압델과 아레프에 대한 내용은 6장과 7장 참고.
60. 나블루스·아크레·사페드·리다에는 6월에, 야파에는 8월에 일괄적으로 벌금이 부과됐다. "Col. 129," 10–11. Abboushi, "Road to Rebellion," 36. Martin Gilbert, *Atlas of the Arab-Israeli Conflict*, 6th ed. (New York: Oxford University Press, 1993), 20.
61. Dispatch by Air Vice-Marshal Peirse, October 15, 1936, TNA CO 733/317. 다음도 참고. Matthew Kelly, "The Revolt of 1936: A Revision," *Journal of Palestine Studies* 44, no. 2 (2015): 32–34; Hughes, *Britain's Pacification of Palestine*, 190–92; Arnon-Ohanah, *Mered Arvi*, 65–67; *Al-Liwa*, June 13 and 14, 1936.
62. "An Appeal to Conscientious Britishers," July 15, 1936, HA 8/39–120.
63. "An Open Letter to the Jews," June 18, 1936, HA 8/38–284.
64. Matthew Hughes, "Assassination in Jerusalem: Bahjat Abu Gharbiyah and Sami Al-Ansari's Shooting of British Assistant Superintendent Alan Sigrist 12th June 1936," *Jerusalem Quarterly* 44 (2010): 6–10. Yasin, *Thawrah*, 171. *Filastin*, June 20, 1936.
65. Sakakini, *Kadha Ana ya Dunya*, 286–87. Zuaytir, *Yawmiyat*, 171. *Filastin*, June 20 and July 27, 1936. 다음도 참고. Sandy Sufian, "Anatomy of the 1936–1939 Revolt: Images of the Body in Political Cartoons of Mandatory Palestine," *Journal of Palestine Studies* 37, no. 2 (Winter 2008): 32–34.
66. Michael F. J. McDonnell and R. J. Manning, "The Town Planning of Jaffa 1936: Judgments," in *From Haven to Conquest*, ed. Walid Khalidi (Beirut: Institute for Palestine Studies, 1971), 343–51. Yasin, *Thawrah*, 199–200. *Al-*

*Difa*, June 17 and 18, 1936; *Filastin*, June 25 and 28, 1936. 추후 배상이 이루어지기는 했다. 다음을 참고. "Emergency Regulations (Compensation for Jaffa Demolitions), 1936," *Palestine Gazette*, no. 627, supp. 2; Goren, "Destruction of Old Jaffa," 1008. 이 책의 표지에서 파괴된 야파 구시가지의 사진을 볼 수 있다.

67. Porath, *Palestinian Arab*, 193–95. Mattar, *Mufti of Jerusalem*, 78–79.

68. "Col. 129," 16. Slutsky, *Sefer Toldot*, 2:656. Gilbert, *Atlas of the Arab-Israeli Conflict*, 20–21.

69. "Murder of Inspector Naif," *Palestine Post*, August 5, 1936. "Moslem Leader Slain in Arab Factional Fight," *JTA*, September 28, 1936. Cohen, *Army of Shadows*, 105–6. Arnon-Ohanah, *Mered Arvi*, 68. Kedourie and Haim, *Zionism and Arabism*, 79. (1937년에 작성된 것으로 보이는) 경찰의 수사 보고서는 무장단체 지도자 유수프 아부 도라를 범인으로 지목했다. 다음을 참고. MECA Tegart Papers 1/3c/105ff.

70. Slutsky, *Sefer Toldot*, 2:881–93.

71. "Lewis Billig, Arabic Scholar Shot Dead While at Studies," and "Lewis Billig" (obituary), *Palestine Post*, August 23, 1936.

72. 독일계 유대인 동양학자였던 S. D. 고이타인(S. D. Goitein)은 빌리그에 대한 추도사에서 "이 땅에 우리와 함께 살고 있는 이웃 민족에게 그는 진정 평화인이었다"며 "앞서 죽어간 많은 형제처럼 고통받지 않고 순식간에 죽음을 맞이했다는 데에 조금이나마 안도감을 느낀다"고 말했다. "The Funeral" and "Tribute to Lewis Billig," *Palestine Post*, August 23, 1936.

73. Danin, *Teudot*, 1–5. Hanna to Levy, October (no date) 1936, ISA P-695/5. Roger Courtney, *Palestine Policeman* (London: Jenkins, 1939), 69.

74. Laila Parsons, *The Commander: Fawzi al-Qawuqji and the Fight for Arab Independence, 1914–1948* (New York: Hill and Wang, 2016), 21–25, 36, 93, 106–21, 266n. Laila Parsons, "Rebels Without Borders," in *The Routledge Handbook of the History of the Middle East Mandates*, ed. Cyrus Schayegh and Andrew Arsan (London; New York: Routledge, 2015), 398–404.

75. 아크람은 《하레츠》의 보도를 인용해 파우지의 파견대 규모가 100명이며, 영국군은 500명을 투입했다고 주장했다. Zuaytir, *Yawmiyat*, 54–56, 162–63, 167. Porath, *Palestinian Arab*, 189–90. Parsons, *Commander*, 125–26.

Danin, *Teudot*, 2 – 3. Parsons, *Commander*, 118 – 22. Nimr, "Arab Revolt," 95 – 96. Zuaytir, *Yawmiyat*, 161 – 62.

76. 왕립 링컨셔 연대 제2대대에 따르면 비행기 두 대 가운데 한 대는 무사히 착륙했다. 다음을 참고. *On Special Service in Malta and Palestine, 19th September 1935–20th December 1936* (Portsmouth: Navy, Army and Air Force Institutes, 1937). 숨진 조종사가 지니고 있던 사진과 돈을 반군들이 가져갔으나, 파우지는 추후 조종사의 소지품을 그의 배우자에게 돌려주었다고 주장하며 "불쌍한 아내가 남편의 소지품을 돌려받았다는 사실을 알게 되어 마음이 놓였다"고 말했다. Hanna to Levy, October 1936, ISA P-695/5.

77. Courtney, *Palestine Policeman*, 69. Parsons, *Commander*, 123. "Packer, Charles Ernest," IWMSA 4493/1. 대부분의 아랍 인사가 대봉기 가담을 꺼리는 가운데 예루살렘 지역에서 단체를 이끌던 압델 카데르 후세이니(Abdel Qader Husseini)는 눈에 띄는 예외 사례였다.

78. "Gratton, John Stewart Sancroft," IWMSA 4506/2.

79. 일부 아랍인도 이 생각에 동의했다. 유수프 한나는 대무프티가 부도덕하고 부패한 인물이며, 유대인의 과학적 통찰에 그저 파트와로 맞설 뿐이라고 탄식했다. Hanna to Levy, November 8, 1936, ISA P-695/5. Wauchope to Ormsby-Gore, August 20 and 22, 1936, TNA CAB 24/263/55, and September 12, 1936, CAB/264/29. Ormsby-Gore to Wauchope, September 1, 1936, CAB/23/85.

80. Hughes, *Britain's Pacification of Palestine*, 75.

81. 같은 날 아랍고등위원회는 청원을 받아들여 소요사태와 파업의 중단을 촉구했다. Husseini, *Mudhakkirat*, 26 – 27. Porath, *Palestinian Arab*, 212 – 15. Sakakini, *Kadha Ana ya Dunya*, 290.

82. Michael J. Cohen, "Origins of the Arab States' Involvement in Palestine," *Middle Eastern Studies* 19, no. 2 (April 1983): 244 – 52. Aaron S. Klieman, "The Arab States and Palestine," in Kedourie and Haim, *Zionism and Arabism*, 119 – 34. Porath, *Palestinian Arab*, 199 – 216. Ben-Gurion, *My Talks*, 104 – 21.

83. "League of Nations Permanent Mandates Commission Minutes [···] Devoted to Palestine," August 4, 1937. 다음도 참고. "Disturbances 1936 – 1939," BGA STA file 212, 43 – 57.

84. Morris, *Righteous Victims*, 135; Porath, *Palestinian Arab*, 215; Zuaytir, *Yawmiyat*, 211 – 12.

85. 출처에 따라 인파의 규모는 5000명에서 무려 1만 5000명까지 다양하다. 다음을 참고. Royal Lincolnshire Regiment, *On Special Service*; Danin, *Teudot*, 7; Zuaytir, *Yawmiyat*, 221 – 22.

86. Parsons, *Commander*, 134, 139, 163.

87. 당국은 아랍어 신문에 대해서는 34번, 히브리어 신문에 대해서는 13번 정간 명령을 내렸다. "Col. 129," 19 – 20. "Cmd. 5479," 105 – 6. Sachar, 201. Kimmerling and Migdal, *Palestinian People*, 129. Boyle, *Betrayal of Palestine*, 24, 50 – 52. Antonius, *The Arab Awakening*, 111 – 15, 152 – 58.

88. Sakakini, *Kadha Ana ya Dunya*, 290.

89. 벤구리온은 "유대인들에게 약속된 땅은 비어 있던 땅이 아니라 아랍인이 오랫동안 살아온, 어쩌면 영국인이 영국에 정착해 살아온 것보다 더 오랜 시간 살아온 땅이었다"고 말했다. Ben-Gurion to Mapai Central Committee, September 29, 1936, LPA 2 – 3 – 1929-22. 유사한 발언에 대해서는 다음 또한 참고. July 6, 1938, LPA 2 – 23 – 1938 – 2; Segev, *One Palestine, Complete*, 370 – 71. 팔레스타인의 아랍 민족 운동에 대한 벤구리온과 동료들의 견해 차이에 대해서는 다음을 참고. Haim, *Abandonment of Illusions*, 132 – 33, 137.

## 3장 두 국가 해법론

1. "Moussa Eff. Alami," ISA M-758/25.

2. Luigi Goglia, "Il Mufti e Mussolini: alcuni documenti italiani sui rapporti tra nazionalismo palestinese e fascismo negli anni trenta," *Storia Contemporanea* 17, no. 6 (December 1986): 1220. Nir Arielli, "Italian Involvement in the Arab Revolt in Palestine," *British Journal of Middle Eastern Studies* 35, no. 2 (August 2008): 194 – 96. Nir Arielli, *Fascist Italy and the Middle East*, 1933 – 1940 (New York: Palgrave Macmillan, 2013), 113.

3. Arielli, "Italian Involvement," 191 – 92; and *Fascist Italy*, 116. "Currency converter: 1270 – 2017," The National Archives, https://www.nationalarchives.gov.uk/currency-converter.

4. Note by Leo Kohn, February 23, 1934, WA 22 – 1725 (for Mussolini's

portrait see WA 4－1725). Chaim Weizmann, *The Letters and Papers of Chaim Weizmann, Series B*, ed. Barnet Litvinoff, vol. 2 (New Brunswick, NJ; Jerusalem: Transaction Books; Israel Universities Press, 1983). Motti Golani, "The Meat and the Bones: Reassessing the Origins of the Partition of Mandate Palestine," in *Partitions: A Transnational History of Twentieth-Century Territorial Separatism*, ed. Arie Dubnov and Laura Robson (Stanford: Stanford University Press, 2019), 98. 다음도 참고. Norman Rose, *The Gentile Zionists: A Study in Anglo-Zionist Diplomacy*, 1929－1939 (London: F. Cass, 1973), 102ff.

5. Eran Kaplan, *The Jewish Radical Right: Revisionist Zionism and Its Ideological Legacy* (Madison, WI: University of Wisconsin Press, 2005), 157.
6. Penny Sinanoglou, *Partitioning Palestine: British Policymaking at the End of Empire* (Chicago: University of Chicago Press, 2019), 31. 쿠플런드의 배경에 대해서는 다음을 참고. Arie Dubnov, "The Architect of Two Partitions or a Federalist Daydreamer? The Curious Case of Reginald Coupland," in Dubnov and Robson, *Partitions*, 56ff; Monty Noam Penkower, *Palestine in Turmoil: The Struggle for Sovereignty*, 1933－1939, vol. 2 (New York: Touro College, 2014), chap. 6, passim.
7. "Cmd. 5479," ix.
8. 고어는 영국 내각이 밸푸어 선언에 대해 논의하는 동안 바이츠만을 자신의 집에 묵게 해주었다. 그는 1918년 팔레스타인 시온주의자 위원회의 정부 측 연락관이기도 했다. 스콧 앤더슨(Scott Anderson)은 고어의 개종을 기정사실로 보았으나, 다른 곳에서는 확인된 바 없는 내용이다. 다음을 참고. 스콧 앤더슨, *Lawrence in Arabia* (New York: Anchor, 2013), 254.
9. *Al-Liwa*, November 8, 1936. Al-Difa, November 11, 1936. Taggar, *Mufti of Jerusalem*, 423. Porath, *Palestinian Arab*, 221－23. 이민 중단을 각오하고 있었던 벤구리온은 이 반전에 매우 기뻐했다. 다음을 참고. his diary, November 5, 1936, BGA.
10. Cox to Moody, February 11, 1937, TNA CO 733/326/4. Hanna to Levy, December 19, 1936, and January 7, 1937, ISA P-695/5. Zuaytir, *Yawmiyat*, 239. Furlonge, *Palestine*, 110, 117. Taggar, *Mufti of Jerusalem*, 424－26. Elath, "Conversations," 54. Kabha, *Palestinian Press*, 237.
11. Husseini, *Mudhakkirat*, 17. Taggar, *Mufti of Jerusalem*, 418, 424.

12. Ormsby-Gore to Eden, October 1, 1936, TNA FO 954/12B/383.
13. "Cmd. 5479," ix. Sinanoglou, *Partitioning Palestine*, 65. "Royal Commission in Jerusalem," *The Times*, November 12, 1936.
14. Black, *Enemies and Neighbors*, 79. Ian Black and Benny Morris, *Israel's Secret Wars: A History of Israel's Intelligence Services* (New York: Grove Press, 2003), 12. Segev, *One Palestine, Complete*, 278–80. 팰리스 호텔은 현재 월도프 아스토리아 호텔이 됐다.
15. "Haj Amin's letter to Earl Peel" (likely November 1936), MECA Jerusalem and the East Mission Papers (JEM) 65/1.
16. "Col. 134: Palestine Royal Commission: Minutes of Evidence Heard at Public Sessions" (His Majesty's Stationery Office, 1937), iii–v.
17. Weizmann, *Letters*, series B, vol. 2, 283. Storrs, *Memoirs*, 439. Blanche E. C. Dugdale, *Baffy: The Diaries of Blanche Dugdale, 1936–1947*, ed. Norman Rose (London: Vallentine Mitchell, 1973, reissued 2021), 62.
18. 셰르토크는 공개적으로는 다섯 차례, 비공개로는 두 차례 증언했다. 그중 네 번은 다른 증인들과 함께였다. 바이츠만의 경우 매번 단독으로 증언했다. "Col. 134," viii–ix.
19. "Col. 134," 30–39.
20. Weizmann, *Letters*, series B, vol. 2, 132–36, 150.
21. Ibid., 141, 192–93.
22. Ibid., 200.
23. Ibid., 162–68.
24. 회의록에 따르면 바이츠만은 사망한 이즈를 "셰이크 카스르 압딘(Sheikh Kasr Abdin)"이라고 불렀다. 이것이 바이츠만의 실수인지 속기사의 실수인지는 확인되지 않았다. Ibid., 133, 143, 252.
25. Ibid., 175, 212–21, 236.
26. Ibid., 233–49. 최종 보고서는 ("유대인의 존재"를 원인으로 든) 바이츠만의 발언을 익명으로 인용했다. "Cmd. 5479," 110.
27. Weizmann, *Letters*, series B, vol. 2, 257ff. 시온주의 지도부 대부분은 바이츠만의 증언이 유려했다고 생각했다. 바이츠만을 비판하곤 했던 벤구리온은 그의 언변 자체는 칭찬했으나, "무책임성"과 지나치게 양보적인 태도를 지적했다. 다음을 참고. Ben-Gurion diary, December 9, 23, 24, and 30, 1936,

BGA, and Teveth, *Burning Ground*, 574–82, 587–88.

28. 바이츠만의 비서는 그가 위원회와의 이 만남 이후 일생을 바친 긴 노력이 마침내 성공을 거뒀다며 눈물로 기뻐했다고 말했다. Christopher Sykes, *Crossroads to Israel* (Bloomington: Indiana University Press, 1973), 153–67. Rose, *Gentile Zionists*, 123–45.

29. Weizmann, *Letters*, series B, vol. 2, 228, 259–64. 분할을 위한 바이츠만의 수년간의 노력에 대한 회의적 견해는 다음을 참고. Teveth, *Burning Ground*, 587ff.

30. Laila Parsons, "The Secret Testimony of the Peel Commission (Part I): Underbelly of Empire," *Journal of Palestine Studies* 49, no. 1 (Autumn 2019): appendix, 1–4.

31. Taggar, *Mufti of Jerusalem*, 425–26. Yoav Gelber, *Jewish-Transjordanian Relations, 1921–48*. (London; Portland, OR: F. Cass, 1997), 95–98. *Filastin*, January 7, 1937.

32. "Cmd. 5479," xii. Hanna to Levy, December 19, 1936, ISA P-695/5, and to Mrs. Levy, January 18, 1937, P-695/6. Ben-Gurion diary, May 11, 1937, BGA. Gelber, *Jewish-Transjordanian Relations*, 92–93, 108–9. 에미르는 폭동 발생 후 2년간 시온주의 지도자들에게서 3700파운드를 받았다. 다음을 참고. Black, *Zionism and the Arabs*, 168. 압둘라가 위원회에 제출한 서면 의견서에 대해서는 다음을 참고. Hathorn Hall to Ormsby-Gore, March 4, 1937, TNA CO 733/344/11.

33. "Col. 134," 293–95. Sykes, *Crossroads to Israel*, 162–63. Zuaytir, *Yawmiyat*, 257ff.

34. AHC memorandum to Royal Commission, January 10, 1937, ISA P-3060/6.

35. "Col. 134," 296–98, 305–23.

36. Wauchope to Ormsby-Gore, December 15, 1936, and January 12, 1937, TNA CAB 24/267/1 and 24/267/31. Taggar, *Mufti of Jerusalem*, 428. Furlonge, *Palestine*, 110–11.

37. 필 위원회의 최종 보고서는 아랍고등위원회가 아랍 측 증인들에게 절대적인 영향력을 발휘했다고 기록했다. 증인들은 모두 고등위원회를 대변하거나 안토니우스의 경우처럼 고등위원회의 허가하에서만 발언했다. 모두가

"아랍고등위원회 측의 입장을 전폭적으로 지지했다." "Cmd. 5479," 132. 후세인 할리디는 증언을 시작하며 "저는 아랍고등위원회의 일원이자 예루살렘의 시장입니다"라고 말했으나 자신이 전자의 자격으로만 발언할 것임을 강조했다. "Col. 134," 335.

38. "Col. 134," 358–67. Antonius testimony in "Abandoned documents, Government of Palestine," ISA P-3059/16. Antonius to Walter Rogers, February 16, 1937, ICWA. Zuaytir, *Yawmiyat*, 274–76. 최종 보고서는 정상인이라면 누구나 유럽 유대인이 겪는 처우에 혐오를 느낄 것이라는 발언 이면의 정서를 언급하며 이 발언의 주인공이 "아랍 측 주장의 훌륭한 대표자"라고 밝혔다. 다음을 참고. "Cmd. 5479," 395.

39. Dubnov and Robson, *Partitions*, 59, 68ff, 104ff. Sinanoglou, *Partitioning Palestine*, 112. Laila Parsons, "The Secret Testimony of the Peel Commission (Part II): Partition," *Journal of Palestine Studies* 49, no. 2 (winter 2020): 11–19.

40. 라일라 파슨스(Laila Parsons)는 새롭게 기밀 해제된 필 위원회 비공개 회의들을 분석한 최초의 학자다. 파슨스는 분할안 수립과 승인에 있어 해리스가 수행한 중추적인 역할을 최초로 인식했다. Parsons, "Secret Testimony (Part I)," 11ff. 해리스는 팔레스타인 고위 관리로서 1935년 칸톤화에 대한 상세한 의견서를 작성했던 아처 커스트(Archer Cust) 수하에서 일했다. 해리스는 증언을 시작하며 자신의 계획이 커스트의 계획을 바탕으로 작성된 것임을 밝혔다. 커스트에 대한 내용은 다음을 참고. Sinanoglou, *Partitioning Palestine*, 53–64; Roza El-Eini, *Mandated Landscape: British Imperial Rule in Palestine, 1929–1948* (London; New York: Routledge, 2015), 317–24, 368–69, 535; Dubnov and Robson, *Partitions*, 74–76, 100–102; Chaim Weizmann, *The Letters and Papers of Chaim Weizmann*, Series A, ed. Barnet Litvinoff, vol. 17–19 (Jerusalem: Israel Universities Press, 1979), 261–62, 293–95.

41. 해리스는 아크레 자체는 아랍 국가에 넣었다. 원래의 제안에서는 야파도 일종의 통로로 연결해 아랍 국가에 포함하자는 의견이었으나, 아랍 국가가 아닌 예루살렘 주변의 위임통치령 지역에 연결하자는 쿠플런드의 제안을 받아들였다.

42. "Palestine Royal Commission: Minutes of Evidence Heard at Secret Sessions," TNA FO 492/19, 440–43. 해리스는 유대 국가 내의 아랍인 소유 토지와 비슷한 가치를 지닌 아랍 국가 내의 유대인 소유 토지를 교환하

자고 제안하기도 했다.

43. 다음 날 쿠플런드는 나할랄 모샤브에서 비밀리에 바이츠만을 만났다. 이 만남을 계기로 분할안에 대한 쿠플런드의 믿음은 더욱 굳건해졌다. Sinanoglou, *Partitioning Palestine*, 110; Dubnov and Robson, *Partitions*, 103–5; Penkower, *Palestine in Turmoil*, 368–69; Sykes, *Crossroads to Israel*, 165–66. 1937년 4월 쿠플런드는 해리스와 서신을 주고받았고, 분할에 관련하여 해리스가 보낸 서신 내용은 최종 보고서에 상당 부분 인용됐다. Parsons, "Secret Testimony (Part II)," 15–17; El-Eini, *Mandated Landscape*, 318–24.

44. "Secret Sessions," TNA FO 492/19. 라일라 파슨스에게 파일들의 존재를 알린 사람은 스티븐 B. 와그너(Steven B. Wagner)였다. 와그너는 필자에게 이 자료를 흔쾌히 제공해주었다. 다음을 참고. Parsons, "Secret Testimony (Part I)," 9–10, passim, and "Secret Testimony (Part II)," passim. 일부 시온주의 지도자들은 앞서 언급된 숨겨진 마이크의 도움을 받아 자신들의 증언을 비밀리에 기록으로 남겼다. 다음을 참고. Weizmann, *Letters*, series B, vol. 2, 126ff; Ben-Gurion, *Zichronot*, 4:8–18.

45. 앤드루스는 쿠플런드와 앞서 나눈 사적인 대화에서 이러한 생각을 밝혔을 가능성이 크다. 그날 쿠플런드는 팔레스타인 수석부장관 존 하손 홀(John Hathorn Hall)에게 "온건파 아랍인 한두 명이 분할안을 제안"했고 "예루살렘 시장과 그 측근들이 관심을 보인다"고 말했다. 하손 홀은 그의 말에 놀라며 압둘라의 동맹 일부를 제외하고 아랍인 가운데 분할을 받아들일 사람은 거의 없을 것이라 예측했다. "Secret Sessions," TNA FO 492/19, 431–32, 444. 유수프 한나는 "암" 발언의 주인공을 "매우 교양 있는 아랍 인사"라고 밝혔다. 유수프 한나는 이 인사가 필 위원장에게 다음과 같이 말했다고 적었다. "암세포는 가능하다면 한쪽 팔이나 다리에 몰아서 잘라내는 것이 낫습니다. 칸톤화가 아닌 절단인 것입니다. 우리 쪽에 사는 유대인은 유대인 쪽에 사는 아랍인과 교환해야 합니다." Hanna to Levy, January 11, 1937, ISA P-695/6.

46. 파슨스는 후세인 할리디가 회고록에서 앤드루스를 기만적인 인물로 묘사했음을 지적하며 그가 앤드루스에게 이런 생각을 털어놓았을 가능성이 "극히 낮다"고 주장했다. 다음을 참고. Parsons, "Secret Testimony (Part II)," 13–14. 그러나 해당 회고록은 수년이 지나고 이스라엘 건국 이후 집필된 것으로,

이 시기에는 앤드루스 같은 친시온주의적 분할주의자와의 관계를 부정해야 한다는 압박이 존재했다. 분할론이 언급되던 1937~1939년 후세인 할리디가 쓴 일기에는 긍정적인 것이든 부정적인 것이든 앤드루스에 대한 인상이 전혀 등장하지 않는다. Khalidi, *Exiled from Jerusalem: The Diaries of Hussein Fakhri al-Khalidi*, ed. Rafiq Husseini (London: I.B. Tauris, 2020), passim.

47. 쿠플런드는 분할안을 지지하는 아랍 인사들의 이름을 밝히지 않았지만 후세인 할리디의 형이자 아랍대학교 학장이었던 아메드는 3년 전 《필라스틴》에 칸톤 연방에 대한 제안을 익명으로 실은 바 있었다. 그의 제안은 아랍 언론에서는 널리 거부당했으며, 영국과 유대인 측은 조용한 관심을 보이는 정도였다. 다음을 참고. Caplan, *Futile Diplomacy*, 26–27, 196–98; Sinanoglou, *Partitioning Palestine*, 52–53.

48. "Secret Sessions," TNA FO 492/19, 455–56. 파슨스는 이를 두고 "전 과정에 걸쳐 쿠플런드가 보인 정직성의 결여와 교묘한 조종을 보여주는 가장 명백한 예시"라고 설명했다. 다음을 참고. Parsons, "Secret Testimony (Part II)," 15.

49. "Notes of Discussion at Helouan," January 21, 1937, TNA CO 733/346/19. "만장일치를 위해" 자신의 신념을 접었다는 럼볼드의 발언은 다음을 참고. Sinanoglou, *Partitioning Palestine*, 112.

50. "Col. 134," 370–78.

51. Zuaytir, *Yawmiyat*, 279.

52. Martin Gilbert, *Churchill and the Jews* (London: Pocket, 2008), 38. 이에 대한 비교적 회의적인 견해는 다음을 참고. Michael J. Cohen, "The Churchill-Gilbert Symbiosis: Myth and Reality, Martin Gilbert, Churchill and the Jews," *Modern Judaism* 28, no. 2 (April 2, 2008): 204–222, passim. 코헨(Cohen)은 처칠이 실용주의와 정치를 동기로 움직이는 경우가 많았으며 때로 반유대주의의 영향을 받은 것으로 보았다. 그는 처칠이 1929년이 되어서야 시온주의에 헌신하기 시작했다고 주장했다.

53. 바이츠만은 처칠이 "아랍인을 대체적으로 낮게 평가했다"고 다소 에둘러 기록했다. Gilbert, *Churchill and the Jews*, 48, 53.

54. 밸푸어 선언 발표 이면에 있던 내각의 동기를 언급한 로이드 조지의 비공개 증언은 다음을 참고. Kessler, "'A dangerous people to quarrel with.'" 조지 전 총리는 증언 작성 과정에서 바이츠만의 조력을 받았으며, 바이츠만은

그에게 궁극적인 목표는 유대 국가 설립이었다고 말하도록 조언하기도 했다. Weizmann to Lloyd George, March 11, 1937, WA 19 – 1969, and vice versa, April 12, 1937, WA 12 – 1975. Angela Clifford, ed., *Serfdom or Ethnic Cleansing?—Churchill's Evidence to the Peel Commission (1937)* (Belfast: Athol Books, 2003), 16, 19 – 21. Gilbert, *Churchill and the Jews*, 112 – 13.

55. Clifford, *Serfdom*, 20, 23 – 28, 34 – 35. 증언 전체 내용은 다음을 참고. "Secret Sessions," TNA FO 492/19, 500 – 508.
56. Rabbis Amiel and Uziel to Wauchope on accession of George VI, December 15, 1936, ISA M-525/43. "Messages addressed to H.M. the King on the occasion of his Coronation," May 14, 1937, ISA M-526/22.
57. Weizmann, *Trial and Error*, 389 – 92.
58. 1950년 바이츠만에게 보낸 편지에서 쿠플런드는 자신이 3부로 구성된 최종 보고서 가운데 1부 〈문제〉와 3부〈지속 가능한 합의의 가능성〉을 작성했다고 인정했다. Dubnov and Robson, *Partitions*, 104.
59. "Cmd. 5479," 41 – 42.
60. Ibid., 7, 127 – 31, 363.
61. Ibid., 42, 119 – 31, 263, 370.
62. 직접적이지는 않았지만 무사 또한 비난의 대상이 됐다. 유대인 증인들은 공공 시설물 파괴 용의자들이 부당하게 무혐의로 풀려난 경우들을 언급하며 팔레스타인 사법부가 아랍 편향적이라는 불만을 제기했다. 이에 따라 보고서는 무사가 맡고 있던 고위 정부 법정 변호사 자리를 영국인으로 교체할 것을 권고했다. 문제가 된 사건들이 진행되는 동안 무사는 휴가를 내고 유럽에 있었지만 이러한 사실은 감안되지 않았다. Ibid., 167, 177 – 81. Furlonge, *Palestine*, 111 – 12.
63. "Cmd. 5479," 119, 124.
64. Ibid., 46, 52, 299.
65. Ibid., 104 – 5, 389.
66. Ibid., 373.
67. Ibid., 39 – 41, 306 – 7.
68. Ibid., 363 – 68, 375 – 79.
69. Ibid., 383 – 86. 1938년 해리스는 분할 시 아랍 국가가 "최소한의 생존 수준 또는 기아 상태"로 존재하게 될지도 모른다며 파산을 우려했다. 다음을 참

고. El-Eini, *Mandated Landscape*, 340; Krämer, *History of Palestine*, 281.

70. "Cmd. 5479," 395–96.
71. "Cmd. 5513: Statement of Policy by His Majesty's Government" (His Majesty's Stationery Office, 1937). 다음도 참고. Zuaytir, *Yawmiyat*, 294–95.
72. Ben-Gurion diary, July 3, 6, and 20, 1937, BGA. Itzhak Galnoor, *Partition of Palestine: Decision Crossroads in the Zionist Movement* (Albany: SUNY, 1995), 77. 1월 7일 벤구리온이 위원회에서 한 공개 및 비공개 증언은 다음을 각각 참고. "Col. 134" and TNA FO 492/19. 발표를 위한 자필 메모는 다음을 참고. BGA STA file 52.
73. Ben-Gurion diary, July 3, 4, 6, and 9, 1937, BGA. 다음도 참고. Ben-Gurion's secret memo, "After a first reading," July 10, 1937, in "Partition: June-July 1937," BGA STA file 282, 150ff.
74. Ibid., July 7, 9, 19, and 27, 1937. Teveth, *Burning Ground*, 612–13. 벤구리온은 유대 국가가 탄생할 수도 있다는 전망에 2월부터 흥분해 동료들에게 갈릴리 지역 전체와 아라바 계곡에서 홍해까지를 유대 국가에 넣어야 한다고 말하고 다녔다. 다음을 참고. Ben-Gurion to Mapai Central Committee, February 5, 1937, LPA 2–023–1937-16. 다른 제안들과 마찬가지로 갈릴리 포함 또한 쿠플런드의 제안이었다. 다음을 참고. El-Eini, *Mandated Landscape*, 324.
75. Ben-Gurion diary, July 27, 1937, BGA. "Cmd. 5479," 390–91. 이 제안은 당시 콘스탄티노플 주재 대사였던 럼볼드가 했을 가능성이 있다.
76. Ben-Gurion diary, July 12 and 23, 1937, BGA.
77. Ibid., July 12, 1937.
78. Ibid., July 27, 1937.
79. Ibid., July 7 and 15, 1937. Teveth, *Burning Ground*, 608–10. Ben-Gurion in *Daily Herald*, July 9, 1937. 바이츠만 또한 이동이 "필수적"이라고 보았다. 다음을 참고. Weizmann to Ormsby-Gore, July 14, 1937, WA.
80. Ben-Gurion diary, July 9 and 11, 1937, BGA. Hanna to Levy, May 28, 1937, ISA P-695/6. Krämer, *History of Palestine*, 284. 엘라스가 기술한 무사의 말에 따르면 무사도 안토니우스도 분할안을 단칼에 거부해서는 안 된다고 생각했다. 다음을 참고. Elath, "Conversations," 55.
81. Laura Zittrain Eisenberg, *My Enemy's Enemy: Lebanon in the Early Zionist*

*Imagination, 1900–1948* (Wayne, MI: Wayne State University Press, 1994), 62–63, 100–101, 188n44. Kabha, *Palestinian Press*, 220. Black, *Zionism and the Arabs*, 269ff.

82. Gelber, *Jewish-Transjordanian Relations*, 112, 115; Dugdale, *Baffy*, 42. 압둘라는 시온주의 진영에서 지속적으로 "보조금"을 받았다. 여기에는 유대인기구에서 받은 500파운드와 기업가 핀하스 루텐버그(Pinhas Rutenberg)에게서 받은 1000파운드가 포함됐다.
83. Coupland to Ormsby-Gore, June 23, 1937, TNA CAB 24/270/11; Wauchope to Parkinson, July 10, 1937, CAB 24/270/38. Hanna to Levy, May 28, 1937, ISA P-695/5. 다음도 참고. Zvi Elpeleg, *The Grand Mufti: Haj Amin al-Hussaini, Founder of the Palestinian National Movement* (Portland, OR: Frank Cass, 1993), 46; Porath, *Palestinian Arab*, 229.
84. Nashashibi to Wauchope, July 21, 1937, ISA M-528/11. Gelber, *Jewish-Transjordanian Relations*, 117. Porath, *Palestinian Arab*, 229–30.
85. Included in Wauchope to Eden, September 9, 1937, ISA M-528/13.
86. Porath, *Palestinian Arab*, 235–36. Taggar, *Mufti of Jerusalem*, 451.
87. Galnoor, *Partition of Palestine*, 205.
88. Weizmann, *Letters*, series B, vol. 2, 283. 그의 발언은 히스타드루트가 새롭게 창간한 아랍어 주간지에 보도됐다. 다음을 참고. *Haqiqat al-Amr*, August 11, 18, and 25, 1937.
89. Galnoor, *Partition of Palestine*, 175, 214–17, 221. 테베스는 거의 모든 시온주의 정당 내에 분할안에 대한 반대가 깊게 자리 잡고 있었다고 지적했다. 그러나 추후, 특히 홀로코스트 이후 골다 메이어를 비롯한 분열 반대론자들은 자신의 실수를 인정했다. 다음을 참고. Teveth, *Burning Ground*, 608, 614–17.
90. Elie Kedourie, "The Bludan Congress on Palestine, September 1937," *Middle Eastern Studies* 17, no. 1 (January 1981): 115–18. Zuaytir, *Yawmiyat*, 315. Husseini, *Mudhakkirat*, 35. 총회 주요 참석자들의 연설 전문과 하지 아민의 서한 내용은 다음에서 볼 수 있다. Fuad Khalil Mufarrij, ed. *Al-Mu'tamar al-Arabi al-Qawmi fi Buludan* [The Arab Nationalist Conference in Bludan] (Damascus: al-Maktab al-Arabi al-Qawmi, 1937), 49–54, passim.
91. Kedourie, "Bludan Congress," 107–11, 117–25. 그로부터 5년 후 야코브는

유대인 측에 토지를 매각했다. 와디 흐네인 지역의 땅은 유대인 거주지 네스 지오나가 되었고, 베이트 하눈 지역의 땅은 니르 암 키부츠가 됐다. 다음을 참고. Stein, *Land Question in Palestine*, 70, 230.

92. Alami to Trusted, May 29, 1937, ISA M-758/25. 다음도 참고. Arielli, *Fascist Italy*, 116; Goglia, "Il Mufti e Mussolini," 1245. "Currency converter: 1270–2017," TNA.

## 4장 검은 일요일

1. Shlomo Rosner, "Tirat Zvi: Yated rishona be-drom emek Beth-She'an" ("Tirat Zvi: First Stake in the South Beth She'an Valley") in *Yamei Homa u-Migdal 1936–1939* [Days of Wall and Tower 1936–1939], ed. Mordechai Naor (Jerusalem: Ben-Zvi Institute, 1987), 94–95, 101. 무사의 조카는 세 번째 소유주가 타우픽이 아닌 시블리 알 자말(Shibli al-Jamal)이었다고 주장했다. Serene Husseini Shahid, *Jerusalem Memories*, ed. Jean Said Makdisi (Beirut: Naufal, 2000), 95–103.
2. 세렌 샤히드(Serene Shahid)는 무사와 자말이 "절친한 친구였지만 둘의 기질은 정반대였다"고 기록했다. Shahid, *Jerusalem Memories*, 95–103.
3. 무사의 토지 매매에 대한 내용은 다음을 참고. Aryeh L. Avneri, *The Claim of Dispossession: Jewish Land-Settlement and the Arabs, 1878–1948* (London; New York: Routledge, 1984, 2017), 168, 232; Joseph Weitz, *Yomani ve-Igrotai la-Banim* [My Diary and Letters to the Boys], vol. 1 (Tel Aviv: Masada, 1965), 158; Ben-Gurion to Brandeis, December 6, 1940, BGA.
4. 엘라스에 따르면 자라에 도착한 정착민들은 파우지가 무사의 토지 매매를 승인하며 보낸 서한을 발견했다. 다음을 참고. Elath, "Conversations," 56, and Penkower, *Palestine in Turmoil*, 319. 무사의 전기와 그 조카의 회고록에는 토지 매매에 대한 내용이 등장하지 않는다. 수년 후 무사는 자신이 타우픽에게 권한을 위임했고 그가 결정을 내렸다고 말했다. Avneri, *Claim of Dispossession*, 299n58.
5. Avneri, *Claim of Dispossession*, 224–33; Stein, *Land Question in Palestine*, 68–70, 229–38; Porath, *Palestinian Arab*, 86ff.
6. Sharett, *Yoman Medini*, vol. 1, June 5 and 7, 1937. "특히 미래 유대 국가의

양쪽 끝 지점과 베이산 지역에 가능한 한 많은 땅"을 매입할 필요가 있다는 내용에 대해서는 다음도 참고. Weizmann to Dugdale (April 4, 1938, WA).

7. Slutsky, *Sefer Toldot*, 2:858–66. 허버트 새뮤얼의 아들은 베이산 땅 매각 결정을 아버지의 "정치적 실수" 가운데 하나라고 평했다. 그는 "관개가 잘된 베이산 인근의 가치 있는 광활한 땅을 아랍인 무단점유자들에게 내주었더니 그들이 유대인에게 바로 팔아넘긴 셈"이라고 말했다. Samuel, *Lifetime in Jerusalem*, 17–18.

8. 1938년 독일은 폴란드를 제치고 유대인 이민자의 최대 원천이 됐다. *Palestine: Blue Book, 1938* (Jerusalem: Palestine Government, 1939), 342.

9. 티라트 즈비 정착민들은 신규 이주자가 아닌 7년 동안 자신들의 땅을 기다린 이들이었다. Naor, *Yamei Homa u-Migdal*, 96, 101–2.

10. Dorothy Kahn Bar-Adon, *Writing Palestine 1933–1950*, ed. Esther Carmel-Hakim and Nancy Rosenfeld (Brookline, MA: Academic Studies Press, 2017), 174–75. Louis D. Brandeis, *Letters of Louis D. Brandeis*, ed. Melvin I. Urofsky and David W. Levy, vol. 5 (Albany: SUNY Press, 1978), 618.

11. 갈릴리 지구는 〈필 위원회 보고서〉가 나오고 1937년 7월 북부 지구에서 분리되어 신설된 지역이었다. 앤드루스의 직책은 지구판무관 대행이었다. 지구 판무관이었던 에드워드 키스 로치(Edward Keith-Roach)는 이후 예루살렘으로 이동 배치됐는데, 그는 칸톤화와 분할안에 극렬히 반대한 인물이었다. 다음을 참고. Sinanoglou, *Partitioning Palestine*, 58–60.

12. Coupland to Ormsby-Gore, July 11, 1937, TNA CO 733/351/2. Quoted in Parsons, "Secret Testimony (Part II)," 16–17.

13. *Davar*, September 28, 1937.

14. Nadav Shragai, "Lewis Yelland Andrews, the Jews' Forgotten Friend," *Israel Hayom*, July 23, 2017.

15. Nevill Barbour, *Nisi Dominus: A Survey of the Palestine Problem* (Beirut: Institute for Palestine Studies, 1946, 1969), 188–89. Wasif Jawhariyyeh, *The Storyteller of Jerusalem: The Life and Times of Wasif Jawhariyyeh*, 1904–1948, ed. Salim Tamari and Issam Nassar, trans. Nada Elzeer (Northampton, MA: Olive Branch Press, 2014), 222. Shragai, "Lewis Yelland Andrews."

16. Jawhariyyeh, *Storyteller of Jerusalem*, 222–23. Zuaytir, *Yawmiyat*, 211. Yasin, *Thawrah*, 96. Segev, *One Palestine, Complete*, 7.

17. 앤드루스는 네타냐 주변 늪지대 배수를 개선하고자 많은 노력을 기울였다. 그는 마을 설립을 위해 정부 소유 토지 매매를 지원했고, 자신의 집 또한 그곳에 마련했다. *Davar*, September 28, 1937. Shragai, "Lewis Yelland Andrews."
18. Battershill to mother, May 9 and 14, 1937, Battershill Papers, MSS. Brit. Emp. 467, box 4, WL.
19. Battershill to mother, June 13 and 23, July 1, 1937, Ibid.
20. Battershill to mother, August 23 and 31, 1937, Ibid.
21. Hoffman, *Anonymous Soldiers*, 65–66, Shragai, "Lewis Yelland Andrews."
22. 앤드루스의 부관 크리스토퍼 피리 고든(Christopher Pirie-Gordon)은 목숨을 건졌다. Battershill to Wauchope, September 27, 1937, Battershill Papers, MSS. Brit. Emp. 467, box 10, WL. Hoffman, *Anonymous Soldiers*, 65–66. *Al-Difa* and *Al-Jamia al-Islamiya*, September 27, 1937. "Tinker, Edward Hayden," IWMSA 4492/3.
23. *Filastin*, September 29, 1937. *Davar*, September 28, 1937.
24. Funeral program, September 27, 1937, TNA CO 733/322/10. "Mr. Lewis Andrews—Prof. Bentwich's Tribute." *The Times*, September 29, 1937. Shragai, "Lewis Yelland Andrews." Keith-Roach, *Pasha of Jerusalem*, 190.
25. Battershill to Ormsby-Gore, October 14, 1937, TNA CO 733/332/10. 이후 며칠에 걸쳐 100명이 추가로 체포됐다.
26. Battershill to Ormsby-Gore, September 27, 1937, TNA PREM 1/352, and September 29, 1937, TNA CO 733/332/11. "Palestine (Defence) Order in Council, 1937," *Palestine Gazette*, no. 675, March 24, 1937. Cabinet summary, September 29, 1937, TNA CAB 23/89/6. Taggar, *Mufti of Jerusalem*, 453; Cohen, *Britain's Moment*, 269.
27. Battershill diary, October 10, 1937, Battershill Papers, MSS. Brit. Emp. 467, box 12, WL.
28. Battershill to Ormsby-Gore, October 1, 1937, TNA CO 733/332/11. Husseini, *Mudhakkirat*, 29, 35–36. 같은 명령으로 아랍고등위원회의 지방 연락망인 "국가위원회" 또한 금지됐다.
29. Cabinet summary, September 29, 1937, TNA CAB/23/89/6. Porath, *Palestinian Arab*, 235–36. Taggar, *Mufti of Jerusalem*, 457. 아랍고등위원회 구

성원 외에 이스티클랄당의 라시드 알 하지 이브라힘(Rashid al-Hajj Ibrahim)도 추방됐다. 그의 추방에 대한 시장의 이야기는 다음을 참고. Khalidi, *Exiled from Jerusalem*, 9 – 21, 70. 1년도 채 되지 않아 후세인 할리디의 친척인 무스타파 할리디(Mustafa Khalidi)가 시장에 취임하며 오스터는 다시 부시장이 됐다.

30. "Mufti's pledge to Palestine Jews." *Daily Telegraph*, July 29, 1937. Arnon-Ohanah, *Mered Arvi*, 170 – 71.
31. 자말은 프랑스 당국에 자신의 이름이 "무함마드 알 자아파리"라고 주장하며 위장을 유지해보려 했지만 소용없었다. Various Foreign Office correspondence, October 1937, TNA FO 371/20816, 371/20817. Husseini, *Mudhakkirat*, 30 – 34; Zuaytir, *Yawmiyat*, 336 – 37; Taggar, *Mufti of Jerusalem*, 461; Mattar, *Mufti of Jerusalem*, 83.
32. Shahid, *Jerusalem Memories*, 123ff. Furlonge, *Palestine*, 112 – 13. "Moussa Eff. Alami," ISA M-758/25. "Who's Who of Palestine: Arab Politicians and Personalities," September 1944, TNA FO 492/27.
33. 매그네스에 대한 무사의 존경 또한 깊었다. 무사는 매그네스만큼 심적으로 가까웠던 사람은 아랍인 중에서도 없다고 털어놓은 적이 있었다. Magnes to Graham-Browne, December 17, 1937, MECA JEM 64/5. Sharett, *Yoman Medini*, vol. 1, June 21, 1936. Caplan, *Futile Diplomacy*, 83.
34. Battershill to Ormsby-Gore, October 23, 1937, TNA CO 935/21. Bernard Fergusson, *The Trumpet in the Hall 1930–1958* (London: Collins, 1970), 39 – 43. Hoffman, *Anonymous Soldiers*, 67. Zuaytir, Yawmiyat, 330 – 32.
35. Ormsby-Gore to Chamberlain, July 22, 1937, TNA PREM 1/352. Ormsby-Gore to Cabinet, October 8, 1937, TNA CAB 24/271/32. Porath, *Palestinian Arab*, 239.
36. Ormsby-Gore to Battershill, November 6, 1937, TNA FO 371/20820. Martin Kolinsky, "The Collapse and Restoration of Public Security," in *Britain and the Middle East in the 1930s: Security Problems, 1935–39*, ed. Michael J. Cohen and Martin Kolinsky (London: Palgrave Macmillan, 1992), 154.
37. "Timeline of Events," United States Holocaust Memorial Museum, www.ushmm.org/learn/timeline-of-events/1933-1938/.
38. Martin Gilbert, *The Routledge Atlas of the Holocaust (London: Routledge, 2009),*

8. *Foreign Relations of the United States (FRUS), 1937*, vol. 2 (Washington: Department of State, 1954), documents 402–25. Memo by George Rendel including note by Polish ambassador, November 4, 1936, TNA FO 371/20028. 다음도 참고. Jehuda Reinharz and Yaacov Shavit, *The Road to September 1939: Polish Jews, Zionists, and the Yishuv on the Eve of World War II* (Waltham, MA: Brandeis University Press, 2018), chap. 1, passim.

39. Memo by George Rendel, November 26, 1937, TNA FO 371/20821 (Poland and Romania were "anxious to be able freely to get rid of their Jews"). Dispatch, August 11, 1937, American Legation at Bucharest, NARA II. "Rumania: Bloodsucker of the villages," *TIME*, January 31, 1938. "Jews spurned in Rumania," *The Argus* (Melbourne), January 24, 1938.

40. Uri Zvi Greenberg, *Sefer ha-Kitrug veha-Emunah* [The Book of Denunciation and Faith] (Jerusalem: Sdan, 1937), 11–12, 103. 필자 직접 번역.

41. I. Alfassi, ed., *Irgun Zvai Leumi (National Military Organization): Collection of Archival Sources and Documents April 1937-April 1941*, vol. 1 (Tel Aviv: Jabotinsky Institute, 1990), 15, 132–33.

42. Joseph B. Schechtman, *Fighter and Prophet: The Jabotinsky Story—The Last Years, 1923–1940* (Silver Spring, MD: Eshel Books, 1986), 449–54. Colin Shindler, *The Rise of the Israeli Right: From Odessa to Hebron* (Cambridge University Press, 2015), 181, and *Triumph of Military Zionism*, 195.

43. 아랍인 사망자 열 명은 11월 11일에 숨진 세 명과 검은 일요일에 사망한 일곱 명이었다. 배터스힐은 이 공격을 11월 9일 키르야트 아나빔에서 발생한 사건에 대한 직접적인 대응으로 보았다. Battershill to Ormsby-Gore, November 23, 1937, TNA CO 935/21. "2 Arabs Killed, 5 Wounded by Bomb in Jerusalem," and "Lifta Arab Found Dead in Jerusalem," *Palestine Post*, November 12, 1937. "Six Killed, Several Wounded in Jerusalem's Day of Terror," *Palestine Post*, November 15, 1937. Hoffman, *Anonymous Soldiers*, 69–70. Shindler, *Rise of the Israeli Right*, 182–183, and *Triumph of Military Zionism*, 197.

44. *Zionews*, November 24, 1937, JI. Schechtman, *Fighter and Prophet*, 453. Slutsky, *Sefer Toldot*, 2:1060–62.

45. Ben-Gurion to Jewish Agency Executive, November 14, 1937, in "Havlagah,"

BGA STA file 57. Ben-Gurion to Mapai Central Committee, November 17, 1937, LPA 2-023-1937-17b. "Six Killed, Several Wounded in Jerusalem's Day of Terror," *Palestine Post*, November 15, 1937. *Haqiqat al-Amr*, November 17, 1937.

46. Hughes, *Britain's Pacification of Palestine*, 144. 151-53(시온주의자 첩보에 대한 사항); Shahid, *Jerusalem Memories*, 123-24; Eisenberg, *My Enemy's Enemy*, 103-111; Michael J. Cohen, *Palestine, Retreat from the Mandate: The Making of British Policy, 1936–45* (New York: Holmes & Meier, 1978), 55-56; Porath, *Palestinian Arab*, 242-43. 반군 지도자들에 대한 대무프티의 통제력을 회의적으로 본 입장은 다음을 참고. Kedourie and Haim, *Zionism and Arabism*, 81-82.
47. Ormsby-Gore to Eden, November 11, 1937, TNA FO 371/20820.
48. Kedourie and Haim, *Zionism and Arabism*, 97n186. "Statement of Mohamed Naji Abu Rab (Abu Jab)," November 30, 1937, and "Terrorism—1936-1937," MECA Tegart Papers 1/3.
49. 파르한은 파우지가 팔레스타인에서 활동한 짧은 기간 동안 그의 휘하에서 복무한 적도 있었다. Battershill to Ormsby-Gore, November 23, 1937, TNA CO 935/21. Kedourie and Haim, *Zionism and Arabism*, 78-82; Kabha, *Palestinian Press*, 214-15; Zuaytir, *Yawmiyat*, 340-42.
50. Battershill to Ormsby-Gore, November 21 and 23, 1937, TNA CO 935/21, CAB 24/273/11. Kabha, *Palestinian Press*, 214; Cohen and Kolinsky, *Britain and the Middle East*, 154.
51. Antonius to Walter Rogers, August 3, 1937, ICWA. George to Katy Antonius, June 30, 1937, ISA P-1053/4.
52. Katy to George Antonius, July 21, 1937, ISA P-1053/4.
53. 케이티는 1938년 10월 28일의 편지에서 자신의 "아랍어가 부족"함을 인정했다. ISA P-1053/8. 다음도 참고. Hadara Lazar, *Six Singular Figures: Jews and Arabs under the British Mandate*, trans. Sondra Silverston (Oakville, ON: Mosaic, 2016), 189-90.
54. Boyle, *Betrayal of Palestine*, 146.
55. George to Katy Antonius, November 27, 1927, ISA P-1053/12.
56. George to Katy Antonius, undated, ISA P-1053/12.

57. George to Katy Antonius, undated, ISA P-1053/8. 다음도 참고. Boyle, *Betrayal of Palestine*, 218.
58. George to Katy Antonius, April 4, 1937, ISA P-1053/4.
59. Katy to George Antonius, June 10, 1937, and undated letter, ISA P-1053/4. Lazar, *Six Singular Figures*, 207.
60. George to Katy Antonius, June 29, 1937, ISA P-1053/4.
61. Antonius to Walter Rogers, August 3, 1937, ICWA. Antonius, *Arab Awakening*, 399–405.
62. Antonius, *Arab Awakening*, 403–5. 한 해 앞서 안토니우스는 무사가 워코프에게 제출한 의견서 작성을 도왔다. 아랍 고위 정부 관료들을 대표해 작성한 이 의견서는 소요사태에 대한 원인 설명과 유대인 이민 중단 요청을 담고 있었다. 이 의견서는 〈필 위원회 보고서〉에 부록으로 첨부됐다. "Cmd. 5479," 401–3.
63. Rendel memo, March 20, 1922, TNA FO 371/7876.
64. Elie Kedourie, "Great Britain and Palestine: The Turning Point," in Kedourie, *Islam in the Modern World* (New York: Holt, Rinehart and Winston, 1981), 113–14, 130–31. George Rendel, *The Sword and the Olive* (London: Wyman, 1957), 98–99.
65. Rendel, *Sword and the Olive*, 112–25. "Sir George Rendel Photo Gallery: Saudi Arabia, 1937," MECA, https://sant.ox.ac.uk/mec/mecaphotos-rendel.html. Kedourie, "Great Britain and Palestine," passim.
66. 렌델은 〈필 위원회 보고서〉가 나오기도 전부터 분할안에 반대했다. 다음을 참고. Kedourie, "Great Britain and Palestine," 116, 145, 166, passim.
67. Minute by Rendel, October 14, 1937, TNA FO 371/20816.
68. Meeting summary by Rendel, October 30, 1937, TNA FO 371/20818.
69. Memo and Minute by Rendel, November 14 and 18, 1937, TNA FO 371/20820. Memo, December 10, 1937, FO 371/20822.
70. Battershill to Shuckburgh, November 17, 1937, TNA CO 733/354/1.
71. Ormsby-Gore to Cabinet, November 9, 1937, TNA CAB 24/272/15. 관련 문서 몇 건을 다음에서 볼 수 있다. Aaron S. Klieman, ed., *A Return to Palliatives*, The Rise of Israel Series (Vol. 26) (New York: Garland, 1987), 1–84. 다음도 참고. Klieman, "The Divisiveness of Palestine: Foreign Office versus

Colonial Office on the Issue of Partition, 1937," *Historical Journal* 22, no. 2 (1979): passim. 그 전해에 벤구리온은 고어를 "가장 열렬한 시온주의자이자 유대인의 친구"라고 칭송한 바 있다. 1936년 7월 6일 벤구리온이 유대인기구 집행부에 한 발언 참고.

72. Eden to Cabinet, November 19, 1937, TNA CAB 24/273/6. 렌델의 의견에 대한 이든의 추종은 다음을 참고. Kedourie, "Great Britain and Palestine," 113, 161, passim.
73. Cabinet summary, December 8, 1937, TNA CAB 23/90A/8.
74. Chamberlain and Eden in Cabinet summary, December 8, 1937, TNA CAB 23/90A/8. Ormsby-Gore to Cabinet, December 17, 1937, CAB 24/273/35.
75. Memo by Ormsby-Gore, December 17, 1937, TNA CAB 24/273/35. Ormsby-Gore to Wauchope, December 23, 1937, reprinted in "Cmd. 5634: Policy in Palestine" (His Majesty's Stationery Office, January 1938).
76. Weizmann to Shuckburgh and Weizmann to Ormsby-Gore, December 31, 1937, TNA PREM 1/352. Weizmann, *Trial and Error*, 394–96.
77. Telegram, Mohamed Ali Eltaher to Colonial Office, January 5, 1938, TNA CO 733/381/60. 대봉기에 대해 엘타헤르가 내놓은 두 소책자 가운데 하나는 검열을 피했다. *'An Thawrat Filastin Sanat 1936: Wasf wa-Akhbar wa-Waqa'i wa-Watha'iq* [On the 1936 Palestine Uprising: Description, News, Facts, and Documents] (Cairo: al-Lajnah al-Filastiniya al-Arabiya, 1936).

### 5장 예루살렘의 평화를 위한 기도

1. Bell, *Shadows on the Sand*, 95–96.
2. "Bredin, Humphrey Edgar Nicholson," IWMSA 4550/1–2. 동료 소위 또한 비슷한 감정을 표현했다. 다음을 참고. "King-Clark, Robert," IWMSA 4486/3–6. 라일라 파슨스는 필 위원회 증언들을 인용하여 많은 영국 관리에게 "아랍인은 무능하지만 호감 가는 존재였고 유대인은 유능하지만 호감이 안 가는 존재였다"고 기술했다. Parsons, "Secret Testimony (Part I)," 13.
3. Robert King-Clark, *Free for a Blast* (London: Grenville Publishing, 1988), 152. 다음에서도 유사한 발언을 볼 수 있다. "Grove, Michael Richard Leslie," IWMSA 4510/1.

4. Courtney, *Palestine Policeman*, 65–68. Keith-Roach, *Pasha of Jerusalem*, 150.
5. Kahn Bar-Adon, *Writing Palestine*, 152–58.
6. Bell, *Shadows on the Sand*, 96.
7. 벤구리온은 1938년 10월 28일 아내 파울라에게 보낸 편지에 다음과 같이 썼다. "고위급 가운데 우리에게 반대하지 않고 실제 우리의 성공을 바라는 사람은 단 한 명, 테거트뿐이오." 다음을 참고. "Tegart, Charles," BGA STA file 221.
8. Cahill, Richard. "Sir Charles Tegart: The 'Counterterrorism Expert' in Palestine." *Jerusalem Quarterly* 74 (Summer 2018): 57–61. Downie to Tegart, November 5, 1937, MECA Tegart Papers 4/4.
9. Keith-Roach, *Pasha of Jerusalem*, 192. Fergusson, *Trumpet in the Hall*, 47–48. *Haaretz*, *Palestine Post*, *Filastin*, and *Al-Difa*, January 11 and 12, 1938. 영국은 헤브론의 반군 지도자인 이사 바타트(Issa Battat)를 의심했다. 그는 5월에 살해됐다. 다음을 참고. "Reported Entry of Arab Terrorist Chief Stirs Military Activity; Band Leader Slain," *JTA*, May 9, 1938. 요세프 가핀켈(Yosef Garfinkel)은 스타키가 토지를 둘러싼 분쟁에 휩싸여 사망했다고 주장했다. Garfinkel, "The Murder of James Leslie Starkey Near Lachish," *Palestine Exploration Quarterly*, 128, no. 2 (2016), 84–85, 99, 106, passim.
10. Cahill, "Counterterrorism Expert," 62–63; Hoffman, *Anonymous Soldiers*, 72–74; Eyal, *Ha-Intifada ha-Rishona*, 346–48; Gad Kroizer, "From Dowbiggin to Tegart," *Journal of Imperial and Commonwealth History* 32, no. 2 (2004), 123–29.
11. Tegart to Battershill, February 19, 1938, MECA Tegart Papers 3/2. Shmuel Stempler, "Ha-gader ba-tzafon" ("The Northern Fence"), in Naor, *Yamei Homa u-Migdal*, 158–60; Eyal, *Ha-Intifada ha-Rishona*, 348–51; Slutsky, *Sefer Toldot*, 2:903–7.
12. Slutsky, *Sefer Toldot*, 2:862–69, 1329–31.
13. 워코프는 영국에 돌아간 후 시골집에서 듣고 싶다며 작별 선물로 〈하티크바〉 가사와 악보를 요청했다. Sharett, *Yoman Medini*, vol. 3, February 26 and March 2, 1938.
14. Fergusson, *Trumpet in the Hall*, 31–33. 고등판무관직에 대한 맥마이클의 지원과 국왕의 승인을 알리는 1937년 11월과 12월의 식민부 전보 내용은 다

음을 참고. MECA MacMichael Collection 1/3.

15. 태거트는 현지 언어에 대한 행정부의 지식 부족에 경악했다. 다음을 참고. Naomi Shepherd, *Ploughing Sand: British Rule in Palestine, 1917–1948* (New Brunswick, NJ: Rutgers University Press, 2000), 32, 191, 206. 워코프와 맥마이클 간의 극명한 차이, 그로 인해 시온주의자들이 맥마이클을 싫어했다는 사실에 대해서는 다음을 참고. Hoffman, *Anonymous Soldiers*, 74–78; Slutsky, *Sefer Toldot*, 2:811.

16. "Speeches and broadcasts," MECA MacMichael Collection 1/6. MacMichael to Ormsby-Gore, March 22, 1938, TNA CO 935/21. Arab Women's Committee to MacMichael, March 23, 1938, CZA S25/22793. "Greetings to Sir Harold Alfred [MacMichael]," March 1938, ISA M-529/20.

17. "Dr. Weizmann's diary, London, February 17th, 1938 to March 16th, 1938," CZA S25/5476. Rose, *Gentile Zionists*, 155–59; Dugdale, *Baffy*, 84–88.

18. 체임벌린이 작성한 자필 메모에는 그가 바이츠만을 초대하는 것을 "더 이상 반대하지 않는다"고 쓰여 있다. 다음을 참고. Ormsby-Gore to Chamberlain, and Chamberlain's secretary (Cleverly?) to H. G. Creasy, January 27 and 29, 1938, TNA PREM 1/352. 이든 또한 바이츠만과의 만남을 거부한 바 있다. 레오 애머리는 1937년 10월 "유대 국가의 대통령이 될 사람을 만나는 것은 외무장관에게 도움이 될 것"이라며 채근했다. TNA FO 954/19A/17–20.

19. Weizmann, *Letters*, series B, vol. 2, 302–4. Dugdale, *Baffy*, 87.

20. "Holocaust | Jewish Communities of Austria." ANU—Museum of the Jewish People, https://spotlight.anumuseum.org.il/austria/modern-era/holocaust/.

21. "Who's Who of Palestine," September 1944, TNA FO 492/27. Khalidi, *Exiled from Jerusalem*, x, 1–3. 같은 해 정부는 예루살렘의 다수는 유대인이지만 시장직은 아랍인으로 유지해야 한다고 결정했다(시의회 의석은 동일 배분). 유대인은 라게브 시장이 1930년 반시온주의 대표단 일원으로서 런던에 갔던 것에 불만을 품었고, 대무프티는 경쟁 관계인 나샤시비 가문의 출마를 막기 위해 후세인 할리디를 지지했다. 다음을 참고. Porath, *Palestinian Arab*, 62–63, 70, 77–78.

22. "Secret Sessions," TNA FO 492/19, 444–45. 나머지 추방자는 아랍고등위원회의 두 기독교인 가운데 한 명이자 출판인이었던 파우드 사바(Faud Saba), 이스티클랄당의 아마드 힐미 파샤(Ahmad Hilmi Pasha), 팔레스타인청년회

의의 야코브였다. 이스티클랄당의 라시드 알 하지 이브라힘(Rashid al-Hajj Ibrahim)은 아랍고등위원회 소속이 아니었지만 추방됐다.

23. Khalidi, *Exiled from Jerusalem*, 23 – 27, 38.
24. 세이셸 유배 시절 후세인 할리디의 질환과 기타 불만에 대해서는 다음을 참고. Ibid., 61, 67, 148 – 49, 167, 179 – 80, 187, 194, 223. 후세인 할리디와 그의 가족들이 주고받은 서신과 조지 6세에게 제출한 탄원서를 보면 후세인 할리디가 추방 전부터 만성 천식, 인후 관련 질환, 고혈압을 앓고 있었음을 알 수 있다. TNA CO 733/369; ISA P-3049/8.
25. Khalidi, *Exiled from Jerusalem*, 145.
26. Ibid., 40 – 45, 109. 아비노암 옐린은 저명한 교육자 데이비드 옐린의 아들이었다. 그가 1931년 내놓은 교과서 《아랍어 읽기*An Arabic Reader*》("옐린-빌리그 교과서"로 더 잘 알려짐)는 1948년에 재판을 찍었으며, 1963년 재판본에는 동양학자 S. D. 고이타인의 서문이 삽입됐다.
27. Ibid., 108 – 9.
28. Ibid., 148.
29. Ibid., x, 47, 71, 79, 108, 144, 276. 경찰 범죄조사국의 인물 보고서는 후세인 할리디가 "극단주의자가 아니"라고 적고 있으며, 그저 아랍고등위원회 소속이라는 이유로 추방된 것이라고 기록했다. "Who's Who of Palestine," September 1944, TNA FO 492/27.
30. Khalidi, *Exiled from Jerusalem*, 47. 후세인 할리디는 대무프티가 추방자들을 "왼쪽의 0" 취급한다고 푸념했다. 이는 아랍어 관용 표현으로, 다른 숫자 앞에 놓인 0처럼 무의미한 존재를 가리킨다.
31. 후세인 할리디는 필 위원회 증언에서 실제 자신의 도시에서 유대인이 다수를 차지하고 있다는 사실을 인정했다. "Col. 134," 338. 자치에 관련된 그의 증언은 (실명을 밝히지 않고) 위원회의 보고서에 인용됐다. "Cmd. 5479," 108 – 9, 350 – 51.
32. Khalidi, *Exiled from Jerusalem*, 44 – 45.
33. Ibid., 308.
34. 벤구리온은 이 시기 국방 문제에 점점 더 깊게 관여하며 이슈브에서 "사실상의" 국방장관을 수행하고 있었다. 다음을 참고. Tom Segev, *A State at Any Cost: The Life of David Ben-Gurion*, trans. Haim Watzman (New York: Farrar, Straus and Giroux, 2019), 276 – 77. Ben-Gurion to Mapai Central Committee,

January 5, 1938, and Smaller Zionist Actions Committee, January 11, 1938; Shertok to Mapai Central Committee, March 14, 1938—all in "Land, 1920–1939," BGA STA file 193. Slutsky, *Sefer Toldot*, 2:851–52, 872–73.

35. Sharett, *Yoman Medini*, vol. 3, February 13, 1938. 하이레딘은 1938년 4월 7일 바이츠만이 고어에게 전달한 신랄한 비판 서한을 작성한 인물이기도 하다. 바이츠만은 대무프티의 활동을 비판하는 이 편지의 작성자를 "레바논의 저명한 무슬림 인사"라고만 밝혔다. TNA PREM 1–352. 하이레딘 또한 총리 취임 전 유대인에게 지원금을 받았을 가능성이 있다. 다음을 참고. Cohen, *Army of Shadows*, 146, 293n7.
36. 하이레딘의 서한이 담겨 있던 봉투의 발신인 주소에는 "레바논공화국(RÉPUBLIQUE LIBANAISE)"이라고 명확히 적혀 있었다. Sharett to Ahdab and reply, March 16 and 18, 1938, CZA S25/5581 and S25/5588. Mordechai Naor, "Hanita, ha-he'ahzut ha-rishona ba-aretz" ("Hanita, the First Outpost in the Country") in Naor, *Yamei Homa u-Migdal*, 74. Also Eisenberg, *My Enemy's Enemy*, 110–11, 191–92.
37. 토지 소유주였던 레바논의 상류층 기독교계 투에니(Tueni) 가문에는 해당 지역에 이탈리아인이 수도원을 지을 계획이라고 속였다. 추후 거짓이 들통나며 레바논인 안내자는 목숨을 잃었다. Am-Ad, Karni, "Historical document from 1938 reveals: How the Hanita lands were bought from Lebanese residents" (Hebrew), *Yedioth Ahronoth*, August 13, 2018.
38. Naor, *Yamei Homa u-Migdal*, 75–78. Slutsky, *Sefer Toldot*, 2:873–80, 1331–32; Yosef Eshkol, *A Common Soldier: The Story of Zwi Brenner* (Tel Aviv: MOD Books, 1993), 72–73. Moshe Dayan, *Story of My Life* (New York: Morrow, 1976), 44–45. Shapira, *Land and Power*, 253.
39. Yigal Allon, *Shield of David: The Story of Israel's Armed Forces* (Lexington, MA: Plunkett Lane Press, 2019 [1970]), chap. 3. Slutsky, *Sefer Toldot*, 2:877–80, 1333; Eshkol, *Common Soldier*, 83–84; Dayan, *Story of My Life*, 44; Naor, *Yamei Homa u-Migdal*, 78–79.
40. 야전분대는 1936~1937년 예루살렘 인근에서 사데가 창설했던 노트림 순찰대[히브리어로 '노데데트(nodedet)' 또는 '미쉬마르 나(mishmar na)']를 바탕으로 만들어졌다. 사데와 알론[당시 이름은 파이코비치(Paicovich)], 다얀은 1940년대 하가나의 팔마흐(Palmach, 기동타격대)에서 중추적인 역할을 했다. Slutsky,

*Sefer Toldot*, 2:689–94, 900–903, 939–43, 1323–324; Shapira, *Land and Power*, 250.

41. Shapira, Land and Power, 212, 250.
42. 또한 점점 더 많은 유대인이 지휘관 직책을 맡았다. 1937년과 1938년에는 노트림 대원 가운데 800명이 분대 지휘관이 됐다. Slutsky, *Sefer Toldot*, 2:737–39, 756–58, 881–903, 1014–20. FRUS, 1938, vol. 2, document 774.
43. 시온주의자들의 방어적 태도에서 공격적 태도로의 전환에 대해서는 다음을 참고. Shapira, *Land and Power*, 237, 250–55, 269–70, passim. 저자는 대봉기를 "팔레스타인의 유대인 청년층이 투쟁을 자기 세대의 특별하고도 뚜렷한 임무로 받아들이게 된 시기"로 설명했다.
44. 이 책은 티라트 즈비, 하니타, 테거트 장벽의 연결이 "미래 '국민군'의 씨앗"을 형성했다고 설명한다. Slutsky, *Sefer Toldot*, 2:880, 907.
45. Ibid., 2:806–9. 이 도로는 아랍 지역에 대한 보안군의 접근성을 높이기 위해 1937년 건설된 수십 개의 도로 가운데 하나였다. 지도는 다음을 참고. Steven B. Wagner, *Statecraft by Stealth: Secret Intelligence and British Rule in Palestine* (Ithaca: Cornell University Press, 2019), 210.
46. Wadsworth to Hull, April 16, 1938, NARA II 867N.4016/52. Slutsky, *Sefer Toldot*, 2:807–9.
47. MacMichael to Ormsby-Gore, April 14, 1938, TNA CO 935/21.
48. "Cmd. 5634," 3.
49. El-Eini, *Mandated Landscape*, 331–33. Cohen, *Retreat from the Mandate*, 38–49.
50. Khalidi, *Exiled from Jerusalem*, 157. 분할에 대한 아랍의 일치된 반대에 대해서는 다음도 참고. Zuaytir, *Yawmiyat*, 370, 381–83; 아크람은 다마스쿠스에서 수만 명이 행진에 참가했다고 전했다.
51. Cohen, *Army of Shadows*, 127. 하산 시드키 다자니는 필 위원회에서도 증언을 계획했으나 암살 시도가 있었음을 알게 된 후 포기했다. 다음을 참고. Hanna to Levy, January 11, 1937, ISA P-695/6.
52. Wadsworth to Hull, May 1, 1938, NARA II 867N.01/1075.
53. 위원회는 압둘라의 제안이 자신들의 권한을 벗어난다며 거부했다. Avi Shlaim, *Collusion across the Jordan: King Abdullah, the Zionist Movement, and*

*the Partition of Palestine* (New York: Columbia University Press, 1988), 59–61; Gelber, *Jewish-Transjordanian Relations*, 133–35; Caplan, *Futile Diplomacy*, 238–39.

54. *Filastin*, quoted in Wadsworth to Hull, May 1, 1938, NARA II 867N.01/1075. 편집자의 발언은 필 위원회의 보고서가 발표되기 1년 전 작성된 것이다. 다음을 참고. Hanna to Levy, July 8, 1937, ISA P-695/6. 이즈에 대해 유사하게 본심을 숨긴 사례는 1장을 참고.

55. 베타르와 이르군, 신시온주의자기구는 모두 자보틴스키가 이끌던 단체였다. 이들 단체 간의 결합에 대한 내용은 다음을 참고. Daniel Kupfert Heller, *Jabotinsky's Children: Polish Jews and the Rise of Right-Wing Zionism* (Princeton, NJ: Princeton University Press, 2017), 223ff; Shindler, *Triumph of Military Zionism*, 199ff.

56. "Three Jews detained with weapons," April 24, 1938, HA 8/32a/1. Shindler, *Triumph of Military Zionism*, 202–3, and *Rise of the Israeli Right*, 185. 이 계획의 주동자는 셰인이었던 것으로 보이며, 벤요세프는 다른 가담자가 정해진 이후 요청에 의해 합류한 것으로 보인다. Monty Noam Penkower, "Shlomo Ben-Yosef: From a British Gallows to Israel's Pantheon to Obscurity," in Penkower, *Twentieth Century Jews: Forging Identity in the Land of Promise and in the Promised Land* (Boston: Academic Studies Press, 2010), 311–16, 349n14.

57. 범인의 이름은 예헤즈켈 알트먼[Yehezkel Altman, 추후 벤허(Ben-Hur)로 개명]이었다. 그는 팔레스타인에서 유대인 가운데 최초로 사형을 선고받았으나 일주일 만에 감형됐다. Shindler, *Triumph of Military Zionism*, 203; Slutsky, *Sefer Toldot*, 2:1058–59; Penkower, "Ben-Yosef," 315, 325. 처형 관련 통계는 다음을 참고. Khalidi, *From Haven to Conquest*, 846–47.

58. Khalidi, *Exiled from Jerusalem*, 117. 앤드루스의 후임으로 갈릴리 지구판무관이 된 알렉 커크브라이드(Alec Kirkbride)는 "Until You Are Dead"라는 글에서 교수형의 무시무시한 절차를 묘사했다. 이 글의 내용은 다음의 책에 실려 있다. Khalidi, *From Haven to Conquest*, 353–56.

59. Penkower, "Ben-Yosef," 319. 셰인과 주라빈을 변호한 필립 조지프(Philip Joseph)는 추후 이스라엘에서 장관이 된 도브 버나드 요세프(Dov Bernard Yosef)의 동생이었다. 벤요세프를 변호한 아론 호테르 이샤이(Aharon Hoter-Yishay)는 이스라엘의 초대 군 법무장관이 됐다.

60. Trial records by Kathy and Michael Kaplan, May-June 1938, JI K-16/1/20; 다음도 참고. "Newspaper Items," K-16/1/17. "2 condemned to die in Rosh Pinah trial," *Palestine Post*, June 6, 1938, and *Haaretz*, June 6, 1938.
61. "A case for clemency," *Manchester Guardian*, June 6, 1938. 편집장인 윌리엄 크로지어(William Crozier)는 1938년 6월 5일 자보틴스키의 전보를 받고 메인 기사를 작성했다. JI A-28/2/1. 다음도 참고. Penkower, "Ben-Yosef," 322; Schechtman, *Fighter and Prophet*, 468-69. 《가디언》은 1916년 당시 소유주 겸 편집자였던 C. P. 스콧(C. P. Scott)이 바이츠만을 로이드 조지에게 소개한 이래 친시온주의적인 노선을 견지해왔다. 다음을 참고. Weizmann, *Trial and Error*, 190-92; Antonius, *Arab Awakening*, 259.
62. Correspondence on Ben-Yosef, TNA CO 733/379, including note, Haining to Henry, June 7, 1938. 6월 24일, 맬컴 맥도널드는 시간을 끌 필요가 있었던 것인지 의문을 제기하며 "불행한 청년이 오랫동안 정신적 고통에 빠져 있게 둘 필요가 없다는 사실을 깨달았어야 한다"고 끄적였다. 다음도 참고. Penkower, "Ben-Yosef," 323-27. 하이닝에 대한 아랍 측의 견해는 다음을 참고. Zuaytir, *Yawmiyat*, 370-71.
63. 자보틴스키 협회는 벤요세프가 아크레의 감옥에서 보내온 자필 기록과 서한을 십여 통을 보관하고 있다. K-16/1-3, JI. 다음도 참고. Penkower, "Ben-Yosef," 323, 327-30; Heller, *Jabotinsky's Children*, 230.
64. Ben-Yosef files, JI K-16/1-3.
65. MacDonald note, TNA CO 733/379.
66. Schechtman, *Fighter and Prophet*, 469-71. 유대인들은 리투아니아와 라트비아에 있는 영국 대사관 창문을 깨부쉈다. 경고 문구를 담은 돌들이 대사의 집무실까지 날아들었다. "The Jewish people will never forget the blood of their brother." Charles Orde to Foreign Office, June 29, 1938, TNA CO 733/379.
67. MacMichael to MacDonald, July 26, 1938, TNA CO 733/379.
68. Penkower, "Ben-Yosef," 331-32. Schechtman, *Fighter and Prophet*, 468-71.
69. Khalidi, *Exiled from Jerusalem*, 204.
70. *Haaretz*, June 30, 1938. *Canadian Jewish Chronicle*, July 8, 1938. Telegram from Sir Charles Orde, June 29, 1938, TNA CO 733/379.
71. "쥐새끼" 발언의 주인공은 조지프 카체넬존(Joseph Katzenelson)이었다. 그는

18개월 후 사망하며 이르군 폭파범 야코프 라스(Yaakov Rass) 곁에 묻어달라고 했다(미주78 참고). David Niv, *Maarchot ha-Irgun ha-Tzvai ha-Leumi* [Battle for Freedom: The Irgun Zvai Leumi], vol. 2 (Tel Aviv: Klausner Institute, 1975), 71–72. Alfassi, *Irgun*, 31, 265–69. Hoffman, *Anonymous Soldiers*, 78–81.

72. 보복에 대한 자보틴스키의 이중적 언어는 때로 도가 지나칠 정도였다. 1938년 8월 팔레스타인 수정시온주의자들에게 보낸 편지에서 자보틴스키는 자신이 이끄는 신시온주의자기구는 "멘델슨 씨(즉 자신)와 관련된 단체들과 아무런 관계가 없다"고 유려한 히브리어로 주장했다. Alfassi, *Irgun*, 37. 다음도 참고. Shindler, *Rise of the Israeli Right*, 181, 185–88; Heller, *Jabotinsky's Children*, 229–36.
73. Porath, *Palestinian Arab*, 238.
74. Niv, *Maarchot*, 77–80. MacMichael to MacDonald, September 13, 1938, CO 935/21. *Haaretz* and *Filastin*, July 5 and 7, 1938. Slutsky, *Sefer Toldot*, 2:811–13. "Taxi driver found hanged in shack," *Palestine Post*, July 7, 1938.
75. 바이츠만은 "적을 돕던 중" 목숨을 잃은 다우니의 죽음을 "고귀하게" 여겼다. letter to family, July 8, 1938, WA 1–2078. MacDonald to Weizmann, July 7, 1938, WA 23–2077. *Haaretz*, *Davar*, *Palestine Post*, and *New York Times*, July 7, 1938.
76. Compensation request by Abed Shukri Al-Halawani, November 25, 1939, ISA P-297/13. MacMichael to MacDonald, September 13, 1938, CO 935/21. Slutsky, *Sefer Toldot*, 2:811–13. *Haaretz*, July 11, 12, 17, and 26, 1938.
77. Wadsworth to Hull, August 8, 1938, NARA II 867N.4016/61. Niv, *Maarchot*, 79–80.
78. MacMichael to MacDonald, September 13, 1938, CO 935/21. *Al-Difa* and *Haaretz*, 1938년 7월 26일에는 예루살렘 구시가지에서 더 끔찍한 테러가 계획됐으나 농산물 바구니에 담겨 있던 폭발물이 발견되며 저지됐다. 용의자는 아프가니스탄 출신의 수정시온주의자 야코프 라스(라즈)로, 칼에 수차례 찔려 추후 사망했다. 일부는 그가 수사관들에게 자백하지 않기 위해 스스로 붕대를 풀고 사망했다고 주장하기도 했다. 이르군은 이전에 다른 공격들도 수행한 바 있는 라스를 "공격의 첫 번째 순교자, 이스마엘의 폭탄을 들어 히브리인의 피를 구한 자"라고 칭송했다. Niv, *Maarchot*, 87–89. Alfassi, *Irgun*,

138, 272–73. Slutsky, *Sefer Toldot*, 2:2:811–13, 1219.

79. 이르군 측은 7월에 아랍인 140명이 사망했다고 주장했다. 8월 26일에는 야파에서 발생한 대규모 폭발로 아랍인 24명이 추가로 사망했다. Niv, *Maarchot*, 90–94. Wadsworth to Hull, July 22 and August 8, 1938, NARA II 867N.4016/60–61. MacMichael to MacDonald, September 13, 1938, CO 935/21. Slutsky, *Sefer Toldot*, 2:801.
80. MacMichael to MacDonald, September 13, 1938, CO 935/21. *Haaretz*, July 5 and 26, 1938. Khalidi, *Exiled from Jerusalem*, 206–8.
81. Slutsky, *Sefer Toldot*, 2:811; Shindler, *Rise of the Israeli Right*, 186.
82. Ben-Gurion to Histadrut Council, July 26, 1938, in BGA STA file 145.
83. 벤구리온은 히스타드루트 집행위원회가 벤요세프를 추모하며 본부에 검은 깃발을 올리자 (임시적으로) 위원직을 사직하기도 했다. Ben-Gurion, *Zichronot*, 5:205–6, 220–23. Ben-Gurion to Mapai Council, July 6, 1938, LPA 2-23-1938-20. Slutsky, *Sefer Toldot*, 2:810–11. Hoffman, *Anonymous Soldiers*, 78.
84. *Census of Palestine 1931*, 99; *Village Statistics* (Jerusalem: Palestine Government, 1938), 5; *Village Statistics* (Jerusalem: Palestine Government, 1945), 4. Alan Allport, *Britain at Bay: The Epic Story of the Second World War, 1938–1941* (New York: Alfred A. Knopf, 2020), chap. 4.
85. 테거트 요새 관련 내용은 다음을 참고. Richard Cahill, "The Tegart Police Fortresses in British Mandate Palestine: A Reconsideration of Their Strategic Location and Purpose," *Jerusalem Quarterly* 75 (Autumn 2018): 48–61.
86. 또 다른 기록에 따르면 몬티는 알바사에서 벌어진 사건 내용을 듣고 "그놈들을 쏴버리겠다"고 반복해 말했다고 한다. Hughes, "Banality of Brutality," 338, and *Britain's Pacification of Palestine*, 330–34. 주민들을 가시 돋친 선인장잎 위에 강제로 서 있게 한 유사 사례의 증언은 다음을 참고. Nimr, "Arab Revolt," 110.
87. "Correspondence re alleged brutality by British police & troops, 1936–1939," MECA JEM 65/5. Letter from Abdul Hamid Shoman, November 21, 1938, TNA CO 733/371.
88. Hughes, *Britain's Pacification of Palestine*, 337–41. Arab Center memo, June 1939, ISA P-361/4. 일부는 남녀를 별도의 우리에 가두었다고 증언하

기도 했다. 이러한 개별 우리의 사진은 다음에서 볼 수 있다. *Filastin al-Shahidah*[Palestine the Martyr] (Istanbul, 1939?), 52–53, 66ff. 더운 날씨와 고령을 탓하는 맥마이클의 반응은 다음을 참고. September 22, 1939, letter to MacDonald, TNA WO 32/4562.

89. Keith-Roach, *Pasha of Jerusalem*, 196. 인간 지뢰 제거기와 영국의 잔학행위에 대한 개괄적 내용은 다음을 참고. Jacob Norris, "Repression and Rebellion: Britain's Response to the Arab Revolt in Palestine of 1936–39," *Journal of Imperial and Commonwealth History* 36, no. 1 (March 2008): 34, passim. 다음도 참고. "Palestine excesses by British disclosed," *The Independent*, January 21, 1989.
90. Martin to Dawson, March 25, 1938, TNA CO 733/370. 관리는 이렇게 덧붙였다. "그러나 그러한 행위가 일정한 선을 넘어 무고한 사람들의 심각한 손실이나 부상으로 이어질 경우 주민들에게 정부와 정부의 활동에 대한 어둡고 격렬한 증오를 심음으로써 본래의 목적 달성을 방해할 수도 있습니다."
91. Haining memo, "Hostile propaganda in Palestine," December 1, 1938, TNA WO 32/4562. Hughes, *Britain's Pacification of Palestine*, 177–93.
92. Hughes, "Banality of Brutality," 318, 349–54, and *Britain's Pacification of Palestine*, passim, especially chap. 5, 6, 8.
93. "Lane, Arthur," IWMSA 10295/3.
94. Courtney, *Palestine Policeman*, 241–43.



## 6장 유대의 로렌스

1. Golda Meir, *My Life* (New York: Putnam, 1975), 154. Segev, *State at Any Cost*, 10. Teveth, *Burning Ground*, 3. Ben-Gurion to Mapai Council, September 12, 1936, LPA 2-023-1936-14. 벤구리온에 대한 바이츠만의 희미한 인상은 그의 자서전에서도 드러난다. 바이츠만은 자서전에서 단 세 차례만 벤구리온을 언급하는데, 전체 분량이 589페이지인 자서전의 500페이지에 가서야 처음 등장한다. Weizmann, *Trial and Error*, 544. 다음도 참고. Norman Rose, *Chaim Weizmann: A Biography* (New York: Penguin Books, 1989), 378–79, 446–47, 456–59.
2. "Jewish notables whose names recur frequently in summaries," undated,

MECA Tegart Papers 1/3b.

3. Teveth, *Palestinian Arabs*, 165.

4. Ben-Gurion to Mapai Council, July 6, 1938, LPA 2-23-1938-20, and to Histadrut Council, July 26, 1938, BGA STA file 145. 필자 직접 번역이며, 히브리어 *gezel*은 '강탈'과 '몰수'로, *'am*은 '민족'으로, *aretz*는 '국가'와 '땅'으로 옮겼다.

5. Teveth, *Burning Ground*, 546-52, 601. 테베스는 두 개의 목표와 겹치는 또 하나의 목표를 제시했다. 바로 "앞으로 설립될 국가의 정부를 위해 토대를 마련하는 것"이었다.

6. Ben-Gurion to Mapai Council, July 6, 1938, LPA 2-23-1938-20. 그는 1936년 여름부터 유대인들의 새로운 "작은 군대"에 대해 자랑했다. 다음을 참고. Chazan, "Purity of Arms," 98, passim. 유대인 군대의 규모에 대해서는 다음을 참고. Cohen, *Retreat from the Mandate*, 71; Eyal, *Ha-Intifada ha-Rishona*, 412; Hughes, *Britain's Pacification of Palestine*, 274-81.

7. Winterton to Cabinet, July 20, 1938, TNA CAB 23/94/6. Meir, *My Life*, 158-59; Sykes, *Crossroads to Israel*, 184-89; Penkower, *Palestine in Turmoil*, chap. 8 and 543-45; Francis R. Nicosia, *The Third Reich and the Palestine Question*, 2nd ed. (New Brunswick, NJ: Transaction Publishers, 1999), 157-67. "Closed Borders: The International Conference on Refugees in Evian 1938," https://evian1938.de/en. 아랍 측의 반응은 다음을 참고. Wadsworth to Hull, July 11, 1938, FDR PPF 601.

8. Ben-Gurion, *Zichronot*, 5:219-20. "Evian Conference," BGA STA file 84. Ben-Gurion to Jewish Agency Executive, December 11, 1938, BGA 226905. Segev, *State at Any Cost*, 280-83, and *One Palestine*, 392-96; Sykes, *Crossroads to Israel*, 188-89; Teveth, *Burning Ground*, 639.

9. "The Mufti: His aims, etc. and his opponents," May 2, 1938. Police excerpt, September 14, 1938. "The Mufti's organization in the Lebanon," October 7, 1938. "Palestine: The Mufti's policy," October 27, 1938. All in "Haj Amin el Husseini," Security Service personal file, TNA KV 2/2084. MacDonald to Chamberlain, August 19, 1938, TNA PREM 1-352.

10. "Haj Amin al-Husayni, the Mufti of Jerusalem," Biographic Sketch No. 60, April 24, 1951, NARA II, RG 263, vol. 4, file 61, https://archive.org/

details/HusseiniAminEl.

11. "Palestine: Miscellaneous," July 21 and November 22, 1938, TNA KV 2/2084.

12. 다음을 인용. Lazar, *Six Singular Figures*, 11, 23. 다음도 참고. Furlonge, *Palestine*, 117; Elath, "Conversations," 57, passim.

13. 스타크의 발언은 안토니우스의 품성과 업적을 대체로 부정적으로 평가하고 있는 마틴 크레이머(Martin Kramer)의 다음 저작에서 인용했다. "Ambition, Arabism, and George Antonius," in *Arab Awakening & Islamic Revival: The Politics of Ideas in the Middle East* (Piscataway, NJ: Transaction Publishers, 2009), 118. 다음 또한 참고. Lazar, *Six Singular Figures*, 200 – 201.

14. 하지 아민의 회고록에 그들의 "길고도 우호적이었던 친분"에 대한 내용이 등장한다. Husseini, *Mudhakkirat*, 64. Antonius to Rogers, February 11, 1938, ICWA. Dugdale, *Baffy*, 48; Lazar, *Six Singular Figures*, 200 – 201.

15. Arnon-Ohanah, *Mered Arvi*, 186. 휴스에 따르면 시리아와 레바논으로 향한 팔레스타인 아랍인만 4만 명이었다. 다음을 참고. Hughes, *Britain's Pacification of Palestine*, 144.

16. Antonius, *Arab Awakening*, 386, 393 – 95.

17. Ibid., 411 – 12.

18. Ibid., 393 – 95. 밸푸어 선언의 발단에 대한 안토니우스의 설명은 258 – 267을 참고. 전쟁 중 "유대인의 지원"에 대한 내용은 Kessler, "A dangerous people"에 등장하는 로이드 조지의 이야기를 참고.

19. Antonius, *Arab Awakening*, 392 – 96.

20. Ibid., 164 – 83, 413 – 37.

21. Ibid., 406 – 12.

22. Christopher Sykes, *Orde Wingate, a Biography* (London: Collins, 1959), 133. 로렌스에 대한 내용은 다음을 참고. Wingate to Ironside, May 6, 1939, and reply, June 8, 1939, BL M2313.

23. Sykes, *Wingate*, 21 – 37, 51 – 81. Alice Ivy Hay, *There Was a Man of Genius: Letters to My Grandson Orde Jonathan Wingate* (London: Neville Spearman, 1963), 24 – 31. John Bierman and Colin Smith, *Fire in the Night: Wingate of Burma, Ethiopia, and Zion* (New York: Random House, 1999), 7 – 12. Trevor Royle, *Orde Wingate: A Man of Genius, 1903–1944* (Barnsley, South Yorkshire: Pen &

Sword Military, 2010), 88–89.

24. 트레버 로일(Trevor Royle)은 이에 대해 "만약 윈게이트가 아랍인에게 우호적인 모습을 보였다면 아무도 그 사실에 주목하지 않았을 것"이라 지적했다. Royle, *Man of Genius*, 94, 108.

25. Wingate to mother, October 14, 1936, Wingate Papers, BL Microfilm 2313.

26. Wingate to Reginald Wingate, January 12, 1937, BL M2313.

27. Wingate to mother, April 20, 1937, BL 2313.

28. 하코헨은 윈게이트가 "뭔가를 찾는 듯 이글이글 불타는 웃음기 없는 눈, 상대의 내면을 꿰뚫는 유달리 깊은 눈"을 가지고 있었다고 썼다. David Hacohen, *Time to Tell: An Israeli Life, 1898–1984* (New York: Cornwall Books, 1985), 53–54. Sykes, *Wingate*, 111–12.

29. Wingate to Weizmann, May 31, 1937, WA 20–1986. Sykes, *Wingate*, 173. Eshkol, *Common Soldier*, 194–96.

30. Hebrew notebook, March 1938, BL M2303. Wingate to Weizmann, August 1, 1937, WA 2–2003. 1938년 2월 17일 작성된 관련 메모 "Palestine Territorial Force"는 WA 17–2047에 있음.

31. Simon Anglim, *Orde Wingate: Unconventional Warrior: From the 1920s to the Twenty-First Century* (Barnsley, South Yorkshire: Pen & Sword Military, 2014), 67–69. Eshkol, *Common Soldier*, 141.

32. "Appreciation by Captain O.C. Wingate," June 5, 1938, and "Principles governing the employment of special night squads," June 10, 1938, BL M2313.

33. "Organization and training of Special Night Squads," August 3, 1938, BL M2313.

34. 〈사사기〉, 6:1–8:24. 1938년 8월 2일 어머니에게 보낸 편지에서 윈게이트는 "기드온이 **아랍인들**을 성공적으로 공격한 현장"에서의 생활을 묘사했다 (굵은 글씨는 필자가 강조한 것). BL M2313. Sykes, *Wingate*, 149, 171; Bierman and Smith, *Fire in the Night*, 91–95; Eshkol, *Common Soldier*, 151–52, 156; Royle, *Man of Genius*, 127; Robert King-Clark, *Free for a Blast* (London: Grenville Publishing, 1988), 171.

35. (이미 40대였던) 스터먼은 윈게이트의 부대에 합류하지 않았지만 나중에 무장단체의 움직임을 알려줄 정보원을 제공했다. "Appreciation by Captain

O.C. Wingate," June 5, 1938, BL M2313. Slutsky, *Sefer Toldot*, 2:870 – 72, 921 – 23, 1237; Sykes, *Wingate*, 168 – 69; Black, *Enemies and Neighbors*, chap. 5.

36. Wingate report, June 19, 1938; Dove to Wingate, June 28, 1938; Wingate to Evetts, January 31, 1939, BL M2313. Eshkol, *Common Soldier*, 102 – 7, 156 – 57; Slutsky, *Sefer Toldot*, 2:918 – 20. 특수야간부대의 전체 작전 목록은 다음을 확인. Shlomi Chetrit, *Rishonim Leha'ez: Plugot ha-Layla ha-Meyuhadot shel Orde Wingate* [First to Dare: Orde Wingate's Special Night Squads] (Mikveh Israel: Yehuda Dekel Library, 2017), 118 – 21.

37. Wingate report, July 23, 1938, and letter to Evetts, January 31, 1939, BL M2313. Anglim, *Orde Wingate*, 79 – 80; Bierman and Smith, *Fire in the Night*, 100; Eshkol, *Common Soldier*, 158 – 60.

38. Wingate report, July 23, 1938, and letter to mother, August 2, 1938, BL M2313. Bierman and Smith, *Fire in the Night*, 101.

39. King-Clark, *Free for a Blast*, 189. "King-Clark, Robert," IWMSA 4486/5. 다음도 참고. Chetrit, *Rishonim Leha'ez*, 73 – 83.

40. "Note on the development of Special Night Squads," July 14, 1938, and letter to Evetts, January 31, 1939, BL M2313. 윈게이트가 시온주의 진영에 얼마나 귀중한 존재였는지는 바이츠만이 1938년 7월 18일 여동생에게 보낸 편지에 잘 드러나 있다. 바이츠만은 매부가 살해된 지 불과 12일 후 보낸 이 편지에서 여동생에게 윈게이트의 완쾌를 빌어달라고 두 번이나 부탁한다. WA 27 – 2082.

41. Wingate to mother, August 2, 1938, BL M2313.

42. Haining to Hore-Belisha, August 24, 1938, TNA WO 32/9497.

43. 마을은 알 아와딘이라고도 불렸으며, 현재 하요게브 모샤브가 위치한 곳이다. Wingate report, September 4, 1938, and Wingate to Evetts, January 31, 1939, BL M2313. Eshkol, *Common Soldier*, 162 – 66; King-Clark, *Free for a Blast*, 197 – 98; Bierman and Smith, *Fire in the Night*, 110 – 13.

44. King-Clark, *Free for a Blast*, 198 – 99. 그는 전투를 끝낸 유대인 경찰이 "희열감"을 느꼈고, 인근 유대인 마을을 돌며 피투성이가 된 총검을 보여줬다고 적었다. 다음을 참고. "King-Clark," IWMSA 4486/5.

45. 전투 중 달아난 반군 세 명은 사리드 키부츠의 노트림 대원들 손에 죽었다. Wingate report, September 4, 1938, and Wingate to Evetts, January 31,

1939, BL M2313. King-Clark, *Free for a Blast*, 197 – 200; "King-Clark," IWMSA 4486/5; "Grove, Michael," IWMSA 4510/1. 다음도 참고. Chetrit, *Rishonim Leha'ez*, 85 – 93.

46. Eshkol, *Common Soldier*, 166. Yasin, *Thawrah*, 145 – 46.

47. 윈게이트의 혁신에 앞서 사데(5장 참고)의 노력이 있었으며, 둘은 처음에는 함께 일했다. 그러나 사데를 비롯한 동료들 또한 윈게이트가 발휘한 탁월한 역량과 전문성을 인정했다. Slutsky, *Sefer Toldot*, 2:919, 937; Allon, *Shield of David*, chap. 3; Dayan, *Story of My Life*, 46; Uri Ben-Eliezer, *The Making of Israeli Militarism* (Bloomington: Indiana University Press, 1998), 21 – 28.

48. Eshkol, *Common Soldier*, 188 – 90. Allon, *Shield of David*, chap. 3. Slutsky, *Sefer Toldot*, 2:929 – 32. 다음도 참고. Hughes, *Britain's Pacification of Palestine*, 274 – 88.

49. 스터먼의 장례식에서 윈게이트는 다음과 같은 문구가 적힌 화환을 바쳤다. "자신을 살해한 아랍인들에게도 굳건한 친구였던 한 위대한 유대인을 기리며." Chetrit, *Rishonim Leha'ez*, 44. 같은 날 팔레스타인 전역에서 유대인 여섯 명이 더 살해됐다. *Haaretz*, *Filastin*, and *Palestine Post*, September 15, 1938.

50. Wingate report, July 23, 1938, and Wingate to Evetts, January 31, 1939, BL M2313. Eshkol, *Common Soldier*, 175 – 76; Bierman and Smith, *Fire in the Night*, 114 – 16. 집단 처벌에 대한 내용은 다음을 참고. Hughes, *Britain's Pacification of Palestine*, 56 – 62, and Hughes, "Terror in Galilee: British-Jewish Collaboration and the Special Night Squads in Palestine during the Arab Revolt, 1938 – 39," *Journal of Imperial and Commonwealth History* 43, no. 4 (August 8, 2015): passim.

51. 윈게이트는 같은 규모의 다른 부대보다 특수야간부대의 성과가 25배 뛰어나다고 주장했다. 다음을 참고. "Palestine in Imperial Strategy," May 6, 1939, BL M2313. Dayan, *Story of My Life*, 47; Chetrit, *Rishonim Leha'ez*, 106 – 9; Bierman and Smith, *Fire in the Night*, 109.

52. 윈게이트를 널리 존경하는 이스라엘에서조차 그의 유산에 대한 논쟁은 계속되고 있다. 그에 대한 이스라엘의 상반된 두 견해에 대해서는 다음을 참고. Segev, *One Palestine, Complete*, 429 – 32, and Michael Oren, "Orde Wingate: Friend Under Fire," *Azure* 10 (Winter 2001).

53. Eshkol, *Common Soldier*, 174; Chetrit, *Rishonim Leha'ez*, 118 – 21. 가옥 철

거에 대해서는 다음을 참고. "Crew, Graeme Campbell Eley," IWMSA 6118-3. 부대 지휘관 브레딘(Bredin)에 의한 강제 달리기와 처형을 비롯한 잔학행위에 대해서는 다음을 참고. Hughes, "Terror in Galilee," 595-601. 우리 벤엘리에저(Uri Ben-Eliezer)는 자신의 저서에 윈게이트가 베이산 "인근에서 발견되는 모든 아랍인을 죽이라"고 명령했다고 썼으나 출처인 사이크스(Sykes)의 책에는 "아랍인"이 아닌 "반군"을 "체포한 후 탈출 시도 시 발포하라"고 명령했다고 되어 있다. 또한 벤엘리에저는 윈게이트가 집단학살을 자행했다고 주장했으나 출처인 사이크스의 저서에는 다부리야에서 시신 아홉 구가 발견되었다는 내용만 있다. Ben-Eliezer, *Making of Israeli Militarism*, 26-27. Sykes, *Wingate*, 158, 169.

54. 예시는 다음을 참고. "Grove," IWMSA 4510/3; "Bredin," IWMSA 4550/4-5; "Crew," IWMSA 6118-3; "King-Clark," IWMSA 4486/6; "Tinker," IWMSA 4492/2; "Dove, Arthur Julian Hadfield," IWMSA 4463/2. Dayan, *Story of My Life*, 47.
55. Weizmann, *Trial and Error*, 398. Dayan, *Story of My Life*, 46. Dugdale, *Baffy*, 80, 153. Allon, *Shield of David*, chap. 3. Hacohen, *Time to Tell*, 59. Sharett, *Yoman Medini*, vol. 3, June 6, 1937, and October 13, 1938. 군대의 부하들에 대해서는 다음을 참고. "Bredin," IWMSA 4550/4; Bierman and Smith, *Fire in the Night*, 71.
56. "King-Clark," IWMSA 4486/6 ("딱히 좋아하지는 않았지만 무척 존경했습니다."). "Grove," IWMSA 4510/3 ("별로 좋아하지는 않았지만 기막히게 효율적인 인물이었습니다."). "Bredin," IWMSA 4550/4 ("내 병사들은 그를 좋아하지는 않았지만 엄청난 존경심을 품고 있었습니다."). 다음 또한 참고. Hacohen, *Time to Tell*, 58-59. 칵테일 파티에 대한 증언은 그로브(Grove)의 것이다.
57. David Ben-Gurion, "Britain's Contribution to Arming the Hagana" and "Our Friend: What Wingate Did for Us"—both in Khalidi, From Haven to Conquest, 371-74, 382-87. 윈게이트가 "시온주의자 군대" 또는 "유대인 군대"를 언급한 다른 사례는 다음을 참고. Eshkol, *Common Soldier*, 111, 189; Slutsky, *Sefer Toldot*, 2:930, 1238; Allon, *Shield of David*, chap. 3; Bierman and Smith, *Fire in the Night*, 113.
58. 같은 날 밤 주데텐란트의 친나치 준군사조직은 지역 곳곳에서 수십 명의 체코인과 유대인을 공격했다. "Hitler Threatens Statesmen," *Palestine Post*,

September 13, 1938. Shindler, *Triumph of Military Zionism*, 205. 벤구리온은 히틀러가 아랍인을 위해 흘린 "악어의 눈물"을 비난했다. Segev, *State at Any Cost*, 277.

59. 출처는 보건장관 월터 엘리엇(Walter Elliot)이었다. 더그데일은 합의에 대해 들었을 때 처음 느꼈던 안도감에 대해서도 썼다. Dugdale, *Baffy*, 106–9.

60. 유대인이 이렇게 두 단계로 반응한 것은 합의의 세부사항 파악에 시간이 걸렸기 때문이다. 예를 들어 다음을 참고. "Another Breathing Spell" and "Peace Without Honor," *Palestine Post*, September 29 and October 2, 1938. 히브리어 언론과 아랍어 언론의 반응은 (1938년 10월 말 발행된 것으로 추정되는) 〈식민지정보회보(Colonial Information Bulletin)〉에서 발췌. TNA CO 733/371. "British Setbacks Fan Arab Revolt," *New York Times*, October 16, 1938.

61. Ben-Gurion to Amos, Geula, and Emanuel Ben-Gurion, October 1, 1938, BGA. 세게브는 *State at Any Cost*, 282에서 이 단어를 "홀로코스트"로 잘못 번역했다. Teveth, *Burning Ground*, 643–53. Dugdale, *Baffy*, 99.

62. *Village Statistics 1938*, 16. *Census of Palestine 1931*, 85.

63. Sharett, *Yoman Medini*, vol. 3, October 4 and 6, 1938. Slutsky, *Sefer Toldot*, 2:818–22. Akram Zuaytir, *Watha'iq al-Haraka al-Wataniyya al-Filastiniyya, 1918–1939* [Documents of the Palestinian National Movement, 1918–1939] (Beirut: Institute for Palestine Studies, 1979), 508.

64. 이야기의 출처는 "아부 오마르(Abu Omar)"[압드 알 라흐만 알 살리흐(Abd al-Rahman al-Salih)]로, 일각에서는 그의 형이자 반군 지도자인 무함마드[아부 할레드(Abu Khaled)]가 앤드루스 살해를 계획했다고 말하기도 한다. 이 이야기는 다음에 등장. Slutsky, *Sefer Toldot*, 2:822, and Zuaytir, *Watha'iq*, 508. 다음도 참고. Yasin, *Thawrah*, 95. 형제에 대해서는 다음을 참고. Danin, *Teudot*, 13, 35n69, 60n117; Porath, *Palestinian Arab*, 245.

65. 민간인 희생자 수를 19명으로 표기하는 경우가 많은데, 19명 가운데 두 명은 경험 부족으로 반군을 영국군으로 오인하여 목숨을 잃은 노트림 대원이었다. "21 Jews Slain in Tiberias Massacre, Worst Since '29," *JTA*, and "Massacre in Tiberias Town," *Palestine Post*—both October 4, 1938. FRUS, 1938, vol. 2, document 775. Slutsky, *Sefer Toldot*, 2:820.

66. MacMichael to MacDonald, October 24, 1938, TNA CO 935/21. 정부 또한 이를 "체계적으로 조직해 무자비하게 실행한" 공격이라 칭하며 유사한

표현을 사용했다. 다음을 참고. 1938 report to the League of Nations (Col. 166), 15.

67. 바아드 레우미(Va'ad Leumi)[유대민족평의회(Jewish National Council)] 대표단인 모셰 오스트로프스키(Moshe Ostrovsky)가 받은 인상은 다음을 참고. "*Tverya*," *Ha-Tzofe*, October 9, 1938, and Ben-Zvi to Tegart, October 7, 1938, MECA Tegart Papers, box 2, file 4.

68. 반군들은 도시를 빠져나가는 길에 특수야간부대-노트림 연합군와 마주쳤고, 최소 여섯 명이 사살됐다. 추후 윈게이트의 부관 브레딘은 히틴에서 보복 작전을 폈는데, 이때 민간인 대상 잔학행위가 동반되었을 가능성이 있다. 다음을 참고. Hughes, "Terror in Galilee," 596-97. Eshkol, *Common Soldier*, 166-73. Sykes, *Wingate*, 178-81. Slutsky, *Sefer Toldot*, 2:818-23, 925-26. Wingate to Evetts, January 31, 1939, BL M2313.

69. 아부[할릴 무함마드 이사(Khalil Muhammad Issa)]에 대해서는 다음을 참고. Kedourie and Haim, *Zionism and Arabism*, 66, 83, 91n71; Kelly, *Crime of Nationalism*, 144-45; Porath, *Palestinian Arab*, 242-43. 수브히 야신(Subhi Yasin)은 공격의 지휘관으로 또 다른 반군 지도자인 소(小) 아부 이브라힘(Abu Ibrahim the Lesser)을 지목하는데, 이는 실수일 가능성이 있다. Yasin, *Thawrah*, 93-94.

70. "Under Arab 'Rule,'" *Palestine Post*, October 4, 1938. 알 하디프에 대한 아랍인들의 지지에 대해서는 그의 삶을 기린 다음의 기사들을 참고. *Davar*, November 29, 1938, and *Haaretz*, October 28, 30, and 31, 1938. 그럼에도 보복에 대한 두려움 때문에 장례식에 참석한 아랍인은 아무도 없었다.

71. MacMichael to MacDonald, September 2, TNA CAB 104/7, and October 24, 1938 and January 16, 1939, TNA CO 935/21. Haining to Hore-Belisha, November 30, 1938, TNA WO 32/9498. FRUS, 1938, vol. 2, documents 711 and 727.

72. *Evening Standard*, October 7, 1938.

73. Khalil Totah, *Turbulent Times in Palestine: The Diaries of Khalil Totah, 1886–1955*, ed. Thomas M. Ricks (Jerusalem; Ramallah: Institute for Palestine Studies, PASSIA, 2009), 33, 231. Wadsworth to Hull, September 15, 1938, NARA II 867N.4016/64. Swedenburg, *Memories of Revolt*, 30-37, 216n48.

74. Arnon-Ohana, *Mered Arvi*, 122-26; Shepherd, *Ploughing Sand*, 204;

Anderson, "State Formation from Below," 45–48; Kelly, *Crime of Nationalism*, 127–31.

75. 파우지가 처음 설치한 이 재판소들은 1937년, 그리고 대봉기의 절정기였던 1938년에 크게 확산됐다. 다프나의 사건, 압델에 의한 형 집행 취소, 반군 재판소 전반에 대한 내용은 다음을 참고. Kabha, "Courts," 198–211. Also Nimr, "Arab Revolt," 166–74.
76. Nimr, "Nation in a Hero," 144. Swedenburg, *Memories of Revolt*, 87, 94, 100. Edward Horne, *A Job Well Done (Being a History of the Palestine Police Force 1920–1948)* (Lewes, East Sussex: Book Guild, 2003), 224–25. Haining to Hore-Belisha, April 24, 1939, TNA WO 32/9499, and December 1, 1938, WO 32/4562. 에즈라 다닌(Ezra Danin)은 그를 거의 문맹에 가까운 양심의 가책도 없는 인물로 묘사하며 회의적인 견해를 보인다. 다음을 참고. Danin, *Teudot*, 30–34.
77. CID report, September 1938, TNA CO 733/370. Haining memo, "Hostile propaganda in Palestine," December 1, 1938, TNA WO 32/4562. HA 8/1/8. Danin, *Teudot*, 35–48, 91–103. Ann Mosely Lesch, *Arab Politics in Palestine, 1917–1939: The Frustration of a Nationalist Movement* (Ithaca: Cornell University Press, 1979), 124–25.
78. 이 회의를 목표로 진행된 육상-공중 합동 작전으로 앞서 언급된 아부 할레드가 사망했다. 데이르 가사네와 아랍봉기지휘국에 대한 내용은 다음을 참고. Nimr, "Arab Revolt," 131–32, 160–74, and "Nation in a Hero," 150; Hughes, *Britain's Pacification of Palestine*, 151–52; Arnon-Ohanah, *Mered Arvi*, 117–22, 130. Danin, *Teudot*, 22–23, 35n69, 82n166, 96n200.
79. Yasin, *Thawrah*, 195–96.
80. Haining to Hore-Belisha, November 30, 1938, TNA WO 32/9498. Hughes, *Britain's Pacification of Palestine*, 357–58; Slutsky, *Sefer Toldot*, 2:774; Eyal, *Ha-Intifada ha-Rishona*, 422, 600n66.
81. 예루살렘 작전에서 아랍인 19명과 병사 한 명이 사망했다. 군대는 한 달 후 베르셰바와 예리코, 가자를 수복했다. MacMichael to MacDonald, December 3 and 12, 1938, TNA CO 935/21. Haining to Hore-Belisha, April 24, 1939, TNA WO 32/9499. Eyal, *Ha-Intifada ha-Rishona*, 418–20; Slutsky, *Sefer Toldot*, 2:774–75; FRUS, 1938, vol. 2, document 757; Hughes,

*Britain's Pacification of Palestine*, 112.

82. MacDonald to Battershill, October 10, 1938, and Cabinet minutes, October 13, 1938; TNA CAB 104/7.

83. 유대인 증인 목록은 다음을 참고. CZA S5/628. 증언 일부는 다음을 참고. "Woodhead Commission," BGA STA file 71. 영국 측 증언을 비롯한 다른 증언들은 파기된 것으로 보인다. "리필(Re-Peel)"에 대해서는 다음을 참고. Rose, *Gentile Zionists*, 154ff.

84. 하산 시드키 다자니 살해는 대무프티의 지시로 아레프가 수행한 것이라고 널리 추정됐다. 다음을 참고. MacMichael to MacDonald, December 3, 1938, TNA CO 935/21. 힐렐 코헨(Hillel Cohen)은 압델의 소행으로 보면서도 그가 수행한 암살의 수가 비교적 적다는 점은 인정했다. 다음을 참고. *Army of Shadows*, 130–31, 289n46.

85. 바이츠만은 1938년 5월부터 위원회의 계획에 대한 소문을 듣고 우려했다. Weizmann, *Letters*, series A, vol. 18, 387–90. 다음도 참고. "The Road to Appeasement" letter collection in Weizmann, *Letters*, series B, vol. 2, 312–30.

86. MacDonald to Battershill, October 10, 1938, and Cabinet minutes, October 13, 1938; TNA CAB 104/7.

87. FRUS, 1938, documents 780, 785. Penkower, *Palestine in Turmoil*, 574, 596, 611n99. 케네디는 이 압박 작전을 두고 루스벨트가 취임 이래 직면한 "가장 지속적이고 당혹스러운 사태"라고 표현했다. MacDonald memo, January 18, 1939, TNA CAB 24/282/4.

88. Lindsay to Halifax, October 14 and 18, 1938, TNA CO 733/369. Telegrammed pleas in FDR OF 700; OF 76c, box 6.

89. 우드헤드 위원회에 대한 유용한 이야기들은 다음을 참고. El-Eini, *Mandated Landscape*, 331–44; Cohen, *Retreat from the Mandate*, 38–49, 66–72; Penkower, *Palestine in Turmoil*, chap. 8 and 9, passim. 분할에 반대하는 영국 행정부의 지침은 다음을 참고. Teveth, *Burning Ground*, 635–36.

90. "Cmd. 5854: Palestine Partition Commission Report" (His Majesty's Stationery Office, 1938), 83. 4~10장까지 필 위원회의 계획에 대해 다루며, 8장은 이동 문제를 중점적으로 논한다.

91. 다수 의견서는 하이파의 혼합된 인구를 두 번째 방안의 "치명적 결점"으로

꼽았다. 두 번째 방안에 홀로 찬성한 앨리슨 러셀(Alison Russel)은 세 번째 방안이 영국이 부과하는 의무를 이행하기에는 유대 국가 측에 너무 작은 영토를 제공한다고 생각했다. 러셀은 두 번째 방안이 제안한 유대 영토 또한 너무 작다며 "노퍽주보다도 훨씬 작다"고 아쉬워했지만 대안이 없었다. Ibid., 85 – 98, 249 – 62.

92. MECA Tegart Papers, box 2, file 3. 다음도 참고. El-Eini, *Mandated Landscape*, 343, 544.

93. "Cmd. 5854," 13 – 14, 243 – 46. 다수 의견서는 "경제적 연방이라고 부르는 수정된 형태의 분할"을 제안했다. 이는 일종의 관세 동맹으로, 양측 민족에게 주권에는 미치지 못하는 일정 수준의 자율성을 부여하는 방식이다.

94. 맥마이클은 대무프티의 참석을 금지하기는 했으나 "그의 견해는 고려될 것"이라고 비공식적으로 인정했다. letter to MacDonald, December 29, 1938, TNA CO 935/21. "Cmd. 5893: Palestine—Statement of Policy by His Majesty's Government in the United Kingdom" (His Majesty's Stationery Office, November 1938), 3 – 4. 맬컴 맥도널드는 회의의 성공 가능성에 의심을 품었다. 다음을 참고. cable to Lampson, October 28, 1938, TNA CO 733/386.

95. MacMichael to MacDonald, October 31, 1938; Lampson to MacDonald, October 30, 1938; MacDonald to Battershill et al., November 7, 1938—all in TNA CO 733/386/16. 램슨(Lampson)의 수석 고문은 안토니우스와 동서 관계인 월터 스마트(Walter Smart)였다.

96. 이는 맬컴 맥도널드의 말을 바이츠만이 자신의 표현으로 전달한 것이다. 바이츠만은 맬컴 맥도널드가 "우리가 '소수'의 위치에 놓이지 않도록 마지막까지 싸울 것"이라고 말한 바 있다고 전했다. Weizmann, *Letters*, series B, vol. 2, 324 – 25. Ben-Gurion diary, October 25, 1938, BGA. 다음도 참고. Penkower, *Palestine in Turmoil*, 566 – 73.

97. MacMichael to MacDonald, December 29, 1938, TNA CO 935/21. Robert L. Jarman, ed., *Political Diaries of the Arab World: Palestine & Jordan*, vol. 3 (Slough, Berkshire: Archive Editions, 2001), 394 – 95, 402 – 3.

98. "Statement by the Higher Arab Committee," November 16, 1938, TNA FO 684/11.

99. 예를 들어 다음을 참고. See foJarman, *Political Diaries*, 394 – 95, and

MacMichael to MacDonald, February 27, 1939, TNA CO 935/22.

100. 예루살렘 시장직은 8월에 후세인 할리디의 친척인 무스타파 할리디에게 넘어갔다. 이 일기를 썼던 무렵 후세인 할리디는 단식투쟁 중이었다. Khalidi, *Exiled from Jerusalem*, 237, 248–52, 261, 276, 282.

101. Weizmann, *Letters*, series B, vol. 2, 330. Dugdale, *Baffy*, 93, 99–101, 110–13. Teveth, *Burning Ground*, 634–38. MacMichael to MacDonald, December 29, 1938, TNA CO 935/21. *Palestine Post* and *JTA*, November 10, 1938.

102. "Kristallnacht," United States Holocaust Memorial Museum, https://encyclopedia.ushmm.org/content/en/article/kristallnacht.

103. Ben-Gurion to *Va'ad Leumi*, December 12, 1938, BGA STA file 866. Teveth, *Burning Ground*, 653.

## 7장 불타는 땅

1. 맬컴 맥도널드의 전기 작가는 그가 그 시기 "바이츠만의 매력에 흠뻑 빠져 기꺼이 자기 자신을 목표물로 내주었다"고 기술했다. Clyde Sanger, *Malcolm MacDonald: Bringing an End to Empire* (Montreal: McGill-Queen's University Press, 1995), 87–97. 다음도 참고. Weizmann, *Trial and Error*, 411–13.

2. 맬컴 맥도널드는 1935년에도 짧게 이 직책을 맡은 일이 있었다. 1938년 더그데일은 맬컴 맬도널드의 선임을 두고 "유대인 관점에서 볼 때 최상의 선택"이라고 말했다. Dugdale, *Baffy*, 90; Khalidi, *Exiled from Jerusalem*, 162; Sanger, *Malcolm MacDonald*, 96, 162; Segev, *One Palestine, Complete*, 336–40.

3. 맬컴 맥도널드는 부친이 설립한 노동당 분파 국민노동당을 이끌었다. 국민노동당은 1931년부터 보수당을 비롯한 다른 정당들과 연합 정부를 구성했다. 다음을 참고. Carly Beckerman, *Unexpected State: British Politics and the Creation of Israel* (Bloomington: Indiana University Press, 2020), 129.

4. 팔레스타인의 아랍인 인구 증가에 주목하면서도 상대적 비율의 안정성 유지를 위해서는 향후 10년간 유대인 이주를 3만 5000명 이하로 제한해야 한다고 주장한 처칠의 답변 또한 참고. "Palestine," HC Deb, November 24, 1938, vol. 341, col. 1987ff.

5. Antonius correspondence, January-February and April 6, 1939, ICWA. Totah, *Turbulent Times*, 243. 맬컴 맥도널드의 변화는 1938년 봄 또는 여름부터 나타났다. 다음을 참고. Nicholas Bethell, *The Palestine Triangle: The Struggle for the Holy Land, 1935–48* (New York: G. P. Putnam's Sons, 1979), 43 – 50.
6. Furlonge, *Palestine*, 118 – 22. MacDonald notes, November 25 and 28, 1938, TNA CAB 104/8. Nasser Eddin Nashashibi, *Jerusalem's Other Voice: Ragheb Nashashibi and Moderation in Palestinian Politics, 1920–1948* (Exeter, Devon: Ithaca Press, 1990), 166ff. 다음도 참고. Khalidi, *Exiled from Jerusalem*, 182, 282 – 84, 302; Bethell, *Palestine Triangle*, 51 – 52, 194.
7. Telegram, January 15, 1939, in "Abandoned documents, George Antonius archive," ISA P-341/22. Antonius to Rogers, January 20, 1939, ICWA. AHC statement, January 17, 1939, ISA P-353/50. MacMichael to MacDonald, February 27, 1939, TNA CO 935/22. Husseini, *Mudhakkirat*, 44 – 45. 다음도 참고. Boyle, *Betrayal of Palestine*, 5ff.
8. MacDonald memo, January 18, 1939, TNA CAB 24/282/4. 다음도 참고. Sanger, *Malcolm MacDonald*, 164 – 67. 맬컴 맥도널드는 11월 내각에 이렇게 말했다. "정부는 유대인 세계에 대한 약속과 이슬람 세계에 대한 약속 가운데 하나를 택해야만 했습니다." In Martin Gilbert, "The Turning of Malcolm MacDonald," *The Guardian*, January 17, 1981.
9. 맥마흔-후세인 서한에 대해 필 위원회에서 진행된 내부 논의는 다음을 참고. TNA CO 733/244/22, FO 371/20029, FO 371/20810. 맥마흔 본인이 1937년 7월 23일 《더 타임스》에 보낸 서한을 통해 영국의 입장을 재확인했다. Book receipt, Ben-Gurion diary, November 5, 1938, BGA.
10. MacDonald memo, loc. cit. 핼리팩스는 자신이 작성한 의견서에서 영국의 주장에 "심각한 약점"이 있다고 자인하기도 했다. minutes, January 23, 1939, TNA CAB 24/282/19.
11. MacDonald memo, loc. cit., and minutes, January 18, 1939, TNA CAB 23/97/1.
12. 핼리팩스와 맥마이클은 맬컴 맥도널드의 의견에 대체로 동의했으며 이민 제한을 더 강화할 준비가 되어 있었다. MacDonald memo, loc. cit., and Halifax reply, January 23, TNA CAB 24/282/18; minutes, February 1,

1939, TNA CAB 23/97/3. 시온주의자들은 더그데일의 친구이자 보건부 장관이었던 월터 엘리엇을 통해 의견서의 개요를 파악하고 있었다. Rose, *Gentile Zionists*, 181 – 82; Penkower, *Palestine in Turmoil*, 625.

13. Images, January 28 and February 7, 1939, via Alamy Stock Photo.
14. "Guests of Britain—in Gaol Island and De Luxe Hotel," *News Chronicle*, January 30, 1939. Hanna to Levy, February 16, 1939, ISA P-695/6. MacMichael to MacDonald, March 24, 1939, TNA FO 935/22. Khalidi, *Exiled from Jerusalem*, 312 – 14.
15. *Evening Standard*, February 1, 1939 (신문은 안토니우스 또한 케임브리지대학교 출신이라는 사실을 놓쳤다).
16. 체임벌린은 바이츠만의 맞은편에, 맬컴 맥도널드는 벤구리온의 맞은편에 앉았다. 체임벌린이 아랍 대표단에게 한 발언은 다음을 참고. official notes, February 7, 1939, ISA P-360/16; 유대인 대표단에게 한 발언은 다음을 참고. Ben-Gurion, *My Talks*, 199 – 201, and Downie's notes, February 7, 1939, WA 25 – 2123.
17. Weizmann, *Letters*, series B, 341ff. Also in Ben-Gurion, *My Talks*, 202ff. Weizmann's prepared notes, February 8, 1939, WA 2 – 2124.
18. 다음에 상당 부분이 기록되어 있다. Draft notes, February 8, 1939, in WA 1 – 2124. Ben-Gurion, *My Talks*, 214 – 17.
19. 반무프티 성향의 민족방위당 당수 라게브는 "건강상의 사유"로 불참했으나, 하지 아민의 반대 또한 불참 요인으로 작용했을 가능성이 크다. "Jew and Arab," *The Times*, February 8, 1939. 다음도 참고. Penkower, *Palestine in Turmoil*, 616, 626.
20. Notes, February 11, 1939, contained in "Abandoned Documents, Government of Palestine" in ISA P-360/16.
21. Furlonge, *Palestine*, 122 – 23. Nashashibi, *Jerusalem's Other Voice*, 154 – 60, 173. 대무프티는 결국 뜻을 굽혔고, 라게브와 야코브 파라즈(Yacoub Farraj)가 참석했다. 그러나 더그데일에 따르면 대무프티 측이 철수할 것을 우려해 맬컴 맥도널드가 라게브와 야코브에게 불참을 요청했다. 다음을 참고. Dugdale, *Baffy*, 122.
22. 체임벌린은 "회의 시작에서부터 아랍인은 자기들끼리도 전혀 의견 일치를 이루지 못했다"며 한탄했다. Neville Chamberlain, *The Neville Chamberlain*

*Diary Letters*, ed. Robert C. Self, vol. 4 (Aldershot, Hampshire; Burlington, VT: Ashgate, 2005), 381.

23. Notes, February 13 and 15, 1939, contained in ISA P-360/16. 소위원회의 아랍인들에게는 마이클 맥도넬(Michael McDonnell)이 자문을 제공했다. 팔레스타인에서 대법관을 지낸 그는 1936년 야파 구시가지 철거에 반대했다는 이유로 해임된 바 있었다(2장 참고). Dugdale, *Baffy*, 123. Boyle, *Betrayal of Palestine*, 7ff. 소위원회 관련 내용은 다음을 참고. Elie Kedourie, *In the Anglo-Arab Labyrinth: The McMahon-Husayn Correspondence and Its Interpretations 1914–1939*, 2nd ed. (London; New York: Routledge, 2014), chap. 10, especially 299–308.
24. Ben-Gurion, *My Talks*, 240–47.
25. Notes, February 15, 1939, ISA P-360/16.
26. Chamberlain, Diary Letters, 380–85. 맬컴 맥도널드 또한 아랍인들의 "비타협성"에 대해 한탄했다. minutes, February 15 and 22, 1939, TNA CAB 23/97/7–8. 그러나 3월 초에 이르자 핼리팩스는 유대인들이 "극도로 비합리적"이라고 불평했다. 다음을 참고. Penkower, *Palestine in Turmoil*, 640.
27. 공식 회의록과 벤구리온, 셰르토크의 일기 내용의 비교는 다음을 참고. Caplan, *Futile Diplomacy*, 240–51. Jewish "panel" minutes, February 27, 1939, WA 12–2132.
28. 더그데일은 "맬컴은 아랍인들의 주장에 깊은 인상을 받았다"며 "아랍인들을 만난 이후 그에게 변화가 나타났다"고 적었다. Dugdale, *Baffy*, 123. 벤구리온과 바이츠만은 이 반전에 충격을 받았다. Jewish "panel" minutes, February 24, 1939, WA 15–2131.
29. 맬컴 맥도널드가 추후 내각에 한 발언에 등장. March 2 and 8, 1939, TNA CAB 23/97/9–10.
30. 노먼 로즈(Norman Rose)는 "주말이었던 2월 24일부터 26일까지가 회의의 분수령이었다"고 적었다. Rose, *Gentile Zionists*, 188. Minutes and Jewish delegation notes, February 27, 1939, WA 12–2132 and 13–2132.
31. Dugdale, *Baffy*, 126. Penkower, *Palestine in Turmoil*, 637.
32. 1939년 2월 27일 아랍인 38명이 목숨을 잃고 수십 명이 부상을 입었다. 희생자는 대부분 하이파와 예루살렘에서 발생했다. 이르군은 유대인을 아랍인 통제하에 두려고 할 경우 "수백 수천" 건의 추가 공격이 이어질 것이라고

경고했다. MacMichael to MacDonald, March 24, 1939, TNA CO 935/22. "Ninety-One Arab Casualties," *Palestine Post*, February 28, 1939. Alfassi, *Irgun*, 217–18.

33. Notes, February 27 and March 1, 1939, ISA P-360/16.
34. Notes, March 2, 1939, ISA P-3048/22, and minutes, TNA CAB 23/97/9.
35. Notes, March 3, 6, and 7, 1939, ISA P-3048/22. 맬컴 맥도널드는 "소수 민족 콤플렉스"로 인해 원래의 몫보다 더 많이 요구하는 것이 "유대 민족의 본성"이라는 말에 동의했다. 나중에 이 발언을 전해 들은 바이츠만은 맬컴 맥도널드를 비난했다. 다음을 참고. Rose, *Gentile Zionists*, 193; Penkower, *Palestine in Turmoil*, 639. Also Boyle, *Betrayal of Palestine*, chap. 1.
36. 공식 회의록과 셰르토크의 일기장 내용의 비교는 다음을 참고. Caplan, *Futile Diplomacy*, 252–60. Ben-Gurion, *My Talks*, 261–63. 바이츠만은 세인트 제임스 궁전에서 알리가 "개인적으로 친근한 태도"를 보였다고 기억했다. Weizmann, *Trial and Error*, 502. Dugdale, *Baffy*, 129. 다음도 참고. Cohen, *Retreat from the Mandate*, 79–81.
37. "Cmd. 5974: Report of Committee Set up to Consider Certain Correspondence between Sir Henry McMahon and the Sherif of Mecca in 1915 and 1916" (His Majesty's Stationery Office, March 1939), 10–11. Meetings with Arab delegation, February 11, 14, and 15, 1939, ISA P-360/16, and smaller Arab delegation, February 17, P-3048/17. Minutes, March 2, 1939, TNA CAB 23/97/9.
38. 체임벌린은 여전히 향후 5년 기준 이민 허용치를 10만 명으로 증원하기를 바라고 있었다. Minutes, March 2 and 8, 1939, TNA CAB 23/97/9–10. 정부는 1만 명의 어린이를 팔레스타인으로 이주시켜달라는 유대인 측의 요청 또한 거부했지만 1938년 말 영국으로의 입국을 허가했다. 다음을 참고. Minutes, December 14, 1938, TNA CAB 23/96/11. 추후 킨더트랜스포트(Kindertransport)라고 불리게 된 유대인 어린이 이동의 첫 번째 그룹은 그해 12월에 도착했다.
39. Weizmann, *Trial and Error*, 504. Sharett, *Yoman Medini*, vol. 4, March 14, 1939. Conference summary, February-March 1939, WA 9–2130 and CZA S5/1040.
40. Minutes, March 15, 1939, TNA CAB 23/98/1. 여러 정부 위원회에 대한 현

지 주민의 참여 확대 등 다른 사항들은 다음을 참고. Ben-Gurion, *My Talks*, 263-65; Cohen, *Retreat from the Mandate*, 82.

41. Notes, March 15 and 17, 1939, ISA P-3048/17. Bethell, *Palestine Triangle*, 65-66. Furlonge, *Palestine*, 124-26. 아마도 그러한 배신감 때문인지 무사는 추후 백서를 구성하게 된 제안들에 대해 자말보다도 강경한 태도를 취하며 영국의 "무성의한 조치"와 "용기 부족"을 격하게 비난했다. Khalidi, *Exiled from Jerusalem*, 321; MacDonald to Luke et al., Phipps to Luke, May 25-26, 1939, TNA CO 733/408/14-15.
42. Notes, March 15 and 17, 1939, ISA P-3048/17.
43. Shertok, *Yoman Medini*, vol. 4, March 15, 1939.
44. 마지막 회의에서 바이츠만은 유대인 대표단에게 비록 그들의 꿈은 "부분적으로 부서졌지만" 언젠가 새로운 꿈을 이루게 될 것이라며 위로했다. 일부 대표단은 눈물을 흘렸고, 모두 함께 〈하티크바〉를 불렀다. Panel minutes, March 16, 1939, WA 5-2137A; conference summary, WA 9-2130. Ben-Gurion, *My Talks*, 265-66; Rose, *Gentile Zionists*, 195.
45. Notes, March 17, 1939, ISA P-3048/17. 2월 16일 자말은 "아랍인에게는 유대인을 없애고자 하는 마음이 없지만, 유대인들이 팔레스타인을 떠나고자 한다면 매우 바람직한 일"이라고 말했다. ISA P-360/16. Shertok, *Yoman Medini*, vol. 4, February 5-6 and March 8, 1939. Caplan, *Futile Diplomacy*, 108, 318n125.
46. Hanna to Levy, various letters January to March 1939, ISA P-695/6. 맥마이클에 따르면 새로운 정책은 대부분의 아랍인에게 "기대보다 훨씬 더 많은 것"을 주었고 (유수프 한나 같은) 기독교계 아랍인에게는 "원하는 것보다 더 많은 것"을 주었다(기독교계 아랍인은 위임통치 유지를 선호했다는 의미). MacMichael to MacDonald, July 21, 1939, TNA CO 935/22.
47. Hanna to Levy, likely March 23, 1939, ISA P-695/6. Nimr, "A Nation in a Hero," 153. 일부 이스라엘 측 연구는 압델의 고결한 명성에 대해 회의적인 입장을 보였다. 다음을 참고. Danin, *Teudot*, 34, 40; Arnon-Ohanah, *Mered Arvi*, 161-62. 민족성전중앙위원회와 무장단체의 연관성에 대해서는 다음도 참고. Nimr, "Arab Revolt," 131-32, 154-56.
48. Fakhri Nashashibi, *Sawt min Qubur Filastin al-Arabiya* [A Voice from the Tombs of Arab Palestine] (Jerusalem, 1938). "Arab challenge to Mufti," *The Times*,

November 16, 1938. "The Tarboush Stands for Liberty," *Egyptian Gazette*, December 13, 1938.

49. Various files in TNA CO 733/386, including MacMichael to MacDonald, November 19, 1938.

50. Caplan, *Futile Diplomacy*, 318n126. 파크리는 핀하스 루텐버그라는 기업가에게 돈을 받고 세인트 제임스 궁전의 아랍인 대표단 회의 정보를 전달했다. 더그데일은 파크리의 이런 행동을 두고 그가 "생활비를 벌고 있다"고 적었다. Dugdale, *Baffy*, 119; Ben-Gurion, *Zichronot*, 6:363.

51. Cohen, *Army of Shadows*, 145-55; Hughes, *Britain's Pacification of Palestine*, 258-73; Porath, *Palestinian Arab*, 249-58. MacMichael to MacDonald, January 16, 1939, TNA CO 935/21. 평화단의 최고 야전 사령관은 과거 파우지의 부관이었던 파크리 압델 하디(Fakhri Abdel-Hadi)가 맡았다. 파크리 나샤시비와 파크리 압델 하디는 몇 년 후 경쟁 세력에 의해 암살됐다.

52. 한나는 "반군 지도자 가운데 가장 고귀한 인물"이었다며 압델의 죽음을 애도했다. 아레프는 시리아를 탈출해 이라크로 향한 후 다시 대무프티의 조직에 합류했다. Hanna to Levy, March 23, 1939, ISA P-695/6. Geoffrey J. Morton, *Just the Job: Some Experiences of a Colonial Policeman* (London: Hodder & Stoughton, 1957), 65, 96-96. Porath, *Palestinian Arab*, 257. Cohen, *Army of Shadows*, 152, 160. Nimr, "A Nation in a Hero," 153ff, and "Arab Revolt," 210-16. Yasin, *Thawrah*, 156-58. Kelly, *Crime of Nationalism*, 159-60. Totah, *Turbulent Times*, 258-59. MacMichael to MacDonald, July 21, 1939, TNA CO 935/22. Haining to Hore-Belisha, July 30, 1939, TNA WO 32/9500.

53. Morton, *Just the Job*, 65, 76. "Secret: Note on the Leaders of Armed Gangs in Palestine," September 1938, TNA CO 733/370/9. "Arab Rebel Leader Captured," *Palestine Post*, July 26, 1939. Zuaytir, *Yawmiyat*, 438.

54. Nigel Hamilton, *Monty: The Making of a General, 1887–1942* (New York: McGraw-Hill, 1981), chap. 6, 307. 다음도 참고. Montgomery's demi-official correspondence, 1938-1939, TNA WO 216/111, and "Brief Notes on Palestine," July 21, 1939, WO 216/46.

55. *A Survey of Palestine*, vol. 1 (Jerusalem: Government of Palestine, 1946): 38-49. Slutsky, *Sefer Toldot*, 2:801. Khalidi, *From Haven to Conquest*, 846-49.

Hughes, *Britain's Pacification of Palestine*, 245 – 48, 375 – 84. 힐렐 코헨은 아랍의 내분에 대한 내용이 과장된 것이라 주장한다. 다음을 참고. Cohen, *Army of Shadows*, 142 – 44.

56. *Survey of Palestine*, vol. 2, 59. 다음도 참고. Morris, *Righteous Victims*, 159.
57. 400채에 달하는 건물을 파괴한 최대 철거 작전은 1938년 8월 예닌의 부지구판무관 윌리엄 모팻(William Moffat) 사망 이후 예닌에서 진행됐다. 자세한 기록은 다음을 참고. Shlomi Chetrit, "Ha-Milhama ha-Ktana be-Yoter: Ha-Ma'avak ha-Tzvai ha-Briti Neged ha-Mered ha-Arvi be-Eretz Yisrael, 1936 – 1939 [The Biggest Small War: The British Military Struggle against the Arab Revolt in Palestine, 1936 – 1939]" (PhD diss., Bar-Ilan University, 2020), 340 – 43.
58. 예시는 다음을 참고. Arnon-Ohanah, *Mered Arvi*, 185 – 98.
59. 예시는 다음을 참고. *Palestine Post* editor Gershon Agronsky's private report, "Palestine Arab Economy Undermined by Disturbances," January 20, 1939, CZA S25/10091. Hughes, *Britain's Pacification of Palestine*, 56ff, 129 – 46, 249 – 52.
60. 카브하에 따르면 유수프 아부 도라는 반군 법원에서 궐석 재판으로 38명에게 사형을 선고하고 1939년 1월에 한 명이 아닌 네 명의 마을 장로를 암살한 사건으로 처형됐다. 그의 처형은 1년 후에 이루어졌다. Morton, *Just the Job*, 85 – 86; Kabha, "Courts," 205; Swedenburg, *Memories of Revolt*, 92, 118 – 20.
61. Minutes, Cabinet committee on Palestine, April 20, 1939, TNA CAB 24/285/11. 이 회의에서 내각은 사실상 아랍 측의 나머지 요구사항도 받아들였다. 다음을 참고. Cohen, *Retreat from the Mandate*, 82 – 83.
62. 유화책의 대표적 지지자였던 새뮤얼 호어(Samuel Hoare) 내무장관과 존 사이먼(John Simon) 재무장관은 기아나 제안에 열광했다. Minutes, April 20, 1939, TNA CAB 24/285/11; and April 26, May 3 and 10, 1939, CAB 23/99/3 – 6. 기아나 관련 내용은 다음도 참고. Penkower, *Palestine in Turmoil*, 618 – 20, 656.
63. Hay, *Man of Genius*, 47 – 48. 바이츠만은 이틀 전 체임벌린과의 만남에서도 유쾌하지 않은, 비슷하게 격앙된 대화를 나눈 바 있었다. notes in WA 8 – 2149B. 다음도 참고. Rose, *Gentile Zionists*, 202 – 4; Dugdale, *Baffy*, 137.
64. 정부 내 다른 시온주의 동조자들과 마찬가지로 램지 맥도널드 또한 일정 부

분 반유대주의적 성향을 지니고 있었다. 램지 맥도널드는 일찍이 팔레스타인을 방문한 후 시온주의가 "부유한 금권주의적 유대인"에 대한 바람직한 대안이 될 수 있다고 쓴 바 있다. J. Ramsay MacDonald, *A Socialist in Palestine* (London: Poale-Zion, 1922), 6. Sanger, *Malcolm MacDonald*, 171–72. Bethell, *Palestine Triangle*, 67.

65. Minutes, May 17, 1939, TNA CAB 23/99/7.

66. "Cmd. 6019: Statement of Policy by His Majesty's Government" (His Majesty's Stationery Office, 1939). 이전 초안들은 다음을 참고. Minutes, April 13 and 26, 1939, TNA CAB 24/285/1, 24/285/19. 정확히 말해 연간 1만 명의 이민을 5년간 허용하고, 이에 더해 난민 위기 해결을 위한 기여로 2만 5000명을 추가 허용하기로 했다.

67. 영국은 런던 원탁회의 이후에도 카이로에서 아랍 국가들과 회의를 이어갔는데, 이 회의에서 유대인 거부권 조항을 포기했다. 세인트 제임스 궁전에서의 논의와 백서 내용 사이의 차이점에 대해서는 다음을 참고. Cohen, *Retreat from the Mandate*, 85–86, and *Britain's Moment*, 301; Caplan, *Futile Diplomacy*, 109–13; Penkower, *Palestine in Turmoil*, 642, 648; FRUS, 1939, vol. 4, document 811.

68. Dugdale, *Baffy*, 137. "Jewish Agency Statement; A 'Breath of Faith,'" *The Times*, May 18, 1939. Weizmann, *Letters*, series A, vol. 19, 95ff. MacMichael to MacDonald, May 18, 1939, TNA CO 733/406/12. Ben-Gurion, *Zichronot*, 284ff. 다음도 참고. Teveth, *Burning Ground*, 720; 7장의 제목은 테베스의 책 제목에서 따왔다.

69. Roosevelt to Hull, May 17, 1939, FDR, PSF 16. "Palestine," *New York Times*, May 18, 1939.

70. Izzat Tannous, *The Palestinians: Eyewitness History of Palestine* (New York: I.G.T. Co., 1988), 309–10. 다른 아랍고등위원회 구성원(자말 후세이니, 후세인 할리디) 또한 백서에 반대했다는 이야기도 있다. Khalidi, *Exiled from Jerusalem*, 321; Porath, *Palestinian Arab*, 292.

71. 예를 들어 다음을 참고. Hanna to Levy, various letters, March and May 1939, ISA P-695/6. Nashashibi, *Jerusalem's Other Voice*, 107. 대무프티는 다음과 같이 말했다. "회담은 한편으로는 완고한 영국 때문에, 또 한편으로는 유대인의 이익을 위해 개입한 미국 때문에 실패했다. Husseini, *Mudhakkirat*,

44 – 45; 다음도 참고. Elpeleg, *Through the Eyes of the Mufti*, 39.

72. Sanger, Malcolm MacDonald, 159, 164 – 75. 토론 시작 전 더그데일은 "맬컴 맥도널드를 동요시키기 위해 최선을 다했다." 더그데일은 맬컴 맥도널드가 "약하고 한심하므로 이 작전이 성공할 수도 있다"고 말했다. Dugdale, *Baffy*, 137 – 39.
73. 처칠은 백서의 내용을 비난했으나 표결에는 참여하지 않았다. 코헨에 따르면 처칠은 토론에도 불참할 계획이었으나 "첫째 날 분노에 휩싸여" 참석하게 됐다. 맬컴 맥도널드는 처칠이 자신에게 아랍 측 거부권만 아니었다면 백서를 지지했을 것이라 말했다고 추후 기록했다. Michael J. Cohen, *Churchill and the Jews*, 2nd ed. (London: Routledge, 2003), 179 – 84, 302; Cohen, "Churchill-Gilbert Symbiosis," 215 – 16, 226n34.
74. HC Deb, May 22, 1939, vol. 347, col. 1937 – 2016; HC Deb, May 23, 1939, vol. 347, col. 2130 – 2197. 다음도 참고. Beckerman, *Unexpected State*, 129 – 31.
75. 6월 국제연맹 위임통치위원회는 위임통치 의무에 위배된다는 해석과 함께 백서를 만장일치로 거부했다. 위임통치위원회는 사건을 연맹이사회에 회부했으나 제2차 세계대전이 발발하며 절차가 진행되지 못했다. 맬컴 맥도널드는 위원회가 "다소 친시온주의적"이라고 평했다. Cabinet minutes, May 23, 1939, TNA CAB 23/99/8.
76. 체임벌린은 종종 내각에 이렇게 말하곤 했다. "어쩔 수 없이 한쪽 기분을 상하게 해야 한다면 유대인의 기분을 상하게 하는 게 낫다." Minutes, April 20, 1939, CAB 24/285/11. 맬컴 맥도널드는 미출간 회고록에서 팔레스타인에 쏟은 자신의 노력을 두고 "정치술의 참담한 실패"였다고 평했다. 다음에서 인용. Sanger, *Malcolm MacDonald*, 170, 175.
77. Hanna to Levy, May 18 and July 22, 1939, ISA P-695/6.
78. Nashashibi to MacMichael and MacMichael to MacDonald, May 30, 1939, CO 733/406/12. Nashashibi, *Jerusalem's Other Voice*, 106 – 9; Porath, *Palestinian Arab*, 291 – 94; Boyle, *Betrayal of Palestine*, 269 – 72. 무사와 안토니우스에 대해서는 다음도 참고. Joel Beinin, "Arab Liberal Intellectuals and the Partition of Palestine," in Dubnov and Robson, *Partitions*, 204 – 9, passim.
79. "To every Arab of a living conscience," contained in MacMichael to

MacDonald, July 1, 1939, TNA CO 733/406/12. Yasin, *Thawrah*, 226.

80. AHC statement, May 30, 1939, ISA 1054/15. 필립 마타르(Philip Mattar)는 대무프티를 호의적으로 그린 전기에서 그가 백서를 거부함으로써 "실질적인 정치보다는 개인적 고려와 이상을 우선시했다"고 설명했다. 무사의 전기 작가는 하지 아민이 "늘 보여온 전부가 아니면 전무라는 사고방식"을 고수했다며 개탄했다. 라시드 할리디는 이 결정이 대무프티가 그때까지 내린 것 중 가장 큰 대가를 치른 결정이라고 말했다. Mattar, *Mufti of Jerusalem*, 84; Furlonge, *Palestine*, 126; Rashid Khalidi, *The Iron Cage: The Story of the Palestinian Struggle for Statehood* (Boston: Beacon Press, 2007), 114.

81. 자보틴스키는 《더 타임스》 기사를 보고 비야르 아데스 공격에 대해 알게 됐다. 그는 이르군 지도자들에게 항의하며 자신도 원칙상 "집단행동"에 반대하지는 않지만 여성과 어린이는 대상에서 제외해야 한다고 주장했다. MacMichael to MacDonald, July 21, 1939, TNA CO 935/22; Battershill to MacDonald, June 13, 1939, CO 733/398. "Eighteen Injured by Bombs in Jerusalem Cinema House" and "The New Terror," *Palestine Post*, May 30, 1939. Niv, *Maarchot*, 238 – 52; Hoffman, *Anonymous Soldiers*, 94 – 97. 오헤베트 아미[본명 하브슈쉬(Habshush)]는 종신형을 선고받았다가 7년 후 사면됐다.

82. MacMichael to MacDonald, July 5, 1939, TNA CO 733/398/1. 봄과 여름, 이르군은 경찰 정보부에 협력했다는 혐의로 유대인 세 명을 처형하기도 했다. 아랍인에 대한 이르군의 공격은 7월까지 계속됐다. 8월 26일에는 지뢰를 매설해 각각 유대인 형사과와 아랍인 형사과를 맡고 있던 랠프 케언스(Ralph Cairns)와 로널드 바커(Ronald Barker)를 살해했다. 다음을 참고. Morton, *Just the Job*, 60 – 62.

83. 이 "특수"부대는 세인트 제임스 궁전에서 맬컴 맥도널드가 제안을 발표한 2월 말경 처음 결성됐지만, 영국에 대한 파괴 공작 등 본격적인 활동은 백서 이후 시작됐다. 부대는 제2차 세계대전이 시작되며 해산됐다. 이즈의 묘소가 있는 발라드 알셰이크는 현재 이스라엘의 네셰르라는 도시에 속해 있다. 라비 키부츠는 한때 루브야에 속했던 땅에 위치해 있다. Slutsky, *Sefer Toldot*, 2:830 – 33, 848 – 50; 3:70 – 72, 1615 – 16. Niv, *Maarchot*, 245 – 47. MacMichael to MacDonald, July 21, 1939, TNA CO 935/22.

84. 맥마이클은 아랍인에 대해서도 다음과 같은 오만한 태도를 보였다. "유감스

럽지만 아랍인이라는 인종의 특징은 배신인 것 같다. 그들은 두 명을 싸움 붙인 후 그 둘을 모두 속여 자신의 영리함을 과시해야만 보람찬 하루를 보냈다고 만족해하며, 손에 쥔 케이크는 그대로 둔 채 다른 케이크를 잔뜩 먹어야 직성이 풀린다." MacMichael to MacDonald, July 5, 1939, TNA CO 733/398/1.

85. "Prophecy," Wingate note, April 5 and 28, and Haining report, July 10, 1939. Wingate memo, "Palestine in Imperial Strategy," May 6, and Ironside reply, June 8, 1939. All in BL M2313. 아이언사이드는 9월 3일 육군참모총장에 임명됐다.
86. Hamilton, *Monty*, 307. "Bredin," IWMSA 4550/3-4. "Woods," IWMSA 23846/1. Keith-Roach, *Pasha of Jerusalem*, 193-95. Anglim, *Orde Wingate*, 77, 85-88.
87. Hanna to Levy, December (no date) 1939, ISA P-695/6.
88. Ben-Gurion, *Zichronot*, 6:67, 233, 403ff. Slutsky, *Sefer Toldot*, 3:19-37. Ben-Gurion to Weizmann, April 26, 1939, WA 15-2146B. "전투적 시온주의", 미국에의 도움 요청은 다음을 참고. Teveth, *Burning Ground*, 640, 668, chap. 38-39.
89. Reinharz and Shavit, *Road to September 1939*, chap. 6; Dugdale, *Baffy*, 147; Weizmann, *Trial and Error*, 508-9; Rose, *Chaim Weizmann*, 354; Ben-Gurion, *Zichronot*, 6:526.

## 마치는 글: 끝나지 않은 봉기

1. "Jewish losses during the Holocaust by country," United States Holocaust Memorial Museum, https://encyclopedia.ushmm.org/content/en/article/jewish-losses-during-the-holocaust-by-country. "Estimated Number of Jews Killed in the Final Solution," Jewish Virtual Library, https://www.jewishvirtuallibrary.org/estimated-number-of-jews-killed-in-the-final-solution.
2. Rami Hazan to author, August 16 and October 3, 2017. 야드 바솀 홀로코스트 박물관의 데이터베이스에는 루츠크의 크라스니야 아르미야 거리 54번지에 살았던 루클랴 타바슈니크(Rukhlya Tabachnik)의 사망을 기록한 소련의

기록 파일이 존재한다. 벤요세프가 편지를 보냈던 주소는 필수드스키 거리 54번지인데, 이는 해당 지역이 폴란드에서 소련으로 넘어가기 전의 지명이다. Yad Vashem, https://yvng.yadvashem.org.

3. 추후 독일과의 배상 협상에서 냉담하다는 비난을 들은 벤구리온은 "그놈들이 내 조카 셰인델레를 죽였소! 당신들은 아무것도 몰라!"라고 호통을 쳤다. Segev, *State at Any Cost*, 338, 372n, 617; Meir, *My Life*, 157–58; Teveth, *Burning Ground*, 617.
4. Arthur Koestler, *Thieves in the Night: Chronicle of an Experiment* (New York: Macmillan, 1946). Koestler, *Promise and Fulfillment: Palestine 1917–1949* (New York: Macmillan, 1949), 53–54. 다음도 참고. Koestler, *The Invisible Writing: An Autobiography* (Boston: Beacon Press, 1954), 377–81; Richard J. Watts, "Koestler's Novel of Zionism," *New York Times*, November 3, 1946.
5. MacMichael to Lord Lloyd, October 14, 1940, TNA CO 733/443–444.
6. 처칠은 1년 만에 맬컴 맥도널드를 식민장관 자리에서 해임하고 1941년에는 캐나다 특사로 임명하며 그의 정치적 경력을 끝장냈다. 베델(Bethell)은 "대서양을 건너 떠나는 그의 모습을 보며 시온주의자들이 크게 기뻐했다"고 적었다. Bethell, *Palestine Triangle*, 72–73, 101; Sanger, *Malcolm MacDonald*, 170.
7. 이라크의 압박을 받은 하지 아민은 10년의 과도기 이후의 독립이 아닌 즉각적인 독립을 조건으로 마지못해 백서를 수락했다. 백서에 대해 반대하는 입장이었던 데다 미국 내 유대인 여론 악화를 우려했던 처칠은 망설였다. Joseph Nevo, "Al-Hajj Amin and the British in World War II," *Middle Eastern Studies* 20, no. 1 (January 1984): 6–14. Mattar, *Mufti of Jerusalem*, 86–94.
8. Husseini, *Mudhakkirat*, 123–24, 127–28, 194. Gilbert Achcar, *The Arabs and the Holocaust: The Arab-Israeli War of Narratives* (New York: Metropolitan Books, 2009), 150–58.
9. Quoted in A. J. Kellar (MI5) to J. T. Henderson (Foreign Office), November 10, 1945, TNA CO 968/121/1.
10. Husseini, *Mudhakkirat*, 164. Achcar, *Arabs and the Holocaust*, 155–58.
11. 후라니는 전쟁 이후 런던의 아랍연맹 공공외교 사무소에서 무사를 보좌하기도 했다. Boyle, *Betrayal of Palestine*, 284–86, 290–91. Elath,

"Conversations," 55. Ajami, *Dream Palace of the Arabs*, 19 – 24. Various correspondence on Antonius's debts, ill health, and death, 1941 – 1943, ICWA. Dubnov and Robson, *Partitions*, 209, 214.

12. 이 시기 무사와 무프티의 불화에 대해서는 다음을 참고. Daniel Rickenbacher, "The Arab League's Propaganda Campaign in the US Against the Establishment of a Jewish State (1944 – 1947)," *Israel Studies* 25, no. 1 (spring 2020): passim. 전후 초기까지 이어진 대무프티의 인기에 대해서는 다음을 참고. Achcar, *Arabs and the Holocaust*, 158ff.

13. Nashashibi, *Jerusalem's Other Voice*, 68.

14. Furlonge, *Palestine*, chap. 10, 158. Daniel Rickenbacher, "Arab States, Arab Interest Groups and Anti-Zionist Movements in Western Europe and the US" (PhD thesis, University of Zurich, 2017), 134. 라시드 할리디는 팔레스타인 민족주의계가 "명백히 성공적인 시온주의 진영의 국가 건설 노력"을 무시하려 하는 경향이 있다며 한탄했다. 다음을 참고. Khalidi, *The Hundred Years' War on Palestine: A History of Settler Colonialism and Resistance, 1917–2017* (New York: Metropolitan Books, 2020), 216. 한국어판은《팔레스타인 100년 전쟁》(라시드 할리디, 유강은 옮김, 열린책들, 2021).

15. 아슈카르(Achcar)는 대무프티를 "나크바의 설계자"라고 불렀다. Achcar, *Arabs and the Holocaust*, 158 – 62. 다음도 참고. Walid Khalidi, "On Albert Hourani, the Arab Office, and the Anglo-American Committee of 1946," *Journal of Palestine Studies* 35, no. 1 (October 1, 2005): 64 – 70.

16. "Musa Bey Alami's Statement," August 30, 1947, ISA P-3220/19. 아무런 권리도 없는 "침략자 무리"인 시온주의자들의 "순전히 무가치한" 주장에 대한 무사의 격렬한 비난에서도 대무프티의 목소리가 느껴진다.

17. 로자 엘 에이니(Roza El-Eini)는 "필 위원회 계획은 이후 등장한 모든 분할안의 기반이 되거나 비교 대상이 되며 일종의 원형으로 자리 잡았다"고 썼다. El-Eini, *Mandated Landscape*, 331, 369. 국제연합은 네게브의 상당 부분을 유대인 구역으로 넣었지만 아랍 인구 비중이 높은 갈릴리 중심부는 빼놓았다. 인구 이동, 아랍 팔레스타인과 트랜스요르단의 연결 또한 제안에서 빠졌다. 1937년 분할안과 1947년 분할안의 유사점과 차이점은 다음을 참고. Sinanoglou, *Partitioning Palestine*, 168 – 72.

18. 1947~1949년 전쟁의 두 단계에 대한 간략한 설명은 다음을 참고. Morris,

*Righteous Victims*, 191ff.

19. Ibid., 159-60, 191-92. 대봉기 기간에 건설된 '벽과 탑' 정착지의 지도는 다음을 참고. Naor, *Yamei Homa u-Migdal*, 209.
20. 벤구리온은 "하가나 최고의 장교들은 특수야간부대에서 훈련받았고, 이스라엘방위군은 윈게이트의 신조를 이어받았다"고 회상했다. Ben-Gurion, "Britain's Contribution to Arming the Hagana" and "Our Friend: What Wingate Did for Us"; in Khalidi, *From Haven to Conquest*, 371-74, 382-87.
21. Haim, *Abandonment of Illusions*, passim. Shapira, *Land and Power*, 270.
22. Rashid Khalidi, "The Palestinians and 1948: The Underlying Causes of the Failure," in *The War for Palestine: Rewriting the History of 1948*, ed. Eugene L. Rogan and Avi Shlaim, 2nd ed. (Cambridge: Cambridge University Press, 2007), 30, passim. Khalidi, *Iron Cage*, 123 and chap. 4, passim.
23. Musa Alami, "The Lesson of Palestine," *Middle East Journal* 3, no. 4 (October 1949): 373-405. Elath, "Conversations," 34-35. 왈리드 할리디(Walid Khalidi)는 이 책을 "대단히 통렬한 아랍의 자기비판"이라고 평가했다. 다음을 참고. Khalidi, "On Albert Hourani," 78.
24. 예를 들어 다음을 참고. Morris, *Righteous Victims*, 207-9. 조금은 덜 참혹한 겔버(Gelber)의 기술 또한 이를 인정하고 있다. "아랍인들은 전투 이후 25명의 젊은 주민이 처형됐다고 증언했다. 처형은 대부분 인근 채석장에서 이루어졌다. 이 주장은 사실로 드러났다." Yoav Gelber, *Palestine 1948: War, Escape and the Emergence of the Palestinian Refugee Problem* (Brighton: Sussex Academic Press, 2006), 312.
25. Alami, "The Lesson of Palestine," 373-405. 무사와 전쟁에 대한 내용은 다음도 참고. Furlonge, *Palestine*, chap. 11.
26. 왈리드 할리디는 와스피가 "무사의 가방을 들어주고 문을 열어주는 일종의 시종"이었다고 말했다. Khalidi, "On Albert Hourani," 77. 와스피는 1971년 팔레스타인 총격범에 의해 암살됐는데, 무사의 전처 또한 곁에 있었다.
27. Furlonge, *Palestine*, chap. 12, 199-206, 214-16.
28. From Yariv Mozer's film *Ben-Gurion, Epilogue* (Go2Films, 2016).
29. Ben-Gurion diary, June 12 and 19, 1967, BGA. Segev, *State at Any Cost*, 658.
30. Ben-Gurion diary, November 29, 1967, BGA.

31. Ambassador Remez to Hillel (Foreign Ministry), June 11, 1969, BGA. Avi Shilon, *Ben-Gurion: His Later Years in the Political Wilderness* (Lanham, MD: Rowman & Littlefield, 2016), xv, 52–53, 199n85–86.
32. 무사는 벤구리온의 발언과 자신의 반응에 대해 조금씩 다른 이야기를 남겼다. 엘라스의 기록("Conversations," 71)에 따르면 무사는 벤구리온이 내놓은 입장에 "고무"되었으나 이스라엘의 지도자들이 이에 귀 기울이지 않은 것에 실망했다. 그러나 나세르 나샤시비의 기록(*Jerusalem's Other Voice*, 183–185)에 따르면 무사는 만남을 거듭할수록 벤구리온이 유연성을 잃고 있다고 느꼈으며, 그의 태도가 "무례하다"고 여겼다.
33. 쉴론(Shilon)은 이러한 대화의 "존재 자체가 지금껏 알려지지 않았던 벤구리온의 또 다른 면모, 즉 그가 팔레스타인 민족을 실질적으로 인정했다는 사실을 보여주기에 충분하다"고 주장했다. Shilon, *Ben-Gurion*, xv, 52–53.
34. From Ben-Gurion's 1970 *Moked* interview, via Israel Broadcasting Authority archive, https://www.youtube.com. 이 일화를 반복적으로 언급한 것에 대해서는 다음을 참고. Segev, *State at Any Cost*, 256–57, 405, 507: "벤구리온은 그 후 몇 년 동안, 세상을 떠나기 전까지 이 일화를 계속 언급했다. 시간이 지나며 무사의 반응은 벤구리온의 인생에서 중요한 경험으로 크게 자리 잡은 것으로 보인다."
35. Elpeleg, *Grand Mufti*, 165. Achcar, *Arabs and the Holocaust*, 162–63.
36. Shahid, *Jerusalem Memories*, 223–26.
37. E. C. Hodgkin, "The Last Palestinian," *The Spectator*, June 30, 1984. 영국의 저널리스트 호지킨(Hodgkin)은 아랍개발협회의 의장이었다.
38. Lazar, *Six Singular Figures*, chap. 1. 엘라스는 대화를 진행하며 무사가 "대무프티의 기본 성향인 극단주의를 계속해서 강조했다"고 말했다. 다음을 참고. "Conversations," 53. 무사는 대무프티를 비판하면 "그가 복수할지도 모르고 어쩌면 나를 죽일지도 모른다"며 소리 내어 걱정했다. Nashashibi, *Jerusalem's Other Voice*, 194.
39. Elath, "Conversations," 31, 73–74. 자금과 무기 조달에 있어 무사가 한 역할에 대해서는 다음을 참고. Goglia, "Il Mufti e Mussolini," 1220ff.
40. 1993년까지 이스라엘에서 발생한 200명의 사망자 가운데 약 3분의 2가 민간인이었다. Morris, "Mandate Palestine in Perspective," 138, and *Righteous Victims*, 565–603. Stein, "Intifada and the 1936–39 Uprising," 70–81. 다

음도 참고. "Fatalities in the first Intifada," B'Tselem, https://www.btselem.org/statistics/first_intifada_tables.

41. 이스라엘이 취한 조치들은 1945년에 제정된 비상규정에 의한 것이었고, 이는 대봉기 기간이었던 1937년에 도입된 비상규정에 근거한 것이었다. 랄레 할릴리(Laleh Khalili)는 오늘날 "재판도 없이 팔레스타인 아랍인들을 잡아 가두는 데 쓰이고 있는 '행정구금'은 1930년대 영국이 활용했던 징벌적 구금법을 조금 수정한 것에 불과하다"고 지적했다. Khalili, "The Location of Palestine in Global Counterinsurgencies," *International Journal of Middle East Studies* 42, no. 3 (August 2010): 424.

42. 당시 《뉴욕 타임스》는 다음과 같이 보도했다. "많은 팔레스타인 아랍인이 1930년대 아랍 대봉기 때와 마찬가지로 이러한 폭력이 봉기의 노력을 수포로 돌아가게 만들지도 모른다고 우려하고 있다." 다음을 참고. Swedenburg, *Memories of Revolt*, 173, 198; Stein, "Intifada and the 1936 – 1939 Uprising," 64 – 66, passim; Kimmerling and Migdal, *Palestinian People*, 303 – 6.

43. 1982년 샤이 라흐먼(Shai Lachman)은 이렇게 썼다. "거의 모든 팔레스타인 조직에서 오늘날까지도 이즈의 이름을 딴 군부대를 찾아볼 수 있다." 파타당과 팔레스타인해방인민전선에도 그러한 부대가 존재한다. In Kedourie and Haim, *Zionism and Arabism*, 87, 99n214. 웰던 매슈스(Weldon Matthews)는 다음과 같이 덧붙였다. "이즈의 죽음이 팔레스타인 아랍인에게 그때까지 지도자들이 보여주지 못했던 영웅적 자기희생의 본보기가 되었다고 보는 주장은 진부한 접근이기는 하다. 그러나 자주 반복되어 식상할지언정 그것이 잘못된 주장은 아니다." Matthews, *Confronting an Empire, Constructing a Nation: Arab Nationalists and Popular Politics in Mandate Palestine* (London: I.B. Tauris, 2006), 245. 하마스는 팔레스타인 단체 가운데 최초로 자살 폭탄 공격을 감행했으며, 그 전에는 레바논의 헤즈볼라가 이러한 공격을 했다. 카삼 로켓포는 2001년 처음으로 발사됐다.

44. Khalidi, Hundred Years' War, 213 – 16.한국어판은 《팔레스타인 100년 전쟁》(라시드 할리디, 유강은 옮김, 열린책들, 2021)

45. Nimr, "Nation in a Hero," 141. 님르는 저격수가 "군인 열 명"을 죽였다고 썼지만 사실 세 명은 민간인이었다.

46. 예를 들어 다음을 참고. Kevin Connolly, "Charles Tegart and the forts that tower over Israel," *BBC News*, September 10, 2012, https://www.bbc.com/

news/magazine-19019949.

47. 라시드 할리디는 "이러한 폭탄 공격이 맹목적인 복수 외에 무엇을 이룰 수 있는지" 의문을 제기하며 "제2차 인티파다의 끔찍한 폭력이 팔레스타인 아랍인이 1982년부터 제1차 인티파다와 평화 회담을 거치며 쌓아온 긍정적인 이미지를 지워버렸다"고 지적했다. 그는 "이스라엘은 압제자의 이미지를 벗어나 비이성적이고 광신적인 괴롭힘에 시달리는 희생자라는 익숙한 역할로 돌아갔다"고 주장했다. Khalidi, *Hundred Years' War*, 213-16. 한국어판은《팔레스타인 100년 전쟁》(라시드 할리디, 유강은 옮김, 열린책들, 2021).

48. Kimmerling and Migdal, *Palestinian People*, 393, 415. 대봉기와 제1·2차 인티파다의 공통점에 대해서는 다음도 참고. Jonathan Schanzer, "Palestinian Uprisings Compared," *Middle East Quarterly* 9, no. 3 (Summer 2002): 27-37.

49. Smotrich, Bezalel (@bezalelsm), Twitter, April 23, 2021, 1:13 a.m., https://twitter.com/bezalelsm/status/1385356221859966976.

50. Kopty, Abir (@KoptyAbir), Twitter, May 17, 2021, 11:34 p.m., https://twitter.com/AbirKopty/status/1394390926974459905. 다음도 참고. Rami Younis on Democracy Now! (@democracynow), Twitter, May 18, 2021, 4:06 p.m., https://twitter.com/democracynow/status/1394640483876487168.

51. Kabha and Serhan, *Sijil al-Qadah*, 21, 29. Kabha, *The Palestinian People: Seeking Sovereignty and State* (Boulder, CO: Lynne Rienner, 2014), 21.

52. Nimr, "Nation in a Hero," 143, 155. 카두리기술대학교는 바그다드 태생의 유대인 기업가 엘리스 카두리(Ellis Kadoorie)가 1930년대에 설립했다. 카두리대학교의 자매학교가 이스라엘의 타보르산 옆에 자리하고 있는데, 알론과 이츠하크 라빈(Yitzhak Rabin)이 이 학교 출신이다.

53. 최근의 요약은 다음을 참고. Mohammad Qutob, "Resilience through the Decades: The Arab Development Society," *This Week in Palestine*, June 2021, https://thisweekinpalestine.com/resilience-through-the-decades.

54. Mozer, *Ben-Gurion*.

# 참고문헌

## 기록보관소

- Ben-Gurion Archive, Sde Boker, Israel (BGA), including Shabtai Teveth
- Archive (STA)
- British Library, London (BL)
- Central Zionist Archives, Jerusalem (CZA)
- Franklin D. Roosevelt Library, Hyde Park, New York (FDR)
- Government Press Office, Jerusalem (GPO)
- Haganah Archives, Tel Aviv (HA)
- Imperial War Museum Sound Archive, London (IWMSA)
- Institute of Current World Affairs Archive, Washington (ICWA)
- Israel State Archives, Jerusalem (ISA)
- Jabotinsky Institute, Tel Aviv (JI)
- Labor Party Archive, Beit Berl, Israel (LPA)
- Library of Congress, Washington (LOC)
- Middle East Center Archive, St Antony's College, Oxford (MECA)
- National Archives and Records Administration II, College Park, Maryland (NARA II)
- The National Archives, London (TNA)
- National Library of Israel, Jerusalem (NLI)
- National Portrait Gallery, London (NPG)
- Weizmann Archives, Rehovot, Israel (WA)
- Weston Library, University of Oxford (WL)

## 신문

### 영어

- *Evening Standard*
- Jewish Telegraphic Agency (JTA)
- *The Guardian* (Manchester)
- *New York Times*
- *Palestine Gazette*
- *Palestine Post*
- *The Times* (London)

### 히브리어

- *Davar*
- *Do'ar Hayom*
- *Haaretz*

### 아랍어

- *Al-Difa*
- *Al-Jamia al-Islamiya*
- *Al-Liwa*
- *Filastin*

## 도서 및 신문 기사


- Abboushi, W. F. "The Road to Rebellion: Arab Palestine in the 1930's." *Journal of Palestine Studies* 6, no. 3 (Spring 1977): 23–46.
- Achcar, Gilbert. *The Arabs and the Holocaust: The Arab-Israeli War of Narratives*. New York: Metropolitan Books, 2009.
- Alami, Musa. "The Lesson of Palestine." *Middle East Journal* 3, no. 4 (October 1949).
- Alfassi, I., ed. *Irgun Zvai Leumi (National Military Organization): Collection of Archival Sources and Documents April 1937-April 1941*. Vol. 1. Tel Aviv: Jabotinsky Institute, 1990.

- Anderson, Charles W. "State Formation from Below and the Great Revolt in Palestine." *Journal of Palestine Studies* 47, no. 1 (November 1, 2017): 39 –55.
- Anglim, Simon. *Orde Wingate: Unconventional Warrior: From the 1920s to the Twenty-First Century*. Barnsley, South Yorkshire: Pen & Sword Military, 2014.
- Antonius, George. *The Arab Awakening*. New York: Lippincott, 1939.
- Arielli, Nir. *Fascist Italy and the Middle East, 1933 – 40*. Houndmills, Hampshire; New York: Palgrave Macmillan, 2010.
- ———. "Italian Involvement in the Arab Revolt in Palestine, 1936 – 1939." *British Journal of Middle Eastern Studies* 35, no. 2 (August 2008): 187 –204.
- Arnon-Ohanah, Yuval. *Mered Arvi be-Eretz Israel 1936 – 1939* [The Arab Revolt in the Land of Israel, 1936 – 1939]. Jerusalem: Ariel, 2013.
- Bell, Gawain. *Shadows on the Sand: The Memoirs of Sir Gawain Bell*. London: C. Hurst, 1983.
- Ben-Gurion, David. *My Talks with Arab Leaders*. Edited by Misha Louvish. Translated by Aryeh Rubinstein. New York: Third Press, 1973.
- ———. *Zichronot* [Memoirs]. Vol. 1 –6. Tel Aviv: Am Oved, 1971.
- Bethell, Nicholas. *The Palestine Triangle: The Struggle for the Holy Land, 1935 – 48*. New York: G. P. Putnam's Sons, 1979.
- Bierman, John, and Colin Smith. *Fire in the Night: Wingate of Burma, Ethiopia, and Zion*. 1st ed. New York: Random House, 1999.
- Black, Ian. *Enemies and Neighbors: Arabs and Jews in Palestine and Israel, 1917 – 2017*. New York: Atlantic Monthly Press, 2017.
- ———. *Zionism and the Arabs, 1936 – 1939*. London; New York: Routledge, 1978.
- Bowden, Tom. "The Politics of the Arab Rebellion in Palestine 1936 –39." *Middle Eastern Studies* 11, no. 2 (1975): 147 –74.
- Boyle, Susan Silsby. *Betrayal of Palestine: The Story of George Antonius*. Boulder, CO: Westview Press, 2001.
- Cahill, Richard. "Sir Charles Tegart: The 'Counterterrorism Expert' in Palestine." *Jerusalem Quarterly* 74 (Summer 2018): 57 –66.
- Caplan, Neil. *Futile Diplomacy*. Vol. 2. London; New York: Routledge, 2015.
- Chamberlain, Neville. *The Neville Chamberlain Diary Letters*. Edited by Robert C. Self. Vol. 4. Aldershot, Hampshire; Burlington, VT: Ashgate, 2005.

• Chazan. "The Dispute in Mapai over 'Self-Restraint' and 'Purity of Arms' During the Arab Revolt." *Jewish Social Studies* 15, no. 3 (2009): 89 – 113.
• Chetrit, Shlomi. *Rishonim Leha'ez: Plugot ha-Layla ha-Meyuhadot shel Orde Wingate* [First to Dare: Orde Wingate's Special Night Squads]. Mikveh Israel: Yehuda Dekel Library, 2017.
• "Cmd. 5479: Report of the Palestine Royal Commission." His Majesty's Stationery Office, 1937.
• "Cmd. 5854: Palestine Partition Commission Report." His Majesty's Stationery Office, 1938.
• "Cmd. 6019: Statement of Policy by His Majesty's Government." His Majesty's Stationery Office, 1939.
• Cohen, Hillel. *Army of Shadows: Palestinian Collaboration with Zionism, 1917 – 1948*. Translated by Haim Watzman. Berkeley: University of California Press, 2008.
• Cohen, Michael J. *Britain's Hegemony in Palestine and the Middle East, 1917 – 56: Changing Strategic Imperatives*. London; Portland, OR: Vallentine Mitchell, 2017.
• ———. *Britain's Moment in Palestine: Retrospect and Perspectives, 1917 – 48*. London; New York: Routledge, 2014.
• ———. *Palestine, Retreat from the Mandate: The Making of British Policy, 1936 – 45*. New York: Holmes & Meier, 1978.
• "Col. 134: Palestine Royal Commission: Minutes of Evidence Heard at Public Sessions." His Majesty's Stationery Office, 1937.
• Courtney, Roger. *Palestine Policeman*. London: Wyman & Sons, 1939.
• Danin, Ezra, ed. *Teudot u-Demuyot mi-Ginze ha-Kenufyot ha-Arviyot bi-Me'ore'ot 1936 – 1939* [Documents and Portraits from the Arab Gangs' Archives in the Arab Revolt in Palestine 1936 – 1939]. Jerusalem: Magnes Press, 1981.
• Dayan, Moshe. *Story of My Life*. New York: Morrow, 1976.
• Dubnov, Arie, and Laura Robson, eds. *Partitions: A Transnational History of Twentieth-Century Territorial Separatism*. Stanford: Stanford University Press, 2019.
• Dugdale, Blanche E. C. *Baffy: The Diaries of Blanche Dugdale, 1936 – 1947*. Edited by Norman Rose. London; Chicago: Vallentine Mitchell, 1973.

- Eisenberg, Laura Zittrain. *My Enemy's Enemy: Lebanon in the Early Zionist Imagination, 1900 – 1948*. Detroit: Wayne State University Press, 1994.
- Elath, Eliahu. "Conversations with Musa al-'Alami." *Jerusalem Quarterly* 41 (Winter 1987): 31 –75.
- El-Eini, Roza. *Mandated Landscape: British Imperial Rule in Palestine, 1929 – 1948*. London; New York: Routledge, 2015.
- Elpeleg, Zvi. *The Grand Mufti: Haj Amin al-Hussaini, Founder of the Palestinian National Movement*. Portland, OR: F. Cass, 1993.
- ———, ed. *Through the Eyes of the Mufti: The Essays of Haj Amin*. Translated by Rachel Kessel. London; Portland, OR: Vallentine Mitchell, 2009.
- Eltaher, Mohamed Ali. *'An Thawrat Filastin Sanat 1936: Wasf wa-Akhbar wa-Waqa'i wa-Watha'iq* [On the 1936 Palestine Uprising: Description, News, Facts, and Documents]. Cairo: al-Lajnah al-Filastiniya al-Arabiya, 1936. https: // www .loc.gov /item /2017481891/.
- Eshkol, Yosef. *A Common Soldier: The Story of Zwi Brenner*. Translated by Shmuel Himelstein. Tel Aviv: MOD Books, 1993.
- Eyal, Yigal. *Ha-Intifada ha-Rishona: Dikui ha-Mered ha-Arvi al-Yede ha-Tsava ha-Britibe-Eretz-Yisrael, 1936 – 1939* [The "First Intifada": The Oppression (*sic*) of the Arab Revolt by the British Army, 1936 – 1939]. Tel Aviv: Maarachot, 1998.
- Fergusson, Bernard. *The Trumpet in the Hall: 1930 – 58*. London: Collins, 1971.
- *Foreign Relations of the United States (FRUS), 1937 – 1939*. Vol. 2. Washington: Department of State, 1954.
- Furlonge, Geoffrey. *Palestine Is My Country: The Story of Musa Alami*. London: Praeger, 1969.
- Galnoor, Itzhak. *The Partition of Palestine: Decision Crossroads in the Zionist Movement*. SUNY Series in Israeli Studies. Albany: SUNY Press, 1995.
- Gelber, Yoav. *Jewish-Transjordanian Relations, 1921 – 48*. London; Portland, OR: F. Cass, 1997.
- Gilbert, Martin. *Churchill and the Jews*. London: Pocket, 2008.
- Goglia, Luigi. "Il Mufti e Mussolini: Alcuni documenti italiani sui rapporti tra nazionalismo palestinese e fascismo negli anni trenta [The Mufti and Mussolini: Some Italian documents on the relationship between Palestinian nationalism and fascism

in the 1930s]." *Storia Contemporanea* 17, no. 6 (1986): 1201–53.

• Goren, Tamir. "The Destruction of Old Jaffa in 1936 and the Question of the Arab Refugees." *Middle Eastern Studies* 55, no. 6 (November 2, 2019): 1005–19.

• ———. "The Judaization of Haifa at the Time of the Arab Revolt." *Middle Eastern Studies* 40, no. 4 (July 2004): 135–52.

• Habas, Bracha, ed. *Me'ora'ot Tartzav* [The 1936 Events]. Tel Aviv: Davar, 1937.

• Hacohen, David. *Time to Tell: An Israeli Life, 1898–1984*. New York: Cornwall Books, 1985.

• Haim, Yehoyada. *Abandonment of Illusions: Zionist Political Attitudes Toward Palestinian Arab Nationalism, 1936–1939*. London; New York: Routledge, 1983.

• Hamilton, Nigel. *Monty: The Making of a General, 1887–1942*. New York: McGraw-Hill, 1981.

• Heller, Daniel Kupfert. *Jabotinsky's Children: Polish Jews and the Rise of Right-Wing Zionism*. Princeton, NJ: Princeton University Press, 2017.

• Hoffman, Bruce. *Anonymous Soldiers: The Struggle for Israel, 1917–1947*. New York: Knopf, 2015.

• Horne, Edward. *A Job Well Done: (Being a History of the Palestine Police Force 1920–1948)*. Lewes, East Sussex: Book Guild, 2003.

• Hughes, Matthew. *Britain's Pacification of Palestine: The British Army, the Colonial State, and the Arab Revolt, 1936–1939*. Cambridge: Cambridge University Press, 2019.

• ———. "Terror in Galilee: British-Jewish Collaboration and the Special Night Squads in Palestine during the Arab Revolt, 1938–39." *Journal of Imperial and Commonwealth History* 43, no. 4 (August 8, 2015): 590–610.

• ———. "The Banality of Brutality: British Armed Forces and the Repression of the Arab Revolt in Palestine, 1936–39." *English Historical Review* CXXIV, no. 507 (April 1, 2009): 313–54.

• Husseini, Amin al-. *Mudhakkirat al-Hajj Muhammad Amin al-Husayni* [The Memoirs of Hajj Amin al-Husseini]. Edited by Abd al-Karim al-Umar. Damascus: Al-Ahali, 1999.

• Jankowski, James P. "The Palestinian Arab Revolt of 1936–1939." *Muslim World* 63, no. 3 (July 1973): 220–33.

- Jawhariyyeh, Wasif. *The Storyteller of Jerusalem: The Life and Times of Wasif Jawhariyyeh, 1904 – 1948*. Edited by Salim Tamari and Issam Nassar. Translated by Nada Elzeer. Northampton, MA: Olive Branch Press, 2014.
- Kabha, Mustafa. "The Courts of the Palestinian Arab Revolt, 1936 – 39." In *Untold Histories of the Middle East: Recovering Voices from the 19th and 20th Centuries*, edited by Amy Singer, Christoph K. Neumann, and Selçuk Akşin Somel. London; New York: Routledge, 2011.
- ———. *The Palestinian People: Seeking Sovereignty and State*. Boulder, CO: Lynne Rienner, 2014.
- ———. *The Palestinian Press as Shaper of Public Opinion 1929 – 1939: Writing Up a Storm*. London; Portland, OR: Vallentine Mitchell, 2007.
- Kabha, Mustafa, and Nimer Serhan. *Sijil al-Qadah wal-Thuwar wal-Mutatawi'in li-Thawrat 1936 – 1939* [Lexicon of Commanders, Rebels, and Volunteers of the 1936 – 1939 Revolt]. Kafr Qara, Israel: Dar Elhuda, 2009.
- Kahn Bar-Adon, Dorothy. *Writing Palestine 1933 – 1950*. Edited by Esther Carmel-Hakim and Nancy Rosenfeld. Brookline, MA: Academic Studies Press, 2017.
- Kanafani, Ghassan. *The 1936 – 39 Revolt in Palestine*. London: Tricontinental Society, 1972.
- Kedourie, Elie. "Great Britain and Palestine: The Turning Point." In *Islam in the Modern World and Other Studies*. New York: Holt, Rinehart and Winston, 1981.
- Kedourie, Elie, and Sylvia G. Haim, eds. *Zionism and Arabism in Palestine and Israel*. London; New York: Routledge, 2015.
- Keith-Roach, Edward. *Pasha of Jerusalem: Memoirs of a District Commissioner under the British Mandate*. Edited by Paul Eedle. London; New York: Radcliffe Press, 1994.
- Kelly, Matthew Kraig. *The Crime of Nationalism: Britain, Palestine, and Nation-Building on the Fringe of Empire*. Oakland: University of California Press, 2017.
- Kessler, Oren. "'A dangerous people to quarrel with': Lloyd George's Secret Testimony to the Peel Commission Revealed." *Fathom*, July 2020. https: // fathomjournal .org / mandate100 -a -dangerous -people -to -quarrel -with -lloyd -georges - secret -testimony -to -the -peel -commission -revealed /.

• Khalidi, Hussein Fakhri. *Exiled from Jerusalem: The Diaries of Hussein Fakhri al-Khalidi*. Edited by Rafiq Husseini. London: I.B. Tauris, 2020. 한국어판은 《팔레스타인 100년 전쟁》(라시드 할리디, 유강은 옮김, 열린책들, 2021).
• Khalidi, Rashid. *The Hundred Years' War on Palestine: A History of Settler Colonialism and Resistance, 1917–2017*. New York: Metropolitan Books, 2020.
• ———. *The Iron Cage: The Story of the Palestinian Struggle for Statehood*. Boston: Beacon Press, 2007.
• ———. "The Palestinians and 1948: The Underlying Causes of the Failure." In *The War for Palestine: Rewriting the History of 1948*, edited by Eugene L. Rogan and Avi Shlaim, 2nd ed. Cambridge: Cambridge University Press, 2007.
• Khalidi, Walid, ed. *From Haven to Conquest: Readings in Zionism and the Palestine Problem until 1948*. Washington: Institute for Palestine Studies, 1987.
• Kimmerling, Baruch, and Joel S. Migdal. *The Palestinian People: A History*. Cambridge, MA: Harvard University Press, 2003.
• Klieman, Aaron S. *A Return to Palliatives*. The Rise of Israel Series, Vol. 26. New York: Garland, 1987.
• ———. "The Divisiveness of Palestine: Foreign Office versus Colonial Office on the Issue of Partition, 1937." *Historical Journal* 22, no. 2 (1979): 423–31.
• Koestler, Arthur. *Promise and Fulfillment: Palestine 1917–1949*. New York: Macmillan, 1949.
• ———. *Thieves in the Night: Chronicle of an Experiment*. New York: Macmillan, 1946.
• Krämer, Gudrun. *A History of Palestine: From the Ottoman Conquest to the Founding of the State of Israel*. Princeton: Princeton University Press, 2011.
• Kramer, Martin. "Ambition, Arabism, and George Antonius." In *Arab Awakening & Islamic Revival: The Politics of Ideas in the Middle East*. Piscataway, NJ: Transaction Publishers, 2009.
• Kroizer, Gad. "From Dowbiggin to Tegart: Revolutionary Change in the Colonial Police in Palestine during the 1930s." *Journal of Imperial and Commonwealth History* 32, no. 2 (May 2004): 115–33.
• Lazar, Hadara. *Six Singular Figures: Jews and Arabs under the British Mandate*. Translated by Sondra Silverston. Oakville, ON: Mosaic, 2016.

- Lesch, Ann Mosely. *Arab Politics in Palestine, 1917–1939: The Frustration of a Nationalist Movement*. Ithaca, NY: Cornell University Press, 1979.
- Mattar, Philip. *The Mufti of Jerusalem: Al-Hajj Amin al-Husayni and the Palestinian National Movement*. Rev. ed. New York: Columbia University Press, 1992.
- Matthews, Weldon C. *Confronting an Empire, Constructing a Nation: Arab Nationalists and Popular Politics in Mandate Palestine*. London: I.B. Tauris, 2006.
- Morris, Benny. "Mandate Palestine in Perspective." *Bustan: The Middle East Book Review* 5, no. 2 (January 1, 2014): 136–45.
- ———. *Righteous Victims: A History of the Zionist-Arab Conflict, 1881–1999*. 1st ed. New York: Knopf, 1999.
- Morton, Geoffrey J. *Just the Job: Some Experiences of a Colonial Policeman*. London: Hodder & Stoughton, 1957.
- Nafi, Basheer M. "Shaykh 'Izz al-Din al-Qassam: A Reformist and a Rebel Leader." *Journal of Islamic Studies* 8, no. 2 (February 1, 1997): 185–215.
- Naor, Mordechai, ed. *Yamei Homa u-Migdal 1936–1939* [Days of Wall and Tower 1936–1939]. Jerusalem: Ben-Zvi Institute, 1987.
- Nashashibi, Nasser Eddin. *Jerusalem's Other Voice: Ragheb Nashashibi and Moderation in Palestinian Politics, 1920–1948*. Exeter: Ithaca Press, 1990.
- Nicosia, Francis R. *The Third Reich and the Palestine Question*. 2nd ed. New Brunswick, NJ: Transaction Publishers, 1999.
- Nimr, Sonia. "A Nation in a Hero: Abdul Rahim Hajj Mohammad and the Arab Revolt." In *Struggle and Survival in Palestine/Israel*, edited by Mark LeVine and Gershon Shafir. Berkeley: University of California Press, 2012.
- Niv, David. *Maarchot ha-Irgun ha-Tzvai ha-Leumi* [Battle for Freedom: The Irgun Zvai Leumi]. Vol. 2. Tel Aviv: Klausner Institute, 1975.
- Norris, Jacob. "Repression and Rebellion: Britain's Response to the Arab Revolt in Palestine of 1936–39." *Journal of Imperial and Commonwealth History* 36, no. 1 (March 2008): 25–45.
- Parsons, Laila. *The Commander: Fawzi al-Qawuqji and the Fight for Arab Independence, 1914–1948*. 1st ed. New York: Hill and Wang, 2016.
- ———. "The Secret Testimony of the Peel Commission (Part I): Underbelly of Empire." *Journal of Palestine Studies* 49, no. 1 (Autumn 2019): 7–24, 142–45.

• ———. "The Secret Testimony of the Peel Commission (Part II): Partition." *Journal of Palestine Studies* 49, no. 2 (Winter 2020): 8 – 25.
• Penkower, Monty Noam. *Palestine in Turmoil: The Struggle for Sovereignty, 1933 – 1939*. Vol. 2. New York: Touro College Press, 2014.
• ———. "Shlomo Ben-Yosef: From a British Gallows to Israel's Pantheon to Obscurity." In *Twentieth Century Jews: Forging Identity in the Land of Promise and in the Promised Land*, 311 – 56. Boston: Academic Studies Press, 2010.
• Porath, Yehoshua. *The Palestinian Arab National Movement, 1929 – 1939*. London; New York: Routledge, 2015.
• Rose, Norman. *The Gentile Zionists: A Study in Anglo-Zionist Diplomacy, 1929 – 1939*. London: F. Cass, 1973.
• Royle, Trevor. *Orde Wingate: A Man of Genius, 1903 – 1944*. Barnsley, South Yorkshire: Pen & Sword Military, 2010.
• Sakakini, Hala. *Jerusalem and I: A Personal Memoir*. Amman: Economic Press, 1990.
• Sakakini, Khalil. *Kadha Ana ya Dunya* [Such Am I, O World]. Beirut: Al-Ittihad, 1982.
• Sanagan, Mark. "Teacher, Preacher, Soldier, Martyr: Rethinking 'Izz al-Din al-Qassam." *Welt Des Islams* 53, no. 3 – 4 (2013): 315 – 52.
• Sanger, Clyde. *Malcolm MacDonald: Bringing an End to Empire*. Montreal: McGill-Queen's University Press, 1995.
• Schechtman, Joseph B. *Fighter and Prophet: The Last Years: The Life and Times of Vladimir Jabotinsky*. Silver Spring, MD: Eshel Books, 1986.
• Schleifer, Abdullah. "The Life and Thought of 'Izz-Id-Din Al-Qassam." *Islamic Quarterly* 23, no. 2 (1979): 60 – 81.
• Segev, Tom. *A State at Any Cost: The Life of David Ben-Gurion*. Translated by Haim Watzman. New York: Farrar, Straus and Giroux, 2019.
• ———. *One Palestine, Complete: Jews and Arabs under the British Mandate*. New York: Henry Holt, 2001.
• Seikaly, May. *Haifa: Transformation of a Palestinian Arab Society 1918 – 1939*. London; New York: I.B. Tauris, 1995.
• Shahid, Serene Husseini. *Jerusalem Memories*. Edited by Jean Said Makdisi.

Beirut: Naufal, 2000.

- Shapira, Anita. *Land and Power: The Zionist Resort to Force, 1881–1948*. Oxford; New York: Oxford University Press, 1992.
- Sharett, Moshe. *Yoman Medini* [Political Diary]. Vol. 1–4. Tel Aviv: Am Oved, 1968. http: // www.sharett.org.il /.
- Shepherd, Naomi. *Ploughing Sand: British Rule in Palestine, 1917–1948*. New Brunswick, NJ: Rutgers University Press, 2000.
- Shilon, Avi. *Ben-Gurion: His Later Years in the Political Wilderness*. Lanham, MD: Rowman & Littlefield, 2016.
- Shindler, Colin. *The Rise of the Israeli Right: From Odessa to Hebron*. Cambridge: Cambridge University Press, 2015.
- ———. *The Triumph of Military Zionism*. London; New York: I.B. Tauris, 2006.
- Shlaim, Avi. *Collusion Across the Jordan: King Abdullah, the Zionist Movement, and the Partition of Palestine*. New York: Columbia University Press, 1988.
- Sinanoglou, Penny. *Partitioning Palestine: British Policymaking at the End of Empire*. Chicago: University of Chicago Press, 2019.
- Slutsky, Yehuda. *Sefer Toldot ha-Haganah* [The Haganah History Book]. Vol. 2–3. Tel Aviv: Maarachot, 1963. http: // www .hahagana .org .il /database /books /.
- Stein, Kenneth W. "The Intifada and the 1936–39 Uprising: A Comparison." *Journal of Palestine Studies* 19, no. 4 (July 1, 1990): 64–85.
- ———. *The Land Question in Palestine, 1917–1939*. Chapel Hill: University of North Carolina Press, 1984.
- Swedenburg, Ted. "Al-Qassam Remembered." *Alif: Journal of Comparative Poetics*, no. 7 (Spring 1987): 9–24.
- ———. *Memories of Revolt: The 1936–1939 Rebellion and the Palestinian National Past*. Minneapolis; Fayetteville, AR: University of Minnesota Press; University of Arkansas Press, 1995.
- Sykes, Christopher. *Crossroads to Israel*. A Midland Book, MB-165. Bloomington: Indiana University Press, 1973.
- ———. *Orde Wingate, a Biography*. London: Collins, 1959.
- Teveth, Shabtai. *Ben-Gurion and the Palestinian Arabs: From Peace to War*. Oxford; New York: Oxford University Press, 1985.

• ———. *Ben-Gurion: The Burning Ground, 1886 – 1948*. Boston: Houghton Mifflin, 1987. *Thawrat Filastin Ama 1936* [The Palestine Revolt 1936]. Jaffa: Matba'at al-Jamia al-Islamiya, 1936. https: // lccn .loc .gov /2015421420.
• Totah, Khalil. *Turbulent Times in Palestine: The Diaries of Khalil Totah, 1886 – 1955*. Edited by Thomas M. Ricks. Jerusalem; Ramallah: Institute for Palestine Studies; PASSIA, 2009.
• Wagner, Steven B. *Statecraft by Stealth: Secret Intelligence and British Rule in Palestine*. Ithaca, NY: Cornell University Press, 2019.
• Weizmann, Chaim. *The Letters and Papers of Chaim Weizmann, Series A*. Edited by Barnet Litvinoff. Vol. 17 – 19. Jerusalem: Israel Universities Press, 1979.
• ———. *The Letters and Papers of Chaim Weizmann, Series B*. Edited by Barnet Litvinoff. Vol. 2. New Brunswick, NJ; Jerusalem: Transaction Books; Israel Universities Press, 1983.
• ———. *Trial and Error: The Autobiography of Chaim Weizmann*. New York: Schocken, 1966.
• Yasin, Subhi. *Thawrah al-Arabiyah al-Kubra* [The Great Arab Revolt]. Cairo, 1959. http: // dlib .nyu .edu /aco /book /nyu aco001361 /10.
• Yazbak, Mahmoud. "From Poverty to Revolt: Economic Factors in the Outbreak of the 1936 Rebellion in Palestine." *Middle Eastern Studies* 36, no. 3 (2000): 93 – 113.
• Zuaytir, Akram. *Yawmiyat Akram Zuaytir* [Diaries of Akram Zuaytir]. Beirut: Institute for Palestine Studies, 1980.

## 연구 논문

• Chetrit, Shlomi. "Ha-Milhama ha-Ktana be-Yoter: Ha-Ma'avak ha-Tzvai ha-Briti Neged ha-Mered ha-Arvi be-Eretz Yisrael, 1936 – 1939 [The Biggest Small War: The British Military Struggle against the Arab Revolt in Palestine, 1936 – 1939]." Bar-Ilan University, 2020.
• Nimr, Sonia. "The Arab Revolt of 1936 – 1939 in Palestine: A Study Based on Oral Sources." University of Exeter, 1990.
• Taggar, Yehuda. "The Mufti of Jerusalem and Palestine: Arab Politics, 1930 – 1937." University of London, 1973.

## 찾아보기

ㄹ



ㅁ

ㅂ

**ㅅ**

## ㅇ

**ㅈ**



**ㅊ**

**팔레스타인 1936**
**오늘의 중동분쟁을 만든 결정적 순간**

**초판 1쇄 인쇄** 2024년 4월 18일
**초판 1쇄 발행** 2024년 5월 2일

**지은이** 오렌 케슬러
**옮긴이** 정영은
**펴낸이** 최순영

**출판2 본부장** 박태근
**지적인 독자 팀장** 송두나
**디자인** 조은덕

**펴낸곳** ㈜위즈덤하우스 **출판등록** 2000년 5월 23일 제13-1071호
**주소** 서울특별시 마포구 양화로 19 합정오피스빌딩 17층
**전화** 02) 2179-5600 **홈페이지** www.wisdomhouse.co.kr



ISBN 979-11-7171-185-7 03910